Ulrich Joger · Jochen Luckhardt (Hrsg.)

Schlangen und Drachen

Schlangen und Drachen

Kunst und Natur

Herausgegeben von
Ulrich Joger und Jochen Luckhardt

Staatliches Naturhistorisches Museum Braunschweig
Herzog Anton Ulrich-Museum, Braunschweig

Katalog zur Ausstellung »Schlangen und Drachen« vom 11. Oktober 2007 bis 27. Januar 2008 in Braunschweig

Die Deutsche Nationalbibliothek verzeichnet diese Publikation in der Deutschen Nationalbibliografie; detaillierte bibliografische Daten sind im Internet über http://dnb.d-nb.de abrufbar.

Das Werk ist in allen seinen Teilen urheberrechtlich geschützt.
Jede Verwertung ist ohne Zustimmung des Verlags unzulässig.
Das gilt insbesondere für Vervielfältigungen, Übersetzungen, Mikroverfilmungen und die Einspeicherung in und Verarbeitung durch elektronische Systeme.

© 2007 by WBG (Wissenschaftliche Buchgesellschaft), Darmstadt
Die Herausgabe des Werkes wurde durch die Vereinsmitglieder der WBG ermöglicht.
Redaktion: Caroline Stöss
Prepress: Lohse Design, Büttelborn
Gedruckt auf säurefreiem und alterungsbeständigem Papier
Printed in Germany

www.primusverlag.de

ISBN 978-3-89678-626-5

Vorwort

Schlangen und Drachen« war eine Projektidee, die Ulrich Joger schon bei seinem Wechsel von Darmstadt nach Braunschweig mitbrachte. Hier fand sich schnell der adäquate Partner im Herzog Anton Ulrich-Museum. Jetzt, im Jahre 2007, ist die Zeit reif für eine solche interdisziplinäre Ausstellung. Das Herzog Anton Ulrich-Museum und das Staatliche Naturhistorische Museum arbeiten nun wieder, nach genau 150 Jahren der organisatorischen Trennung, mit dem Braunschweigischen Landesmuseum in einem Betrieb mit gemeinsamer Verwaltung zusammen. Darüber hinaus ist Braunschweig Deutschlands »Stadt der Wissenschaft 2007«, und das von uns vorgeschlagene Projekt »Schlangen und Drachen« war eines der Vorhaben, die die Jury überzeugt haben, gerade unserer Stadt diesen Titel zu verleihen.

Die Faszination, die von Schlangen und ihren mythischen Derivaten, den Drachen, ausgeht, lässt sich nur schwer beschreiben, doch Kulturen aller Kontinente und aller Epochen wurden von ihr ergriffen. Die Naturwissenschaft hat sich seit Francesco Redis vor 340 Jahren durchgeführten, bahnbrechenden Studien über die Natur des Schlangengiftes mit den Schlangen als Lebewesen näher befasst. Doch bis heute sind viele Aspekte der komplexen Biologie dieser außergewöhnlichen Tiere erst ansatzweise geklärt. Die Fremdartigkeit dieser beinlosen Wesen erschwert zweifellos das Verständnis ihrer Eigenart. Und doch gibt es zahllose Schlangenenthusiasten, wie ein Blick in die Internetforen der Schlangenhalter beweist.

Wir möchten mit der Ausstellung »Schlangen und Drachen« aufklären über eine Tiergruppe, die viele Menschen nicht mehr aus der freien Natur kennen. Gleichzeitig möchten wir Interesse wecken – an den Schlangen selbst und an ihrer Bedeutung in der Kunst und Kulturgeschichte der Menschheit, sowie den Drachen und seine wechselnde Rolle in Bildkulturen vorstellen.

Der Teil des Herzog Anton Ulrich-Museums konzentriert sich auf die Wertung der »Schlangen und Drachen« als Tiere, die für das Gute oder das Böse stehen können. Er wurde zusammen mit Studenten der Martin-Luther-Universität Halle-Wittenberg und der Universität Leipzig im Rahmen von Lehrveranstaltungen über mehrere Semester hinweg erarbeitet und kann somit als fruchtbares studentisches Projekt bezeichnet werden.

Die beiden Museen danken allen Förderern der Ausstellung, insbesondere den Partnern der Stadt der Wissenschaft 2007, der Stadt Braunschweig mit der Braunschweig Stadtmarketing GmbH und der ForschungRegion Braunschweig e.V., der Stiftung Nord/LB-Öffentliche, dem Niedersächsischen Ministerium für Wissenschaft und Kultur und den Sponsoren für Zusammenarbeit und Unterstützung.

Ulrich Joger   *Jochen Luckhardt*

Schlangenbiss und Drachenblut

Gut und Böse in Kunst und Kulturen

Bearbeitet von Gisela Bungarten, Jochen Luckhardt und Alfred Walz
Unter Mitarbeit von Felix Bachmann, Martin Hartung, Ilka Hausmann, Felicitas Jungnitsch, Jana Kassler, Anja Richter und Oliver Ritter

Herzog Anton Ulrich-Museum, Braunschweig

Inhalt

Einleitung 9

**Schlangen und Drachen
in Mythos und Sage** 11

  I. Alte und östliche Kulturen 28

  II. Schlangen und Drachen
     in den Vorstellungen
     der Antike 68

  III. Vom christlichen Mittelalter
      zum Barock 114

  IV. Die Entdeckung der Natur 180

Literaturverzeichnis 204

Abbildungsnachweis 215

Danksagung 216

**Ausstellungsimpressum/
Leihgeber/
Sponsoren und Förderer** 217

Einleitung

Ausgehend von der Absicht, das Thema »Schlangen und Drachen« aus Sicht der Kunst zu präsentieren, widmet sich das Herzog Anton Ulrich-Museum in seinem Ausstellungspart der Darstellung dieser Tiere und Fabelwesen in ausgesuchten Objekten aus unterschiedlichen Perioden und Kulturen dieser Erde. Selbstverständlich bleiben Verbindungen zum Ausstellungspart »Natur« des Staatlichen Naturhistorischen Museums dabei im Blick. Die nie unterbrochene visuelle Rezeption von »Schlangen und Drachen« bildete eine wichtige Voraussetzung für deren naturwissenschaftliche Erforschung seit Mitte des 19. Jahrhunderts. Der Ausstellungsteil »Kunst« endet daher mit Beispielen aus der Zeit um 1850 und wird durch den Ausstellungsteil »Natur« fortgesetzt. Von dort werden aber auch wieder Rückbezüge hergestellt, etwa wenn alte historische Wertungen und Interpretationen von Knochenfunden vorgestellt werden.

Grundlegendes Ausstellungsthema ist die Beschäftigung mit der Schlange, sowohl aus zoologischer Sicht durch die Forschungen von Ulrich Joger wie auch aus kulturgeschichtlich-bildhistorischer Perspektive: Die Schlange bildet – belegt durch mannigfache alte Überlieferungen – die Ausgangsgestalt, aus der die menschliche Vorstellung vielfältige Fantasiewesen entwickelt hat, unter denen der Drache das prägnanteste geworden ist.

Die bildlichen Ursprünge für diese Entwicklung scheinen um 6000 v. Chr. gleichermaßen in Mesopotamien wie in Ägypten zu liegen. Die Überlieferung setzt sich hiernach in Indien und dann in China fort. Positive Wertungen erfuhr die Schlange dabei u. a. im Rahmen von Götterkult und -darstellung, als Element des Fruchtbarkeitsmythos und als Sinnbild der Ewigkeit. Seinen höchsten Stellenwert erlangte das Mischwesen »Drache« als Zeichen des chinesischen Kaisers.

In der griechisch-römischen Antike verbreiteten sich ebenfalls verschiedene Vorstellungen von Schlangen und Drachen. Dabei konnten Schlangen ambivalent, als positive oder negative Motive, erscheinen. Auch wurden sie mit

Orakeln in Verbindung gebracht und konnten so die ganze Bandbreite des Schicksals symbolisieren. Die antiken Helden boten mit ihren Kämpfen gegen Schlangen und Drachen reichen Stoff für bildliche Darstellungen, die in der Kunst der Frühen Neuzeit, etwa zum Herkules-Mythos, variantenreiche Fortsetzungen erfuhren.

Die Ausdeutung der Schlange des Paradiesbaumes durch das Christentum wurde zur Grundlage der Vorstellung von der Schlange als Wurzel des Bösen. Gegen sie und gegen den Drachen kämpfen Maria und die Heiligen.

Die ausgewählten Kunstwerke der Ausstellung veranschaulichen die Spannbreite der Interpretation dieser Tiere bzw. Fabeltiere zwischen positiven und negativen Aspekten, zwischen Schutz und Bedrohung, zwischen Gut und Böse. Sie sind zugleich deutbar als Personifikationen existentieller Lebenssituationen.

Gezeigt werden Kunstwerke als Ausformungen kultureller Vorstellungen, die das Herzog Anton Ulrich-Museum in seinen Sammlungen aus mehreren Jahrtausenden und Kontinenten bereithält; unterstützt wird das Projekt mit wenigen Leihgaben. Es sind vorzugsweise differenzierte Objekte, die in der Gegenüberstellung ihre Aussage entfalten.

Ausgehend von diesen Überlegungen wird der Ausstellungspart »Kunst« in vier Teile gegliedert:

I. Alte und östliche Kulturen
II. Antike
III. Vom christlichen Mittelalter zum Barock
IV. Die Entdeckung der Natur

Die Konzeption unterscheidet damit das Projekt grundsätzlich von den in Manderen und Paris in den letzten Jahren zum Thema »Drachen« veranstalteten Ausstellungen.[1] Diese stellten mehr die bildliche Bandbreite vor, ohne durchgängig werten zu wollen, und entfalteten allein den künstlerischen Reiz der Kunstwerke aus unterschiedlichen Epochen.

JL

[1] Ausst.-Kat. Manderen 2005; Ausst.-Kat. Paris 2006.

Jürgen Tubach

Schlangen und Drachen in Mythos und Sage

Das Alte und das Neue Testament

Dem englischen Philosophen Thomas Hobbes (1588–1679) verdanken das Deutsche und andere europäische Sprachen, dass der Name eines alttestamentlichen Meeresungeheuers Eingang in den Wortschatz fand, jedoch nicht als schlangenförmiges Fabeltier, sondern im übertragenen Sinn als Symbol des allmächtigen Staates. Das 1651 erschienene Werk mit dem Obertitel »Leviathan« ist seinem Charakter nach eine Staatstheorie des aufkommenden Bürgertums. Den Inhalt umreißt der Untertitel (»or the Matter, Form and Power of a Commonwealth Ecclesiastical and Civil«), was in der ersten deutschen Übersetzung, die 1794 in Halle erschien, kurz mit »oder der kirchliche und bürgerliche Staat« wiedergegeben wird. Im Alten Testament ist Liwyātān (latein. *Leviatan*) als vielköpfiges, schlangenartiges Seeungeheuer vorgestellt, das von Jahwe in mythischer Vorzeit überwunden wurde oder dessen endgültige Vernichtung ans Ende der Zeit verlegt wird (Jes 27,1).

Der »gewundenen« (ʿāqallātōn) und »schnellen« (bārīaḥ, eigentl. »flüchtige«) »Schlange« (nāḥāš, Jes 27,1), auch als tannīn (Schlange, Drache, griech. *drakon*)[1] bezeichnet (Ps 74,13), hat Jahwe entweder die Köpfe abgeschlagen (Ps 74,14) oder sie gezähmt, sodass sie jetzt in dem die Erde umgebenden Ozean friedlich ihre Runden dreht (Ps 104,26). An zwei Stellen trägt das urzeitliche Meeresungeheuer, das Jahwe besiegt hat, den Namen Rahab (Ps 89,11, Hi 9,13). In Jahwes Antwort auf Hiobs Frage nach der Theodizee werden zwei furchterregende Lebewesen beschrieben, Behemot (40,15ff.) und Leviathan (40,25ff.), denen Gottes Fürsorge gilt. Den erwähnten Details nach handelt es sich um das Nilpferd und das Krokodil, die beide in Palästina vorkamen.

Die Vorstellung, dass Gott in grauer Vorzeit ein mythisches Wesen überwand, das im Meer hauste, ist dem Alten Testament eigentlich fremd und stammt aus der kanaanäischen Umwelt. In der mythologischen Tradition der Stadt Ugarit muss sich Baʿal, ehe er seine Herrschaft als König antreten kann, diverser Konkurrenten erwehren. Dazu gehört der Meeresgott Yamm (»Meer«), dessen Ansturm Baʿal abwehrt. Zu Yamms Gefolge gehören offenbar mehrere Wasserungeheuer, die ihn im Kampf unterstützen. Einer von Yamms Helfern ist Lōtān (oder Lītān), die »flüchtige Schlange« (btn brḥ), die »gewundene Schlange« (btn ʿqltn), die »sieben Häupter« besitzt. Die Charakterisierung Lōtāns als »gewunden« und »flüchtig« (= schnell) stimmt in der Wortwahl mit Jes 27,1 überein, sodass an einer Entlehnung im Kontext des Chaoskampfmotivs, in dem sich Yamms Angriff widerspiegelt, kein Zweifel besteht. Die Verlegung von Leviathans endgültiger Vernichtung in die Endzeit gehört in die Spätphase der alttestamentlichen Überlieferung, das heißt in die nachexilische Zeit, als die Prophetie bereits erloschen war und die Apokalyptik ihre Nachfolge angetreten hat. In die Visionsschilderungen der apokalyptischen Bewegung sind oft Motive verwoben, die nichtbiblischer Herkunft sind. Daher ist es nicht verwunderlich, wenn in der sogenannten Jesaja-Apokalypse (Jes 24–27) Leviathan alias Lōtān auftaucht und das Seeungeheuer wie in der ugaritischen Tradition beschrieben wird.

Während im Alten Testament Leviathan nur eine sehr marginale Rolle spielt, wird ihm (zusammen mit Behemot) in der Apokalyptik eine größere Aufmerksamkeit geschenkt. Beide sind einerseits nützliche, zu einem guten Zweck geschaffene Tiere, andrerseits kann Leviathan wegen seines schlangenartigen Aussehens assoziativ auch mit dem Teufel verbunden werden.

Im zweiten Teil des Henoch-Buches, dem sogenannten Buch der Bilderreden, auch Messianisches Buch genannt, wird Leviathan als weibliches Seeungeheuer angesehen, das in den Tiefen des Meeres haust, wo die Wasserquellen der Erde entspringen, die als eine vom Urozean umflossene Scheibe vorzustellen ist. Behemot ist ein schreckliches, männliches Landtier und treibt sich in der Wüste östlich des Paradieses herum (äthHen 60,7f.). Im IV. Esra-Buch (1. Jh. n. Chr.) klagt der Apokalyptiker, der sich den Namen des biblischen Esra zugelegt hat, über die gegenwärtige missliche Lage des von Gott erwählten Volkes Israel. Dabei lässt der Seher die sieben Schöpfungstage Revue passieren und zählt auf, was Gott alles an den einzelnen Tagen erschaffen hat, ehe am letzten Tag die Schöpfung mit Adam ihren krönenden Abschluss fand, von dem Israel als Gottes Volk abstammt. Am vorletzten Schöpfungstag erschuf Gott Leviathan und Behemot, was aus Genesis Kap. 1,21 erschlossen ist, wo erwähnt wird, dass die »großen (gĕdōlīm) Meerestiere (tannīnīm)« erschaffen wurden. Beide Tiere sind riesengroß, Leviathan lebt im Meer und Behemot ist ein Landtier. Beide sollen dereinst, wie geheimnisvoll angedeutet wird, verzehrt werden (IV. Esra 6,49–52). Auf wessen Speisekarte die beiden Riesentiere gesetzt werden, verrät die Baruch-Apokalypse (Ende des 1. Jh. n. Chr.): Gott lässt den Seher wissen, dass sich gleichzeitig mit dem Erscheinen des Messias die beiden riesengroßen Tiere Behemot und Leviathan – von ihrer Spezies gibt es wie beim Einhorn oder dem Vogel Phönix nur ein einziges Exemplar – sich zeigen werden. Behemot kommt aus seinem Land herbei und Leviathan taucht aus dem Meer auf. Beide dienen als Speise für die übrig gebliebenen Frommen, die alle Schrecken der Endzeit überstanden haben. Der Leser erfährt aus dem göttlichen Munde, dass die beiden Tiere nur zu dem Zweck erschaffen wurden, dass sie, obgleich uralt, am Ende der Tage in der messianischen Zeit aufgegessen werden sollen (syrBar 29,4).

In dem neutestamentlichen Buch der Offenbarung (»Apokalypse«) des Johannes erlebt die auf die Jesaja-Apokalypse zurückgehende Tradition eine weitere assoziative Ausdeutung und traditionsgeschichtliche Anreicherung, indem verschiedene Überlieferungen, die ursprünglich selbstständig waren, miteinander verbunden werden. Der Drache in Kap. 12 wird in Anspielung auf das vierte Tier aus der Vision von den Vier Weltreichen in Daniel 7 als Fabeltier mit sieben Köpfen und zehn Hörnern beschrieben (V. 3f.). Der Wasserstrom, der aus seinem Rachen hervorgeht, deutet an, dass der Drache ursprünglich nicht als Landtier gedacht war, sondern dem wässrigen Element angehörte und somit als Nachfahre Leviathans anzusehen ist. Von Michael, dem Architrategos des himmlischen Heeres, wird der Drache samt seinen Engeln aus dem Himmel vertrieben und auf die Erde gestürzt. Der »große Drache« ist, wie Johannes betont, niemand anderes als die »alte Schlange, die da heißt Teufel [griech. *Diabolos*] und Satan« (V. 9). Hier sind verschiedene Traditionen ineinandergeflossen: Vernichtung des Schlangenungeheuers Leviathan am Ende der Zeiten, Engelfall aus äthHen 6 bzw. Sturz Luzifers als oberstem Engel (vgl. Jes 14,12f.) und seine Ablösung durch Michael und die Geschichte vom Sündenfall aus Gen 3. Der Drache wird schließlich vor Anbruch des Millenniums in Ketten gelegt und in den Abyssos (Abgrund, Tiefe, Unterwelt) geworfen, aus dem er erst wieder kurz vor dem Endgericht, wenn die 1000 Jahre dauernde glückselige Zeit abgelaufen, für kurze Zeit befreit und auf die Menschheit losgelassen wird (20,1–3.7–10). Noch ehe das Weltgericht stattfindet, wird der Teufel, der Drache, in einen feurigen und schwefeligen See geworfen, wo er bis in alle Ewigkeit Tag und Nacht schweren Qualen ausgesetzt ist (20,10).

Dem gleichen Traditionsstrang wie die Johannes-Offenbarung sind die mandäischen Schilderungen des Weltendes verpflichtet. Auch hier liegt eine Identifikation der widergöttlichen Macht mit Leviathan vor. Der »große, alte Leviathan« wird mit Ur, dem »Herrn der Finsternis«, der »großen Schlange« gleichgesetzt, der die Erde verschlingt, das heißt, die Finsterniswelt verleibt sich die Erde ein.

In Palästina gibt es etwa 36 verschiedene Schlangenarten, die aber von Ausnahmen abgesehen nicht giftig sind. Das allgemeine Wort für Schlange ist im Hebräischen *nāḥāš*, während *tannīn* »Seeungeheuer, Meeresdrache« für schlangenartige Fabelwesen benutzt wird, von denen man dachte, dass sie vornehmlich im Meer hausen und riesengroß sind. Vermutlich als der Glaube an ihre reale Existenz ins Wanken geriet, konnte man unter *tannīn* auch große Fische, Schlangen oder das Krokodil verstehen. Das Alte Testament gebraucht ferner sechs weitere Begriffe, wenn es zwischen den verschiedenen Schlangen näher differenzieren will, die sich aber zoologisch nicht genau bestimmen lassen. In der Bibelübersetzung erscheinen sie dann als Natter, Otter oder Viper. Die alten Israeliten begegneten den Schlangen mit einer gewissen Scheu, da sie nicht ganz ungefährlich waren. Im Gegensatz zu anderen Tieren besaßen sie keine Beine und bewegten sich auf eigenartige Weise fort, sodass man den Eindruck hatte, sie würden sich vom Staub der Erde ernähren (vgl. Gen 3,14f.). Sie legten wie die Vögel Eier, aus denen die kleinen Schlangen schlüpften (Jes 59,5). Als Behausung liebten sie verlassene Gemäuer (Am 5,19; Koh 10,8), Felsen (Prov 30,19) oder die Wüste (Dt 8,15). Schlangen zählten wegen der Schuppen zu den unreinen Tieren und durften deshalb nicht gegessen werden (Lev 11,10.42; Dt 14,10). Den Biss einer Schlange vergleicht das Proverbienbuch (23,32) mit der Wirkung des Weines.

Im Volksglauben galt die Schlange als klug, aber auch als listig und tückisch (Gen 3,1, vgl. ferner Mt 10,16; 23,33). Kontrastiert man den weiten Bereich der Klugheit mit dem Gegensatzpaar Gut und Böse, gleitet die List und Tücke allmählich in die Kategorie »Böse« ab. Als besonders trickreich wird die Schlange im jahwistischen Schöpfungsbericht (Gen 2,4b–3) geschildert. Sie ist wie alle anderen Tiere ein Geschöpf Gottes, nur ist sie klüger als die Tiere des Feldes. Die Schlange symbolisiert faktisch den in Eva aufsteigenden Zweifel, der nach außen verlagert wird und in Gestalt eines sprechenden Tieres auftritt, das Gottes Verbot kritisch hinterfragt und ihm unterstellt, dass er dem Menschen etwas vorenthalte, was ihm eigentlich von Rechts wegen zusteht. Der Genuss von den Früchten des Baumes der Erkenntnis des Guten und Bösen (2,17; 3,1ff.) umschreibt den Wunsch des Menschen nach allumfassender Erkenntnis der Dinge. Der Merismus, das heißt das Gegensatzpaar Gut und Böse, deutet an, dass eine Gesamtheit an Erkenntnis gemeint ist, wie sie eigentlich nur Gott selbst zukommt. Dieser Hybris wird vorerst ein Riegel vorgeschoben: Das erste Menschenpaar wird des paradiesischen Gartens verwiesen. Adam, Eva und die Schlange kommen nicht ungestraft davon. Die Schlange, die im Garten Eden noch Füße hatte, verliert diese und ist dazu verurteilt, auf dem Bauche zu kriechen und Staub zu fressen. Die Schlange repräsentiert keineswegs das Böse, sondern nur den Zweifel. Übertreten wird das Verbot Gottes durch Eva und Adam, der übrigens ohne mit der Wimper zu zucken und nochmals zu überlegen die ihm angebotene Frucht isst. Die Identifikation der Schlange mit dem Satan erfolgt erst in nachalttestamentlicher Zeit in der zwischentestamentlichen Literatur, im Spätjudentum und frühen Christentum, als wegen des Theodizeeproblems alles, was mit dem Bösen zu tun hat, von Gott ferngehalten wird. Der Satan kommt im Alten Testament nur dreimal vor, stets in Schriften der nachexilischen Zeit, als man sich scheute, Gott wie zuvor als Schöpfer von Licht und Finsternis als Schöpfer von Gut und Böse zu sehen (Jes 45,6f.). Im Prolog des Hiobbuches (1,6ff.; 2,1ff.) und bei Sacharja (3,1ff.) ist der Satan (»Widersacher«, griech. *diabolos* »Verleumder«, davon abgeleitet: *Teufel*, *devil*, *diable* etc.) eine Art himmlischer Staatsanwalt, der zu Gottes Bediensteten gehört. Erst im Chronikbuch (4. Jh. v. Chr.) wird Satan als Eigenname verstanden (I. Chron 21,1).

In vielen Kulturen wird der Schlange eine apotropäische Wirkung zugeschrieben. Mit der Erzählung von der Ehernen Schlange in Num 21,4–9 wird vermutlich die Existenz eines Stabes im Jerusalemer Tempel legitimiert, an dem eine bronzene Schlange befestigt war. Dieses Bild hieß N^{e}ḥūštān (»Bronzebild«, II. Reg 18,4). Als die Israeliten während der Wüstenwanderung nach dem Auszug aus Ägypten von einer Schlangenplage heimgesucht werden und viele an den giftigen Bissen der Tiere sterben, stellt Mose auf göttlichen Befehl einen weithin sichtbaren Stab auf, an dem die Nachbildung einer Schlange aus Bronze (n^{e}ḥošät) befestigt ist. Wer gebissen worden war und zu dem Schlangenstab emporblickte, blieb am Leben. Das Schlangenbild stand im Tempel von Jerusalem und fiel König Hiskias (725–697 v. Chr.) Kultreform zum Opfer (II. Reg 18,4.22).

Kleinasien und Syrien

Auf Hethitisch ist ein Mythos erhalten, der von einem schlangenförmigen Meeresungeheuer namens Ḫedammu berichtet. Ort der Handlung ist der Berg Ṣapān (hurr. Ḫazzi, griech./latein. Kasios/Casius, heute: arab. Ǧabal al-Aqraʿ), der 50 km nördlich von Ugarit nahe der Mündung des Orontes in das Mittelmeer liegt. Das Untier, ein Sohn von Kumarbi und Šertapšuruḫi, einer Tochter des »großen Meeres«, ist nicht nur riesengroß, sondern entwickelt auch einen riesengroßen Appetit. Es verwüstet das bewohnte Land, frißt es kahl und beraubt die Menschen ihrer Existenz. Šauška von Ninive, wie Ištar auf Hurritisch genannt wird, sieht als erste unter den Göttern den Schlangendrachen und berichtet darüber ihrem auf dem Berg Hazzi wohnenden Bruder Teššub, dem Wettergott und König des Himmels, der in Tränen ausbricht. In der eilig einberufenen Götterversammlung, an der auch Kumarbi teilnimmt, wird beschlossen, dem Treiben Ḫedammus Einhalt zu gebieten. Der Götterrat beauftragt Šauška, sie solle dank ihrer Verführungskünste den Schlangendrachen aus dem Meer locken und ihn in Schlaf versetzen. Mit ihren beiden Zofen Ninatta und Kulitta begibt sie sich an den Strand, wo sie ihre Kleider fallen lässt, während die Zofen musizieren. Vom Klang der Musik und dem Anblick der hüllenlosen Göttin verzaubert, lässt sich Ḫedammu in ein Gespräch verwickeln. Als die Göttin, die ihm anscheinend irgendwelche Avancen gemacht hat, ein Zaubermittel ins Meerwasser schüttet, verfällt er in einen tranceartigen Zustand und lässt sich in freudiger Erwartung dazu überreden, aus dem Wasser zu kriechen. Sein Körper ist jedoch so groß, dass er 70 Städte unter sich begräbt. Da der Text hier abbricht, ist nicht klar, auf welche Weise sich Šauška ihres delikaten Auftrages entledigt hat. Wahrscheinlich eilte der Wettergott jetzt herbei und brachte den von Šauškas Zaubermittel noch benommenen Schlangendrachen um.

Ḫedammu gehört zu den Geschöpfen, die Kumarbi nur zu dem Zweck erschaffen hat, dass sie ihm behilflich sind, die verlorene Herrschaft über den Kosmos wiederzuerlangen. Kumarbi, den sein Sohn, der Wettergott, in der Herrschaft beerbt hatte, sann auf Rache und zettelte eine Konterrevolution an. Auf seiner Seite stehen der Meeresgott und sein Anhang.

In Ugarit erzählte man sich einen ähnlichen Mythos. Aus den erhaltenen Keilschrifttexten lässt sich der Anfang des Baʿal-Epos nicht genau rekonstruieren. Thematisch kreist das Epos um die Frage, wer unter den Göttern in der Lage ist, die Herrschaft auszuüben. El, das Oberhaupt des Pantheons, dem allein der Titel König zukommt, gestattet Yamm, dem Gott des Meeres und der Flüsse, einen Palast zu bauen, was impliziert, dass Yamm die aktive Herrschaft über die Erde ausüben möchte. Yamm fordert die Götterversammlung durch einen Boten auf, ihm den Wettergott Hadad, der hier stets nur Baʿal »Herr« genannt wird, auszuliefern, wofür er eine Mehrheit findet. Der Kampf endet mit einem Sieg des Wettergottes. Yamm bietet, wie bereits erwähnt, bei dieser Auseinandersetzung die Seeschlange, den Drachen (ugar. tnn = tannīn) Lōtān, auf, der sieben Köpfe hat. Er wird entweder von ʾAnat oder von Baʿal niedergerungen. In leicht umgestalteter Form wurde Yamms chaotischer Ansturm ins Alte Testament übernommen und dem Jahweglauben angepasst.

In Kleinasien gab es noch einen weiteren Mythenkomplex, in dem ein Schlangendrache eine große Rolle spielte. Der während des Neujahrsfestes rezitierte Mythos liegt in zwei unterschiedlichen Fassungen vor. Beide enden damit, dass die Schlange Illuyanka anlässlich eines Konfliktes mit dem Wettergott ums Leben kommt, was aber ohne List nicht möglich ist. In der ersten Version besiegt Illuyanka den Wettergott bei dem Ort Kiškilušša. Der unterlegene Gott bittet die anderen Gottheiten um Hilfe, doch seinem Hilferuf folgt nur Inara, die Tochter des Wettergottes. Sie gedenkt ein Fest zu veranstalten und lässt große Mengen an Wein und Bier herbeischaffen. Für die weitere Planung versichert sie sich der Hilfe eines Menschen aus der Stadt Zigaratta, den sie persönlich aufsucht. Ḫupašiya verspricht Inara, dass er alles tun werde, was sie wünsche, »wenn er mit ihr schlafen darf«. Inara hat nichts dagegen einzuwenden und erfüllt Ḫupašiyas speziellen Wunsch sofort. Sie nimmt Ḫupašiya mit zu ihrem Wohnsitz, wo alles für das Fest vorbereitet ist, und versteckt ihn. Danach macht sie sich schön und ruft Illuyanka samt seiner Familie zu ihrem Fest herbei. Illuyanka nimmt die Einladung an und verlässt seine Höhle. Die Gäste – es ist nur Illuyanka mit Familie eingeladen – essen und trinken, bis nichts mehr übrig ist. Völlig berauscht gehen sie nach dem Festgelage nach Hause. Die Schlange Illuyanka ist aber so vollgefressen, dass sie nicht mehr durch den Spalt der Höhle passt. Nun kommt Ḫupašiya mit Stricken gelaufen und fesselt den trunkenen Illuyanka. Der Wettergott, der schon auf diesen Augenblick gewartet hat, findet sich ebenfalls ein und tötet Illuyanka. Für Ḫupašiya hat die Angelegenheit eine tragische Nachgeschichte, sie endet in einem Dilemma, in dem er eine Entscheidung zwischen zwei ausweglosen Situationen treffen muss: Inara baut sich ein Haus auf einem Felsen und verbietet ihm aus dem Fenster zu schauen, solange sie abwesend ist. Nach 20 Tagen kann er es nicht mehr aushalten, macht das Fenster auf und sieht seine Frau samt den Kindern. Als Inara von ihrem Streifzug durch Feld und Flur zurückkommt, bittet er sie, nach Hause gehen zu dürfen. Doch wer der Geliebte einer Gottheit ist, kann das Verhältnis nicht ohne schwere Konsequenzen rückgängig machen. Inara tötet deshalb den untreuen Ḫupašiya.

Auch die zweite Version des Mythos endet in einer Dilemma-Geschichte. Illuyanka besiegt den Wettergott und nimmt ihm sein Herz und seine Augen weg, was ihn seiner Kraft beraubt. Um wieder in den Besitz seiner alten Stärke zu kommen, nimmt der Wettergott die Tochter »des armen Mannes« zur Frau. Ihr gemeinsamer Sohn heiratet, als er das entsprechende Alter erreicht hat, die Tochter Illuyankas. Die Eheschließung erfolgt matrilokal, das heißt, der Sohn zieht zu seiner Frau und gehört fortan zur Familie der Frau. Als Morgengabe erbittet er sich Herz und Augen seines Vaters, des Wettergottes, was ihm gewährt wird. Der Sohn bringt dann die erwünschten Körperteile seinem Vater, worauf dieser seine frühere Gestalt und Stärke zurückgewinnt. Der Wettergott fordert jetzt den Schwiegervater seines Sohnes erneut zum Kampfe heraus, was am Meer geschieht. Der Sohn steht nun vor dem Dilemma, ob er Partei für seinen Vater oder Schwiegervater ergreifen soll. Er entscheidet sich für die neuen Familienbande und erleidet zusammen mit Illuyanka den Tod. Nach dem Ableben des Schlangendrachen setzt die Regenzeit ein, was vor allem in der ersten Version des Mythos deutlich hervortritt. Illuyanka verkörpert die dunklen Regenwolken, was nach dem vielen Bier und Wein, den der Schlangendrache bei Inara getrunken hat, nicht weiter verwunderlich ist.

In der hellenistisch-römischen Zeit treten im phönizischen und syrischen Bereich zwei Gottheiten auf, die zur Kategorie der Heilgötter gezählt werden. Sowohl im phönizischen Mutterland als auch in den Kolonien (Zypern, Sardinien und bes. Karthago) ist Ešmun belegt, der mit Äskulap identifiziert wird. Der in Syrien, aber auch Teilen von Kleinasien verehrte Gott Šadrapa (Šadrafa), dessen Name wohl »Šed heilt« bedeutet, wird mit Schlangen und Skorpionen dargestellt. Auf einem Relief aus Palmyra ringelt sich eine Schlange um seinen Speer, den er wie einen Stab mit der rechten Hand umfasst, und auf seiner linken Schulter ist ein Skorpion zu sehen. Die Tiere haben apotropäischen Charakter, das heißt der Gott wehrte Schlangen und Skorpione ab.

Das alte Griechenland

Mit dem Illuyanka-Mythos ist Zeus' Kampf gegen Typhon traditionsgeschichtlich verknüpft. Typhon oder Typhoeus ist ein Ungeheuer mit zwei riesigen Schlangenfüßen und 100 Schlangenköpfen, die schrecklich anzuhörende Töne von sich gaben. Er ist zwar traditionsgeschichtlich ein Nachfahre von Illuyanka, gehört aber vom Aussehen nicht unbedingt zu den klassischen Schlangendrachen. In einem Überlieferungsstrang ist Typhon ein Sohn des Tartaros, den Gaia (Erdgöttin) in einer Grotte bei Korykos in Kilikien (nahe des heutigen Badeortes Kızkalesi) gebar. Nachdem Gaias Söhne, die Titanen und Giganten, Zeus im Kampf unterlagen, schickt sie Typhon aus, der sich im Wüten der Stürme und in Vulkanausbrüchen offenbart. Zeus vernichtet die einzelnen Köpfe mit seinen Blitzen und verbannt Typhon, der ihm die Herrschaft streitig zu machen gedachte, in den Tartaros genannten Teil der Unterwelt (Hesiod, Theogonie 820ff.). Dem hethitischen Mythos steht eine andere Version näher, die den Schauplatz der Handlung nach Kilikien und an den Kasios-Berg, den Ṣapān der Ugariter und Ḫazzi der Hethiter (bzw. Hurriter), verlegt. Kronos bestreicht ein Ei mit seinem Sperma und bittet Hera, es unter dem Gebirge Arimon in Kilikien zu

Schlangen und Drachen in Mythos und Sage

vergraben. Der als Gott aufgefasste Berg Arimon brütet nun das befruchtete Ei aus, dem Typhon entschlüpft. Er wächst rasch zu einem Mischwesen heran, das halb Mensch und halb Schlangendrache ist (Homerische Hymnen 3,127ff.). Nach einem mythologischen Handbuch des 1. Jh. n. Chr., das Apollodor von Athen unter dem Titel »Bibliothēkē« zugeschrieben wird, lässt sich die über den Tod ihrer Kinder erzürnte Gaia von Tartaros umarmen und bringt in Kilikien Typhon zur Welt, einen Riesen, der bis zu den Lenden menschengestaltig ist, aber riesenlange Arme besitzt, aus denen 100 Schlangenköpfe hervorragen. Schlangen ersetzen die Füße. Die Götter fliehen nach Ägypten, als sie Typhon erblicken, und verwandeln sich in Tiere, das heißt, sie gleichen sich den theriomorphen ägyptischen Gottheiten an. Zeus schleudert nun Blitze gegen Typhon. Als dieser immer näher kommt, zückt Zeus eine eiserne Sichel, was Typhon zur Flucht veranlasst. Am Berge Kasios in Syrien kommt es zum Handgemenge. Doch es gelingt dem von Wunden übersäten Typhon, Zeus dank seiner langen Arme die Sichel zu entwenden. Typhon schneidet nun Zeus die Sehnen an Händen und Füßen aus dem Leib und schleppt den lahmen Gott in die Korykische Höhle. Die Sehnen wickelt er in ein Bärenfell. Als Wächterin bestellt er Delphyne, einen jungen weiblichen Drachen, der aber von dem Meisterdieb Hermes, unterstützt von Aigipan, überlistet wird. Die beiden Götter stehlen die Sehnen und setzen sie in Zeus' Arme und Füße ein. Der wieder erstarkte Zeus nimmt jetzt erneut den Kampf mit Typhon auf. Er jagt ihn zum Berge Nysa, dann zu dem Berge Haimos in Thrakien und schließlich nach Sizilien, wo er den Berg Ätna auf Typhon wirft (I.39–43).

Ein Kind Typhons und Echidnas (»Schlange«) ist die Hydra (»Wasserschlange«) von Lerna, die man sich als mehrköpfigen Schlangendrachen vorstellte. Sie hauste in den Sümpfen von Lerna, wo sie in den Wurzeln einer Platane neben der dreifachen Quelle Amymone ihre Schlafstätte hatte. Das Untier tyrannisierte die Bewohner der Landschaft Argolis, indem es Felder verwüstete und Viehherden dezimierte, bis Herakles (latein. Hercules) mit seinem thebanischen Neffen Iolaos kam und das Ungeheuer überwand. Meistens hat es neun Köpfe, von denen einer unsterblich ist. Wurde ein Kopf abgeschlagen, wuchsen zwei neue nach. Herakles schoß zuerst Brandpfeile auf die Hydra ab, was sie nötigte, ihre Behausung zu verlassen. Mit einem Sichelschwert bzw. Schwert schnitt er ihr die Köpfe ab, es wuchsen jedoch jeweils zwei neue Köpfe nach. Der Hydra eilte (dank Hera) der riesige Krebs Karkinos zu Hilfe und zwickte Herakles ins Bein, doch der Held tötete das Tier mit einem Fußtritt. Mit flammenden Holzscheiten brannte Iolaos – er hatte den nahegelegenen Wald angezündet – die Schlangenhälse aus, sodass keine neuen Köpfe nachwachsen konnten. Den unsterblichen Kopf schlug Herakles ab, vergrub ihn und wälzte einen schweren Stein darauf. Anschließend tauchte er seine Pfeile in die Galle des Untiers, deren giftige Wirkung fortan jedem, den sie trafen, eine tödliche Wunde zufügte. Der Kampf mit der Hydra ist eine der zwölf Arbeiten des Herakles im Dienste des König Eurystheus, der aber bemängelte, dass der Held sich der Hilfe seines Neffen bediente. Er wollte daher die Tat nicht anerkennen.

Herakles war der Sohn von Zeus und Alkmene, der Gattin des Amphitryon. Hera war über die ständigen Liebschaften ihres Göttergemahls nicht erfreut und trachtete Herakles schon als Kleinkind nach dem Leben. Sie sandte zwei Schlangen aus, doch Herakles, der kaum ein Jahr alt war, erwürgte sie.

Zu den zwölf Arbeiten des Halbgottes Herakles zählt seine Reise zu dem Garten der Hesperiden. Zusammen mit dem hundertköpfigen Schlangendrachen Ladon hüteten die Hesperiden, die Töchter der Hesperis (Abendstern) oder der Nyx (Nacht), diesen Göttergarten. Dort gab es einen Baum mit goldenen Äpfeln, den einst Gaia Zeus und Hera zur Hochzeit geschenkt hatte. Hera setzte Ladon als Wächter ein. Man stellte sich Ladon als *ophis* (Schlange) oder *drakon* (Drache, Schlange) vor, der sich um den Baum ringelt und nie schläft. Entweder erschlug Herakles den Hüter der goldenen Äpfel oder die Hesperiden, denen es in manchen Quellen an Loyalität mangelt, schläferten Ladon ein.

Acheloos, der Sohn des Okeanos und der Tethys, ist der bekannteste und prominenteste unter den griechischen Flußgöttern. Er wird meistens als Stier mit menschlichem Gesicht, aber mit Stierhörnern dargestellt, während die Flussgötter ansonsten in theriomorpher

Gestalt als Stiere erscheinen. Im Gegensatz zu anderen Flussgottheiten konnte er seine Gestalt bei Bedarf verändern. Acheloos ist der Vater der Sirenen und der Nymphen. Er verliebt sich in Deïaneira, die Tochter des Königs Oineus oder des Gottes Dionysos, die aber auch von Herakles begehrt wird. Der Auseinandersetzung mit dem Helden der griechischen Sage ist Acheloos nicht gewachsen, obwohl er sich zuerst in eine große Schlange, dann in einen Stier verwandelt. Herakles bricht Acheloos ein Horn ab, schenkt es aber später dem überwundenen Gegner. Acheloos gibt ihm dafür das mit Blumen und Früchten gefüllte Horn der Ziege Amaltheia, das Zeus dem Flussgott schenkte.

In der Sage von den Argonauten reist Jason von seiner thessalischen Heimatstadt Jolkos (heute: Volos) am Pagasäischen Golf nach Kolchis (akk. Qulḫa, georg. Imereti), um das Goldene Vlies, das goldene Fell des Widders Chrysomallos, zu holen. Die Fahrt unternahm er zusammen mit einer Schar griechischer Helden, die nach dem Schiff Argo als »Argo-Fahrer, die mit der Argo Fahrenden« bezeichnet werden. Der kolchische König Aietes, ein Sohn des Helios, wollte das Vlies, das im heiligen Hain des Gottes Ares in einer Eiche hing und von einem Drachen bewacht wurde, nur unter bestimmten Bedingungen hergeben. Der Drache war ein Sohn von Typhon und Echidna (»Schlange«). Des Königs Tochter Medeia (latein. *Medea*), die sich in den griechischen Helden verliebt hatte, schläferte den Schlangendrachen, der am Fuß der Eiche wachte, mit einem Zaubermittel ein, sodass Jason das Vlies rauben konnte.

Perseus' Kampf mit einem Meeresungeheuer – es wird *kētos* (großes Seetier, Meeresungeheuer) genannt, nicht *drakon* – entspricht von der Motivik her den Drachengeschichten in Märchen: Ein Drache bewacht ein Mädchen; als er es verschlingen will, naht die Rettung in Gestalt eines jungen Mannes, der das Untier tötet. Perseus war der Sohn von Zeus und Danaē. Akrisios, der König von Argos, sperrte seine einzige Tochter Danaē in einem verschlossenen Gemach ein, da das Delphische Orakel ihm prophezeit hatte, dass er auf die Geburt eines Sohnes vergeblich warte, aber einen Enkel erhielte, der ihn töten werde. Für Zeus war der fensterlose Raum kein Hindernis. Er kam als Goldregen zu Danaē. Ihr gemeinsamer Sohn ist Perseus. Ähnlich wie Siegfried besitzt er eine Tarnkappe, die ihm Hermes und Athena beschafften. Er schlug der schlafenden Medusa, der jüngsten der drei Gorgonen, die sterblich war, mit einer von Hermes erhaltenen Harpe (Sichelschwert) das Haupt ab, steckte es in seine Zaubertasche (*kibisis*) und entkam den beiden anderen Schwestern dank der Tarnkappe und der Flügelschuhe durch die Lüfte. Das Haupt schenkte er Athena, die es fortan als Gorgoneion auf ihrem Brustpanzer trug. Das fratzenhafte Medusenhaupt, dem Schlangen aus dem Haar wachsen, hat eine Unheil abwehrende und Furcht einflößende Wirkung.

Nachdem Perseus den beiden Schwestern glücklich entronnen war, gelangte er nach Süden, wo er über Äthiopien (= Kusch bzw. Meroë) hinwegflog und an der Küste ein ausgesetztes Mädchen sah, das an einen Fels gebunden war und ihn um Hilfe bat. Selbst als Sklavin wollte sie ihm folgen, wenn er sie nur aus ihrer misslichen Lage befreie (Euripides' »Andromeda«). Der Ort, an dem Andromeda, die Tochter von Kepheus, dem König der Äthiopen, und seiner Frau Kassiopeia, ausgesetzt war, soll Jaffa in Palästina gewesen sein. Poseidon war über Kassiopeia verärgert, da sie behauptet hatte, schöner als die Nereiden, die Töchter des Nereus, zu sein. Überschwemmungen und ein Seeungeheuer (= *kētos*) suchten darauf die Küste von Kepheus' Land heim. Das Orakel des Gottes Ammon empfahl dem König, er könne sein Land aus der eingetretenen Notlage nur befreien, wenn er seine schöne Tochter dem großen Seetier übergebe. Daraufhin wurde Andromeda am Strand gefesselt ausgesetzt. Perseus tötete das Ungeheuer. Das geschieht in einigen Versionen durch Steine, die ihm Andromeda reicht.

Dass man ein Ungeheuer mit Steinwürfen töten kann, kommt auch in der Kadmos-Sage vor. Kadmos war der Sohn des phönizischen Königs Agenor und seiner Frau Thelephassa. Als die Suche nach seiner Schwester Europa – Zeus hatte sie in Gestalt eines Stieres, auf dessen Rücken sich die Königstochter setzte, übers Meer entführt – ohne greifbare Ergebnisse verlief, befragte Kadmos das Orakel von Delphi, das ihm die Auskunft erteilte, er solle sich um das Schicksal der Schwester nicht kümmern, sondern einer Kuh mit mondförmigen

Flecken folgen und dort, wo sich das Tier zum Schlafen hinlege, eine Stadt gründen. So gründete er schließlich Kadmeia, die Burg von Theben. Als seine Gefährten Wasser bei einer Quelle holten, wurden sie von einem Drachen angegriffen, der sie tötete. Den Drachen stellte sich die antike Tradition als Riesenschlange vor. Kadmos brachte den Drachen durch Steinwürfe um. Auf Rat Athenas brach er dem Ungeheuer die Zähne aus und säte sie in die Furchen eines gepflügten Feldes aus. Aus dem Erdboden kamen nun bewaffnete und mit Rüstung versehene Krieger hervor, die sich so lange bekämpften, bis nur noch fünf, die Spartoi (»Ausgesäten«), die Stammväter der späteren Thebaner, übrig blieben. Die Tötung des Drachen hatte noch ein Nachspiel. Das Untier stammte von Ares ab, weshalb Kadmos dem Gott acht Jahre zu Diensten sein musste. Anschließend durfte er Harmonia, die Tochter von Ares und Aphrodite, heiraten.

Zu den Feinden Apolls gehört Python, ein Sohn von Gaia, der schon Apolls Mutter Leto nachstellte. Python war ein Schlangendrache am Omphalos in Delphi, der Apoll den Weg dorthin versperrte. Der Gott erlegte den Drachen durch Pfeilschüsse. Die Überreste des Untiers sollen in dem Dreifuß, auf dem die Pythia genannte Orakelpriesterin bei Anfragen saß, verwahrt oder darunter begraben sein. Die Überwindung des Drachen trug Apoll den Beinamen Pythios ein. Die Pythischen Spiele, bei denen musische Wettkämpfe überwogen, wurden von Apoll selbst zur Erinnerung an seine Tat gestiftet.

Einen apotropäischen Charakter besitzt die Schlange im Kult des Heilgottes Asklepios (latein. *Aesculapius*), der im Mythos als Sohn Apolls und der Koronis gilt. Das Zentrum seines Kultes, der sich in hellenistisch-römischer Zeit großer Popularität erfreute, war Epidauros (in der Argolis). Das Heiligtum lag außerhalb der Stadt. Zu den Attributen des Heilgottes gehörte die Schlange. Auf bildlichen Darstellungen ist der Gott mit dem sogenannten Äskulap-Stab zu sehen, einem Stab, um den sich eine Schlange windet, was an die Beschreibung der Ehernen Schlange von Moses erinnert. In den Kult war auch Asklepios' Familie eingebunden, allen voran seine Tochter Hygieia (Gesundheit, davon abgeleitet »Hygiene« im Deutschen), die in Rom mit der Göttin Salus gleichgesetzt wurde. Die Asklepien (griech. *asklēpieia*, sing. *asklēpieion*), wie man seine Heiligtümer nannte, waren zugleich Sanatorien und Wallfahrtsstätten für Kranke aller Art. In einem kleinen von 26 dorischen Säulen umgebenen Rundbau, dem Tholos, wurden in der Tempelanlage des Gottes in Epidauros heilige Schlangen gehalten. Der Gott konnte sich ophiomorph (schlangengestaltig) offenbaren. Asklepios wurde in Ägypten nicht selten mit Sarapis identifiziert.

Auf einem zweirädrigen Schlangen- oder Drachenwagen sitzt oder steht der eleusinische Kulturheros Triptolemos, der als Erfinder des Ackerbaus gilt. Von Demeter erhielt er Ähren, die er aussäte und dann erntete.

Eine der bekanntesten Statuengruppen aus der Antike stellt den Tod Laokoons und seiner beiden Söhne dar, die von Schlangen erwürgt werden. Das Kunstwerk wurde 1506 auf dem Esquilin im Bereich von Neros Palast gefunden. Der Apollo-Priester Laokoon warnte die Trojaner vergeblich vor dem hölzernen Weihgeschenk für Athena, das die Griechen vor Troja zurückgelassen hatten, ehe sie zum Schein absegelten. Laokoon schleuderte einen Speer auf das Pferd, was einen dumpfen Ton verursachte, als wäre das Holzpferd hohl. Laokoon hätte das Geschenk für Athena am liebsten an Ort und Stelle verbrannt. Als Laokoon am Meeresufer die Vorbereitungen für ein Stieropfer an Poseidon traf, kamen zwei riesige Schlangen aus dem Wasser, ringelten sich um ihn und die beiden Söhne und erstickten sie. Danach krochen die Schlangen zum Athena-Tempel in Troja. Im Tod Laokoons sahen die Trojaner eine Strafe, da er der Göttin das Geschenk vorenthalten wollte. In anderen Quellen wird die Schuld am Tod Laokoons auf Apoll geschoben, der verärgert über den Priester war, weil er nicht ehelos geblieben war oder weil er mit seiner Frau ehelichen Umgang im Tempel hatte.

Die berühmtesten Persönlichkeiten, die durch einen Schlangenbiss quasi unsterblich wurden, sind Eurydike und Kleopatra (VII. Philopator, *ca.69 v. Chr.). Eurydike, die geliebte Gattin des Orpheus, starb auf der Flucht vor Aristaios, dem Sohn Apolls und Schutzherrn aller Bienenzüchter, am Biss einer Schlange. Nach der verlorenen Seeschlacht bei Actium am 2. Sept. 31 v. Chr. – erst Kleopatras vorzeitige Flucht besiegelte die Niederlage –

kehrten Kleopatra und Marc Anton nach Alexandreia zurück. Marc Anton brachte sich am 1. Aug. um und Kleopatra am 12. Aug. 30 v. Chr., nachdem Octavian (= Augustus) in der Stadt eingezogen war. Der Versuch, mit Octavian eine politische Lösung zu finden, war misslungen und der Plan, sich nach Indien (wohl das Aksumitische Reich oder Meroë) abzusetzen, war fehlgeschlagen. Nach der antiken Überlieferung bringt sich die letzte Pharaonin stilecht um: Eine Uräus-Schlange, das alte Symbol pharaonischer Macht, setzt ihrem Leben ein Ende.

Iran, Armenien und Indien

In der vedischen Religion des alten Indien erhält der Gott Indra den Beinamen Vṛtrahan »der den Vṛtra Schlagende«, da er die Drachenschlange (= ahi) Vṛtra mittels seiner Blitzwaffe Vajra (Donnerkeil) besiegte (Rig-Veda I,32). Danach kommt der ersehnte Regen. Vṛtra symbolisiert ähnlich wie im hethitischen Illuyanka-Mythos die dunkle Regenwolke, die, vom Blitz getroffen, sich in Regen auflöst. Zu Indras Begleitern gehören die Marut (Wind) genannten Sturmgötter. Indras Beiname entspricht etymologisch dem Namen des altiranischen Gottes Verethragna (Vərəθrayna > mittelpers. Bahrām), der aber in der avestischen Überlieferung nicht oder nicht mehr die Funktion eines Drachenkämpfers wahrnimmt. Nur aus der armenischen und sogdischen Nebenüberlieferung lässt sich erschließen, dass Verethragna ursprünglich zum Kreis der Drachentöter gehörte. Siegreich mit Drachen oder Drachenschlangen kämpfen die mythischen Heroen Kərəšāspa (> Krišāsp > Garšāsp) und Thraētaona (Θraētaona > mittelpers. Frētōn > neupers. Farīdūn).

Später kann das Motiv des Drachentöters auch auf große Herrschergestalten der persischen Geschichte übertragen werden, was eine Parallele im germanischen Bereich hat. Dem Sanskritwort ahi (Schlange) entspricht im Avestischen aži (Schlange) und lebt im Namen des iranischen Drachen Aži Dahāka fort. In Firdausīs (935–1020) Epos, dem »Šāhnāma«, setzt Aždahā den König Ǧamšēd (< Yima x̌šaēta, der leuchtende Yima), den avestischen Urkönig Yima, ab und usurpiert den Thron. Er heiratet dessen Schwestern Arnavāz (< avest. Arnavāč) und Šahrināz (< Sahavāč). Farīdūn erobert Aždahās Burg, befreit die beiden Schwestern und heiratet sie. In volkstümlichen Erzählungen bzw. im Märchen kann der schlangenförmige Aždahā einen Schatz bewachen oder die Wasserversorgung einer Lokalität kontrollieren, von deren Bewohnern er ein Mädchenopfer fordert, bis der Held erscheint und sie befreit.

Im stark dualistisch eingefärbten Weltbild des Iran – es handelt sich um einen ethischen Dualismus – vertritt der Schlangendrache die Lüge (drug) und ist ein Vertreter des bösen Prinzips. Die Schlange zählt daher nicht zu den Tieren mit einer positiven Konnotation.

In der iranischen Apokalyptik taucht Aži Dahāka in der Endzeit wieder auf. Frētōn (< Thraētaona) einst den Schlangendrachen zum Damāvand, dem höchsten Berg Persiens, getrieben und dort angekettet, wo er bis zum Ende des 11. Millenniums ausharren muss, bis ihn Ahriman befreit und auf die Menschheit loslässt. In einem letzten Kampf wird er von Kərəšāspa redivivus besiegt und getötet, was das 12. und letzte Millennium der auf 12 000 Jahre anberaumten Weltzeit einleitet. Jetzt erscheint Ušētarmāh, der letzte der drei Šōšāns (= mittelpers. < avest. Saošyant, Erlöser). Im letzten Millennium, einer Heilszeit, verschwinden auch die Tiere auf Erden, die als schädlich gelten, insbesondere die Schlangen.

Dem Gott Verethragna entspricht in Armenien etymologisch Vahagn, der als Drachentöter angesehen wird. Ein entsprechender Mythos ist nicht erhalten. Vahagns Beiname Višapakʻaḷ(»Drachenwürger, Drachentöter«) ist mit dem von Indra identisch. Višap (»Drache«) ist faktisch die armenische Entsprechung von Aždahak. Im armenischen Volksglauben stellte man sich die Višaps in Schlangengestalt vor. Sie wohnen entweder im Wasser oder an Land, was an kleinasiatische Verhältnisse erinnert. Ferner können sie mit dem Gewitter identifiziert werden, woraus man schließen kann, dass der Kampf mit dem Drachen ähnlich wie im Fall von Illuyanka oder Vṛtra mit dem Kommen des Regens zusammenhängt.

In Indien ist die Schlange (nāga) von einem numinosen Nimbus umgeben. Die Schlangen stammen von Kadrū, einer Tochter des Schöpfergottes Prajāpati, ab, deren Neffe der Adler Garuḍa ist. Doch Viṣṇus Reittier ist trotz der familiären Bande der größte Feind der Nāgas. Viṣṇu selbst ruht auf der Weltenschlange Ananta. Schlangen haben einen beschützenden Charakter und können menschliche Gestalt annehmen, sodass es zu ehelichen Verbindungen mit Menschen kommt. Sie leben an unterirdischen Orten, wo sie u. a. Schätze bewachen, oder im Ozean und besitzen wie die Menschen Könige. In den Veden spielt die Schlangenverehrung keine große Rolle, weshalb man annehmen kann, dass sie nichtarischer bzw. dravidischer Herkunft ist.

In Lebensbeschreibungen Buddhas kommt Mucalinda, der König der Nāgas, der Schutzfunktion nach, die den Schlangen zugeschrieben wird. Er breitet seine vielen Häupter wie ein Schirm über den unter dem Bodhi-Baum in Meditation versunkenen Siddhārtha Gautama und hält Wind und Regen von ihm ab.

Ägypten

Wenn der Sonnengott Re in seiner Barke über den Himmel fuhr und sich des Abends der Einfahrt in die Unterwelt im Westen näherte, musste er sich einer riesigen Schlange erwehren, die den Namen Apophis (= griech., griech. auch Apopis, altägypt. Apep, wohl »Riesenschlange«, kopt. [bohair.] *aphoph, aphop* »Riese«) trägt. Der Gott Seth, der am Bug der Barke zu diesem Zeitpunkt stand, stach auf Apophis ein. Zog am Himmel Abendrot auf, wussten die Ägypter, dass der Kampf besonders blutig verlaufen war. Apophis' Blut färbte nämlich den Himmel rot. Erschien die Barke morgens im Osten, nachdem sie die Unterwelt nachts durchquert hatte, spielte sich das gleiche Drama ab. Apophis versuchte die himmlischen Wasserkanäle auszutrinken, um die Barke auf den himmlischen Sandbänken stranden zu lassen. Dieses Schauspiel wiederholte sich alltäglich, da Apophis sich von seinen Verletzungen stets wieder erholte.

Die Pharaonen trugen, sofern sie nicht mit der weißen und roten Doppelkrone *(pšent)* von Ober- und Unterägypten abgebildet sind, das Nemet-Kopftuch, das mit einem goldenen Stirnreif um den Kopf fixiert war. Vorn an der Stirn war eine kleine Kobra *(naja haje)*, die den Kopf zum Kampf bereit aufgerichtet hat, sowie ein Geier befestigt. Beides, Schlange und Geier, sind Personifikationen der Geiergöttin Nechbet von Necheb (= al-Kab) in Oberägypten und der Schlangengöttin Uto (Wadjet) von Buto (Tall al-Faraʿin) in Unterägypten. Beide sind Schutzgöttinnen von Unter- und Oberägypten und repräsentieren die Dualität der Pharaonenherrschaft. Unter ihrer speziellen Obhut stand der regierende Pharao. Die Kobra sollte die Feinde des Herrschers abschrecken. Von den Griechen wurde das ägyptische Wort für die pharaonische Schlange mit Uraios (latein. *Uraeus*) wiedergegeben. Die Uräus-Schlange besitzt generell eine apotropäische Funktion und kommt auch außerhalb der Königssymbolik vor und ist für diverse andere Götter (Osiris, Sonnengott) belegt. Je eine Uräus-Schlange kann die Sonnenscheibe der Flügelsonne flankieren.

Sarapis (lat. Serapis, Kompositum aus Osiris und Apis, dem heiligen Stier des Ptah von Memphis > Oserapis), dessen Kult bereits die frühen Ptolemäer förderten, entwickelte sich bald zu einem Allgott, einem Kosmokrator, der Eigenschaften anderer Gottheiten in sich aufnahm und Zeit und Ewigkeit beherrschte. Er wurde mit Aion (Zeit, Ewigkeit) identifiziert, aber auch mit Zeus und Helios. Die Schlange, die auf vielen Darstellungen des Gottes zu sehen ist, scheint ein Sinnbild der sich verjüngenden Zeit zu sein, ähnlich wie eine Schlange durch Häutung immer gleich alt zu bleiben scheint. Agathos Daimon, der Schutzgott Alexandreias, der Schlangenform besaß, wurde vermutlich vor dem gleichen Hintergrund mit Aion identifiziert.

Eine Schlange, die sich in Form eines Kreises oder Ringes in den Schwanz beißt, ist das Symbol des Ouroboros (griech. für Schwanzfresser), der als Schlangengottheit aufgefasst wird. Man dachte, dass sich diese Schlange um das Universum ringelt und ein Sinnbild für Erneuerung ist.

Babylonien

Marduk, meistens nur Bēl (Herr) genannt, der bekannteste unter den babylonischen Göttern, besaß als heiliges Tier einen Schlangendrachen namens Mušḫuššu, der zur Kategorie der Mischwesen gehört, wie man sie oft in der Glyptik des Zweistromlandes findet. Das Fabeltier besaß einen gehörnten Schlangenkopf, der Körper ähnelte einem Schlangenleib mit Schuppen, während die beiden Vorderfüße dem Löwen und die beiden Hinterfüße dem Adler entlehnt waren. Der Schwanz endete in dem Stachel eines Skorpions. Mušḫuššu war eines der Unwesen, die Tiamat zum Kampf gegen die Götter aufbot. Vermutlich wurde es von Marduk besiegt und dann in seinen Dienst genommen. Auf Siegeln ist häufig ein siebenköpfiges Mischwesen zu sehen, das Mušḫuššu ähnelt und von einem oder mehreren Göttern bekämpft wird. Die Deutung der Szenerie lässt sich aus Keilschrifttexten nicht hinreichend erhellen.

Zwei gehörnte Schlangen (vermutlich Hornvipern) als Symboltiere besitzt der sumero-akkadische Gott Ningizzida, der zum Kreis der Unterweltgötter in dienender Funktion gehört. Die Schlangen können ihm auf Rollsiegeln auch aus der Schulter wachsen. Vermutlich war er auch eine Heilgottheit, was die Schlange und der Name seines Vater Ninazu nahelegt, der auf Sumerisch »Herr (= nin) Arzt« bedeutet. Ein regelrechter Schlangengott ist zumindest dem Namen nach Niraḫ, »die Natter, Schlange«, die hier die apotropäische Seite seines Charakters repräsentiert. Niraḫ war der Bote des Gottes Sataran, dessen wichtigster Kultort die Stadt Dēr (heute: Bedre südlich des Diyala und östlich des Tigris) war. Er besaß den Charakter eines Heilgottes.

Ob sich die Babylonier Tiamat oder Abzu, die Urwesen des Kosmos, die das salzige und süße Wasser repräsentieren, als drachengestaltig vorstellten, ist nicht sicher. Auf jeden Fall sahen sie in Tiamat ein weibliches Wesen. Als die Palmyrener in achämenidischer oder frühhellenistischer Zeit den Kult des städtischen Hauptgottes im Licht der babylonischen Tradition deuteten und ihm den Namen Bēl gaben, stellten die Künstler Tiamat als Frau mit mehreren Füßen in Gestalt von Schlangen dar, wozu sie vermutlich durch Darstellungen von Zeus' Kampf gegen die Giganten oder Typhon inspiriert wurden, deren Füße Schlangen sind.

Auf Marduks Symboltier spielt das Danielbuch an, allerdings in den sogenannten deuterokanonischen Stücken, für die es keine hebräische oder aramäische Vorlage gibt und die nur in der Septuaginta und der Vulgata, der griechischen und lateinischen Bibelübersetzung, überliefert sind (Kap. 14). In der Geschichte von Bel und dem Drachen (griech. drakon, latein. draco) entlarvt Daniel das Heidentum, das Statuen für Götter hält, als grandiosen Betrug. Nachdem die 70 Priester Bēls der arglistigen Täuschung überführt worden sind – sie aßen die Opfergaben selbst und nicht der Gott Bēl, wie von ihnen behauptet wurde –, fordert der persische König Kyros Daniel auf, den Drachen anzubeten, da er ein Gott sei, der lebt, isst und trinkt. Kyros gewährt Daniels Bitte, den Drachen ohne Schwert zu töten. Er gibt dem Drachen ein Fladenbrot zu essen, das er aus Pech, Fett und Haaren zubereitet hat, worauf der Drachen zerplatzt. Die empörten Bewohner Babylons erreichen beim König, dass Daniel in eine Löwengrube geworfen wird. Sie werfen Daniel vor, Bels Götterbild samt dem Tempel zerstört zu haben und den Tod der Bēl-Priester veranlasst zu haben (14,22.28, vgl. I Reg 18,40).

Die Germanen

In der germanischen Mythologie und Sagenwelt spielen Drachen (germ. Äquivalent: »Wurm, Lindwurm«) und in gewisser Hinsicht auch Schlangen (altengl. wyrm, altnord. ormr) eine nicht unbedeutende Rolle. Das Wort Drache, das in (fast) allen europäischen Sprachen vorkommt, stammt aus dem Lateinischen, wo draco allerdings selbst eine Entlehnung aus dem griechischen drakon (»der scharf/furchtbar Blickende« > Drache, Schlange) ist.

Ins Reich der Fabeltiere gehört die Midgardschlange (Midgardsormr), eine riesige Schlange, die im Meer lebt und die als Scheibe gedachte Erde umgibt und sich in den Schwanz beißt. Midgard, eigentlich der Mittelhof, das mittlere Gehöft (gard), liegt in der Mitte der immergrünen Weltenesche Yggdrasil und ist über Bifröst, den Regenbogen, mit Asgard verbunden, wo das Göttergeschlecht der Asen wohnt. Die riesige Midgardschlange ist (wie der Fenriswolf und Hel) ein Kind der Riesin Angrboda und ihres Geliebten Loki, Odins Blutsbruder, der in den nordischen Mythen die Funktion eines Tricksters wahrnimmt und die Asen des Öfteren aus misslichen Situationen durch eine List befreit. Thor (im Süden: Donar) versuchte einst die Midgardschlange mit einem Angelhaken, an den ein Stierkopf gebunden war, aus dem Meer zu ziehen, was aber misslang. Der Riese Hymir schnitt den Angelhaken durch, als Thor seinen Hammer Mjöllnir, den ihm einst der Zwerg Sindri (zusammen mit seinem Bruder Brock) geschmiedet hatte, schwang und den Kopf der

Schlange zu zerschmettern suchte. Thor war zusammen mit Tyr zu dem Riesen Hymir gegangen, um einen Bierbottich für die Götter zu beschaffen. Zuvor musste Thor aber an einem Wettfischen teilnehmen. Hymir fing zwei Walfische auf einmal, dann wollte Thor, um ihn zu übertrumpfen, die Midgardschlange aus dem Meer ziehen. Als Thor und Loki einst den Riesen Utgard-Loki aufsuchten, mussten sie sich verschiedenen Kraftproben stellen (Wettessen, Wetttrinken etc.). Dabei gelang es Thor nicht, Utgard-Lokis Katze vom Boden hochzuheben. Es war nämlich die Midgardschlange. Erst bei der Götterdämmerung (Ragnarök) vernichtet Thor die Midgardschlange mittels seines Hammers Mjöllnir, kommt aber selbst bei diesem Kampf ums Leben.

Der bekannteste Drachentöter aus der germanischen Sagenwelt ist Siegfried, im nordischen Bereich Sigurd genannt. Während im »Nibelungenlied« die mythologischen Züge der immer stärkeren Christianisierung des Stoffes zum Opfer fielen und mehr oder weniger beseitigt wurden, treten sie in der »Edda«, das heißt in der nordischen Überlieferung deutlich hervor. In der 3. Âventiure berichtet Hagen von Tronje den Frauen am Hof in Worms, dass Siegfried (aus Xanten am Niederrhein) einen Schlangendrachen (lintrache, V. 100) tötete[2] und durch ein Bad in dessen Blut unverwundbar wurde. Über den Drachenkampf wird nichts berichtet. Durch ein anderes Abenteuer kam Siegfried in den Besitz des Nibelungenhortes, den er Nibelungs Söhnen, den Zwergen Nibelung und Schilbung, abnahm, die er bei einem Berg erschlug (V. 87–96). Das Schwert Balmung, das ihm geschenkt wurde, führte einst Ni-belung (wohl von Nebel-heim/Nifl-heim »Nebelheim, Dunkelheim«, dem Land der Zwerge, abgeleitet), nach dem der riesige Schatz benannt war (V. 93–95). Den Zwerg Alberich, der den beiden Brüdern zu Hilfe eilte, überwand Siegfried, obwohl dieser sich mit Hilfe einer Tarnkappe unsichtbar gemacht hatte. Anschließend setzte er ihn als Hüter des Schatzes ein (V. 96–99). Die Tarnkappe behielt Siegfried. In der nordischen Überlieferung ist der Stoff noch stark mythologisch eingefärbt. Drachenkampf und Schatz sind nicht getrennt wie in der südlichen Überlieferung, sondern gehören zusammen.

Einst kamen die Asen Odin, Hönir und Loki, als sie zusammen unterwegs waren, an den Wasserfall Andvarafors (»Wasserfall/Stromschnelle des Andvari«), der reich an Fischen war. Dort sahen sie einen Fischotter am Ufer sitzen, der gerade einen Lachs zu verspeisen gedachte. Loki warf einen Stein auf den Otter, sodass er starb. Die Asen freuten sich über das unerwartete Jagdglück und zogen dem Otter das Fell ab. Auf ihrem Weitermarsch kamen sie am Haus des Riesen Hreidmar vorbei und wollten bei ihm übernachten. Als Hreidmar und seine beiden Söhne Fafnir und Regin den Otterbalg sahen, wussten sie, dass die Asen Otr (Otur) umgebracht hatten. Otr war Hreidmars dritter Sohn und tummelte sich gern in Gestalt eines Fischotters in dem Wasserfall Andvarafors. Hreidmar und seine Söhne zwangen nun die Asen, ein Wergeld für den erschlagenen Otr zu zahlen. Sie verlangten, dass der Otterbalg mit Gold gefüllt und zusätzlich von außen noch mit Gold bedeckt werden sollte, was die Asen in Bedrängnis brachte. Doch Loki wusste einen Ausweg. Er begab sich ans Meer zu Ran, der schönen Meeresgöttin und Gemahlin Aegirs, und lieh sich ihr Netz aus, mit dem sie ansonsten die im Wasser Ertrunkenen auffischte. An den Wasserfall Andvarafors zurückgekehrt, warf Loki Rans Netz unmittelbar vor einem Hecht aus, der sich als der Zwerg Andvari (»der Vorsichtige«) herausstellte. Er konnte sich nur dadurch aus seiner Zwangslage befreien, dass er Loki seinen Goldschatz auslieferte. Andvari hätte jedoch gern einen kostbaren Ring, der den Schatz ständig mehrte, zurückbehalten. Als Loki das bemerkte, nahm er dem Zwerg das schöne Stück ab, das den Namen Andvaranaut (»Geschenk Andvaris«) trug. Andvari verfluchte den Ring und kündigte an, dass er seinem jeweiligen Besitzer Unglück brächte. Als Loki zu Hreidmar wieder zurückgekehrt war, füllten die Asen den Otterbalg mit Gold und schichteten dann Gold außen um das Fell herum auf. Hreidmar bemängelte, dass noch ein Barthaar zu sehen wäre und seine Bedingung nicht erfüllt sei. Darauf zog Odin den Ring Andvaranaut hervor und bedeckte damit das Barthaar. Damit wäre ein Einvernehmen wiederhergestellt gewesen, doch Loki teilte ihm nun mit, dass es für ihn samt seinen Söhnen besser gewesen wäre, er hätte seine Gier nach dem Gold gezügelt und auf den Ring verzichtet. Das Verhängnis nimmt nun seinen Lauf. Fafnir und Regin verlangten von ihrem Vater, dass er den Anteil an dem Wergeld auszahle, der ihnen zustehe. Hreidmar lehnte aber dieses Ansinnen ab. Der erboste Fafnir tötete ihn darauf nachts im Schlaf. Regin ging leer aus. Fafnir verweigerte ihm den ihm zustehenden Anteil an dem Erbe und zog sich samt dem Gold in die Gnitaheide zurück, wo er sich in einen Lindwurm verwandelte, um seinen Schatz in einer selbst gegrabenen Höhle, die aber ein eisernes Gebälk samt eisernen Türflügeln besaß, zu bewachen. Der »Schreckenshelm« Œgishjalmr (Œgishiálmr, Œgishalmr) verlieh ihm ein Furcht einflößendes Aussehen und hielt unliebsame Besucher ab, wie extra hervorgehoben wird, was aber eigentlich nicht notwendig war. Niemand wagte es, sich dem Lindwurm zu nahen, da er Gift schnaubend auf seinem Schatz lag.

Der um sein Erbe betrogene Regin (in der Thidrekssaga: Mime) wird Erzieher des jungen Sigurd aus dem Geschlecht der Wälsungen. Seinem Zögling erzählte er von Fafnir, der in Gestalt eines Lindwurms auf einem riesigen Goldschatz in einer Höhle der Gnitaheide liege, was das Interesse des jugendlichen Helden weckte. Regin schmiedete das einst in Stücke zerbrochene Schwert Gram zusammen, das Odin (im Süden: Wodan, Wuotan) Sigurds Vater Siegmund geschenkt hatte. Danach begaben sich beide in die Gnitaheide. Sigurd legte einen Graben an der Stelle an, die Fafnir täglich passierte, wenn er zu seiner Wasserstelle kroch, um zu trinken. Als Fafnir über den Graben kroch, stieß ihm Sigurd das Schwert Gram ins Herz. Der sterbende Fafnir gibt Sigurd vergeblich zweimal den eindringlichen Rat, auf das Gold zu verzichten, da es ihn zu Hel bringe, das heißt, ihn erwarte ein schmähliches Ende, kein Tod im Kampf, der ihn als Einherier nach Walhall führt. Der ängstliche Regin kam erst herbei, als Fafnir tot war. Er schnitt Fafnir das Herz heraus und trank sein Blut. Auf Bitten Regins briet Sigurd das Herz am Feuer. Als er prüfen wollte, ob es gar sei, verbrannte er sich die Fingerspitze. Er schleckte den Finger mit Fafnirs Herzblut ab und konnte plötzlich die Sprache der Vögel verstehen. Zwei Meisen unterhielten sich über die finsteren Absichten Regins, der Sigurd ermorden wollte. Darauf erschlug Sigurd seinen treulosen Mentor, füllte den Goldschatz in zwei Kisten und ritt mit ihnen auf seinem Pferd Grani davon. Den Schreckenshelm und das Schwert Hrotti nahm er samt dem Ring Andvaranaut ebenfalls mit. Sie kehren im »Nibelungenlied« als Tarnkappe und das Schwert Balmung wieder, während der Ring, den Sigurd Brunhild schenkte, beim Streit der Königinnen auf den Stufen des Wormser Dom eine verhängnisvolle Rolle spielt. In der nordischen Überlieferung stirbt Gunnar in einer Schlangengrube, einem »engen Wurmhof« oder »Schlangenhof«.

Fafnirs Verwandlung in ein schreckliches Ungeheuer, in einen Drachenwurm, dient eigentlich nur dazu, den Goldhort auf eine besonders sichere Art und Weise zu bewachen. Ansonsten ist er ein friedliches Tier. Die Drachengestalt hat im Prinzip nur eine Schutzfunktion. Sie ist die beste Garantie, dass der Schatz seinem Besitzer erhalten bleibt. Das ändert sich erst, als der jugendliche Held auf der Bildfläche erscheint.

Im spätwestsächsischen mit anglischen Elementen versehenen »Beowulf-Lied« (ca. 680–830 n. Chr.), dem ältesten germanischen Epos, dessen Urform die Jüten, Angeln und Sachsen nach England brachten, zeigt sich ein geflügelter Drache (wyrm) von seiner finsteren Seite, aber erst nachdem er bis zum Äußersten gereizt wird. Als das nachtaktive, 50 Fuß lange Tier (V. 3042f.) bemerkt, dass ein wertvoller Kelch seines Goldschatzes (V. 2253.2283.2306) aus seiner Berghöhle nahe einem See geraubt wurde, während es tagsüber schlief, verheert es Feuer speiend das Land der Geatas (= plur., Geaten > Gauten in Südwestschweden) und zerstört die königliche Residenz (V. 2287–2332). Beowulf, der gealterte Held und König der Geaten, kommt bei diesem Kampf ums Leben, obwohl es ihm mit der Hilfe seines jungen Verwandten Wiglaf gelingt, das Ungeheuer zu töten. Als Wiglaf das schlangenartige Untier mit dem Schwert stark verwundet, sodass es kurzfristig kaum Feuer und Rauch speien kann, trennt Beowulf schnell mit dem einschneidigen Sachs[3] (seax, hier in V. 2705: wællseax) – sein Langschwert Nägling (V. 2679) war zerbrochen – den Schlangenleib in der Mitte durch (V. 2703–2705). Das Feuer speiende Untier hatte Beowulf, der in seiner Jugend Grendel[4] tödlich verwundet und dessen Mutter umgebracht hatte, aber so sehr zugesetzt, dass er an den erlittenen Verletzungen und Verbrennungen starb. Der Schatz (hord) gehörte ursprünglich einem nicht näher genannten Clan, dessen letzter Überlebender ihn vergrub, ehe er starb (V. 2247–2266). Vermutlich spielt der Dichter auf die Sitte der Wikinger an, Schätze zu vergraben. Der Drache fand ihn und bewachte ihn 300 Jahre lang. Der im Sterben liegende Beowulf will den Goldhort sehen, worauf Wiglaf alles aus der Höhle trägt und vor ihm ausbreitet. Den Schatz erhält er als Grabbeigabe. Der Drache ist eigentlich rechtmäßiger Besitzer des Hortes, da er ihn niemandem geraubt oder gestohlen hat. Es gab schon längst keinen Menschen mehr, der Erbansprüche hätte anmelden können. Das ganze Unheil wird durch den zufälligen Diebstahl eines besonders wertvollen Stückes des Hortes ausgelöst.

Die beliebteste Gestalt der germanischen bzw. mittelalterlichen Heldensage war Dietrich von Bern (< Verona), hinter dem sich der Ostgotenkönig Theoderich der Große (474–30. Aug. 526, *ca. 455) verbirgt. In der nordischen »Thidrekssaga« (Þiðreks saga, 13. Jh.), die auf niederdeutschen Quellen beruht, werden verschiedene Überlieferungen miteinander verbunden (u. a. »Nibelungenlied« samt Sigurds Jugend), indem die Protagonisten anderer Sagen zu Verwandten oder Vasallen Thidreks erklärt werden (z. B. Sigurd als Thidreks Gefolgsmann). Der nordische Dietrich kann wie Sigurd/Siegfried einen Drachenkampf aufweisen und gewinnt noch dazu eine Ehefrau. Als König Hernit im Kampf mit einem Drachen den Tod findet, gelingt es Thidrek, das Ungeheuer zu überwinden. Isolde, die vergeblich auf die Heimkehr ihres Mannes gewartet hatte, sieht Thidrek in dessen Rüstung in die Burg reiten. Der Schmerz und die Trauer um Hernit ist kurz: Isolde heiratet Thidrek. Von dem späteren norwegischen König Harald III. mit dem Beinamen Hardråde (der Harte, *1015, 1047–1066) wird berichtet, dass er einst, als er den Rang eines Spatharokandidatos und Manglabites der Waräger-Leibgarde des byzantinischen Kaisers bekleidete, in einem unterirdischen Verlies einen Drachen tötete.

Im Märchen sind Drachenkampf und Heirat häufig eng verbunden. Der Held, der nicht der adligen Schicht angehört, befreit eine Prinzessin aus der Gewalt eines Drachen oder Schlangendrachen und heiratet sie dann oder tötet das Ungeheuer und heiratet zur Belohnung des Königs Tochter. Der Außenseiter steigt dadurch in den Hochadel auf, indem er durch Heirat König wird.

Christentum

Als Drachentöter par excellence können im Christentum der Erzengel Michael und der Märtyrer Georg gelten. Michael tötet, wie bereits erwähnt, in der Apokalypse den Drachen respektive die mit dem Teufel identifizierte Schlange, und gleichzeitig ist er eine Kapazität für die Heilkunst, die ganz analoge Formen wie im Asklepios-Kult annehmen kann. Ähnlich wie bei Asklepios und anderen Heilgöttern liegt eine Verbindung von Schlange und Heilkunst vor. Die apotropäische Funktion der Schlange ist aber auf die Spitze getrieben, die Schlange verkörpert das Böse schlechthin, das Michael besiegt. In bildlichen Darstellungen trägt Michael häufig Rüstung und ist im Begriff, den sich am Boden aufbäumenden Drachen zu töten. Meistens wird angenommen, dass dieser Prototyp in unterschiedlicher Variation auf andere Heilige übertragen wurde, was aber primär für den ikonographischen Typus zutrifft, weniger für das literarische Motiv. Der prominenteste Vertreter unter den christlichen Drachentötern ist der »Megalomartyr« (Großmärtyrer) Georg, der nach seiner Vita aus Kappadokien stammte und am 23. Apr. unter Diocletian (284–1. Mai 305) den Märtyrertod erlitt, was ins Jahr 303 fallen könnte, sofern man den bei Euseb von Caesarea (Hist. Eccles., VIII.5) erwähnten anonymen Märtyrer mit Georg identifiziert. Vermutlich war er ein Offizier der römischen Armee. In seiner legendären Vita können dem Helden Martern und selbst der Tod nichts anhaben, bis er schließlich enthauptet wird. Erst im frühen Mittelalter fügte man seiner Vita noch eine weitere sensationelle Tat hinzu. Georg tötet bei Lasia in Kappadokien – in der »Legenda Aurea« ist es die Stadt Silena in Lybia – einen Drachen, dem täglich ein Kind geopfert wird oder werden soll. Das Los fällt schließlich auf die Tochter von König Selbios, die als Braut geschmückt dem Drachen zugeführt wird, der in einem See bei der Stadt haust. Hier trifft sie Georg hoch zu Ross, der das Untier, als es aus dem Wasser auftaucht, mit seiner Lanze verletzt oder durch ein Gebet bezähmt. Das Mädchen darf nun das Ungeheuer an ihren Gürtel gebunden in die Stadt führen. Nachdem sich die Stadtbewohner taufen ließen, tötet Georg den Drachen. Das Happy End hätte eigentlich anders aussehen müssen: Der fremde Ritter heiratet das aus den Fängen des Drachen gerettete Mädchen und wird selbst nach dem Tode des Schwiegervaters König. Das typische Märchenmotiv ist hier der Einfügung in eine Heiligenvita zum Opfer gefallen. Das Happy End kristallisiert sich als die Taufe heraus, nicht allein der Heldin und ihrer Eltern, sondern der ganzen Stadt. Gelegentlich wird angenommen, dass der Drachenkampf Georgs aus der Vita Theodors von Euchaita (9. Jh.) entlehnt sei, der in seiner Heimatstadt Euchaita (heute: Beyözü) in Pontus einen Drachen tötet. Eine fromme Frau namens Eusebia warnte ihn vor dem in einer Schlucht hausenden Drachen, was ihn aber nicht abschreckt. In späterer Zeit konnte allein schon der Blick auf den Drachen samt Theodor vor Gefahr schützen. In einer koptischen Erzählung wird eine Vergewaltigung dadurch verhindert.

Georg wandelte sich rasch zu einem der populärsten christlichen Heiligen in Orient und Okzident. Seine wachsende Beliebtheit in Iberien im Kaukasus führte dazu, dass das Land schließlich nach ihm Georgien genannt wurde. Eine beliebte Darstellung Georgs zeigt ihn hoch zu Roß, wie er gerade den unter den Füßen des Pferdes liegenden Drachen durchbohrt oder durchbohren will. Der Drache verkörpert die gottfeindlichen Mächte, obgleich er allenfalls ein Alter Ego oder Duplikat des Drachen aus der Johannes-Offenbarung ist. Es handelt sich keinesfalls um eine Übertragung der Tat des Erzengels auf einen Heiligen, sondern in die Vita wurde ein typisches Märchenmotiv integriert, das letztlich an kleinasiatische Drachenmythen über den Wettergott anknüpft.

Äthiopien

Im Geschichtsbild Äthiopiens hat die Geschichte vom Besuch der Königin von Saba bei Salomo in Jerusalem (I Reg 10,1–3/I Chron 9,1–12) einen festen Platz. Bis zum Sturz Ḥaylä Sellasēs (Haile Selassie, † 27. Aug. 1975) besaß die Tradition von der salomonidischen Herkunft des Herrscherhauses sogar noch Verfassungsrang. Im Kĕbra Nagašt »der Herrlichkeit der Könige« fand die Reise der Königin, deren Heimat nach Äthiopien verlegt wird, ihren literarischen Niederschlag. Zur eigentlichen Popularität im Lande, die ungebrochen bis in die jüngste Gegenwart anhielt, verhalfen allerdings die verschiedenartigen volkstümlichen Fassungen, von denen manche einen altertümlicheren Charakter als die literarische Form haben, in der mythologische Anklänge bis auf wenige Ausnahmen getilgt sind. In der volkstümlichen Überlieferung erhält die Erzählung eine Art Vorgeschichte. Es wird erzählt, wie die Königin zur Herrschaft gelangte. Diesen Extensionen der dunklen Vorgeschichte sind drei Grundmotive gemeinsam: Ein schlangenartiges Ungeheuer tyrannisiert die Dorf- oder Stadtbewohner, es fordert stets als regelmäßigen Tribut ein Mädchen oder ein Mädchenopfer. Die Rettung erfolgt durch einen jungen Mann, der dem Monster den Garaus macht und dafür mit der Herrschaft belohnt wird. Seine Tochter ist die Königin von Saba. Diese Version wird sehr häufig in Bildgeschichten mit einer fortlaufenden Szenenfolge dargestellt. Das riesige Schlangenungeheuer wird entweder als Drache oder als Schlange bezeichnet. Der Held, meistens heißt er Angābō, tötet den ungeheuer gefräßigen Schlangendrachen mit einer List. Angābō (oder seine Frau) füttert eine Ziege mit vergifteten Kräutern und Wurzeln,[5] die er dann dem Monster zum Fressen vorwirft, worauf es stirbt. Die Lokalität, an der der riesige Kadaver verwest, ist mit außerordentlicher Fruchtbarkeit gesegnet. Als Belohnung für seine Tat erhält er die Herrschaft, die nach seinem Tod auf sein einziges Kind, die Königin von Saba, übergeht. Gelegentlich zerplatzt das Schlangenungeheuer auch und sein Blut (= Regen) ergießt sich in die Ebene. Vergleiche mit südarabischen Märchen zeigen, dass die Erzählungen vom Mädchenopfer und dem schlangenförmigen Ungeheuer mythisches Material verarbeiten und letztlich auf Mythen aus dem alten Südarabien beruhen. Da im nördlichen Äthiopien einst die gleichen Gottheiten wie in Südarabien verehrt wurden, gleicht sich das in die jemenitischen Märchen oder die äthiopische Volkserzählungen abgesunkene mythische Gut in seinen Grundzügen. Der Tod des Schlangendrachen bewirkt in Übereinstimmung mit den Märchen aus dem Jemen große Fruchtbarkeit, das heißt, es fällt der erste Regen nach der Trockenzeit.

Ostasien (China, Korea)

Das klassische Land der Drachen ist China. Der Drache (*lung*, korean. *yong*, *miru/miri*, jap. *ryū*), eher ein Schlangendrache, wird als Regenbringer angesehen. Wenn es regnete, dachte man, dass das Sperma des Wolkendrachen herabfalle. Um einen Drachen, der in der Luft schwebte, dazu zu animieren, Regen herabzusenden, stellte man Nachbildungen weiblicher Drachen auf. Das Gegenteil des Regendrachen bewirkt der Feuerdrache, der Trockenheit bringt, während der schwarze Drache Sturm und Überschwemmung verursacht. Mit dem Drachen verband man Abwehr von Unheil, Macht und Stärke. Er avancierte schließlich (ab der Sung-Zeit 960–1279) zum kaiserlichen Emblem (z. B. Drachenthron etc.). Die Welt der Drachen ist ähnlich wie die irdische strukturiert und kommt nicht ohne Kaiser als Oberhäupter aus. Ihre Paläste liegen nicht nur auf dem Land, sondern auch im Meer, aus dem die Drachen aufsteigen und zu Regenwolken werden.

In der legendenhaften Lebensgeschichte Buddhas spielen in China auch Drachenkönige als Schutzgottheiten eine Rolle. Bei der Verteilung von Buddhas Reliquien erhalten auch die Drachenherrscher ihren Anteil.

Die mit dem Drachen zusammenhängenden Vorstellungen gelangten auch zu den umliegenden Völkern. Während des alttürkischen Steppenreiches entlehnten die Türküt das Wort *lung* als *luu* für den Drachen. Der Zusammenhang von Regen und Drachen ist auch für Japan belegt. Der Regengott Okami-no-kami konnte als Drachengottheit angesehen werden, die Regen, aber auch Schnee brachte. Die mandschu-tungusischen Völker kennen ebenfalls Drachen (*muduli*, *muduri*), die in ihrer äußeren Erscheinungsform chinesisch inspiriert sind. In Korea ist eine einheimische Meeresschlange *imugi* oder *imigi* sinifiziert worden, die einen ambivalenten Charakter besaß. Der Drache symbolisiert wie in China die Macht des Herrschers und fungiert als Schutzherr des Landes.

Obwohl es in der Antike Handelskontakte zu China gab und z. B. die Oberschicht aus Palmyra Seidenbrokat mit Drachenmotiven aus kaiserlichen Manufakturen bezog, die als Statussymbole benutzt wurden, ließ man sich nicht in der Kunst davon inspirieren. Trotzdem blieb der chinesische Drache im Westen nicht unbekannt. Die Drachenbanner der berittenen Truppen des chinesischen Militärs wurden durch Vermittlung der Reitervölker des Steppengürtels an die Parther, Sarmaten, Daker und Römer vermittelt. Von den Letzteren wurde die Drachenstandarte von den Franken und anderen Germanenstämmen übernommen, sofern dies nicht durch mit den Hunnen verbündete Germanenstämme (wie die Ostgoten, Rugier, Skiren, Gepiden) erfolgte oder durch die Alanen.

Drachenköpfe zierten die Steven der Langschiffe der Wikinger. Sie waren abnehmbar und wurden nur bei Kriegsfahrten verwendet. Der Drachenkopf – die Schiffe konnten auch *drekj* »Drache« genannt werden – hängt vermutlich mit dem Drachenbanner zusammen und ist kein Symbol für die im Meer hausende Midgardschlange.

Japan (Shintoismus)

Susanoo, der gewalttätige Bruder der Sonnengöttin Amaterasu, muss die Welt der Götter verlassen und wird ins Totenreich Yomi-no-kuni verbannt. Auf dem Weg dorthin passiert er die irdische Welt und kommt an den Fluss Hi in der Region Izumo auf der Insel Honshū. Izumo ist gleichzeitig das älteste Siedlungsgebiet Japans. Hier stößt er auf Ashinazuchi, den Sohn des Berggottes Ōyamatsumi, und seine Frau Tenazuchi, die sich gerade weinend von ihrer Tochter Kushinada-hime verabschieden, die der achtköpfigen Riesenschlange Yamata-no-orochi ausgeliefert werden soll, die bereits acht ihrer Töchter verschlungen und deshalb vermutlich acht Köpfe hat. Susanoo verwandelt das Mädchen in einen Kamm, den er sich ins Haar steckt, und stellt acht Gefäße hin, in die er achtfach gebrauten Reiswein (*sake*) schüttet. Die acht Häupter der Riesenschlange trinken aus den Schalen. Als das Untier völlig berauscht ist, tötet es Susanoo mit dem Schwert. Susanoo heiratet Kushinada-hime. Ihre Nachkommen herrschen als Könige über Izumo. Drachenschlange, Mädchenopfer und Held als Retter gehören normalerweise zum klassischen Repertoire von Märchen, in denen ein schlangenartiges Ungeheuer vorkommt. Hier ist das Märchenmotiv mit dem Mythos verschmolzen.

Resümee

Während die Schlange als numinoses Wesen meistens Unheil in weitestem Sinn abwehrt und Glück bringt, besitzen Mischwesen wie der Drache einen ambivalenten Charakter. In der Regel handelt es sich um eine ins Extrem gesteigerte Schlange, der auch Züge anderer Tiere (Eidechse, Löwe, Vogel) beigegeben werden können. In Mythen haben sie ein anderes Erscheinungsbild als in Heldensagen, Heroengeschichten oder dem Märchen. In einem negativen Licht als gottfeindliche Macht erscheint der Drache in einem monotheistischen Weltbild, während in einer polytheistischen Konzeption der himmlischen Welt der Schlangendrache ein treuer Diener seines jeweiligen Herrn ist. Der aus der kanaanäischen Mythologie entlehnte Meeresdrache Leviathan wird erst in der Apokalyptik zu einem gottfeindlichen Ungeheuer, dem Vertreter des Bösen, als Drache, Schlange und Teufel miteinander identifiziert werden. Eine ähnliche Entwicklung läuft im Iran ab, wo das Drachenungeheuer stets negativ porträtiert wird, was nicht nur aus den Resten mythischer Traditionen, sondern vor allem an Heroengeschichten und Märchen ablesbar ist. In Kleinasien, Indien, Südarabien, Äthiopien und China hat der Schlangendrache eine enge Beziehung zum Regen, was teilweise im Mythos sichtbar ist oder aus der Märchentradition für den Mythos rekonstruiert werden kann. In der germanischen Heldensage sind Drachen eher lichtscheue Tiere, die nur dann gefährlich werden, wenn sie in ihrer Ruhe gestört werden. Erst die zunehmende Christianisierung der Gesellschaft führt dazu, dass Märchendrachen in einem negativen Licht erscheinen, da Drachen nicht mehr losgelöst von dem Drachen der Apokalypse gesehen werden können.

Eine erweiterte und mit zahlreichen Fußnoten versehene Fassung des Textes erscheint in den Halleschen Beiträgen zur Orientalistik (HBO).

---

1 In der griechischen Bibelübersetzung werden *tannīn*, Leviathan und Rahab mit *drakon* wiedergegeben. Im Griechischen wird wie im Semitischen nicht zwischen Schlange und dem mythischen Drachen differenziert.
2 Im »Beowulf«-Epos tötet Siegfrieds Vater Siegmund (Sigemund) den Drachen (V. 884–897).
3 Der Sachs oder Sax hängt etymologisch mit dem mittelhochdeutschen *sahs* »langes Messer, kurzes Schwert« zusammen und hat nichts mit dem Stamm der Sachsen zu tun. Die Sitte, ein Lang- und Kurzschwert zu tragen, stammt aus dem Oriens Extremus und verbreitete sich über die Steppenvölker nach Westen.
4 Hrodgar, der König der Dänen, hatte eine neue Methalle (*medoheal[l]* oder *meoduheal[l]*) namens Heor[o]t (»Hirsch«) bei einem Moor (*mōr*) errichten lassen, in dem Grendel, ein *nicor* (altengl. Wasserungeheuer, Wassergeist, niederl. *nicker, nikker*, im Deutschen: Nix, femin. Nixe), lebte. Grendel und vermutlich besonders seine Mutter fühlten sich (ähnlich wie Tiamat im babylonischen Schöpfungsepos) in ihrer Ruhe gestört und vom Lärm belästigt, den des Königs Gefolgsleute nachts verursachten, wenn sie auf der *medobenč* (Metbank) oder dem *me(o)dosetl* (Sessel) saßen und zu viel aus dem *medoful(l)* (Metbecher) tranken. Er holte aus der Halle nachts einen oder mehrere der schlafenden und vom Met trunkenen Männer, die er ins Moor verschleppte und dort verschlang.
5 In der Volksüberlieferung aus der englischen Grafschaft Sussex bereitet der kluge Bauernjunge Jim Pulk oder Jim Puttock (aus dem Dorf Wick in West Sussex) einen vergifteten Kuchen zu und füttert ein Wasserungeheuer (*knucker* < altengl. *nicor*) in einem kleinen Quellteich (*knuckerhole*).

Abkürzungen

äthHen	äthiopisches Henochbuch
akk.	akkadisch
Am	Amos (Buch des Propheten Amos)
avest.	avestisch
bohair.	bohairisch (koptischer Dialekt)
I. Chron	I. Chronikbuch
Dt	Deuteronomium (5. Buch Mose)
Gen	Genesis (1. Buch Mose)
georg.	georgisch
german.	germanisch
Hi	Hiob
Hist. Eccles.	Historia ecclesiastica
hurr.	hurritisch
Jes	Jesaja (Buch des Propheten Jesaja)
Koh	Kohelet (Prediger)
kopt.	koptisch
Lev	Leviticus (3. Buch Mose)
Mt	Matthäus(evangelium)
Num	Numeri (4. Buch Mose)
Prov	Proverbia (Sprüche)
Ps	Psalm(en)
II. Reg	2. Regum (Buch der Könige)
syrBar	syrische Baruch-Apokalypse
ugar.	ugaritisch
V.	Vers

Weiterführende Literatur

J. Day: God's conflict with the dragon and the sea, Cambridge 1985, Repr. 1988

H. Gese u. a.: Die Religionen Altsyriens, Altarabiens und der Mandäer, Stuttgart u. a. 1970

H. W. Haussig, E. Schmalzriedt (Hrsg.): Wörterbuch der Mythologie, I. Abt., Bd. 1 u. 2, 5–7, 1965–1999

F. Heiler: Erscheinungsformen und Wesen der Religion, Stuttgart 1961, ²1979

J. H. Kalms: Der Sturz des Gottesfeindes. Traditionsgeschichtliche Studien zu Apokalypse 12, 2001

M. Koch: Drachenkampf und Sonnenfrau, 2004

Li X.: Céleste dragon. Genèse de l'iconographie du dragon chinois, 2000

E. Lutz-Ruoff: Die Schlangendrachen am Ištartor zu Babylon. Phil. Diss. Tübingen 1986

H. Maneschg: Die Erzählung von der ehernen Schlange (Num 21,4–9), 1981

L. Röhrich: Drache, in: Enzyklopädie des Märchens III, 1981, Repr. 1999: 787–820

J. Tubach: Die aksumitische Lokallegende, in: Festschrift für F. Heyer, 1994: 78–90

R. S. Watson: Chaos uncreated. A reassessment of the theme of »chaos« in the Hebrew Bible, 2005

G. Widengren: Religionsphänomenologie, 1969

A. Wysny: Die Erzählungen von Bel und dem Drachen: Untersuchung zu Dan 14, 1996

I. Alte und östliche Kulturen

Im ägyptischen »Pfortenbuch«, einem Buch der Unterwelt, welches die gefahrvolle nächtliche Fahrt des Sonnengottes Re durch die Unterwelt beschreibt, spricht Re in der 17. Szene der vierten Stunde zu den Uräus-Schlangen:

> »[...] Eure Flammen sind ein Gluthauch in meinen Feinden, euer Feuer ist in denen, die böse gegen mich sind«
> (Pfortenbuch, 4. Stunde, 17. Szene).

Der Sonnengott, von dem alles Leben in Ägypten abhängt, wird beschützt von Gluthauch speienden Schlangen. Die Schlange, das Symbol des ägyptischen Königtums, wehrt die Feinde des Lebens und des Pharaos ab. Ihre Gefährlichkeit kommt in ihrer Vernichtungskraft zum Ausdruck, die sie jedoch in den Dienst einer als positiv empfundenen Kraft stellt. Doch vor wem sollen die Uräus-Schlangen den Sonnengott schützen? Die Bedrohung heißt Apophis. Er personifiziert das Chaos und die Mächte der Finsternis und er versucht jede Nacht, die Fahrt des Sonnengottes und damit den Aufgang der Sonne zu verhindern. Auch Apophis wurde als Schlange gedacht. Dieses Beispiel zeigt den ambivalenten Charakter der Schlange: einerseits Symbol für Fruchtbarkeit, Regeneration und Schutzkraft mit der Gabe der Weissagung gesegnet, andererseits Erddämon und personifiziertes Chaos. Ob Uräus und Apophis, Uto (Landesgöttin von Unterägypten) und Üble Schlange in Ägypten, die heilkräftige Schlange des Asklepios und das Ungeheuer Typhon, schlangengestaltiger Agathosdaimon (guter Geist) und die schreckliche Echidna in Griechenland – die Ambivalenz im Wesen der Schlange war allgegenwärtig. Aus zwei Elementen schöpfte die Schlange ihre Kraft, beherrschte sie sogar, nämlich Erde und Wasser, wobei ihr chthonischer (der Erde zugehöriger) Charakter überwog. Erwin Küster formulierte 1913 dazu treffend: »In dieser Eigenschaft kennt und verkörpert sie folglich auch alle geheimen und mächtigen Kräfte, die das Erdinnere birgt, die bösen verderblichen (Vulkane, Sturmwind, giftige Erdgase, Nebel) wie die guten segenbringenden (tierische und menschliche Fruchtbarkeit, Quellen, Heilkräuter, Träume, Schätze, u. a.)«.[1] Diese zwei Seiten lassen erkennen, wie die Schlange im Altertum bewertet, gefürchtet und verehrt wurde.

Der Drache spielt insbesondere in China eine wichtige Rolle und ist dort eines der vielschichtigsten Symbole. So ist er u. a. das Symbol für alles Männliche (yang) und war seit der Han-Zeit (206 v. Chr.–220 n. Chr.) das Symbol des Kaisers, dessen Kleidung traditionell mit fünfklauigen Drachen verziert wurde, um ihn optisch von allen anderen Drachen (mit drei und häufiger vier Klauen) abzuheben. Es gibt unzählige Formen von Drachen. Viele haben einen Kopf, der dem eines Kamels gleicht, Augen wie ein Dämon, die Hörner eines Hirsches, Ohren wie eine Kuh, den Hals einer Schlange, den Bauch einer Echse oder Muschel, Schuppen wie ein Karpfen, Tatzen wie ein Tiger und die Krallen eines Adlers. Als Wundertier kann er auf Wolken reiten. Häufig ist er in Verbindung mit einem weiteren Drachen dargestellt, mit dem er in den Wolken einer Perle hinterherjagt. Dieser Perle wird nachgesagt, dass sie große Zauberkraft besitzt. Außerdem soll das Spiel des Drachen mit der Perle Regen und Donner erzeugen. Der Drache trägt sie unter seinem Kinn mit sich. Sein Element ist das Wasser, und er beherrscht das Wasser der Seen, Flüsse und Bäche ebenso wie den Regen.

Die chinesischen Drachen unterscheiden sich von den europäischen insbesondere dadurch, dass sie meist gutmütige Wesen sind. Dies wird auch daran deutlich, dass sie statt Feuer Wolken speien. In der europäischen Rezeption verliert der chinesische Drache seine positive Bedeutung und wird zu einem rein dekorativen Element.[2]

FB/FJ

1 Küster 1913, S. 61.
2 Vgl. Eberhard 2004, S. 60–62; Kreissl 2000, S. 88; Sanders/Pau 1981, S. 48, 58; Ströber 2002, S. 370.

I. Alte und östliche Kulturen

1 Uräus-Schlange

Ägypten, Spätzeit (ca. 664–332)
Bronze
H 7,1 cm, B 2,1 cm
HAUM, Inv. Nr. Aeg B 1

Das Objekt zeigt eine Schlange mit aufgerichtetem Schild auf einer rechteckigen Basis. Das Schild der Schlange wird von einem Steg mit waagerechten Querlinien in zwei Bereiche gegliedert, die jeweils aus drei Feldern mit eingeritztem geometrischem Muster bestehen. Während die Augen als Wölbung hervorgehoben sind, wird das Maul lediglich durch geritzte Linien angedeutet. Es ist anzunehmen, dass das vorliegende Stück Teil einer Gruppe war oder in eine größere Figur eingefügt wurde.[1]

Die Uräus[2]-Schlange erscheint in ihrer Darstellung als Apotropaion (ein Abwender des Unheils). Sie ist der Stirnschmuck an der Kopfbedeckung von Göttern und Königen, die deren Feinde durch ihren Gluthauch vernichtet. Die Eigenschaften der Schlange, sowohl ihre Gefährlichkeit als auch ihre Fähigkeit zur Regeneration, bildeten die Grundlagen für ihre Vergöttlichung. Die Uräus-Schlange, eine sich aufbäumende Kobra, richtet ihre Kräfte gegen Feindliches und beschützt den Träger. Dieser muss sie allerdings durch Gesang und Räucherung ständig besänftigen.[3]

Die Uräus-Schlange ist gewöhnlich die Erscheinungsform der unterägyptischen Kronen- und Landesgöttin Uto. Ihr Kultzentrum in der Doppelstadt Pe und Dep hieß per-nu – »Flammenhaus«. Uto schützt als königlicher Uräus an der Krone oder an der Kopfbedeckung den Pharao. Sie war eine Tochter des Re und verkörperte auch das Auge des Re und dessen Stirnschlange.[4]

In den Unterweltsbüchern der Ägypter, so im »Amduat« oder auch im späteren »Pfortenbuch«, welche die nächtliche Fahrt des Sonnengottes mit der Sonnenbarke durch die Unterwelt beschreiben, tritt eine Vielzahl von Uräen auf. Sie erhellen mit ihrem Licht die Dunkelheit der Unterwelt und schützen den Sonnengott vor feindlichen Mächten. Ein Beispiel hierfür ist die Zwölfte Stunde des Amduats, in der zwölf Göttinnen, die Uräus-Schlangen um den Hals tragen, auftreten. Sie wehren den Widersacher des Sonnengottes, die Apophisschlange[5], von der Sonnenbarke ab:

»So sind sie beschaffen in ihrem eigenen Leib.
Ihre Uräus-Schlangen kommen heraus aus ihren Schultern,
nachdem dieser große Gott [Re] zu dieser Stätte gelangt ist. Sie sind im Gefolge des Gottes.
Die Flammen im Maul ihrer Uräus-Schlangen sind es,
die den Apophis von Re abwehren beim östlichen Torweg des Horizontes.
[...] Was sie [die zwölf Göttinnen] zu tun haben in der Erde:
Denen, die in der Finsternis sind, Lösung zu geben,
durch die Fackeln ihrer Uräus-Schlangen, [...].«[6]

Der Charakter der Uräus-Schlange ist ambivalent. Sie hat vernichtende Wirkung. Jedoch stellt sie ihre Kräfte in den Dienst des Königs und der Götter. Sie vernichtet deren Feinde und wird somit zu einem Symbol des Königtums und des Sieges über die Mächte der Finsternis, die in jeder Nacht versuchen, den Aufgang der Sonne, personifiziert durch Re, zu verhindern.

FB

1 Vgl. Roeder 1956, Bd. 1, S. 385f.
2 Der griechische Begriff Uräus, abgeleitet von äg. wrt, wʽt, ist nur im Werk des Horapollo »Hieroglyphica« aus dem 5. Jh. n. Chr. belegt. Vgl. Martin 1986, Sp. 864–868.
3 Vgl. ebd.
4 Vgl. Fischer-Elfert 1986, Bd. 6, Sp. 906–911; Wilkinson 2003, S. 226f.
5 Der schlangengestaltige Apophis gilt als die Verkörperung von Chaos, Finsternis und Auflösung und ist seit dem Mittleren Reich belegt. Vgl. Wilkinson 2003, S. 221–223.
6 Zitiert nach Hornung, »Unterweltsbücher«, S. 183f.

31

2 Isis mit Horuskind

Ägypten, Spätzeit (664–332)
Bronze, H 13 cm
HAUM, Inv. Nr. Aeg. B 2, Nr. 6(27)

Die Bronzestatuette stellt das Motiv der *Isis lactans* dar. Die thronende Isis legt ihren rechten Arm an die linke Brust, um ihren Sohn Horus zu stillen. Sie trägt die dreiteilige Perücke, von der an der Stirn eine Uräus-Schlange abgeht. Die Hathorkrone der Isis basiert auf einem Modius, der auf der Perücke angebracht ist.[1] »Horus-das-Kind« (äg. *Hor-pa-chered*), dessen griechischer Name Harpokrates lautet, ruht nackt auf dem Schoß der Isis. Sie stützt den Kopf des Knaben mit der linken Hand. Harpokrates trägt die seitliche Jugendlocke. Der kahlgeschorene Kopf wird von einer Uräus-Schlange bekrönt.

Die Uräus-Schlangen an der Stirn der Isis und an der des Harpokrates haben apotropäische Wirkung, sie schützen die Träger vor feindlichen Mächten.

In der Mythologie um den Kindgott Harpokrates spielt die Uräus-Schlange als Erscheinungsform der Schlangengöttin Uto (*Wadjet*, äg. für »die Grüne«, der ägyptische Name der Uto) eine besondere Rolle. Nachdem Isis den Leichnam des Osiris wieder zusammengesetzt hatte, wurde sie vom wiederbelebten Geschlechtsteil des Gottes schwanger. Sie flüchtete vor ihrem Bruder Seth in das Papyrusdickicht von Chemmis im Nildelta, um ihren Sohn Horus zu gebären. Isis befürchtete, dass Seth versuchen würde, ihren Sohn zu töten. Das Papyrusdickicht von Chemmis stand unter dem Schutz der unterägyptischen Schlangen- und Kronengöttin Uto, deren Hauptkultort Buto nach der antiken Tradition in direkter Nähe des Dickichtes lag.[2] Der Mythos wird auch von Herodot überliefert.[3] Die Überlieferung, dass Isis Schutz im Einflussbereich der Uto suchte, führte dazu, dass die Schlangengöttin der Isis gleichgesetzt werden konnte. Uto erscheint in der Spätzeit nicht nur als Amme des Kindgottes, sondern einige Bronzen zeigen sie auch in eben dieser Haltung der *Isis lactans* als Mutter des Horus.[4] Die Schlangengöttin beschützt Horus-das-Kind vor Seth, der u. a. mit der Chaosschlange Apophis und in der griechischen Überlieferung mit dem Drachen- oder Schlangenungeheuer Typhon gleichgesetzt wurde. Die Schlange symbolisiert in diesem Mythos wiederum positive und negative Kräfte. Harpokrates wurde in hellenistisch-römischer Zeit auch als Heilgott verehrt. Der jugendliche Horus mit Seitenlocke ist auf *Horuscippi* (Horus-Heilungs-Stelen) stehend auf zwei Krokodilen dargestellt, wobei er in den Händen Schlangen, Skorpione und andere wilde Tiere hält. Der Kindgott erscheint als Herr dieser gefährlichen Tiere und besitzt die Kraft, deren schädliche Mächte zu bannen. Er wird bei Schlangenbissen, Skorpionstichen oder Krankheit angerufen.[5] Die enge Verbindung zwischen Harpokrates und dem chthonischen Bereich, dem die Schlange zuzurechnen ist, erklärt sich schon aus der Feier seines Geburtstages am ersten Tag der Getreideernte. Sein Wirkungsbereich ist somit eng mit den Elementen Wasser und Erde verknüpft. An dieser Stelle wird deutlich, wie allgegenwärtig die Schlangengefahr in der ägyptischen Kultur als Folge der natürlichen Gegebenheiten war.

FB

1 Das vorliegende Objekt ist stark stilisiert. Die Perücke weist keine Ritzungen auf. Bei Vergleichsstücken trägt Isis oftmals die Geierhaube. Der Modius (Teil der Kopfbedeckung) ist dabei häufig mit einem Schlangenkranz verziert. Vgl. Roeder 1956, S. 512f.
2 Vgl. Fischer-Elfert 1986, Bd. 6, Sp. 906–911. Buto ist die griechische Bezeichnung für die Doppelstadt Pe und Dep. Es ist die Kurzform von *per Uto* und bedeutet »Haus der Uto«.
3 Herodot, »Historien«, lib. II, cap. 156: »Fast ebenso wunderbar aber ist eine Insel, die Chemmis heißt. Sie liegt in einem tiefen weiten See neben dem Heiligtum in Buto; […] Aber als Leto, die zu dem ältesten Acht-Götter-Kreis gehört, in Buto, wo jetzt ihr Orakel ist, wohnte, übergab ihr Isis den Apollon zur Verwahrung, und sie barg ihn vor dem alles durchsuchenden und durchwandernden Typhon, der den Sohn des Osiris in seine Gewalt bringen wollte, auf der Insel, die heute die schwimmende heißt.« Herodot setzte die ägyptischen Götter, wie üblich, den griechischen gleich: Osiris-Dionysos, Demeter-Isis, Apollon-Horus, Artemis-Bubastis, Typhon-Seth und Leto-Uto.
4 Vgl. Fischer-Elfert 1986, Sp. 907; Roeder 1956, S. 514.
5 Vgl. Koch 1993, S. 539f.; Ausst.-Kat. Amsterdam 2006, Kat. Nr. 3.26, S. 214f. (van Dijk).

3 Löwenköpfige Sekhmet mit Sonnenscheibe und Uräus

Ägypten, Spätzeit (664–332 v. Chr.)
Bronze H 23 cm, B 4,3 cm, T 6,6 cm
HAUM, Inv. Nr. Aeg B 4

Sekhmet[1], im Deutschen auch Sachmet, deren Hauptkultzentrum in Memphis lag, ist schreitend dargestellt.[2] Sie trägt ein eng anliegendes Gewand, welches ihren weiblichen Körper betont, sowie an beiden Oberarmen Armbänder. Während der rechte Arm ausgestreckt parallel zum Körper herabhängt, ist der linke Arm nach vorne abgewinkelt. Die Göttin hielt ursprünglich sowohl in der rechten Hand als auch in der abgebrochenen linken Hand Objekte. Der Löwenkopf und die Gesichtszüge sind nicht besonders sorgfältig modelliert.[3] Auf dem Kopf trägt sie die Sonnenscheibe mit einer aufgerichteten Uräus-Schlange. Sachmet ist die Tochter des Re und besitzt dementsprechend einen solaren Aspekt.

Die Löwengöttin galt auch als das Sonnenauge des Re. Auf diese Verbindung deutet die Sonnenscheibe mit der Uräus-Schlange. Ihre Fähigkeit, Gluthauch zu speien, führte zur Gleichsetzung mit der Uräus-Schlange, und auf diese Weise wurde sie zum Sonnenauge des Re. Nach der Überlieferung des Mythos um das Sonnenauge[4] sandte der alternde Sonnengott Re gegen die aufrührerischen Menschen, die seine Schwäche ausnutzen wollten, sein Sonnenauge, die Göttin Sachmet. Diese spie Feuer und wütete unter den Feinden, bis sie fast die gesamte Menschheit ausgerottet hatte. Nur durch die Verabreichung eines berauschenden Getränkes konnte Sachmet vom Sonnengott besänftigt werden. Die feuerspeiende Schlange wird zum Symbol der Sachmet. In ihrer Erscheinung als Sonnenauge wird Sachmet auch als Uräus-Schlange gedacht.[5] Die aufgerichtete Kobra stellt aber auch eine Personifikation der unterägyptischen Kronen- und Landesgöttin Uto dar. Auf Grund dessen konnte die Schlangengöttin Uto ebenso als Sonnenauge fungieren, sogar löwenköpfig, wie Sachmet, abgebildet werden.[6]

Eine besonders wichtige Rolle spielte die Schlange in der Verbindung mit Göttinnen. Im Mittleren Reich wurde die Schlange das Determinativ[7] für Göttin. Weiblichen Gottheiten wohnte in ihrem Charakter eine große Unberechenbarkeit inne. Es ist durchaus denkbar, dass es sich hierbei um eine Anspielung auf diesen Wesenszug handelt.[8]

FB

1 Der Name Sekhmet/Sachmet bedeutet »die Mächtige«. Sie ist die Gemahlin des Ptah. Sachmet verkörpert Kraft und vernichtende Gewalt, welche sie einsetzt, um die Weltordnung (*Maat*) zu erhalten. In diesem Sinne begleitet sie den ägyptischen König bei dessen Kriegszügen. Mit Sachmet »[…] spaltet sich ein Kampf- und Kriegsaspekt von Hathor ab« (Koch 1993, S. 388). Allerdings besaß sie auch die Kraft der Heilung. Die Ärzte waren Priester der Sachmet. Vgl. Koch 1993, S. 389.
2 Bronzestatuetten von löwenköpfigen Gottheiten können nicht nur Sachmet darstellen, sondern auch Mut, Tefnut, Bastet oder Wadjet. Jedoch besteht weitgehend Einigkeit darüber, dass die spätzeitlichen Bronzestatuetten stehender Löwengöttinnen Sachmet geweiht sind. Vgl. Ausst.-Kat. Amsterdam 2006, Kat. Nr. 3.12, S. 186 (Meijer).
3 Die spätzeitlichen Bronzestatuetten sind Weihegaben, die Privatleute in großer Anzahl in Tempeln den Göttern darbrachten. Bronzestatuetten entwickelten sich zur Massenware. Fortschritte in der Technik des Bronzegusses machten es möglich, mit wenigen fertigen Modeln eine hohe Anzahl von Kopien herzustellen. Vgl. Raven 2006, S. 169f., in: Ausst.-Kat. Amsterdam 2006.
4 Die Ausgangsfassung dieses Mythos handelte von Hathor, in Form des Mythos von der Himmelskuh. In dieser Überlieferung gilt Hathor als das Sonnenauge. Mit dem Entstehen des Kultes der Sachmet übernimmt die Löwengöttin die Funktion des Sonnenauges. Vgl. Koch 1993, S. 387f.
5 Vgl. Wilkinson 2003, S. 181f.; Hornung 1971, S. 146.
6 Vgl. Fischer-Elfert 1986, Sp. 906-911; Wilkinson 2003, S. 226f. Zu der Verbindung Sachmet – Uto siehe auch Roeder 1956, S. 272: »In den Bronzefiguren der Spätzeit sind die beiden Namen und die verschiedenen Typen der Darstellung so miteinander verzahnt, dass sie sich nicht voneinander lösen lassen.«
7 Ein Zeichen, das am Wortende steht, keinen Lautwert hat, dafür aber einen Hinweis auf die Bedeutung des Wortes gibt.
8 Vgl. Sabek 2003, S. 140.

35

4 Oberteil eines Osiris

Ägypten, Spätzeit (664–332 v. Chr.)
Bronze, H 9,9 cm, B 5,6 cm, T 3,5 cm
HAUM, Inv. Nr. Aeg B 28

Die schwer beschädigte Statuette, von der nur das Oberteil erhalten ist, zeigt Osiris in Mumiengestalt in seiner Funktion als Totengott. Die Arme sind an den Handgelenken gekreuzt. Osiris hält in der rechten Hand das Heka-Zepter (Krummstab) sowie in der linken Hand das Nechacha-Zepter (Geißel). Während das Gesicht und der Götterbart sich in einem guten Zustand befinden, sind Großteile der Kopfbedeckung abgebrochen. Es handelt sich um eine Atef-Krone, die aus mehreren Komponenten besteht. Als Mittelteil fungiert die Weiße Krone Oberägyptens, welche von zwei Straußenfedern flankiert wird. Des Weiteren können die Sonnenscheibe und horizontale Widderhörner angebracht sein. Lediglich der Mittelteil mit der Uräus-Schlange ist bei dem vorliegenden Objekt wenigstens teilweise erhalten.

Die Uräus-Schlange an der Stirn des Osiris hat nicht nur Feinde abwehrende Funktion. Sie ist im Besonderen ein Symbol des Königtums, sowohl des Osiris über die Götter als auch seines Sohnes Horus über die Menschen. Horus erbte das ägyptische Königtum von seinem Vater, und der Pharao galt als die irdische Inkarnation des Falkengottes.[1] Im »Totenbuch« wird die Macht der Uräus-Schlange des Osiris in einem Gebet an den Totengott deutlich hervorgehoben:

»Dein Herz ist froh, du Herr der Götter,
alle Herzensweite ist bei dir!
Fruchtland und Wüste sind in Frieden,
sie zinsen deiner Stirnschlange (Uräus).«[2]

Der Lobgesang für Osiris preist auch die Wirkmacht der Uräus-Schlange des Horus:

»Dein Sohn Horus triumphiert
In Gegenwart der gesamten Neunheit;
das Königtum auf Erden ist ihm
   übertragen,
sein Uräus herrscht über die ganze
   Welt.«[3]

Uräus-Schlangen treten in der Unterwelt als Torwächter auf, welche den Feinden des Osiris und des Re den Eintritt verwehren und ihnen Vernichtung bringen:

»Wir lassen dich nicht bei uns eintreten«,
sagen die Querhölzer dieses Tores,
»wenn du nicht unseren Namen nennst.«
»Kinder der Kobra-Schlangen«
   ist euer Name.
»Du kennst uns – so zieh an uns vorbei!«[4]

FB

1 Vgl. Wilkinson 2003, S. 201.
2 Zitiert nach Hornung, »Totenbuch« 183, Kap. 39–42.
3 Hornung, »Totenbuch« 183, Kap. 19–22.
4 Hornung, »Totenbuch« 125, Kap. 197–99.

5 Isis und Sarapis in Schlangengestalt

Kyzikos, 2. Jh. n. Chr.
Gipsabguss, H 19 cm, B 10 cm, T 7 cm
Archäologisches Museum Robertinum, Halle
Original im Ägyptischen Museum Berlin

Lit.: Dunand 1973, Bd. 3, Taf. 15; Ünlüoğlu 2005, S. 106

Der Gipsabguss zeigt Isis und Sarapis in Schlangengestalt. Auf den Körpern in Form von sich aufrichtenden Kobraschlangen wurden menschliche Köpfe ausgeführt. Die enge Verbindung der beiden Götter hebt die Verknotung der Körperenden hervor. Unterhalb dieses Knotens laufen die Schlangenleiber nach einer Windung aus. Auf dem Schild der Isis sind deren Brüste angegeben. Die anthropomorphen Köpfe der göttlichen Mischwesen sind durch einen Hals mit den Schlangenkörpern verbunden. Während den bärtigen Sarapis der Kalathos (Symbol der Fruchtbarkeit) krönt, trägt die Göttin die Isiskrone.

Das bronzene Original stammt aus Kyzikos in der antiken Landschaft Mysia. In der am südlichen Ufer des Marmarameers gelegenen Stadt ist ein Kult der Isis und des Sarapis bis in das 1. Jh. v. Chr. belegt. Auch für die römische Kaiserzeit existieren Belege der Verehrung dieser ägyptischen Gottheiten, so z. B. eine Terrakottafigur der Isis-Tyche.[1]

Der Ursprung der Form der schlangenleibigen Göttin Isis lag in der Verschmelzung der Isis mit der griechischen Göttin Thermutis.[2] Letztere entstand aus der *interpretatio graeca* der ägyptischen Ernte- und Fruchtbarkeitsgöttin Renenutet. Sie erscheint in der Kunst »[…] am häufigsten als aufgerichtete Kobra mit einer Sonnenscheibe und Hörnern auf dem Kopf, während meistens zwei hohe Federn die Sonnenscheibe krönen«[3]. An dieser Stelle werden auch Parallelen im Kopfschmuck zwischen Isis und Renenutet offenbar.

Sowohl Isis als auch Sarapis[4] sind eng mit der Fruchtbarkeit, dem Gedeihen von Feldern sowie Wohlstand verbunden. Die Wirkmächte der beiden Götter betreffen damit in großem Maße die chthonische Sphäre, als deren Verkörperung die Schlange gedacht wurde. Die Erde galt als Lebens- und Herrschaftsraum des Reptils. Es beschützte zudem die Getreidespeicher vor Schädlingen.

Die Darstellung von Isis und Sarapis in Schlangengestalt nimmt deutlich Anleihen an der antiken Vorstellung von Schutzgeistern. Der *agathos daimon*, der gute Geist, wurde als Schlange gedacht, wie auch in der römischen Mythologie der *genius loci*.[5] In Schlangengestalt wurde der *agathos daimon* von Alexandria, dem Hauptkultort von Sarapis, verehrt. Der bärtige Gott mit dem Schlangenkörper war ein Motiv der alexandrinischen Münzprägung des 2. Jh. n. Chr. Er fand zudem auf magischen Gemmen, Terrakotten und Reliefs Verbreitung.

Das Motiv der beiden schlangenleibigen Götter zeigt, welches große Spektrum an positiven Wirkungen der Schlange zugesprochene wurde.

FB

1 Vgl. Ünlüoğlu 2005, S. 106, S. 107, Fig. 10, 11.
2 Vgl. Ünlüoğlu 2005, S. 106, Anm. 67.
3 Wilkinson 2003, S. 225.
4 Dieser Aspekt des Sarapis wird allein schon durch den Kalathos betont.
5 Vgl. Ünlüoğlu 2005, S. 106; Hornbostel 1973, S. 297f.

6 Gemme Stehender Sarapis

3. Jh. n. Chr.
Heliotrop, 1,52 cm × 1,23 cm × 0,40 cm
Beiderseits poliert, flach, nach vorne abgeschrägt, blank poliert, größere Absplisse an der hinteren Kante
Vorderseite: Sarapis stehend
Rückseite: Schlange als Symbol des Gottes
HAUM, Inv. Nr. Gem 154

Lit.: Zazoff 1970, Bd. 3, Taf. 24, Nr. 192, S. 55

Die Gemme zeigt auf ihrer Vorderseite den stehenden Sarapis mit einem Zepter in der Hand. Ein Kalathos, das Symbol für Fruchtbarkeit, krönt sein Haupt. Eine Schlange bildet das Motiv der Rückseite. Deutlich ist der Kopf des Reptils vom Körper abgesetzt.

Sarapis erscheint als griechisch-ägyptischer Mischgott. Sein Name ist eine Ableitung von Osiris-Apis, »[...] d. h. vom toten Stier Apis, der in Memphis mit dem Totengott Osiris identifiziert wurde«[1]. Die Namensformen Osorapis bzw. Oserapis sind für das 4. Jh. v. Chr. belegt. Sarapis besaß zwei Hauptkultzentren: Memphis und Alexandria. In Alexandria stand eine Kultstatue des Gottes, die von Clemens Alexandrinus beschrieben wurde. Er schrieb die Statue des alexandrinischen Stadtgottes dem griechischen Bildhauer Bryaxis zu.[2] Die äußerliche Gestalt des Sarapis war griechisch geprägt. In ihrer Genese formten Osiris und der griechische Totengott Hades-Pluton die Gottheit in besonderem Maße.[3] Er war Unterweltsgott, Helfer- und Heilgott. Allerdings hatten schon antike Autoren wie Diodor oder Tacitus Schwierigkeiten, sein Wesen zu erfassen.[4]

In der römischen Kaiserzeit, aus der die gezeigte Gemme stammt, förderten vor allem die Kaiser Hadrian (117–138), Commodus (177–192), Septimius Severus (193–211) und Caracalla (148–217) den Sarapiskult.[5]

Die Schlange auf der Rückseite ist eines der Symbole des Gottes.[6] Einige Denkmäler stellen den Gott mit Schlangenleib und Menschenkopf dar. Sarapis besaß eine ausgeprägte Bedeutung als Totengott, wie die Schlange an dieser Stelle erkennen lässt. Als chthonisches Tier lebt sie auch im Reich der Toten, der Unterwelt. Aber sie verkörpert auch die menschliche Seele selbst. Nach mancher antiken Vorstellung verlässt die Seele den Körper eines Toten in Schlangengestalt.[7]

Die Schlange könnte aber auch auf weitere Aspekte des Sarapis hinweisen. Die Gläubigen priesen ihn als Zeit- und Heilgott. Die Häutung der Schlange versinnbildlichte die Verjüngung der Zeit sowie Regeneration und symbolische Wiedergeburt.[8]

Die Schlange wurde in diesem Zusammenhang als höheres Wesen angesehen, das die Sphäre des Göttlichen bevölkerte.

FB

1 Vidman 1981, S. 122.
2 Eine ausführliche Beschäftigung mit dieser Kultstatue bietet Hornbostel 1973.
3 Vgl. Hornbostel 1973, S. 18.
4 Vgl. Koch 1993, S. 492f.; Tacitus formulierte: »Den Gott selbst halten viele für Aesculap, weil er Kranke heile, einige für Osiris, die älteste Gottheit bei jenen Völkern, ein großer Teil für Jupiter als den Beherrscher aller Dinge, die meisten für den Vater Dis, nach Kennzeichen, welche an ihm selber sichtbar sind, oder auch nur vermutungsweise« (Tacitus, »Historien«, lib. IV, cap. 84).
5 Vgl. Vidman 1981, S. 135.
6 Ein weiteres Attributier ist der Kerberos, ein dreiköpfiger Canide, wobei meistens alle Köpfe Hundeköpfe verschiedener Rassen sind, »[...] und nur bei wenigen Beispielen lässt sich der mittlere als Löwenkopf ansprechen« (Hornbostel 1973, S. 92).
7 Vgl. Küster 1913, S. 62–72.
8 Vgl. Koch 1993, S. 490–497.

Originalgröße

7 Gemme Isis-Uroboros

3.–4. Jh. n. Chr.
Hämatit, 2,05 cm × 1,52 cm × 0,20 cm
Beiderseits flach, nach hinten abgeschrägt, Oberfläche stellenweise rau mit rötlich durchscheinendem Untergrund, sonst poliert, Absplisse am Rand oben und unten
Vorderseite: Isis innerhalb Ouroboros
Rückseite: Inschrift A PWPE IΦPA CEI
HAUM, Inv. Nr. Gem 163

Lit.: Zazoff 1970, Bd. 3, Taf. 24, Nr. 190, Text S. 54

Isis, umrahmt von einem Uroboros, lehnt an ihrem Zepter. Während der Körper in Frontalansicht dargestellt ist, wurde der Kopf im Profil ausgeführt. Isis blickt nach links. Sie trägt einen stark stilisierten Kopfschmuck.[1] In der linken Hand hält sie ein schwer zu identifizierendes Objekt. Es könnte sich um eine Schlange handeln, welche wahrscheinlich auf die Mysterien der Isis hindeutet. Um die Standfigur der Göttin sind sternenförmige Ornamente platziert.

Auf der Rückseite der Gemme befindet sich eine Inschrift. APWPEIΦPACEI könnte einen Geheimnamen der Aphrodite wiedergeben, nämlich Arôriphrasis.[2] Die Gleichsetzung der Isis mit Aphrodite ist nicht ungewöhnlich.[3]

Das Motiv des Uroboros hat seinen Ursprung in der Schlange namens »Schwanz-im-Maul«. Die erste Darstellung erfolgte auf dem zweiten Schrein Tutanchamuns. Der geschlossene Körper der Schlange trennt die Welt von der Sphäre des Nichtseins. Ein Vorgänger des Uroboros nennt das »Amduat« in Form der Schlange Mehen, die den Sonnengott Re bei seiner nächtlichen Fahrt durch die Unterwelt schützend umgibt.

Der Uroboros trennt Ordnung und Chaos. Er versinnbildlicht den sich ständig wiederholenden Schöpfungsakt sowie auch den Lauf der Zeit – eine Schlange, die Stunden gebiert und nach deren Ablauf wieder verschlingt.[4]

In der Antike griff besonders die Gnosis auf das Motiv des Uroboros zurück und integrierte es in ihr Denken »[...] als Symbol des Kreislaufs alles Werdens, das sich als Entfaltung des Einen zu Allem und Rückkehr des Alls in das Eine darstellt«[5].

Magische Gemmen der römischen Kaiserzeit zeigen oftmals den Uroboros, der Gottheiten wie Isis, Osiris oder Sarapis oder auch gefährliche Tiere umringt.[6]

Der Uroboros verweist in Verbindung mit Isis auf deren Funktion als Allgöttin bzw. Himmelsgöttin, zu der sie in römischer Zeit wurde. In dieser Funktion pries sie auch Apuleius in seinem Werk »Der goldene Esel«.[7]

Der Uroboros vereinigt in sich viele Wesenszüge, die der Schlange zugeschrieben wurden. Ihre Kraft der Verjüngung und Regeneration durch die Häutung, ihr Anspruch als Urgott und Weltumringler oder Okeanos durch ihren chthonischen Charakter seien an dieser Stelle nur beispielhaft genannt.

Der Uroboros bildete ein lebendiges Fundament allen Seins und Nichtseins.[8]

FB

[1] Für die Krone gibt es mehrere Möglichkeiten, wie auch andere Denkmälergattungen zeigen. Meines Erachtens könnte es sich bei der vorliegenden Gemme um eine federbekrönte Sonnenscheibe handeln, die von zwei auseinanderstrebenden Ähren flankiert wird.
[2] Ausst.-Kat. München 2001, Kat. Nr. 110, S. 98f. (Michel).
[3] Zu Isis als Motiv auf Magischen Gemmen, auch in Verbindung mit Aphrodite formulierte Jacques Schwartz: »Was den ägyptischen Anteil [der Magischen Gemmen] anbetrifft, stellt man fest, daß die großen Götter Osiris, Serapis, Horus-Harpokrates und sogar Isis (trotz oder wegen ihrer Angleichung an Aphrodite) nicht sehr oft vorkommen« (Schwartz 1981, S. 492).
[4] Vgl. Hornung 1971, S. 172f. und S. 173, Anm. 125–128; Wilkinson 2003, S. 223f.
[5] Leisegang 1955, S. 111.
[6] Vgl. Kàkosy 1986, Bd. 6, Sp. 890.
[7] Vgl. Koch 1993, S. 599.
[8] Vgl. Kàkosy 1986, Bd. 6, Sp. 891.

Originalgröße

8 Gemme Hygieia

2. Jh. n. Chr.
Sardonyx, 1,72 cm × 1,15 cm × 0,23 cm
Beiderseits ganz schwach konvex, nach hinten abgeschrägt, blank poliert, Abspliss am Rand neben dem Baum
HAUM, Inv. Nr. Gem 170

Lit.: Zazoff 1970, Bd. 3, Taf. 10, Nr. 75, S. 29

Die sitzende Hygieia reicht einer Schlange, die aus einem Baum hervorkommt, mit der linken Hand eine Schale, um sie zu tränken. Mit den Fingern der rechten Hand berührt sie die Schlange. Diese Geste scheint die Schlange zum Trinken zu ermutigen.

Hygieia war nach einem griechischen Mythos eine Tochter des Asklepios. Die Namen ihrer Schwestern lauteten Iaso, Akeso und Pankeia, die der Brüder, welche als Ärzte am Trojanischen Krieg teilnahmen, Machaon und Podaleirios.

Hygieia war die Personifizierung der menschlichen Gesundheit. Ihr Kult war im gesamten Griechenland populär. Hygieia verkörperte auch einen Aspekt der Athene. Die Athener weihten nach der Pestepidemie der Athena Hygieia im Jahr 429 v. Chr. ein Bildnis. Erst neun Jahre später erfolgte durch Sophokles die Einführung des Kultes des Asklepios in Athen (vgl. Kat. Nr. 27).[1]

Die Schlange ist sowohl das Attribut der Hygieia als auch das des Asklepios. Auf den Darstellungen der Hygieia windet sich die Schlange meist um ihren Arm oder wird von der Göttin in einer Hand gehalten, während sich die Schlange dem Gefäß in der anderen Hand nähert. Das Motiv leitet sich höchstwahrscheinlich von der Fütterung zahmer Schlangen ab, die in den Asklepieia, den Heiligtümern und gleichzeitigen Heilzentren, gehalten wurden. Möglicherweise spendet in der Szene auf der Gemme die Schlange das Heilmittel in Form von Gift.[2]

Die Schlange galt in der Antike als heilkräftiges Tier. Der Grund hierfür lag vor allem in ihrer Erdverbundenheit. Die Therapien für die Kranken in den Asklepieia waren eng verbunden mit der Weissagekunst. Nach Bädern, kultischen Reinigungen und Fasten erschien Asklepios dem Patienten im Traum und offenbarte ihm die geeigneten Heilmittel. Träume sowie Heilmittel, die Kräuter und Pflanzen, gedeihen aus dem Element Erde, dem Reich der Schlange. Sie garantiert somit die Heilung, da die Kraft der Therapie aus ihrem Wesen schöpft. Sie verkörperte alles, was sich der Mensch von Hygieia, die dieses Symboltier von Asklepios übernahm, erhoffte. Gesundung bedeutet Erneuerung, was durch die Häutung der Schlange real miterlebt werden konnte.[3]

Ein zweites Element, mit welchem die Schlange eng verbunden wurde, stellt das Wasser dar. Es steht fest, dass in den Heiligtümern des Asklepios, in denen, wie in Epidauros nachweisbar, Hygieia verehrt wurde, Bäder und frisches Wasser eine bedeutende Rolle spielten. Die reinigende Wirkung des Wassers wurde auch im Wesen der Schlange wieder erkannt.

Die Haltung von zahmen Schlangen in den antiken Heilzentren zeigt, wie hoch der Glaube an die positiven Wirkmächte der Schlange als heilkräftiges Tier war.

FB

[1] Vgl. Küster 1913, S. 117.
[2] Vgl. Biba 2001, S. 11f.
[3] Vgl. Küster 1913, S. 133-137; siehe auch Mavromataki 1997, S. 111f.

Originalgröße

9 Sesterz

Rom, Zeit des Commodus, 184–185
Messing, 25,46 g, 29 mm
Vorderseite: M COMMODVS AN-[TON AVG PIVS BRIT], Kopf des Commodus mit Lorbeerkranz nach rechts.
Rückseite: [P M TR … P IMP VII COS III P P], im Feld S-C, im Abschnitt SA[LVS], Göttin Salus mit Schale füttert Schlange
HAUM, Inv. Nr. 110/38

Lit.: Leschhorn 2006, Nr. 1156, S. 188

Salus sitzt mit aufgestütztem linken Arm auf einem Thronsessel. Dieser ist mit Darstellungen einer Sphinx und der Spes geschmückt. Die Göttin hält in der rechten Hand eine Patera (Schale), die sie einer Schlange reicht. Die Schlange windet sich vor Salus empor. Im linken Bildfeld sind zudem eine Säule mit einer Statue und ein Baum dargestellt.[1]

Der Kult des Asklepios von Epidauros und der Hygieia kam im Jahr 293/92 v. Chr. während einer Pestepidemie nach Rom. Auf Veranlassung der »Sibyllinischen Bücher« wurde die heilige Schlange des Asklepios nach Rom geholt, welche sich nach der Überlieferung selbständig die Tiberinsel als Aufenthaltsort wählte. Jedoch wurde Hygieia nicht sofort mit Salus identifiziert, vielmehr mit Valetudo, der körperlichen Gesundheit.[2] Erst unter der Regierung der Flavier (69–96 n. Chr.) kam es zu einer Bildangleichung der griechischen Hygieia mit Salus. Ein Grund hierfür lag in dem Konzept der Salus Augusti, der personifizierten Gesundheit des Kaisers. Sie definierte sich als konstante, übergeordnete Wirkmacht, die jedem Kaiser innewohnte und seit Titus (79–81 n. Chr.) kultische Verehrung erfuhr.[3] Das Attribut der Schlange entwickelte sich dabei zum Hauptbildträger bei Darstellungen der Salus. Die Göttin mit der Schlange der Hygieia tritt auf Münzen erstmals in flavischer Zeit auf.[4]

Auf den Münzen definiert die Schlange »[…] Salus bildlich als Garantin des Wohles und besonders der physischen Gesundheit des Kaisers«[5]. Die Schlange der Salus entspricht der der Hygieia, welche sie wiederum von Asklepios übernahm. Das Reptil erinnert an die starke chthonische Verbundenheit des griechischen Heilgottes. Eine Theorie besagt, dass die Asklepios-Vorstellung auf einen Erdgeist im vorhomerischen Griechenland zurückgeht. Diese besaßen oftmals Schlangengestalt. Der Einfluss der homerischen Götter führte zu einer neuen Ordnung im griechischen Pantheon.[6] Chthonische Mächte, wie die Schlange, entwickelten sich beispielsweise zum Attribut eines Gottes und legten dabei ihre negativen und bedrohlichen Wirkmächte ab. Die Schlange des Asklepios bzw. der Hygieia symbolisierte die Heilkunst an sich. Die Genese der Göttin Salus erst zur Personifikation der Heilung sowie der Bewahrung der Gesundheit, in Form der Gleichsetzung mit Hygieia, und dann zur Salus Augusti bewirkte, dass die Schlange das Symbol der kaiserlichen Gesundheit wurde und damit gleichzeitig zur Garantin des Staatswohls.

FB

1 Vgl. Leschhorn 2006, Nr. 1156, S. 188; Wolfgang Leschhorn vermutet in der Statue auf der Säule eine Darstellung des Bacchus. Meines Erachtens wäre auch eine Statue des Aesculap möglich, wurden doch auf Weisung der »Sibyllinischen Bücher« im Jahre 180 v. Chr. bei einer Pestepidemie Statuen für Apollo, Aesculap und Hygia errichtet. Es sind weitere Asklepios/Aesculap-Statuen sowie Gruppen Asklepios/Aesculap – Hygieia/Hygia in Rom belegt. Vgl. Winkler 1995, S. 103f., Anm. 519.
2 Dazu ausführlich Winkler 1995.
3 Vgl. Winkler 1995, S. 94.
4 Vgl. Winkler 1995, S. 101 bzw. S. 40.
5 Winkler 1995, S. 110.
6 Winkler 1995, S. 102: »Entweder wurden sie nun in einen bewußten Gegensatz zu den homerischen Göttern gestellt und symbolisierten nur noch düstere und unheilvolle Eigenschaften, wie beispielsweise Typhon oder Hydra, oder aber sie unterstellten sich dem Dienst der neuen Götter und wurden zu dem Menschen wohlgesonnenen Orakeldämonen wie Python.«

10 Gemme Dionysos-Osiris

2. Jh. n. Chr.
Amethyst, 1,32 cm × 0,97 cm × 0,41 cm
Stellenweise durchscheinend, Vorderseite schwach, Rückseite stärker konvex, blank poliert, Absspliss und Schrammen neben der Schlange
HAUM, Inv. Nr. Gem 90

Lit.: Zazoff 1970, Bd. 3, Taf. 8, Nr. 57, S. 24f.

Dionysos-Osiris lehnt mit der linken Hand an seinem Thyrsos-Stab. Mit der Rechten leert er den Kantharos (zweihenkliges Trinkgefäß) über einem Panther. Der Gott trägt einen ägyptisierenden Kopfschmuck. Neben dem Thyrsos ist eine Schlange dargestellt.

Herodot überlieferte, dass die Ägypter Osiris dem Dionysos gleichsetzten: »Die Ägypter verehren nämlich nicht überall dieselben Gottheiten; bloß Isis und Osiris – das sei unser Dionysos, sagen sie – sind allen gemeinsam.«[1] Der Synkretismus ist auch auf der vorliegenden Gemme nachvollziehbar.[2] Thyrsos-Stab, Kantharos und Panther sind heilige Attribute des Dionysos. Die Nacktheit des Gottes, die nur durch einen über die Schultern geworfenen Mantel am Oberkörper etwas verhüllt wird, entstammt ebenfalls griechisch-römischer Tradition. Das ägyptische Element kommt durch die Kopfbedeckung zum Tragen.

Die Schlange hat sowohl zum Kult des Dionysos als auch zu dem des Osiris eine enge Beziehung. Beide Götter besitzen eine ausgeprägte Verbindung zur Vegetation. Dionysos war insbesondere auf den ägäischen Inseln ursprünglich »[…] ein vorgriechischer Vegetationsgott, und zwar speziell der Herr der Weinberge, der durch seine Gemahlin [Ariadne] mit dem minoischen Kreta verbunden war.«[3] Das Gedeihen der Vegetation und dabei insbesondere das der Weinrebe lag in seiner Verantwortlichkeit. Das attische Fest der Anthesterien (Blütenfest) bewahrte diesen Aspekt des Dionysos.[4]

Fruchtbarkeit, Regeneration und Wiederauferstehung bildeten zentrale Elemente des Osiris-Kultes. In der Spätzeit und besonders ab der ptolemäischen Periode wurde Osiris zunehmend als Gott der Vegetation, Landwirtschaft und der Nilüberschwemmung verehrt. Osiris, der selbst den Tod im Nil fand, galt als Personifizierung des großen Flusses, von dem alles Leben in Ägypten abhing.[5] Kaum ein anderes Lebewesen wurde so eng mit den Elementen Wasser und Erde verknüpft wie die Schlange. Ihre Häutung versinnbildlichte die Regeneration. Daher ist es möglich, dass die Schlange auf diese positiven Kräfte des Dionysos-Osiris hinweist.

Die dargestellte Schlange kann ebenfalls als Symbol für den Dionysoskult interpretiert werden, denn das Reptil ist eng mit dem Gefolge des Dionysos, dem Thiasos, verbunden. Viele Darstellungen zeigen die Mänaden beim ekstatischen Tanz mit Schlangen im Haar oder in den Händen. Oftmals erwehrten sich die rasenden Frauen in der Vasenmalerei mit Schlangen unsittlicher Übergriffe durch lüsterne Satyrn oder Silene.[6]

FB

1 Herodot, »Historien«, lib. II, cap. 42.
2 Erst in römischer Zeit verstärkt sich der ägyptisch-griechische Synkretismus. Ägyptische Götter werden nun mit ihren griechischen Namen angerufen. Klaus Koch vermutet, dass es sich um eine Auswirkung der Annäherung zwischen der griechischen und ägyptischen Bevölkerung zur Zeit der römischen Besatzung handelt. Vgl. Koch 1993, S. 591.
3 Simon 1985, S. 289.
4 Vgl. Simon 1985, S. 279.
5 Vgl. Koch 1993, S. 563–570.
6 Vgl. Küster 1913, S. 119: »Überhaupt gehörte die Schlange ebenso wie Pedum, Thyrsosstab und Kantharos zu den üblichen Requisiten des bacchischen Thiasos.«

Originalgröße

11 Sockel in Form eines aus dem Wasser ragenden Felsens mit Drachen und Fisch

China, 2. Hälfte 17. Jahrhundert
Schwarzgrau marmorierter Steatit,
partielle Fassung in Rot
H 17,0 cm, B 23,2 cm
HAUM, Inv. Nr. OA Ste 340

Lit.: Ströber 2002, Kat. Nr. 325, S. 198f.

Vor steil aufragenden Felsen, die eine Grotte umschließen, kräuseln sich die Wellen eines bewegten Gewässers. Auf der linken Seite springt ein großer Fisch aus dem Wasser. Im chinesischen Glauben ist er ein Symbol für Überfluss, Reichtum und Fruchtbarkeit.[1] Rechts steht ein Fabelwesen, das in menschliche Kleidung gehüllt ist. Sein Mantel, der Gürtel und die Schuhe sind mit einem feinen Dekor aus Wolken, die als Glückssymbol gelten,[2] verziert. Das Fabelwesen hat seine breite Schnauze geöffnet, sodass man die großen Zähne sehen kann. Es hat den halb menschlichen, halb tierischen Kopf nach oben gerichtet, der Blick seiner großen, hervorstehenden Augen geht über den oberen Abschluss des Sockels hinaus. Möglicherweise handelt es sich bei dieser Figur um einen Drachenkönig.[3]

Zwischen Fisch und Fabelwesen erhebt sich ein Drache aus dem Wasser. Wellen umspielen seinen schuppigen Körper. Mit geöffnetem Maul wendet er seinen Kopf nach links. Hinter dem Fisch erscheint eine baumstammähnliche Struktur, von der lange, schmale Blätter abzweigen. Der Sockel wird oben von einem großen Lotosblatt abgeschlossen. Lotos gilt als Sinnbild der Reinheit, da es im Schlamm wächst, jedoch selbst rein bleibt.[4] Die Bezeichnung des Objekts als ›Sockel‹ erklärt sich aus einem um 1800 zu datierenden Inventareintrag: »Ein auf einer Wasserlilie stehendes Frauenzimmer, welches ein Kind auf den Armen hält.«[5] Es handelt sich in der Beschreibung um die Figur der Guanyin, der chinesischen Göttin der Barmherzigkeit, die häufig mit einem Kind auf dem Arm dargestellt wird.[6] Die Figur ging zu einem unbekannten Zeitpunkt verloren. Ihr Aussehen ist nicht überliefert. Neben dem Inventareintrag zeugen noch einige Montagelöcher an der Oberseite des Lotosblattes und des Fischkopfes von ihrem ursprünglichen Vorhandensein.

Die Plastik erhält durch den Drachen, der in China als gutes Wesen gilt, sowie durch den Fisch und den Lotos eine sehr positive Bedeutung.

FJ

1 Ströber 2002, S. 370.
2 Eberhard 2004, S. 306.
3 In der chinesischen Vorstellungswelt gibt es vier Drachenkönige (lung-wang). Jeder von ihnen wacht über eines der vier Meere, welche die Erde umgeben (Eberhard 2004, S. 62).
4 Ströber 2002, S. 371.
5 Anton Konrad Friedrich Ahrens (1747–1811) verzeichnete den damals 666 Objekte umfassenden Braunschweiger Bestand der Figuren und Geschirre von Speckstein in dem Inventarband H 34. Der Sockel samt zugehöriger Figur trug die Nr. 230 (Ströber 2002, S. 183, 198).
6 Vgl. Stehende Guanyin mit Kind in den Armen im Herzog Anton Ulrich-Museum, 2. Hälfte 17. Jahrhundert, Inv. Nr. OA Ste 326, in: Ströber 2002, Kat. Nr. 309, S. 193.

12 Luohan in einer Grotte, auf separatem Sockel

China, Qing-Zeit (1644–1911), 2. Hälfte
17. Jahrhundert
Rötlicher und heller Steatit,
H 23,5 cm, B 15,2 cm
HAUM, Inv. Nr. OA Ste 92

Lit.: Ströber 2002, Kat. Nr. 371, S. 211

Im Zentrum des gezeigten Werkes steht eine männliche, dickbäuchige und kahlköpfige Figur. Es handelt sich um einen Luohan, einen Schüler des Buddha. Er sitzt in einer Grotte und hält in seiner rechten Hand einen Gegenstand, mit dem er seinen Kopf berührt. Die Linke hat er auf seinen Oberschenkel gelegt, seine Füße ruhen auf kleinen Felsvorsprüngen. Bei den Luohan handelt es sich nicht nur um chinesische Buddhaschüler, sondern auch um indische, die an den runden Augen, einer großen Nase und einem Bart erkennbar sind. Dies trifft auf die hier gezeigte Figur zu. Pupillen, Augenbrauen und Bart sind durch eine schwarze, vermutlich wasserunlösliche Tusche hervorgehoben. Über dem Luohan öffnet sich eine Grotte, die in einem bizarr durchlöcherten Felsen liegt. Sie ist in einen separaten Sockel eingelassen und eng mit einigen Wolken und einem Drachen verbunden, der rechts des Luohan vom Himmel herabsteigt. Der Drache ist sehr schlank dargestellt und fügt sich in die Form der schmalen Wolken ein. Sein Rachen ist weit geöffnet und verleiht ihm einen furchterregenden Ausdruck, der im Kontrast zum lächelnden Gesicht des Luohan steht. Möglicherweise handelt es sich um einen Luohan Angaja, der mit Hilfe seiner übernatürlichen Fähigkeiten in der Lage war, Drachen zu beherrschen.

Das Motiv des Luohan in einer Felsgrotte bzw. Höhle war in China, besonders in der religiösen Malerei, sehr beliebt.[1]

Der nach Selbsterlösung strebende, asketisch lebende Luohan wird oft in einer felsigen, abgelegenen Landschaft dargestellt. Dort sitzt er, in einer Gruppe von 16 bis zu 500 weiteren Buddhaschülern, in einer Steingrotte oder in der freien Natur auf einem Steinpodest. Der Rückzug in die Natur, besonders in Berglandschaften und Höhlen, entwickelte sich im Buddhismus zu einer eigenen Tradition. Die Höhlen galten als heilige Rückzugsorte der Buddhisten, in denen man mit Hilfe der Meditation Ruhe und Erlösung finden konnte.[2]

FJ

[1] Vgl. Hängerolle mit meditierendem, von einem Drachen begleiteten Luohan in einer Höhle, Museum of Fine Arts, Boston, datiert 1178, aus: O. Sirén, Chinese Painting, Bd. 3, 1956–58, Taf. 206 (zit. nach Ströber 1998, S. 16).
[2] Ströber 1998, S. 12-14; Ströber 1999, S. 26.

13 Tuschwassergefäß mit Drachen und Fisch

China, Qing-Zeit (1644–1911),
2. Hälfte 17. Jahrhundert
Rosaschwarz marmorierter Steatit,
H 16,1 cm, B 23,7 cm
HAUM, Inv. Nr. OA Ste 26

Lit.: Ausst.-Kat. Braunschweig 2000, Kat. Nr. 427, S. 363 (mit der alten Bezeichnung Chi 43); Ströber 2002, Kat. Nr. 645, S. 288f.

Eine bergige Landschaft aus rosaschwarz marmoriertem Steatit (Speckstein) erhebt sich über einem schmalen Wellenband. Aus den im linken Teil sich kräuselnden Wellen schnellt ein Fisch empor. Er steht für den Erfolg bei den Prüfungen, die für eine Beamtenkarriere absolviert werden mussten. Die schmalen Gipfel der Berglandschaft sind sehr vereinfacht dargestellt und ragen steil in die Höhe. Vor dem mittleren Gipfel schwebt ein teilweise von Wolken umhüllter Drache, dessen schuppiger Schwanz in das Wasser hinabreicht. Der Drache symbolisiert die Macht und Autorität des chinesischen Kaisers. Er wurde bereits unter dem ersten Kaiser als Wappentier auserkoren, da er als wohlwollendes, Weisheit und Stärke verkörperndes Wesen galt.[1]

Sowohl Fisch und Drache als auch die Wellen sind sehr detailliert gearbeitet, was in einem starken Kontrast zur schematisierten Berglandschaft steht. Auf der rechten Seite, unterhalb des Drachenkopfes, eingespannt zwischen zwei Gipfeln, wurde eine Vertiefung in den Stein gehöhlt, in die Wasser zum Auswaschen eines Pinsels gefüllt werden konnte. Ob das Objekt tatsächlich als Tuschwassergefäß gedacht war, lässt sich nicht mit letzter Sicherheit sagen. Es wurde im Inventar des 1753/54 gegründeten herzoglichen Kunst- und Naturalienkabinetts als »Tintenfaß« bezeichnet.

Ein Großteil der im 18. Jahrhundert 666 Stücke umfassenden Specksteinsammlung wurde von Herzog Anton Ulrich (1633–1714) zusammengetragen. Diese war im Schloss Salzdahlum bei Wolfenbüttel eingerichtet und passte sich der Modeerscheinung indianischer Kabinette an, in der höfische Räume mit unter anderem verschiedensten Specksteinschnitzereien eingerichtet wurden. Wie die Schnitzereien in der ersten Hälfte des 18. Jahrhunderts in Salzdahlum präsentiert wurden, ist leider nicht überliefert. 1753 zogen alle dort gelagerten Bestände in das Herzogliche Kunst- und Naturalienkabinett nach Braunschweig um. Auch dort wurde die Specksteinsammlung als geschlossener Sammlungsbestand angesehen und präsentiert. 1887 gelangte sie an ihren heutigen Standort, dem in jenem Jahr eröffneten Museumsneubau, wo heute noch die hervorragenden Stücke gezeigt werden.[2]

FJ

1 Der erste chinesische Kaiser hieß Qin Shihuangdi (221–210 v. Chr.) und gehört in die Qin-Dynastie (221–207 v. Chr.). Der Drache ist somit zum Zeitpunkt der Entstehung des Tuschwassergefäßes bereits seit mehr als 1800 Jahren Symbol des Kaisers (Shaughnessey 2001, S. 28).
2 Ströber 2002, S. 185–187.

14 Satz von sechs Tellern mit Drachendekor

China, 17. Jahrhundert
Holz, Schwarzlack, Unterseite gelblich brauner Lack, Dekor in verschiedenen Goldtönen, Rotlack und schwarzer Tusche
Dm ca. 22,7 cm, H ca. 3 cm,
Dm des Fußrings 14,2 cm
HAUM, Inv. Nr. Chi 776, 777, 778, 779, 780, 781

Lit.: Ausst.-Kat. Köln 1973, Kat. Nr. 161, S. 136f.; Diesinger 1990, Kat. Nr. 81–86, S. 145–147

Die flachen Teller mit leicht aufsteigendem Rand stehen auf einem niedrigen, breiten Fußring. Der sechsteilige Tellersatz lässt sich aufgrund seiner Dekoration in zwei Gruppen von jeweils drei Tellern teilen. Die erste Gruppe (Chi 776, 779, 780) zeigt auf dem Fond eine chinesische Hofdame, die in einem nächtlichen Garten steht, die zweite Gruppe (Chi 777, 778, 781) einen ähnlichen Garten am Wasser bei Nacht, in dem eine Hofdame auf einem durchbrochenen Felsen sitzt.

Die Ränder aller sechs Teller zeigen zwischen goldenen Ringlinien je drei Dachen. Durch kleine Wolken hindurch jagen sie drei flammenden Wunschperlen nach. Ihre langen, schlangenähnlichen Körper mit den abgespreizten vierklauigen Krallen und dem wehenden Haar verleihen der Darstellung Bewegung und Lebendigkeit. Die Drachen sind in drei verschiedenen Farbfassungen wiedergegeben: Goldmalerei auf Schwarz- und Rotlack und Schwarzmalerei auf Goldgrund. Sie sind ausschließlich Dekorationselemente und stehen in keinem thematischen Zusammenhang zu der nächtlichen Gartenszene. Es scheint sich um eine Anpassung an den europäischen Geschmack zu handeln, da das Gartenmotiv mit Hofdame normalerweise mit einem Randdekor aus Blumen oder Blütenzweigen kombiniert wird.[1]

FJ

1 Diesinger 1990, S. 147.

15 Teekanne mit Drachendekor

China, Yixing, um 1700–1720,
Montierung 18.Jh.
Rötlichbraunes Steinzeug, Montierung
Silber vergoldet (?)
H 14,6 cm, Dm Boden 7,8 cm
HAUM, Inv. Nr. OA Ker 45

Lit.: Ströber 2002, Kat. Nr. 61, S. 64f.

Ein sehr vielgestaltiger Drachendekor bestimmt das Aussehen der kleinen Teekanne. Ihre Besonderheit liegt nicht nur in der geringen Größe und den fein ausgearbeiteten Details, sondern vor allem in ihrer sechseckigen Grundform. Sie steht auf sechs Füßen, über denen sich die gerade, leicht konisch aufsteigende Wandung erhebt, die auf allen sechs Seiten einen identischen Drachendekor aufweist: In einem vertieften rechteckigen Feld sind zwei gegenständige Drachen dargestellt. Ihre schlanken, schuppigen Körper winden sich zwischen kleinen Wolken. Sie blicken einander an und spreizen ihre Klauen, so dass der Eindruck eines spielerischen Kampfes entsteht. Die Ausarbeitung in erhabenem Flachrelief verleiht der Szene noch mehr Lebendigkeit. Der Hintergrund des Spektakels setzt sich aus vielen kleinen eckigen Spiralen, dem sogenannten Donnermuster (chin.: *leiwen*) zusammen.[1] Von der horizontalen Schulter der Teekanne, auf der sich über dem Donnermuster ebenfalls Drachen erheben, steigt ein kurzer, sechseckiger Hals empor, der seinen Abschluss in einem Deckel ohne Wölbung findet. Der Deckelknauf ist als Fabeltier ausgestaltet, das von zwei Drachen und Wolken in Flachrelief umgeben ist. Auf der Schulter steht ein eckiger Bügelhenkel, der aus zwei stilisierten Drachenmäulern erwächst. Der obere, waagerechte Griff ist plastisch ausgeformt und zeigt zwei einander zugewandte Drachen. Sie haben schlangenartige Körper ohne Klauen, ihre Schwänze sind zusammengerollt. Im Verhältnis zu den Körpern wirken die sich berührenden Köpfe stark vergrößert. Erst bei näherem Hinsehen bemerkt man die Wunschperle zwischen ihren Mäulern. In der chinesischen Vorstellung erzeugt das Spiel des Drachen mit seiner Wunschperle Regen und Donner.[2] Das Donnermotiv wiederholt sich in dem bereits erwähnten Spiralmuster.

Der geschweifte viereckige Ausguss erwächst aus einem weiteren stilisierten Drachenmaul und ist mit einer kleinen Klappe aus vergoldetem Silberdraht in Rankendekor verziert. Weitere Montierungen des gleichen Materials finden sich an der Wandung des Deckels, an der Schulter und am Henkel. Die Feinheit des vegetabil geformten Silberdrahtes unterstützt den rein dekorativen Charakter des sehr detailreichen Drachendekors.

Der Typus dieses Kännchens war ein beliebter Artikel, der seit dem Ende des 17. Jahrhunderts vom chinesischen Yixing in die Niederlande exportiert wurde,[3] wo man vermutlich im 18. Jahrhundert die Silberdrahtmontierung hinzufügte.

FJ

1 Ströber 2002, S. 370.
2 Ströber 2002, S. 370.
3 Ströber 2002, S. 43.

16 Kästchen mit Chinoiserie

Berlin?, frühes 18. Jahrhundert
Holz, Kreidegrundierung, hellgelber Lack, Dekor in Goldmalerei, Rot, Grün sowie schwarzer Tusche, im Innern ursprünglich rotviolette Imitation des japanischen Birnenschalengrundes, der nachträglich mit Rot übermalt wurde
L und B 13 cm, H 7 cm
HAUM, Inv. Nr. OA Lac 986 (ehemals: Chi 986)

Lit.: Diesinger 1990, Kat. Nr. 58, S. 121

Das kleine Kästchen in quadratischer Grundform ist mit einem abnehmbaren, leicht gewölbten Deckel verschlossen. Dieser zeigt eine kleine Landschaft in der Manier der Chinoiserien.[1]

Die vier Seiten des Kästchens sind ebenfalls dekoriert. Die rechte und linke Seite ziert ein Vogel, Vorder- und Rückseite ein goldener Drache in europäischer Manier. Beide Drachen haben große, aufgespannte Flügel, zwei Beine und einen langen, schlangenartigen Schwanz, dessen Ende einer Flosse ähnelt. Sie wenden ihre Köpfe zurück und speien Feuer. Während der Drache der Kästchenrückseite vogelähnliche Klauen hat, weist jener der Vorderseite Schwimmhäute auf. Feinheiten wie Schuppen, Flügel und Schattierungen wurden mit schwarzer Tusche aufgetragen.[2]

Der Boden des Kästchens ist schwarz lackiert, im Inneren tritt unter einer karminroten Fassung eine Goldschicht zu Tage. Bei der gelblichen Farbe der Außenseiten handelt es sich wahrscheinlich um die Vergilbung eines ursprünglich weißen Lackes.

Die sehr feine, dem europäischen Geschmack angepasste Ausgestaltung des Kästchens unterstreicht seinen dekorativen Charakter.

FJ

[1] Chinoiserien sind Motive und Zierformen, die sich stark an Genredarstellungen und Dekoren chinesischer Lackwaren und Porzellane orientieren. Sie waren in der europäischen Kunst des 18. Jahrhunderts weit verbreitet.

[2] Freundliche Mitteilung von Frau Gaßner, Möbelrestauratorin, Herzog Anton Ulrich-Museum.

17 Beamter in einem Innenraum

China, 1. Hälfte 18. Jahrhundert
Tusche und Farben auf Papier, auf Leinwand kaschiert, auf Holzrahmen gespannt, H 61,5 cm, B 54,0 cm
HAUM, Inv. Nr. OA Mal 13

Lit.: Ströber 2002, Kat. Nr. 222, S. 145f.

An der Wand des Raumes, in dessen Zentrum ein Mann steht, hängen eine Kalligraphierolle und eine vollständig in Grautönen gehaltene Hängerolle mit einem Drachen. Dieser windet sich in den Wolken, so dass nur Teile seines Körpers zu sehen sind, so der Kopf und eine dreiklauige Pranke.[1] Der Drache bläst einen kräftigen Windstoß aus seinem Maul, der die Wolken regelrecht zu verwirbeln scheint. Auf der rechten Seite des Bildes geben geöffnete Türen den Blick aus dem Innenraum in einen Garten mit großem Pflanztopf und einer Mauer frei.

Mit seiner linken Hand fasst sich der Mann im dunkelblauen Gewand an die Brust, auf der ein *mandarin square* zu sehen ist. Es ist das Rangabzeichen eines Mandarins, hat quadratische Form und wurde auf Rücken und Brust des Beamtengewandes angebracht.[2] Darauf ist ein *qilin*-Fabeltier mit löwenartigem Kopf, schuppigem Körper und Hörnern dargestellt. Als Abzeichen der kaiserlichen Beamten versinnbildlicht es den neunten und somit höchsten Rang, den man in der Beamtenhierarchie erreichen konnte.[3] Auf dem Kopf trägt der Beamte einen roten Hut, der aus Yakhaaren oder gefärbtem Bambus geflochten und mit einer Pfauenfeder verziert ist. Außerdem hält er einen kleinen schwarzen Beutel und ein weißes Tuch in der rechten Hand und trägt eine lange Beamtenkette, die aus großen gelben Perlen besteht. Im Hintergrund links steht ein Tisch, dessen Holzmaserung sehr genau wiedergegeben ist. Darauf stehen ein schwarzes Räuchergefäß samt Räucherstäbchen und eine blaue Schale mit gelben Früchten.[4]

Die Braunschweiger Sammlung umfasst eine Serie von vier Darstellungen mit Figuren in einem Innenraum.[5] Sie scheinen in größeren Mengen für den Export nach Europa angefertigt worden zu sein, da die betonte Zentralperspektive der Innenräume und Aussichten sowie die Schattierungen der Figuren, insbesondere ihrer Gewänder, dem westlichen Geschmack entsprechen.[6]

Die Drachendarstellung ist hier vorrangig als Dekorationselement des Innenraumes und als Kennzeichnung der Person im Bild zu verstehen.

FJ

1 Eberhard 2004, S. 63: »[…] die zeremoniellen Kleider der Oberklasse unterschieden sich durch die Anzahl der Klauen, die die dargestellten Drachen hatten; des Kaisers Gewand durfte Drachen mit fünf Klauen zeigen, das von Prinzen nur vier, und das von Beamten nur drei.« Obwohl sich diese Angabe nur auf die Kleidung bezieht, ist es möglich, dass die drei Klauen des Drachen auf den Beamtenstatus des dargestellten Mannes verweisen.
2 Ströber 2002, S. 371.
3 Ströber 2002, S. 372.
4 Ströber 2002, S. 145f.
5 Neben der hier behandelten Malerei sind dies eine sitzende Dame, ein sitzender Herr und ein pfeiferauchender Herr, Herzog Anton Ulrich-Museum, 1. Hälfte 18. Jahrhundert, Inv. Nr. OA Mal 11, OA Mal 12, OA Mal 14, in: Ströber 2002, Kat. Nr. 220, 221, 223, S. 144–146.
6 Ströber 2002, S. 128.

18 Johann Gregor Höroldt (1696–1775)
Chinesen im Garten, Tee trinkend, 1726

Radierung, 14 cm × 10,6 cm
HAUM, Inv. Nr. 7977, J. G. Höroldt AB 3.1

Lit.: Behrends 1978, S. 34, Taf. XIV, Abb. 151; Ausst.-Kat. Dresden 1996, Nr. 183

In einem Garten mit großen Pflanztöpfen sitzt ein Chinese mit einem langen, reich verzierten Gewand in einem Lehnstuhl. Er trägt einen Flügelhut und hält eine Läuterute in der linken Hand. Die rechte streckt er gebieterisch nach vorn. Vor ihm steht ein kleiner runder Tisch mit Teegeschirr und einer dampfenden Kanne. Dahinter erhebt sich ein verziertes Postament mit einem Glutbecken und einer größeren Kanne für das heiße Wasser. Von links nähert sich ein zweiter Chinese. Auch er trägt ein langes Gewand, dieses ist jedoch nicht so prunkvoll verziert. Von seinem Gürtel hängt ein Schwert herab. Er trägt keine Kopfbedeckung, so dass sein zusammengeknotetes Haar zu sehen ist. Weit nach vorn gebeugt hält er eine Schale in den Händen, wohl um sie als Präsent dem Sitzenden zu überreichen.

Über der ruhigen Gartenszene herrscht ein reges Treiben. Ein Drache schwebt mit ausgebreiteten Flügeln am Himmel und betrachtet die Szenerie. Mit scheinbar zornigem Blick öffnet er sein Maul und stößt eine Rauchwolke aus. Um ihn herum fliegen verschiedene Vögel und Insekten.

Die Radierung trägt die Inschrift »J. G. Höroldt. inv. et. fecit. 1726« und gehört zu fünf weiteren, 1726 angefertigten Radierungen, die von Johann Gregor Höroldt bekannt sind. Neben den Radierungen haben sich verschiedene Skizzen mit Chinesendarstellungen und die bekannten chinoisen Porzellane erhalten, die Höroldt zugeschrieben werden.[1] Höroldt arbeitete und wirkte von 1720 bis 1765 in der Porzellanmanufaktur Meißen.[2] Seine Chinoiserien werden als seine bedeutendste Leistung angesehen. Er verstand es, exotisch wirkende ostasiatische und europäisch-genrehafte Elemente miteinander zu kombinieren. Dabei hatte er eine Tendenz zur karikierenden, phantastischen Verarbeitung der chinoisen Motive und erzielte dadurch oftmals eine heitere Wirkung mit seinen Werken.[3]

So steht hier der Drache der Radierung in keinem inhaltlichen Zusammenhang mit der Gartenszene, obwohl sich sein Atem mit dem Dampf der Kannen vereint. Ihm ist, ebenso wie der Radierung insgesamt – wie allen Chinoiserien Höroldts –, eine rein dekorative Wirkung zugedacht.

FJ

1 Vgl. Ausst.-Kat. Dresden 1996.
2 Vgl. Ausst.-Kat. Dresden 1996.
3 Der Drache gehört zu den Standardelementen der chinoisen Motive. Als Beispiel sei hier die Drachenpagode (1770–72) von Karl von Gontard im Schlosspark von Sanssouci angeführt, die mit 16 Drachen auf den Dächern geschmückt ist.

19 Buddha Shakyamuni, vom Nāga-König Mucilinda beschützt

Thailand, 19. Jahrhundert
Holz, Fassung in Gold und Rot, Sockel und Figur sind einzeln gearbeitet und vergoldet
H 34,1 cm, H Figur 13,4 cm
B 15,5 cm, B Figur 10,0 cm
HAUM, Inv. Nr. SOA Hol 2

Lit.: Ströber 2002, Kat. Nr. 738, S. 330

Die Figur zeigt den historischen Buddha Shakyamuni, den Weisen aus dem Stamm der Shakya, in Meditationshaltung. Bei diesem Gestus (*dhyānamudrā*) liegen die Hände – die rechte über der linken – mit den Handflächen nach oben im Schoß. Die Beine sind in der Paryanka-Stellung mit den Fußsohlen nach oben verschränkt. Den Kopf kennzeichnet vor allem der Scheitelwulst (*ushnisha*), den in der Kunst nur ein Buddha oder ein ähnlich Erleuchteter besitzen darf. Auf der Schädelerhebung befand sich ursprünglich die Scheitelspitze (*ketumālā*), welche in Thailand als Flamme dargestellt wird.[1] Die Ohren sind langgezogen vom schweren Schmuck, den der Adlige Siddhārta Gautama vor seiner Zeit als bettelnder Wandermönch trug. Der Buddha trägt ein einfaches Mönchsgewand, bestehend aus Hüfttuch und Schultertoga. Er sitzt auf einem Thron, den eine sich vierfach ringelnde Nāga-Schlange bildet. Hinter seinem Rücken richtet sie sich auf und breitet schützend über ihm ihre Haube mit sieben Häuptern aus. Es handelt sich um die Darstellung einer Legende,[2] wonach der Buddha kurz nach seiner Erleuchtung einige Wochen in der Nähe des Baumes der Erleuchtung (*bodhi*) meditierte. In diesem Zeitraum genoss er unter dem Mucilinda-Baum, den Blick in sein Innerstes gerichtet, die »Wonne der Erlösung«.[3] Währenddessen brach ein schweres Unwetter aus. Der unter dem Baum wohnende Nāga-König Mucilinda kam hervor, umschlang den Buddha siebenmal und spreizte zum Schutz vor den Naturgewalten seine Kobrahaube über ihm aus. Nach dem Unwetter verwandelte sich der Schlangenkönig in einen Jüngling und brachte dem Erhabenen seine Ehrerbietung dar. In der Biographie des Buddha treten Nāga sehr häufig auf. In der asiatischen Mythologie ist das Wasser die Welt der Schlangen. Sie leben unter der Erde, können Menschengestalt annehmen und bewirken u. a. den Regen bzw. den Monsun. Sie sind somit für die Fruchtbarkeit der Felder zuständig und daher Garanten des Lebens. Die Nāgas vereinen göttliche, menschliche und tierische Aspekte. In der buddhistischen Literatur treten sie als Verehrer von Buddha auf. Trotz einiger Widerstände erkennen sie die übergeordnete Macht des Erleuchteten an. Sie verehren und beschützen ihn und verkünden damit die Botschaft, dass sich weder eine tierische und menschliche noch eine göttliche Macht dem Einfluss der Lehre des Buddha entziehen kann.[4] Der Nāga-König Mucilinda, ein dem Menschen übergeordneter Genius, erweist dem Buddha Schutz, Ehrerbietung und ordnet sich ihm unter. Er besitzt die geistige Fähigkeit, seine Lehre aufzunehmen und zu akzeptieren. Offensichtlich übt der Schlangenkönig in der buddhistischen Überlieferung keine Gewalt über das Element Wasser aus.[5] Die Figur verdeutlicht, dass der Schlange positive Schutzmächte sowie hohe geistige Fähigkeiten zugeschrieben wurden.

FB

[1] Anhand der Ausformung der Scheitelspitze ist es möglich, die regionale Herkunft einer Figur zu bestimmen. Dies trifft in besonderem Maße bei Bronzen zu. Vgl. Schumann 2003, S. 26f.
[2] Die Darstellung des Buddha unter der Haube des Mucilinda ist besonders in Thailand und Kambodscha populär. Vgl. Schumann 2003, S. 50f.
[3] Schumann 2003, S. 50f.
[4] Vgl. Vogel 1995, S. 93f.
[5] Vogel 1995, S. 94: »It is certainly curious that the great Nāga Muchilinda, instead of withholding the showers of rain which threaten the Buddha with discomfort, has to sit up for a whole week and to use his body as an umbrella.«

II. Schlangen und Drachen in den Vorstellungen der Antike

Sowohl die Schlange als auch der Drache treten in der antiken Mythologie als ein komplexes und universelles Symbol auf. Sie sind die vieldeutigsten Tiere überhaupt, denen eine Fülle von Eigenschaften zugeschrieben werden. Dabei gibt es noch keine klare Unterscheidung zwischen beiden Tieren. In den naturgeschichtlichen Werken von Plinius, Solinus und Herodot wird der Drache als real existierendes Wesen vorgestellt, das der Gattung der Schlangen angehört. So lässt sich unser Wort Drache etymologisch auf die indische Riesenschlange zurückführen, die in der Antike lat. *draco*, gr. *drákōn* (der furchtbar Blickende) genannt wird. Diese Scharfsichtigkeit prädestiniert den stets wachsamen Drachen als Schatz- und Quellhüter und gibt ihm die Weisheit aller Zeitalter. Da in Griechenland außerordentlich viele Schlangen und Schlangenarten vorkommen, ist die Schlange tief im religiösen Glauben und Ritus verankert. Als ein Teil der Erde gedacht, verkörpert ihr chthonischer Charakter alle guten, aber auch verderblichen erdinneren Kräfte. Ferner gelten Schlange und Drache in der Symbolik oft als austauschbar für das Nichtmanifeste, das Verborgene und die ungezähmte Natur. Einem uralten Glauben folgend, wird die Schlange mit der Seele eines Verstorbenen identifiziert. Aus dieser grabhütenden Schlange entwickelt sich der ortshütende Schutzgeist, der *genius loci*, ebenso wie die schatz- und quellhütenden Drachen. In diesen Funktionen werden ihnen meist gewaltige Kräfte und ein furchteinflößendes Aussehen zugeschrieben.

In verschiedenen Sagen müssen Götter und Heroen das gefährliche Wesen überwinden. So kämpft Kadmos (Gründer von Theben) gegen einen Drachen mit Schlangenkopf, der eine Quelle bewacht. Um das Goldene Vlies zu erlangen, hat Jason den immer wachsamen kolchischen Drachen zu überlisten, der als Sprössling des mehrköpfigen Riesen Typhon und des Schlangenwesens Echidna gilt. Dieselbe Abstammung wird auch dem hundertköpfigen Schlangendrachen Ladon zuteil, der die Goldenen Äpfel der Hesperiden bewacht und als Gegner des Herkules in Erscheinung tritt. Dieser überwindet zudem die Lernäische Hydra, welche als vielköpfiges, langhalsiges Unwesen die Vorstellung der Verbindung von Schlangen und Drachen nachhaltig prägt. Doch benutzen die olympischen Götter Schlangen auch als Schreckenswerkzeug. Vergil beschreibt den Tod des trojanischen Priesters Laokoon durch zwei große von Apollon gesendete Schlangen, und Homer berichtet von der Gorgone Medusa, deren schlangenbesetztes Haupt jeden bei seinem Anblick zu Stein erstarren lässt. Ebenso tragen die Erinnyen als Rachedienerinnen des Todes Schlangenhaare. Als einem Totentier wird der Schlange schon früh die Gabe der Weissagung zugeschrieben, was eine alte griechische Vorstellung reflektiert, wonach der Erde überhaupt eine prophetische Kraft innewohne.

Als ältestes Beispiel dieser Überlieferung gilt das vorapollinische Erdorakel in Delphi, welches von Python bewacht wird. Apollon besiegt die alte Erdschlange und nimmt damit das Orakel in Besitz. Auch der Asklepiosmythos steht im Zusammenhang mit den mantischen (hellseherischen) Eigenschaften der Schlange. In der Urzeit als Erddämon in Schlangengestalt gedacht, bekommt Asklepios nach seiner Vermenschlichung die Schlange als Attribut. Ebenso aus dem chthonischen Charakter der Schlange erwächst ihre Beziehung zu den friedlich-mütterlichen Wesen der Erdgöttinnen, wie Demeter. Hier tritt die Schlange als ein die Erde befruchtendes Element auf. Neben dieser Verbindung zur Erde und den Jahreszeiten ist es vor allem ihre Fähigkeit sich zu häuten, welche die Schlange in den meisten Völkern der Antike schon früh zu einem Symbol der Wiedergeburt und Ewigkeit werden lässt. Dies mag die ambivalente Natur ihrer Bedeutungsgeschichte zusätzlich erklären.

Die Doppelseitigkeit im Wesen der Schlange und des Drachen wird über die Jahrhunderte hinweg tradiert. Als sich die Künstler der Renaissance und des Barock den mythologischen Themen der Antike zuwenden, kombinieren sie diese mit ihren eigenen Vorstellungen von der Drachengestalt. Diese hat sich seit dem Mittelalter zu einem phantasievollen, meist furchterregendem Ungeheuer entwickelt. Diese Form wird nun auf die Antike rückübertragen.

IH/MH

20 Münze Amyntas III. (394/93–370/69 v. Chr.)

Makedonien
Bronze, 4,66 g, 14 mm
Zweite Regierungsperiode
(381–370/69 v. Chr.)
Vorderseite: Kopf des Herakles im Profil mit Löwenfell
Rückseite: Inschrift: AMYNTA, nach rechts gewandter stehender Adler verschlingt Schlange
HAUM, Inv. Nr. 688

Lit.: Leschhorn 1998, Nr. 688, S. 118

In Makedonien sind Bronzemünzen seit der Regierungszeit des Archelaos (ca. 413–399 v. Chr.) belegt.[1] Die Vorderseite zeigt den Kopf des Herakles mit Löwenfell nach rechts blickend im Profil. Amyntas III.[2] führte sein Geschlecht auf Herakles zurück. Die Darstellung des »Stammvaters« der königlichen Linie auf den Münzen war ein Teil der politischen Propaganda.

Die Rückseite stellt eine Schlange dar, die von einem Adler verschlungen wird.[3]

Den Kampf zwischen Adler und Schlange hat schon der Etana-Mythos um den sumerischen König Etana zum Inhalt.[4] In der griechischen Literatur tritt ein ganz ähnlicher Handlungsverlauf des Kampfes zwischen den beiden Tieren in einer von Aelianus überlieferten Fabel des Aesop auf.[5]

Sowohl der Adler, der Vogel des Zeus, als auch die Schlange galten als Tiere der Weissagung. Die Schlange stand durch ihren chthonischen Charakter in enger Beziehung zum Totenkult. Sowohl die Seelen der Verstorbenen als auch Orakelgeister, welche die Erde oder Höhlen bevölkerten, besaßen Schlangengestalt. Die Schriftquellen überliefern eine Vielzahl von Mythen, in denen die Weissagekräfte der Schlange zum Ausdruck kommen.[6]

Das Motiv der Schlange in den Klauen des Adlers tritt in der literarischen Überlieferung zum ersten Mal in der »Ilias« auf. Als die Trojaner die griechischen Schiffe angreifen, erscheint ein Adler mit einer Schlange in den Krallen, welche sich aus der Umklammerung löst und in die Kampflinie der Trojaner fällt. Die Trojaner interpretieren das Orakelzeichen falsch, während die Griechen den von rechts kommenden Adler mit der Schlange als Siegeszeichen deuten und die Trojaner zurückschlagen.

Der Kampf des Adlers gegen die Schlange ist ebenfalls ein Symbol des Triumphes. In diesem Sinne siegt das himmlische Reich der Götter über die dunklen chthonischen Mächte, wie es die olympischen Götter gegen die Titanen, die Kinder der Erdgöttin Gaia, taten.[7]

Die Verwendung des Motivs auf der gezeigten Münze könnte demzufolge auf einen politischen Sieg Amyntas' III. hinweisen.[8] Amyntas III. gelang es, nach einer Niederlage gegen die Illyrer 383/82 v. Chr., aus eigener Kraft seine Herrschaft über Makedonien wiederzuerlangen. Es wäre möglich, dass er mit dem Sieg des Adlers über die Schlange, dem Triumph des Lichtes über die Finsternis, die Rückgewinnung seines Königtums beschreiben wollte.

FB

1 Vgl. Westermark 1996, S. 291–299.
2 König Amyntas III. regierte Makedonien in einer Zeit großer Instabilität. Makedonien wurde insbesondere von illyrischen Stämmen bedroht, die mehrmals in das Reich eindrangen. Amyntas III. musste in das Exil nach Larissa fliehen (393/92–392/1) und konnte erst 391 mit Unterstützung der Thessalier auf den Thron zurückkehren. Ein weiterer Vorstoß der Illyrer 383/82 zog einen Konflikt mit dem Chalkidischen Bund, dem ehemaligen Bündnispartner, nach sich. Auf Grund der vielfältigen Konflikte war es »[...] a miracle that he and his kingdom did survive« (Hammond/Griffith 1979, Bd. 2, S. 180).
3 Dieses Motiv tritt v. a. auf Münzprägungen griechischer Städte vom 6.–3. Jh. v. Chr. auf. Vgl. Wittkower 1977, S. 50.
4 Der Mythos handelt von dem König Etana von Kiš. Er beginnt mit der Fabel von der Feindschaft zwischen Adler und Schlange. Als der Adler androht, die Kinder der Schlange zu fressen, wendet die Schlange sich an den Sonnengott Šamaš, mit dessen Hilfe sie den Adler besiegt und in eine Grube wirft. König Etana befreit den Adler auf Anweisung des Sonnengottes und reitet auf seinem Rücken zum Himmel auf der Suche nach der »Pflanze, die Geburt gibt«. Besonders auf akkadischen Rollsiegeln tritt der Reiter auf dem Adler als Motiv auf. Vgl. Black/Green 2004, S. 78.
5 In dieser Fabel ist der Adler der Schlange unterlegen und überlebt nur durch die Hilfe eines Schnitters. Zu späterer Zeit hilft dann der dankbare Adler seinem Retter. Vgl. Wittkower 1977, S. 31f.
6 Vgl. Küster 1913, S. 121f.
7 An dieser Stelle sei an den siegreichen Kampf des Zeus gegen den schlangenbeinigen Typhon erinnert.
8 Vgl. Wittkower 1977, S. 50.

21 Münze

Tralleis, 2. Jh. v. Chr.
Silber, 12,5 g, 28 mm
Vorderseite: *cista mystica*, aus der eine Schlange hervorkommt, Efeukranz
Rückseite: *gorythos* (Bogenbehälter), umgeben von ineinander gewundenen Schlangen; Monogramm: TRA
HAUM, Zugangsnr. ZL 10715 (aus der Sammlung Dexel)

Die gezeigte Münze stammt aus der Gruppe der sogenannten Kistophoren, welche auf der Vorderseite die Darstellung einer *cista mystica*, aus der eine Schlange mit Efeukranz hervorkommt, zeigen und auf der Rückseite einen *gorythos* (Bogenbehälter) aufweisen, umgeben von einem heraldischen Motiv in Form von ineinander gewundenen Schlangen.[1] Diese Münzen wurden seit dem 2. Jh. v. Chr. in den von Pergamon abhängigen Städten in Kleinasien geprägt und unter anderem vom römischen Geschichtsschreiber Livius als Beutegut bei Triumphzügen erwähnt.[2] Kistophoren haben ein Gewicht von ca. 12,5 g.[3] Sie wurden in veränderter Form auch in römischer Zeit geprägt, um den römischen Herrschaftsanspruch über die ehemals pergamenischen Gebiete auch bildlich zu propagieren.[4]

Die *cista mystica* ist ein geflochtener Korb für die Aufbewahrung heiliger Gegenstände von Mysterienkulten.[5] Sie tritt insbesondere in Verbindung mit den Mysterien der Demeter und des Dionysos auf. Auch im Kult des Sabazios, der mit Dionysos identifiziert werden konnte, hatte die *cista mystica* eine hohe Bedeutung.[6] Die Schlange galt als Personifikation des Sabazios. Die geschlechtliche Vereinigung mit dem Gott wurde dadurch vollzogen, dass man eine Schlange durch den Schoß zog.[7]

Hier werden Überschneidungen mit den Dionysos-Mysterien deutlich. Ein häufiges Motiv zeigt die Mänaden mit Schlangen in den Haaren oder Händen. Die Geweihten trugen im Thiasos neben *cista mystica* und *liknon* auch lebende Schlangen mit sich. »Der Geweihte hat den Schrecken überwunden«[8], d. h., er wurde rituell wiedergeboren. Die Schlange versinnbildlicht dies, vielleicht weist sie in Verbindung mit der *cista mystica* auch auf den chthonischen Aspekt hin, der gerade bei den Mysterien der Demeter und Persephone in Eleusis evident war. Otto Jahn sprach der Schlange in der *cista* eine Wächterfunktion zu. Er betonte, dass sie neugierige Blicke in den mit den heiligen Gegenständen gefüllten Korb abwehren sollte.[9]

In verschiedenen Mysterienkulten stellte die Schlange ein zentrales Symbol dar. Wiedergeburt[10] sowie Fruchtbarkeit sind nur zwei Aspekte, die sowohl in den Riten der Mysterien zentrale Bedeutung erlangten als auch im Symbol der Schlange wiedererkannt wurden.

Das pergamenische Geschlecht der Attaliden verehrte Dionysos als Stammvater. Die Attribute des Gottes in Form der *cista mystica*, der Schlangen und des Efeukranzes auf der Münze verdeutlichen die enge Verbundenheit zwischen dem Herrschergeschlecht und dem göttlichen Stammvater.

FB

1 Vgl. Kleiner/Noe 1977, S. 10.
2 So zum Beispiel für das Jahr 190/189 v. Chr. beim Triumphzug des Acilius nach dem Sieg über König Antiochos und die Ätoler: »Vorangetragen wurden bei diesem Triumph 230 Feldzeichen und 3000 Pfund unverarbeitetes Silber, an Gemünztem 113 000 attische Tetradrachmen und 249 000 Kistophoren, außerdem viele getriebene Silbergefäße von großem Gewicht« (Livius, lib. 37, cap. 46,3).
3 Vgl. Kleiner/Noe 1977, S. 10.
4 Vgl. Winkler 1995, S. 109.
5 Mysterien sind eine Form der privaten Religion. Die Zulassung erfolgte durch Weihen, welche strikter Geheimhaltung unterlagen. Der Myste wurde durch diese Weihen sowie Feste dem Göttlichen angenähert. Er fand eine Art Erlösung sowohl im Diesseits als auch im Jenseits. Gerade in den Dionysosmysterien spielte das Jenseitige eine große Rolle. Vgl. hierzu Burkert 1994.
6 Gressmann 1930, S. 114: »In der Prozession [des Sabazios] wurde die Cista mitgeführt, der heilige Deckelkorb, der die Schlange barg und das Liknon, das Getreidesieb, das wir aus den Dionysos-Mysterien kennen.«
7 Vgl. Gressmann 1930, S. 115; die Schlange, die man unter dem Gewand des Betreffenden hindurchzog, war aus Metall. Vgl. Burkert 1994, S. 90.
8 Burkert 1994, S. 81.
9 Jahn 1869, S. 324f.
10 An dieser Stelle meint Wiedergeburt die symbolische Wiedergeburt, die es ermöglicht, der Göttlichkeit durch Riten immer näher zu kommen, sich zu lösen und Freiheit zu erlangen.

22 Münze aus der Zeit des Trajan (98–117 n.Chr.)

Alexandria
Bronze, 19,55 g, 30 mm
Vorderseite: stark beschädigte Inschrift mit Namen des Kaisers, Kopf des Trajan im Profil
Rückseite: Triptolemos auf der Schlangenbiga (Zweispänner)
HAUM, Inv. Nr. 1668

Lit.: Leschhorn 1998, Nr. 1668, S. 266

Die stark abgegriffene Münze aus der Zeit des Kaisers Trajan zeigt auf der Rückseite Triptolemos stehend auf einem Wagen, der von zwei großen Schlangen gezogen wird. Während er mit der Linken die sich hoch aufbäumenden Schlangen zügelt, streut Triptolemos mit der Rechten die Saat aus. Die Darstellungsweise deutet auf Alexandria als Prägeort.[1] Das Vorbild des Wagens stellt der einfache Bauernkarren dar. Der Lenker saß auf dem Wagen und stand nicht, wie auf der vorliegenden Münze. Der geflügelte Wagen des eleusinischen Heros stammte aus der Werkstatt des Hephaistos.[2]

Triptolemos war ein Sohn der Königsfamilie von Eleusis, dem die Göttin Demeter das Geheimnis des Ackerbaus anvertraute und ihn beauftragte, diese Gabe den Menschen zu vermitteln. Der Mythos von der Aussendung des Triptolemos, dem »Dreimalpflüger«, ist ein zentraler Bestandteil der Mysterien von Eleusis, die auf dem homerischen Demeterhymnus basieren.[3] Hades raubte Kore-Persephone, die Tochter der Demeter. Die Göttin fiel in tiefe Trauer, verließ den Olymp und suchte ihre Tochter. In dieser Zeit wuchs kein Getreide auf der Erde, gedieh keine Saat. Erst nach der Versöhnung der Demeter durch Zeus, der bestimmte, dass Kore-Persephone nur einen Teil des Jahres bei Hades verbringen musste, begann das Getreide wieder zu wachsen. Die Handlung beschreibt symbolisch das Absterben der Vegetation im Herbst, die Zeit der Trauer und das Erwachen der Natur im Frühling, wenn Kore-Persephone bei der Mutter weilt. Demeter ist die Korngöttin, der das Ackerland heilig ist, und Triptolemos wird in dieser Funktion ihr Partner.[4]

Alexandria war seit hellenistischer Zeit ein Kultzentrum des Triptolemos und dieser spielte eine große Rolle im Herrscherkult als göttlicher Sämann, der auf dem Schlangenwagen das Korn sät. Kaiserzeitliche Münzen zeigen Triptolemos mit dem Flügelwagen, der von Schlangen gezogen wird. Der Kaiser kann dabei als Personifizierung des Kornbringers gelten, dessen gute Saat, in Form seiner Herrschaft, immer wieder von neuem sprießt.[5]

Der Schlangenwagen weist auf den chthonischen Aspekt des Heros hin. Sowohl Triptolemos als auch Demeter und andere Fruchtbarkeits- und Vegetationsgottheiten hatten die Schlange als Attribut. Die Schlange ist nach antiker Vorstellung ein Teil der Erde. Es ist ihr Lebensraum, den sie mit all seinen positiven wie auch negativen Wirkkräften beherrscht. In der Verbindung mit Vegetationsgottheiten stehen die Segen bringenden Eigenschaften der Schlange im Vordergrund. Sie trägt für die Befruchtung der Erde Sorge und segnet das Wachstum. Als heiliges Tier der Fruchtbarkeit und Vegetation erscheint sie als ein Symbol des Lebens und der Erneuerung der Natur. Die Schlange entfaltet hier ihre Wirkung als *agathos daimon*, das heißt als guter Genius, der die Menschen umschwebt und dem Hause Segen bringt.[6]

FB

1 Schwarz 1987, S. 188: »Seine Gabe jedoch schenkt er dort [Alexandria] stets in Form von Körnern: Er erscheint als Sämann, der in seinem Schlangenwagen stehend die Saat streut. Dabei können die Schlangen geflügelt oder auch ungeflügelt dargestellt sein.«
2 Schwarz 1987, S. 6: »Das Gefährt, welches ursprünglich ein einfacher Karren war, hat sich in einen eleganten Rennwagen verwandelt«; siehe auch Simon 1985, S. 109.
3 Der Demeterhymnus datiert ungefähr in die Zeit vom Ende des 7. Jh. v. Chr. bis zur Mitte des 6. Jh. v. Chr. Vgl. Simon 1985, S. 1.
4 Vgl. Schwarz 1987, S. 3f.; siehe auch Simon 1985, S. 91f.
5 Triptolemos auf dem Schlangenwagen erscheint vor allem auf Münzen des in die Eleusinischen Mysterien eingeweihten Antoninus Pius, aber auch auf Prägungen Hadrians und Trajans. Vgl. Schwarz 1987, S. 185f.
6 Vgl. Küster 1913, S. 142.

23 Abraxas-Gemme in moderner Fassung

Alexandria, 2.–3. Jh. n. Chr.
Nicolo, 2,85 cm × 2,35 cm × 0,37 cm
Von Basis zu flacher Vorderseite hin abgeschrägt, Rückseite flach, blank poliert
Vorderseite: Abraxas, Inschriften:
CABAΘW IAΩ ΓOY CΔ AI MWN
Rückseite: Hekate, Inschriften:
ΓOYCΔAIMWN ΛOY KE N ΘWΘ
CABAWΘ IAΩ
HAUM, Inv. Nr. Gem 155

Lit.: Zazoff 1970, Taf. 23, Nr. 156, S. 53

Das vorliegende Objekt gehört zur Gruppe der magischen Gemmen, die als Amulette oder Talismane verwendet wurden. Ihr geistiges Repertoire basiert vor allem auf ägyptischem, griechischem und jüdischem Gedankengut. Die Gemme besitzt sowohl auf der Vorderseite als auch auf der Rückseite figürliche Darstellungen und Inschriften. Die Vorderseite zeigt den Abrasax bzw. umgangssprachlich Abraxas. Der Zahlenwert der griechischen Buchstaben des Namens Abrasax beträgt 365.[1] Abrasax war nach der Überlieferung christlicher Autoren[2] wie Irenäus von Lyon im System des Gnostikers Basilides (gest. um 145 n. Chr.) der Name des göttlichen Herrschers über die 365 Himmel. Basilides hat aber das Wesen nicht erdacht, sondern es entstammt magisch-astrologischen Kreisen. Die Zahl 365 deutet auf seine Funktion als Jahres- und Sonnengott. Sein Hauptname lautet IAΩ, welcher vom hebräischen Gottesnamen Jahwe (יהוה) abgeleitet wurde.[3] Es handelt sich um ein schlangenbeiniges Mischwesen mit einem Hahnenkopf und menschlichem Torso. Der Hahnenkopf ist im Profil nach links schauend dargestellt. Er erscheint in römischer Rüstung und hält in der erhobenen Rechten die Peitsche des Sonnengottes Sol und in der Linken ein Schild. Die Schlangenbeine sind gerippt und laufen nach einer vollen Windung nach außen aus. Die Köpfe der sich aufrichtenden Schlangen sind stark stilisiert und tragen jeweils eine Sonnenscheibe. Die Schlange mit der Sonnenscheibe stellt die aufgehende Sonne dar, wobei ihre Verdoppelung die tägliche und jährliche Wiederholung dieses Vorgangs symbolisiert. Des Weiteren steht die Schlange durch ihre jährliche Häutung als Ideogramm für das erneuerte Jahr. Diesen Interpretationsansatz verstärkt die Zahl 365 im Namen des Abrasax. Die Schlangenbeine weisen ebenso auf eine Verwandtschaft zu chthonischen Gottheiten und somit womöglich auch auf einen Unterweltaspekt. Während der obere Teil des Wesens den Herrn der Heerscharen (CABAΘW – hebr. צבאות) versinnbildlichen könnte, ist eine Deutung als Herr der Unterwelt durch die Schlangenbeine möglich, da in vielen Mythologien die Schlange als theriomorphe (tiergestaltige) Verkörperung der unterirdischen Tiefen galt.[4] Eine positive Wirkungskraft der Schlange erschließt sich aus der Inschrift ΓOYCΔAIMWN, welche wohl als *agathos daimon* (guter Geist) zu lesen ist (vgl. Kat. Nr. 22). In Griechenland wurde der gute Geist als Schlange gedacht, und der Nilarm bei Alexandria trug diesen Namen. Das Symbol der Schlange wurde hier in direkter Beziehung zur regenerativen Kraft der Nilüberschwemmung und zum Quell allen Lebens, dem Urwasser, gesetzt.[5]

FB

1 $\alpha - 1, \beta - 2, \rho - 100, \alpha - 1, \sigma - 200, \alpha - 1, \xi - 60$.
2 Basilides hatte einen 24-bändigen Kommentar zu den Evangelien geschrieben, die »Exegetica«. Lediglich einige Zitate sind durch christliche Autoren, wie z. B. Pseudo-Tertullian, Hippolyt von Rom, Clemens Alexandrinus oder Irenäus von Lyon, überliefert. Hierzu die Publikation von Löhr 1996.
3 Vgl. Zwierlein-Diehl 1993, S. 29f.; Michel in: Ausst.-Kat. München 2001, S. 59.
4 Vgl. Schwartz 1981, S. 485–509.
5 Dieses könnte auch ein Hinweis auf die Herkunft der Gemme sein. Hierzu auch Zwierlein-Diehl 1993, S. 37f.

24 Mantuanisches Onyxgefäß mit Schlangenwagen des Triptolemos

Römische Kaiserzeit, um 54 n. Chr.
Fünfschichtiger Sardonyx,
H 15,3 cm, größter Dm 6,5 cm
HAUM, Inv. Nr. Gem 300

Lit.: Bruns/Fink 1950; Simon 1957, S. 56–64; Bühler 1973, Nr. 74, S. 65–67; Goette 1985, Nr. 12f., S. 10f.; Kleßmann 1987, S. 176f.; von Heusinger 1991, S. 52 (König-Lein); Ausst.-Kat. Wien 1994, Nr. 99, S. 306 (Bernhard-Walcher); Ausst.-Kat. Braunschweig 2000, Nr. 157, S. 140f. (König-Lein); Ausst.-Kat. Braunschweig 2004b, Nr. 29, S. 130f. (Marth)

Das Salbölgefäß gilt als Meisterwerk antiker Steinschneidekunst. Unter Ausnutzung der bläulich-weißen, hell- und dunkelbraunen Steinschichten wurden aus einem handgroßen Sardonyx wie bei einer Kamee Figuren im Hochschnitt herausgearbeitet. Berühmt ist das antike Stück nicht nur aufgrund der Kostbarkeit des Materials und des Wertes der zeitaufwendigen, virtuosen Bearbeitung,[1] sondern auch durch seine bewegte Geschichte.[2] Einen Höhepunkt bildete dabei 1677 der vergebliche Versuch Herzog Ferdinand Albrechts von Braunschweig-Lüneburg, den Onyx bei Kaiser Leopold in Wien gegen die Statthalterschaft von Tirol einzutauschen.

Das Gefäß besitzt einen umlaufenden Reliefdekor.[3] Die obere Zone des Frieses bilden Fruchtgirlanden, die von vier Bukranien (Stierschädeln) gehalten werden. In der zentralen Szene steht Triptolemos, ein mythischer Held aus Eleusis, in einem von Schlangen gezogenen Wagen[4] (vgl. Kat. Nr. 22). Erst seit hellenistischer Zeit wird der Wagen mit geflügelten Schlangen dargestellt.[5] Ursprünglich nur mit der Aussendung des Triptolemos in Verbindung gebracht, wird der Schlangenwagen bald zu dessen ständigem Attribut.[6] Begleitet wird Triptolemos von Demeter, der Göttin des Ackerbaus. Diese hält Ähren und eine Mohnkapsel als Symbole für Nahrung und Fruchtbarkeit in ihrer rechten Hand. Weitere Attribute der Demeter sind Fackel und Schlange, die als chthonisches Wesen eine Verbindung zu den Eleusinischen Mysterien[7] herstellt.

Rechts von der Hauptszene liegt die Erdgöttin Tellus auf einen Früchtekorb gestützt. Darüber befindet sich das Sternbild der Jungfrau mit einem Sätuch. Der Hore des Frühlings, dargestellt mit Früchtekorb und Böcklein, folgt mit Schwein und Mohnkapsel die des Winters. Auf einem Felsblock sitzt Persephone, Tochter der Demeter und Göttin der Unterwelt. Sie und ein Opferdiener hinter ihr halten mit Früchten gefüllte Körbe. Von der linken Seite nähert sich mit einer Dienerin die Dea Syria oder Astarte, eine aus der östlichen Mythologie stammende Fruchtbarkeitsgöttin. Davor befinden sich ein Mädchen und eine Priapusherme. Die untere Bildzone enthält Gegenstände der Eleusinischen Mysterien und des dionysischen Kultes, wie Masken, Cisten (runde Behälter), Stäbe mit Bändern, eine Schlange sowie Körbe mit Früchten.

Seit hellenistischer Zeit wird Triptolemos auch für politische Propaganda genutzt. Die allegorische Darstellung des Herrschers als Triptolemos »verspricht […] den Anbruch eines neuen segensreichen Zeitalters«[8]. Damit steht das Braunschweiger Onyxgefäß in derselben Tradition wie die Tazza Farnese[9] oder der claudische Kameo.[10] Neu sind die orientalischen Einflüsse, die sich in der Dea Syria zeigen. Diese wurden von Erika Simon überzeugend mit Kaiser Nero in Verbindung gebracht.[11] Sie deutete die Szene als eine Allegorie auf den Herrschaftsantritt Neros am

13. Oktober 54 n. Chr. Der noch nicht siebzehnjährige Herrscher beginnt seine Fahrt als Triptolemos mit dem Schutz seiner Mutter Agrippina als Ceres/ Demeter und im Beisein seiner Göttin Dea Syria, welche Nero in seiner Jugend als einzige Gottheit verehrte.

IH

1 Kameen dieser Größe stellten meist Prunkstücke der Schatzkammern antiker Herrscher dar und dienten ihrer Glorifizierung, vgl. Newerow 1981, S. 37.
2 Ausführlich bei Bruns/Fink 1950, S. 13–20.
3 Durch Umarbeitung zu einem Kännchen in nachantiker Zeit teilweise beschädigt.
4 Den geflügelten Schlangenwagen erhielt Triptolemos von Demeter, um den Getreideanbau über den gesamten Erdkreis zu verbreiten (Ovid, »Metamorphosen«, 5, 642–661); zur Typologie und zur Bedeutung des Triptolemoswagens vgl. Hayashi 1992, S. 30–66.
5 Hayashi 1992, S. 58: »Die erste literarische Erwähnung eines Schlangenpaares (Dual!) am Wagen des Triptolemos ist in der fragmentarisch erhaltenen Tragödie ›Triptolemos‹ des Sophokles faßbar, die wahrscheinlich 468 aufgeführt wurde.«
6 Schwarz 1997, S. 66.
7 Die Mysterien von Eleusis waren Initiations- und Weiheriten des Demeter- und Persephonekultes. Man feierte die Rückkehr Persephones in die Welt der Lebenden, welche den Beginn des Frühlings markiert.
8 Schwarz 1997, S. 68.
9 Tazza Farnese, Sardonyx-Schale, Neapel, Museo Archeologico Nazionale, Inv. Nr. 27611.
10 Claudius-Sardonyx, Paris, Bibliothèque Nationale, Cabinet des Médailles, Inv. Nr. 276.
11 Simon 1957, S. 62–64.

25 Jan Claudius de Cock (1667–1735)
Orpheus und Euridike, 1700

Feder- über Rötelzeichnung,
29,2 cm × 23 cm
bez.: Joannes Claudius de Cock inventor delineavit Antwerpiae 1700
HAUM, Inv. Nr. Z 1427 (ehemals Bd. 25)

Lit.: von Heusinger 1997, S. 96, Abb. 46; Dict. of Art, Bd. 7, s.v. Jan Claudius Cock, S. 500f.; AKL, Bd. 20, s.v. Jan Claudius Cock, S. 71f.

Die Federzeichnung zeigt eine in den »Metamorphosen« Ovids (15, 359ff.) und den »Georgica« Vergils (4, 281ff., 317ff.) überlieferte Episode aus der antiken Mythologie. Der als bester Sänger der Antike geltende Orpheus, Sohn der Muse Kalliope, hat die Nymphe Euridike zur Braut. Als Aristaios versucht, sie zu vergewaltigen und sie vor ihm flüchtet, wird sie von einer Schlange gebissen und stirbt. Orpheus ist so verzweifelt über den Tod der Geliebten, dass er in die Unterwelt hinabsteigt, um Euridike zurückzugewinnen. Dies gelingt zunächst, doch als Orpheus sich trotz des strikten Verbotes zu seiner Geliebten umdreht, bevor sie das Tor zur Unterwelt erreicht haben, muss sie wieder hinab ins Reich der Toten.

De Cock wählt für seine Darstellung den eher selten gezeigten Moment der Erzählung, in dem Aristaios versucht, Euridike zu überwältigen. Sie schaut sich angsterfüllt zu ihm um und sucht Schutz bei ihrem Verlobten, der unbeirrt von dem sich hinter ihm abspielenden Geschehen nach rechts davonstrebt. Der Euridike bedrängende Aristaios ist ein Mischwesen aus anthropomorphen und theriomorphen, also aus menschlichen und tierischen Elementen. Er hat Hörner, Fledermausflügel und Schlangenfüße. Sein ihm artverwandter Gehilfe umschlingt mit seinen Armen und seinem rechten Schlangenfuß den linken Unterschenkel der Nymphe. Hinter ihr lauert zähnefletschend und bellend Kerberos, der dreiköpfige Höllenhund. Aristaios, nach der Überlieferung Vergils eigentlich eine Ackerbau, Olivenanbau und Bienenzucht schützende Gottheit, wird hier zu einer satyrgleichen Gestalt, die das Böse verkörpert und in die heile Welt der Liebenden eindringt, um sie zu zerstören.

Der flämische Bildhauer Jan Claudius de Cock unterhielt in Antwerpen eine Werkstatt, in der zahlreiche Schüler mitarbeiteten und im Modellieren und Zeichnen unterrichtet wurden (vgl. Kat. Nr. 52). Er hat neben seinem skulpturalen Werk ein umfangreiches zeichnerisches Œuvre hinterlassen, darunter zahlreiche weitere Darstellungen nach den »Metamorphosen«, oft dramatische Raptus-Gruppen. Auffallend ist bei dem gezeigten Blatt das ovale Format. Ungeklärt ist, ob es sich um eine autonome Zeichnung handelt oder ob sie als Vorzeichnung für ein Relief diente. Orpheus, der von Apollon eine Lyra geschenkt bekommen hatte, ist hier mit einem an eine Geige erinnernden Streichinstrument dargestellt. 1806 wurde das Blatt, damals noch gemeinsam mit anderen Zeichnungen von de Cock in einem Band zusammengebunden, von Vivant Denon für das Pariser Musée Napoléon beschlagnahmt und 1815 restituiert.[1]

GB

---

[1] Ehemals eingebunden in Bd. 25, vgl. von Heusinger 1997, Bd. 2, S. 96.

26 Dominicus van Wynen (1661–unbekannt)
Die Totenbeschwörung des Tiresias

Lwd., 61 cm × 73 cm
HAUM, Inv. Nr. GG 1040

Lit.: Klessmann 1983, S. 232; Salomonson 1985, S. 114–119; Döring 1990, S. 64; Ausst.-Kat. Köln 2006, Nr. 102, S. 324f. (Stukenbrock)

Dominicus van Wynen, genannt Ascanius, ist ein kaum bekannter niederländischer Maler mit einer Vorliebe für die Darstellung ungewöhnlicher mythologischer Themen, die er oft als Pendantbilder präsentierte. So gibt es auch zur »Totenbeschwörung des Tiresias« ein Gegenstück mit dessen Tochter Manto.[1] Beide Bilder sind als »Nachtszene mit Zauberer« und »Nachtszene mit Zauberin« in die Literatur eingegangen. Nach Salomonson ist hier eine Szene aus der selten als Quelle benutzten »Thebais«[2] des römischen Dichters Publius Papinius Statius (4, 406–645) verarbeitet.

Unsere Darstellung bezieht sich auf den Moment, als Polyneikes vor den Toren Thebens steht, um seinem Bruder Eteokles den Thron zu entreißen. »Der König aber […] suchte angstvoll Hilfe und Rat bei dem alten, trotz seiner Blindheit hellsichtigen Seher Tiresias«;[3] dieser sollte mit seiner Tochter Manto den Geist des Königs Laius, der von seinem eigenen Sohn Ödipus erschlagen worden war, zu einer Weissagung über das Schicksal Thebens zwingen.

In einer düsteren, durch extreme Hell-Dunkel-Kontraste geprägten Szenerie sitzt am linken Bildrand Tiresias, vor dessen geistigem Auge eine Vision heraufzieht: »schließt die schweigenden Orte und die leeren Räume der strengen Persephone dem Pochenden auf, […] und laßt den Fährmann mit vollem Kahn über die Styx zurückfahren. […] Jene aber, die in Schuld starben, […] führe du, Tisiphone, mit der dreifach geschwungenen Natter und mit dem lodernden Taxus herauf«.[4] Der Totenfährmann Charon, unter dem breiten Torbogen vor der in Flammen stehenden Stadt der Unterwelt zu sehen, folgt der Aufforderung des Tiresias ebenso wie die Erinnys Tisiphone.[5] Auf einem Drachen kommt sie herbei geeilt. Die zwei gekreuzten Knochen vor der Stirn verweisen auf ihre Verbindung zur Unterwelt. Die Fackeln, die Tisiphone in beiden Händen schwingt, stehen zum einen als Symbol für das unterirdische Feuer,[6] zum anderen dienen sie der Erinnys zur Blendung.[7] So trieb Tisiphone Ino und Melikertes,[8] die vor Tiresias aus den Fluten steigen, in den Wahnsinn.[9] Im Gemälde kommt Tisiphone aber herbeigeflogen, um mit den Fackeln den toten Laius zu wecken. Im sogenannten Bindezauber wird sie gebeten, den durch Gewalt Verstorbenen zum Gehorsam zu zwingen.[10]

Die Schlangen, die die Erinnys hier im Haar trägt,[11] standen ursprünglich für den chthonischen Charakter des sehr alten weiblichen Dämons und galten als Zeichen der Totenseele.[12] Mit der Wandlung der Erinnys von der Hüterin einer uralten Ordnung zu einer bloßen Rachedienerin haben die Schlangen nur noch eine übertragene Bedeutung von Schreckenswerkzeugen.[13] Das Reittier der Tisiphone, ein sehr feingliedriger Drache mit großen fledermausartigen Flügeln, einem Reptilienkopf, der den Leib verdeckt, und dünnen Beinen mit Krallen, ist eine Erfindung der Neuzeit. In der Antike besaß die Erin-nys meist selbst Flügel, welche ihre überirdischen Fähigkeiten, vor allem ihre übermenschliche Schnelligkeit, symbolisierten.[14]

IH

1 Braunschweig, Herzog Anton Ulrich-Museum, Inv. Nr. GG 1041.
2 Die »Thebais« wurde 1646 in einer niederländischen Übersetzung veröffentlicht. Salomonson 1985, S. 114. Sie schildert den Bruderzwist zwischen Eteokles und Polyneikes, den beiden Söhnen des Ödipus und dessen Mutter Jokaste. Eteokles, König von Theben, schließt seinen Bruder von der Herrschaft aus, woraufhin dieser mit sechs Helden gegen ihn in den Krieg zieht. Die Sieben gegen Theben fallen einer nach dem anderen und am Ende kommt es zum Zweikampf zwischen den beiden Brüdern, den keiner überlebt.
3 Publius Papinius Statius, »Thebais«, 4, 406–408, zitiert nach Statius, »Kampf«, S. 74.
4 Publius Papinius Statius, »Thebais«, 4, 477–486, zitiert nach Statius, »Kampf«, S. 75.
5 Drei Erinnyen sind namentlich bekannt: Megaira (»Beneiderin«), Tisiphone (»Mordrächerin«) und Allekto (»Unversöhnliche«). Die Erinnys kann aber auch in der Einzahl oder als ganzer Chor auftreten. Vgl. Junge 1983, S. 7.
6 So werden auch andere Götter der Unterwelt, wie Demeter und Persephone, mit Fackeln dargestellt (vgl. Kat. Nr. 24).
7 Junge 1983, S. 23f.
8 Ino ist die Tochter des Kadmus, des Gründers von Theben, vgl. Kat. Nr. 39/40. Ihr Sohn Melikertes trägt auf seinem Rücken die kristallene Kugel als Symbol der Fähigkeit des hellsichtig begabten Tiresias. Salomonson 1985, S. 115.
9 Ovid, »Metamorphosen« 4, 416–542.
10 So auch in dem sogenannten »Großen Pariser Zauberpapyrus« (Paris, Bibliothèque Nationale suppl. gr. 574) 1420: »sende die Erinys, die die Seelen der Gestorbenen mit Feuer weckt,« zitiert nach PGM, S. 121.
11 Die Schlangenhaare entsprechen der Bildtradition der Gorgonen, vgl. Kat. Nr. 38.
12 Anfänglich hatte die Erinnys die Gestalt der Toten- oder Seelenschlange. Als sie gegen Ende des 6. Jh. v. Chr. ihre anthropomorphe Gestalt erhält, wird die Schlange zu ihrem Attribut. Junge 1983, S. 92. Vgl. auch Asklepios (Kat. Nr. 27).
13 Küster 1913, S. 72, vgl. Junge 1983, S. 95.
14 Junge 1983, S. 18.

27 Luca Giordano (1634–1705)
Römische Gesandte bei Äskulap, um 1655–65

Lwd., 98 cm × 128 cm
HAUM, Inv. Nr. GG 501

Lit.: Jacob/König-Lein 2004, S. 55f.

Dargestellt ist eine Legende aus der römischen Geschichte, die durch die »Metamorphosen« des Ovid (15, 626–744) überliefert ist.[1] Während einer Pestepidemie in Rom wurde 293 v. Chr. eine Delegation zum Heiligtum des Äskulap in Epidaurus gesandt, um die Hilfe des Gottes zu erbitten. Äskulap zeigte sich den Gesandten im Traum, um ihnen anzukündigen, dass er in Schlangengestalt nach Rom kommen und die Stadt von der Pest befreien werde. Am folgenden Morgen erschien der Gott tatsächlich »in umgoldeter Schlangengestalt, mit hohem Kamm gekrönt«, begab sich auf das wartende Boot, ließ sich bis nach Rom zur Tiberinsel rudern, verließ dort das Boot und befreite die Stadt von der Epidemie.

Von Ovids Schilderung abweichend stellt Giordano die Traumerscheinung als tatsächliche Begegnung zwischen Äskulap und einem von zwei Soldaten begleiteten jungen Gesandten dar. In der Bildmitte der aus mächtigen, nahsichtigen Halbfiguren aufgebauten Komposition ragt im Hintergrund eine Felseninsel aus dem Meer. Die landschaftliche Einbettung der Szene soll vielleicht auf die Lage von Epidauros, dem berühmten Heiligtum des Äskulap, verweisen, das an der Südküste des Saronischen Golfes liegt. Der in der Gestalt eines alten, weißbärtigen Mannes vergegenwärtigte Heilgott hält in seiner Rechten den Stab mit der Schlange. Haltung und Gestik der beiden Hauptakteure evozieren ein Gespräch. Der junge römische Gesandte auf der rechten Seite lauscht gebannt und hat seinen Oberkörper fragend vorgebeugt. Äskulap scheint die Worte zu sprechen: »Banne die Furcht: Ich komme! Ich ändere diese Erscheinung. Schau die Schlange, die hier den Stab umwindet! Betrachte ihre Gestaltung genau, damit du sie wiedererkennst! Also verwandle ich mich, doch erscheine ich größer: so stattlich, wie es sich ziemt für himmlische Leiber, sich umzugestalten« (Ovid, »Metamorphosen«, 15, 658–662).

Der als »Schnellmaler« bekannte Neapolitaner Maler Giordano (»Luca fa presto«) griff, wie bei dem Pendant zu unserem Gemälde, »Circe und Picus« (HAUM, Inv. Nr. GG 500), einen Kupferstich von Antonio Tempesta (1555–1630) auf, wobei er die Darstellung im Unterschied zu Tempesta auf einen auf Halbfiguren konzentrierten Ausschnitt reduzierte.[2]

Äskulap oder Asklepios ist der Gott der Heilkunde, der über so außerordentliche Fähigkeiten verfügte, dass er sogar Tote wieder zum Leben erwecken konnte. Er wurde in ganz Griechenland, vor allem aber in Epidaurus verehrt, wo man ihm einen Tempel weihte und das erste sog. Asklepieion zur Heilung von Kranken errichtete. Die Heilung vollzog sich u. a. mithilfe des Gebetes und des Schlafes, in dem der wohltätige Gott erschien und einem die geeigneten Heilmethoden empfahl. In den Heilstätten wurden Äskulap geweihte Nattern gehalten. In der Darstellungstradition wird der Heilgott in der Regel von einer Schlange, der ungiftigen Äskulapnatter (*Zamenis longissimus*, Syn. *Elaphe longissima*) begleitet, die sich zumeist um einen Stab ringelt. Ihre Charakteristika, Verjüngung durch Häutung, Scharfsichtigkeit/Wachsamkeit sowie Heilkraft (aus Schlangenfleisch wurden Pharmaka hergestellt) machten sie zum Sinnbild ärztlicher Tugenden und zeigten so die Vorzüge der Medizin.[3] Noch heute verwenden Apotheker und Pharmazeuten daher den Äskulapstab als Symbol.

GB

1 Eine weitere Quelle für die Überwindung der Pestepidemie mit der Hilfe Äskulaps ist die römische Geschichte des Livius (Ab Urbe Condita 10,47,7).
2 Illustr. Bartsch, Bd. 36, S. 83, Nr. 785; vgl. Jacob/König-Lein 2004, S. 55f. Warum Giordano eine mythologische Szene und eine Episode aus der römischen Geschichte aus den »Metamorphosen« des Ovid als Vorlage für die Pendants wählte, ist ungeklärt. Ebenso ungeklärt ist, warum Giordano in seinem Äskulap-Bild nicht den Moment der Verwandlung darstellte, sondern eine Begegnung zwischen scheinbar realen Personen. Es ist denkbar, dass die beiden Gemälde im Auftrag eines Arztes entstanden und die Veranschaulichung der Würde des Äskulap Vorrang hatte.
3 Vgl. Riethmüller 2005.

28 Willem van Tetrode (um 1525–1587)

Merkur, um 1560

Bronze, braune Patina, Reste dunkelbraunen Lacks, H 17,7 cm
HAUM, Inv. Nr. Bro 96

Lit.: Berger/Krahn 1994, S. 157f.

Die kleine, nur knapp 18 cm hohe, fein modellierte Bronzestatuette zeigt den Götterboten Merkur. In bewegter Pose, das linke Bein angewinkelt und nur mit der Spitze des rechten Fußes auf der Standfläche leicht aufsetzend, blickt er zu seiner erhobenen Linken empor, in der er einen Geldsack hält. Mit der gesenkten Rechten umgreift er den Caduceus. Auf dem Kopf trägt er den *petasos*[1] (die Flügel fehlen). Die Figur versinnbildlicht Schnelligkeit und Leichtigkeit und erinnert somit an die bevorzugte Fortbewegung Merkurs, den Flug.

Vermutlich handelt es sich um ein Modell für die größere Merkur-Statue Tetrodes, die sich heute im Bargello, Florenz befindet. Sie entspricht in ihrer Komposition weitgehend der größeren Fassung, unterscheidet sich allerdings in den schlankeren Proportionen, der weniger ausgeprägten Muskulatur und der Haltung des Kopfes. Die Attribute Beutel und Caduceus sind ergänzt.[2] Der in Delft gebürtige Künstler Willem van Tetrode war 1545–49 in der Florentiner Werkstatt des Benvenuto Cellini tätig; 1551 zog er nach Rom, wo er bei Guglielmo della Porta arbeitete. Beide italienischen Lehrer prägten seinen Stil. 1567 kehrte er nach Delft zurück und schuf dort mehrere wichtige Bildhauerarbeiten.

Merkur (griech. Hermes) ist zum einen der Götterbote, der die Botschaft der Götter den Sterblichen überbringt und hieran anschließend auch für die Redekunst zuständig ist, zum anderen ist er aber auch der Schutzgott der Wege, des Verkehrs, der Wanderer, der Kaufleute und der Hirten – und schließlich auch der Gott der Diebe, der Gymnastik und der Magie. Seine wichtigsten Attribute sind der Flügelhut und die Flügelschuhe, die auf die Schnelligkeit der Gottheit und auf seine Funktion als Beschützer der Wanderer und der Reisenden verweisen. Ebenso wichtig ist der sog. Caduceus, der Wunder- und Zauberstab, den er von Apollon als Tausch gegen die Lyra empfangen haben soll und der gewöhnlich von zwei nicht näher zu identifizierenden Schlangen umschlungen ist. Merkur soll den nicht mit dem Äskulapstab (vgl. Kat. Nr. 27) zu verwechselnden Stab der Überlieferung nach zwischen zwei sich bekämpfende Schlangen geworfen haben, die sofort aufhörten zu kämpfen, sich um diesen ringelten und auf diese Weise friedlich wurden. Der Caduceus wurde deswegen auch als ein Symbol des Friedens verstanden und von Gesandten getragen. Nach anderen Überlieferungen sind die Schlangen beiderlei Geschlechts und paaren sich über dem Stab. Er wird in der Regel im Hinblick auf Merkurs Funktion als Gott der Redekunst gedeutet und hat in diesem Zusammenhang wiederum unterschiedliche Deutungen erfahren. Die zwei Schlangen umschlingen die Rute, weil die Rede des Rhetors zwischen den einander »angiftenden« Parteien vermittelt und sich um Versöhnung bemüht. Die Tiere können aber ebenso die »giftige Schärfe« der Rede bedeuten. Sie sind zu zweit, weil die Rede des Rhetors verdammt und befreit.[3]

Bereits in Vincenzo Cartaris ikonographischem Handbuch »Le imagini delli Dei de gli Antichi« (1556), einem viel gelesenen Werk zu den Darstellungsmerkmalen der antiken Götter, werden die vielfältigen Bedeutungen Merkurs ausführlich erörtert.[4]

Tetrodes Statue im Bargello zeigt Merkur mit einer Schriftrolle in der erhobenen linken Hand[5] und verweist dadurch auf die Bedeutung des Merkur als Vermittler göttlicher Botschaften bzw. auf seine Rolle als Gott der Redekunst. Die Braunschweiger Statuette dagegen bezieht sich mit dem (ergänzten) Geldbeutel auf seine Zuständigkeit für die verschiedenen Arten des Handels.

GB

1 Makedonischer Hirtenhut, ursprünglich aus Filz, bei Merkur gewöhnlich mit Flügeln.
2 Berger/Krahn 1994, S. 157f.
3 Vgl. Lücke 1999, s.v. Hermes, S. 433–476.
4 Cartari, »Imagini«, S. 279f.
5 Massinelli 1991, S. 88ff.

29 Sebastian Schütz (um 1595–1631)
Apollon als Drachentöter, 1619

Rötel, laviert über Bleistift,
15,7 cm × 20,1 cm
HAUM, Inv. Nr. Z 832

Lit.: Thöne 1963, S. 251, Abb. 72; Ausst.-Kat. Stuttgart 1979/1980, Bd. 2, Kat. Nr. N 6, S. 123; Ausst.-Kat. Braunschweig 1998, Kat. Nr. 67, S. 160f.; von Heusinger 1997, Kat. Nr. 20, S. 244

Nach der griechischen Mythologie hat Apollon im Alter von nur vier Tagen den Drachen Python erlegt und ist so in den Besitz des daraufhin nach ihm benannten Orakels von Delphi gelangt.[1] Bei Ovid ist Python eine riesige Schlange, die die Völker nach der großen Sintflut zur Zeit des Deukalion in unheimlichen Schrecken versetzt.[2] Python ist eine Ausgeburt der Gaia, der Mutter Erde, und aus dem Schlamm der Flut hervorgegangen. Das Untier lebt in einer Höhle und bewacht die Kultstätte. Apollon, von den Menschen um Hilfe gebeten, steigt vom Olymp herab und erlegt Python mit Pfeil und Bogen. Zur Erinnerung an seinen Sieg stiftet er die Pythischen Spiele.[3]

Der Mythologie folgend macht sich Apollon danach über Amor und dessen Bogenkünste lustig. Haben Apollons Pfeile doch, denkt man an die Erlegung Pythons, tödliche Wirkung. Als Antwort sendet Amor ihm einen Liebespfeil und der Daphne, der Tochter des Flussgottes Peneios, einen mit umgekehrter Wirkung.

Die Zeichnung des aus Nürnberg stammenden, in Prag und Wolfenbüttel tätigen Künstlers zeigt also eine Siegergruppe nach erfolgreichem Kampf, deren Figuren gleichzeitig auf die folgenden Taten des Lichtgottes hindeuten. Darauf verweisen sowohl die Anwesenheit Amors und der spielerisch gestikulierende Umgang der beiden Figuren miteinander als auch der Lorbeerkranz[4] auf dem Haupt des Apollon. Das Motiv geht dem im Barock wesentlich weiter verbreiteten Thema von Apollon und Daphne zeitlich voraus.

Python, hier als Drache dargestellt, wird bereits in den antiken Quellen als monströs, riesig und Schrecken verbreitend beschrieben und gilt, da er in einer Höhle lebt, als Schattengestalt. So konnte er wohl auch nur von einem Lichtgott, als welcher Apollon bezeichnet wird, überwunden werden.

Trotz seiner Größe nimmt man den Drachen aber erst nach der Betrachtung der göttlichen Figuren und ihres Blickwechsels wahr. Apollon sitzt scheinbar auf einer großen, buckeligen Erhebung, welche erst, angeregt durch den geringelten Schwanz zu Füßen Amors, genauer wahrgenommen und schließlich als Drache identifiziert wird. Diese doch ungewohnte Seherfahrung rührt daher, dass Schütz die Oberfläche bzw. die Haut des Python ebenso glatt und strukturlos gestaltet wie die des Apollon. Zwar verweisen die durch rundliche Schraffuren herausgearbeiteten Fleischmassen auf einen einst muskulösen Körper und somit auf die Kraft des Python, doch scheint es an charakterisierender Stofflichkeit zu fehlen. Dieser Drache ist weder geschuppt noch mit Fell besetzt, er hat keine fletschenden Zähne und sprüht auch kein Feuer mehr. Auch die Stellung der Figur lässt die Vermutung zu, der Drache ruhe lediglich. Einzig die in seinem Hals und Rumpf steckenden Pfeile und der siegreich auf ihm posierende Apollon verweisen auf das Ende des Tieres. Der Schrecken des Python ist augenscheinlich mit seinem Tode überwunden.

AR

1 Homer, »Hymnus auf Apollon«, 3, 300–374.
2 Ovid, »Metamorphosen«, 1, 438–451.
3 Ovid, »Metamorphosen«, 1, 445.
4 Der Lorbeerbaum wurde zum Gewächs des Apollon, nachdem sich die vor ihm fliehende Daphne in einen Lorbeer verwandelte.

30 Ludwig Michael von Schwanthaler (1802–1848)
Orpheus singt dem pythischen Apollon zu Ehren, 1830

Feder in Schwarz und Braun,
Pinsel in Rot, 18,3 cm × 34,4 cm
HAUM, Dauerleihgabe aus Privatbesitz,
Inv. Nr. ZL 96/7363

Lit.: Ausst.-Kat. Hannover 1962, Nr. 86;
Wasem 1981, Nr. 18, S. 40, 366; Gatenbröcker 2005, S. 214–216

König Ludwig I. von Bayern gilt als ein großer Anhänger des Philhellenismus. Ganz den klassizistischen Ideen verpflichtet, griffen die Fresken im Königsbau seiner Münchner Residenz, vom Hofarchitekten Leo von Klenze geplant, Themen der griechischen Dichtkunst auf. Durch die chronologische Ordnung der einzelnen Dichtungen sollte die Entwicklung der Kunst anhand der Raumfolge veranschaulicht werden. Für die Gemächer des Königs lieferte Ludwig Michael von Schwanthaler, der einer bedeutenden Bildhauerfamilie aus Ried im Innkreis entstammte, die Vorlagen. Johann Georg Hiltensperger hat diese in enkaustischer Maltechnik (dabei wird die Farbe mit flüssigem Wachs vermischt) ausgeführt. Schwanthaler wurde von Ludwig I. stark gefördert, der bereits den Romaufenthalt des Künstlers in den Jahren 1826–1827 finanziell unterstützt hatte.

Die ausgestellte Zeichnung gehört zu den Entwürfen für die Wandmalereien des Ersten Vorzimmers des Königs. Gemäß der Programmatik wurde hierfür die Argonautensage gewählt, denn sie datiert in die Anfänge der klassischen Literatur und galt als mythische Erzählung des Sängers Orpheus.[1] Die Geschichte erzählt, wie Jason ausgeschickt wird, um das von einem Drachen bewachte Goldene Vlies im Hain des Ares zu holen (vgl. Kat. Nr. 37). Den in sich abgeschlossenen Gesängen des Epos entsprechen die aufeinanderfolgenden Einzelszenen des Frieses.[2] Auf den grünen Stuckmarmorwänden waren die Monochrommalereien des Frieses in Rotbraun auf gelbem Grund angelegt.[3] Diese Darstellung im Stil der antiken rotfigurigen Vasen mit den flächigen Motiven und dem Verzicht auf die Gestaltung des Hintergrundes sollte den »altertümlichen Charakter« augenfällig machen. Grundlage für Schwanthalers Zeichnungen bildeten Illustrationen John Flaxmans zu Homer und Aischylos, die ab 1793 in Rom erschienen waren, und Johann Asmus Carstens' Jasonzyklus. Einfluss hatten sicher ebenso der Unterricht bei Bertel Thorvaldsen, den er in Rom traf, sowie die zahlreichen Prachtbände mit Vasenbildern ähnlicher Art, die zu Beginn des 19. Jahrhunderts erschienen.[4]

Die Zeichnung umfasst die ersten beiden Szenen[5] des Frieses. Links steht Apollon, gekennzeichnet mit Lyra und Sternenkranz, als Ausgangspunkt der Darstellung. Hinter ihm erscheint ein Python,[6] der mit einem Pfeil des Sonnengottes getötet wurde. Am rechten Bildrand ist der thrakische Sänger Orpheus ebenfalls mit einer Lyra dargestellt. Beim Zug der Argonauten bestimmte er den rhythmischen Takt der Ruderschläge. Zwischen dem Sänger und dem Gott der Künste sind drei Nereiden, Nymphen des Mittelmeeres, die die Seefahrer beschützen sollen, die drei Erinnyen,[7] Göttinnen der Rache, und darunter die Nyx, die Personifikation der Nacht, wiedergegeben.

Die Attribute, mit denen Apollon hier abgebildet ist, verweisen auf seine unterschiedlichen Funktionen innerhalb der griechischen Mythologie. Der Sternenkranz weist ihn als Gott des Lichtes aus. Als Gottheit der Musik, der Dichtkunst und des Gesanges hält Apollon die Lyra. Da er die Quelle der dichterischen Inspiration ist, steht er am Anfang der Sage. Mit der Schlange wird sein prophetisches Wesen betont.[8] Diese Schlange war Behüter der Kastalischen Quelle und Wächter des Erd-

orakels in Delphi, welches der Ge (Gaia) gehörte.[9] Nachdem Apollon den Python besiegt hat, nimmt er das Orakel in Besitz, muss aber für diese Tat durch Verbannung büßen. Der Kampf des eindringenden Olympiers mit dem alten Orakeldämon (vgl. Kat. Nr. 29) und Apollons Sühne bilden den Mittelpunkt der Pythischen Spiele.[10] Apollons Sieg über den Python symbolisiert den Sieg der kultivierten Welt über die Barbarei.

Der mantische Charakter der Schlange lässt sich zurückführen auf ihre enge Verbindung zur Erde, die nach altem Glauben prophetische Kräfte besitzt. Höhlengeister, die aufgrund ihrer chthonischen Natur über die Gabe der Weissagung verfügen, wurden in Schlangengestalt gedacht.[11]

IH

1 Zur Frage der Autorenschaft vgl. Wasem 1981, S. 36f.
2 Otten 1970, S. 32.
3 Otten 1967, S. 196.
4 Vgl. Otten 1967, S. 196; Gatenbröcker 2005, S. 209, 216.
5 Otten 1967, S. 196: »1. Szene: Apoll wurde für die Fahrt um Beistand angerufen/2. Szene: Orpheus mit der Leier den nachfolgenden Gesang anstimmend.«
6 Wasem deutet die Schlange als jene, die das Goldene Vlies bewachte, vgl. Wasem 1981, S. 41, Anm. 1.
7 Zu den Erinnyen siehe Kat. Nr. 26.
8 Küster 1913, S. 123.
9 Plutarch, »De Pythiae orac.«, 17.
10 Küster 1913, S. 123.
11 Vgl. Küster 1913, S. 121–132.

31 Giovanni Battista Jacopo, genannt Rosso Fiorentino (1494–1540)
Die sterbende Kleopatra, um 1530/31

Pappelholz, 88 cm × 75 cm
HAUM, Inv. Nr. GG 479

Lit.: Franklin 1994, S. 148–153; Hall 1999, S. 83–86, Abb. XIII; Ausst.-Kat. Braunschweig 2003, Kat. Nr. 3, S. 40–42, Farbtaf. I; Ausst.-Kat. Genf 2004, S. 59 (Murat); Jacob/König-Lein 2004, S. 125–127, Farbtaf. 1 (mit Lit.)

Das Gemälde zeigt den Selbstmord Kleopatras VII. (68–30 v. Chr.), der letzten Königin des ägyptischen Ptolemäerreiches. In der Seeschlacht bei Actium wurde die Niederlage ihres Geliebten Marcus Antonius gegen seinen Rivalen Octavian besiegelt, woraufhin er sich in sein Schwert stürzte. Um nicht als Trophäe im Triumphzug durch Rom geführt zu werden, entschloss sich auch Kleopatra zum Suizid. Ihr Tod ist ebenso sagenumwoben wie ihr gesamtes Leben, denn es gibt keine historischen Quellen, die eindeutig belegen, wie sie sich das Leben nahm. Antike Autoren[1] berichten von einem Schlangenbiss und davon, dass Octavian beim Triumphzug ein Bild der Kleopatra mit zwei am Arm hängenden Nattern mitführte.[2] Da allerdings in ihrem Zimmer keine Schlangen gefunden wurden, rankt sich seitdem ein Mythos um den Tod Kleopatras. Als beliebtes Sujet[3] nutzten die Künstler der Renaissance diesen ebenso wie mythologische Themen als Vorwand, um den weiblichen Körper in einer sinnlichen, erotischen Darstellung zeigen zu können.

Bei Rosso ist dies eine stille Betrachtung des Todes. Durch das unmittelbare Heranrücken der Figur an die vordere Bildebene und die dunklen Schatten, die den entblößten Oberkörper umfangen, verstärkt sich der Eindruck von Intimität. Kleopatras Haltung basiert auf der hellenistischen Skulptur der »Schlafenden Ariadne«.[4] Anders als bei der antiken Figur ist der rechte Arm erschlafft herabgesunken und der Kopf weiter nach hinten geneigt, wodurch Kleopatra verletzlicher erscheint.[5] Der linke Arm – von einer Schlange umwunden – ruht auf Polstern und Kissen, der Handrücken berührt die Schläfe. Das Gift scheint bereits zu wirken, denn der Mund steht leicht offen und die Augen sind nur einen Spalt breit geöffnet, auch ist alle Farbe aus Kleopatras Haut gewichen. Zur Rechten Kleopatras steht ihr zugewandt eine Dienerin, die bestürzt ihre Hände zur nackten Schulter führt.

Trotz ihres weit aufgerissenen Maules wirkt die Schlange nicht beängstigend, eher wie ein Schmuckstück, dekorativ am Oberarm getragen. Sie bringt den Tod, aber einen selbstgewählten, sie bringt also auch die Erlösung. Da die Schlange hier nur als Werkzeug gebraucht wird, lässt sie sich nicht in die Kategorien Gut oder Böse einordnen. Auch wenn sich um den Schlangenbiss zahlreiche Spekulationen ranken, kann als sicher gelten, dass Kleopatra diese Version ihres Selbstmords in Umlauf bringen wollte. Die Uräusschlange war für die Ägypter nicht nur das Symbol der Herrschaft des Pharaos, sondern galt auch als eine Erscheinungsform der ägyptischen Gottheit Isis (vgl. Kat. Nr. 2), als deren Inkarnation sich Kleopatra verehren ließ. Auch soll diese Schlange in Ägypten zur schmerzlosen Hinrichtung verwendet worden sein. Die von Rosso dargestellte Schlange gleicht dagegen einer Sandrasselotter (*Echis pyramidum*) oder einer italienischen Aspisviper (*Vipera aspis*).[6] Erstere zählt zwar zu den gefährlichsten Giftschlangen, da Rosso aber nie in deren ägyptischer Heimat war, ist die Aspisviper als Modell wahrscheinlicher.[7]

IH

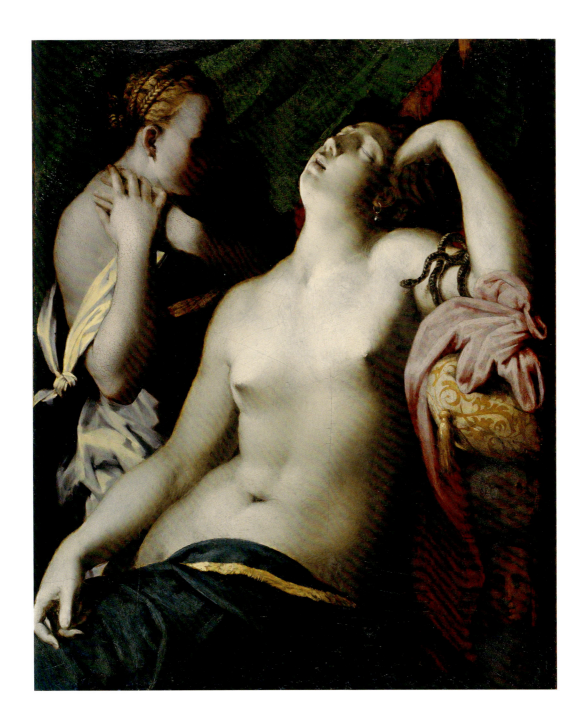

1 Plutarch, »Antonius« 86, vgl. Cass. Dio 51, 13f. Erstmals ist der Selbstmord Kleopatras in Strabons »Geographica« erwähnt.
2 Vergil, »Aeneis«, VIII, 697.
3 Zu Kleopatra in der bildenden Kunst vgl. zuletzt Ausst.-Kat. Hamburg 2006.
4 Die »Schlafende Ariadne« befindet sich seit 1512 im Vatikan in Rom, wo Rosso sie während seines Aufenthaltes (1523 bis 1527) sicher gesehen hat. In der Renaissance wurde sie als Kleopatra gedeutet, da sie einen Armreif in Form einer Schlange trägt.
5 Zum Vergleich beider Werke siehe Franklin 1994, S. 151.
6 Die antike Bezeichnung *aspis* (Uräusschlange) führt in einigen Übersetzungen zu Verwirrung. Neben der allgemeinen Bezeichnung Natter findet man ebenso Schildviper. Manchmal wird sie auch für die Aspisviper gehalten, die aber in Ägypten nicht vorkommt.
7 Die Schlangenart auf dem Gemälde bestimmte Ulrich Joger, freundliche Mitteilung vom 31. Mai 2007.

32 Liegende Kleopatra, von einer Natter gebissen

Niederlande (?), 17. Jahrhundert
Alabaster, L 46 cm
HAUM, Inv. Nr. Ste 67

Die Statuette aus Alabaster zeigt Kleopatra VII. im Moment ihres Selbstmordes.[1] Sie liegt nackt auf einem Laken. Diese freizügige Darstellung des Themas war seit dem 16. Jahrhundert äußerst populär, entspricht aber nicht den historischen Überlieferungen, welche vom rituellen Selbstmord in königlichem Ornat berichten.[2] Gestützt auf ihren linken Arm und durch ein Kissen im Rücken ist der Oberkörper leicht aufgerichtet. Die rechte Hand Kleopatras führt mit festem Griff – das Gift scheint noch nicht zu wirken – eine Schlange an die Brust.[3] Zwischen den angewinkelten, leicht gespreizten Beinen bedeckt nur ein Tuch ihre Scham. Die Gliedmaßen sind lang gezogen und auch der Kopf ist unnatürlich weit nach hinten überstreckt. Der Blick geht nach oben, der Mund ist leicht geöffnet.

Das in großen Wellen nach hinten gelegte Haar ist am Hinterkopf zu einem Knoten zusammengebunden, von dem aus ein langer Zopf herabfällt. Nur im linken Ohr trägt sie einen Perlenohrring. Dieser verweist auf das Bankett von Kleopatra und Antonius. Perlen waren im Römischen Reich begehrt wie kein anderer Edelstein und die ägyptische Königin besaß zwei tropfenförmige Perlen, die wegen ihrer Größe und Schönheit berühmt waren. Plinius der Ältere berichtet von einer Wette zwischen Antonius und Kleopatra, die angekündigt hatte, bei einer einzigen Mahlzeit zehn Millionen Sesterze zu verspeisen. Als die für ihre Verschwendungssucht bekannte Königin eine zwar üppige, aber im Grunde einfache Mahlzeit vorsetzen ließ, begann Antonius zu spotten. »Darauf befahl sie, den Nachtisch aufzutragen. Auf ihre Anordnung stellten Diener nur ein Gefäß mit Essig vor sie hin, der so scharf und kräftig war, daß er Perlen zu einer schleimigen Flüssigkeit auflöste. Sie trug an ihren Ohren jenes überaus seltene und wahrhaft einzige Werk der Natur. Und während Antonius so wartete, was sie tun würde, nahm sie eine [Perle] ab, warf sie hinein und schlürfte die Lösung.«[4]

Auffällig an der Plastik ist das Maul der Schlange, welches eher einem Vogelschnabel gleicht, der in die Brust zwickt, anstatt zu beißen. Man kann annehmen, dass der Skulpteur nie eine Schlange zu Gesicht bekommen hat und sie darum wie bei den meisten Schlangendarstellungen in der Kunst das Produkt reiner Phantasie ist.[5]

IH

1 Zum Hintergrund siehe Kat. Nr. 31. Die Alabasterfigur wird nur kurz im Führer zum Herzog Anton Ulrich-Museum von 1887 erwähnt (Riegel 1887, Kat. Nr. 67, S. 275) und ist ansonsten unpubliziert.
2 Vgl. Ausst.-Kat. Braunschweig 2003, S. 42.
3 Diese Darstellung geht auf William Shakespeares Drama »The Life of Anthony and Cleopatra« zurück. In der antiken Überlieferung wurde Kleopatra in den Arm gebissen. Vgl. Grant 1998, S. 312, Anm. 43.
4 Plinius d. Ä., »Naturalis historiae« IX, 120f.; zitiert nach Plinius, »Naturkunde«, Bd. 9 (Zoologie: Wassertiere), S. 91.
5 Vgl. Dittrich 2004, S. 445.

33 Lucas Cranach d. Ä. (1472–1553)
Herkules raubt die Äpfel der Hesperiden, nach 1537

Rotbuchenholz, 109,5 cm × 100 cm
HAUM, Inv. Nr. GG 716

Lit.: Friedländer/Rosenberg 1932, Kat. Nr. 328a, S. 108; Steland 1988, S. 17; Richardson/Riedmaier 2004, S. 17

In der antiken Mythologie bewohnen die Hesperiden als Töchter des Titanen Atlas den Garten der Götter. Sie hüten dort gemeinsam mit dem hundertköpfigen Schlangendrachen Ladon die goldenen Äpfel der Unsterblichkeit, die die Urmutter Gaia dem Göttervater Zeus und seiner Gemahlin Hera zum Hochzeitsgeschenk gemacht hatte. Ausgehend von der wohl ursprünglichen Version des Mythos, so wie sie auch Lucas Cranach seiner Bildtafel zugrunde legte, tötet der Halbgott Herkules den Drachen Ladon und raubt die goldenen Äpfel, um sie Eurystheus, dem König von Mykene, zu überbringen. Ihm hatte Herkules auf Weisung des Delphischen Orakels hin zwölf Jahre lang zu dienen. Der Raub jener hesperidischen Äpfel ist eine von den zwölf Arbeiten (dodekathlos), die Herkules für Eurystheus verrichten musste. Die gezeigte Tafel ist einem Zyklus über die »Taten des Herkules« zugehörig, von dem sich noch weitere sieben im Herzog Anton Ulrich-Museum erhalten haben.

Der Betrachter wird Zeuge, wie Herkules die goldenen Äpfel pflückt, wobei er von den drei nackten Hesperiden beobachtet wird. Sie greifen in sein Handeln nicht ein, lediglich eine Hesperide neigt sich leicht nach vorn, den linken Arm um die sitzende Schwester legend und mit dem rechten geradewegs auf den Dieb weisend. Am unteren Bildrand liegt der bezwungene Drache, umgeben von einer dunklen Rauchwolke, deren dramatische Ausprägung auffällig mit der vergleichsweise idyllischen Landschaftsszene kontrastiert; er fasst diese zur linken sowie unteren Bildseite hin ein.[1] Der Kampf ist vorüber. Die lateinische Bildüberschrift verdeutlicht: »Er raubt die Äpfel der Hesperiden, nachdem er den Drachen erschlagen hat.«

Als Hofmaler in Wittenberg entwickelte Cranach neue Darstellungsformen für mythologische Bildthemen.[2] So werden in der Bildtafel die drei nackten Frauengestalten mit einer dramatischen und düsteren Inszenierung des erschlagenen Drachen Ladon in Beziehung gesetzt. Dieser findet in den »Metamorphosen« des Ovid (3, 206) zugleich als einer der zahlreichen Jagdhunde des Aktaion Erwähnung. Aktaion wird von diesen zerrissen, nachdem ihn die Jagdgöttin Artemis in einen Hirsch verwandelt hatte. An einen Hund erinnert hier besonders die betont ins Bild gesetzte Kopfform des Drachen. Sein geschuppter Körper und sein langer Schwanz wecken Assoziationen an eine Schlange.[3] Auch in literarischen Beschreibungen wird dem nie schlafenden Drachen Ladon die Schlangenform gegeben, welche ebenso anderen dämonischen Gestalten aus der antiken Mythologie zugrunde liegt.[4]

Dem Betrachter begegnet in dieser Darstellung der Drache in einer Wächterfunktion, wie sie auch in altdeutschen Sagen häufig im Motiv des Schatzdrachen, den es durch ihre Helden zu überwinden galt, eine Entsprechung fand.[5]

MH

1 Bereits in alten Naturmythen tritt der Drache häufig als Wettererscheinung auf. Die Verbindung des Drachen zu Stürmen und Gewittern kann auf den Einfluss des biblischen Höllendrachen zurückgehen (vgl. Schöpf 1991, S. 46).
2 Vgl. Matsche 1994, S. 78–88; Schade 2003.
3 Schöpf 1991, S. 36: »Die Gestalt des griechischen Drachen wurde seit Herodot durch die Fabeleien über den draco volans, einer Schlangenart, der Fledermausflügel angedichtet wurden, und die in Arabien auf wundersame Weise leben sollte, bereichert.«
4 Griechischen Drachenvorstellungen folgend soll Ladon tief im Erdinnern als gefährliche Schlange die goldenen Äpfel hüten. Auch der delphische Drache Python war ursprünglich eine Schlange, vgl. Mode 1973, S. 124.

5 Schöpf 1991, S. 34: »Der erste, der Drachen für Hüter großer Schätze hielt, war der griechische Traumdeuter des 2. Jahrhunderts, Artemidoros. […] Der Traum von einem Drachen bedeutet daher Reichtum und Wohlstand.«

34 Manufaktur Wedgwood
Vase mit der Schlange Ladon und den Hesperiden
ca. 1770–1775

Black Basalt, H 36,4 cm, Dm 19,9 cm
HAUM Inv. Nr. Wed 370

Lit.: Ausst.-Kat. Braunschweig 2004b, Kat. Nr. 80, S. 159

Die Vase in der Form eines *Lebes gamikos* (Hochzeitskessel) stammt aus der Zeit von Herzog Carl I. von Braunschweig-Lüneburg-Bevern (1712–1780). Ihre Erwerbungsgeschichte ist unbekannt. Es besteht die Möglichkeit, dass sie mit den weiteren Wedgwood-Vasen der Sammlung als Geschenke des englischen Königshauses durch die Verbindung von Erbprinz Carl Wilhelm Ferdinand mit Augusta, der Schwester des englischen Monarchen Georg III. von England (1738–1820), an den Braunschweiger Hof kam.[1]

Sie zeigt einen Ausschnitt aus dem antiken Mythos des Herakles im Garten der Hesperiden. Die Hauptszene ist eingerahmt von zwei dekorativen Friesen. Drei weibliche Figuren sind um einen Baum angeordnet. Eine große Schlange windet sich um den Stamm. Zwei der Frauen blicken in die Richtung des Baumes, wobei sich die rechte weibliche Figur mit vorgebeugtem Oberkörper auf die mittlere Hesperide stützt. Letztere streckt ihren linken Arm zum Baum hin aus. Die Schlange, bei der es sich nur um den Hüter der goldenen Äpfel im Garten der Hesperiden, Ladon, handeln kann, beobachtet gespannt die Situation (vgl. Kat. Nr. 33). Der Blick der linken Hesperide, welche neben einer weiteren Pflanze steht, geht anscheinend ins Leere. Die Darstellung auf der Vase ist nur ein Teilstück einer Tafelvorlage, welche dem reich kolorierten Katalog[2] der Antikensammlung des Sir William Hamilton[3] entnommen wurde. In der Vorlage sitzt Herakles auf dem Löwenfell neben der Hesperide, so dass die Augen der Nymphe eigentlich auf den Heros gerichtet sind.

In der griechischen Mythologie erscheint Ladon als mehrköpfiger Schlangendrache. Er bewachte den Baum mit den goldenen Äpfeln. Die antiken Darstellungen des Ladon reduzieren den bis zu hundertköpfigen, niemals schlafenden Drachen der Literatur aber meist auf seine Schlangengestalt.

Die Schlange, deren Lebensraum nach antiker Vorstellung die Tiefen der Erde waren, welche Schätze von unglaublichem Reichtum bargen, nimmt in diesem Mythos die Funktion der Schatzhüterin ein. Ladon, Kind der Gaia oder des Typhon mit Echidna, beschützt den Schatz der goldenen Äpfel, wie auch das Goldene Vlies in Kolchis von einer nie schlafenden Schlange bewacht wird.[4]

Das Motiv der schatzhütenden Schlange oder des Drachens tritt in vielen Kulturen auf, »[…] und zwar in einer so auffallenden Gleichartigkeit, daß oft nur die Namen den einzigen Unterschied ausmachen.«[5]

FB

1 Vgl. Lessmann, in: Ausst.-Kat. Wörlitz 1995, S. 123f.; Matuschek, in: Ausst.-Kat. Braunschweig 2004b, S. 164.
2 Baron d'Hancarville (Pierre François Hugues), Antiquités Étrusques, Grecques et Romaines, tirée du Cabinet de M. William Hamilton, Énvoye extraordinaire et plénipotentiare de S. M. Britannique en cour de Naples, 4 Bde., Neapel 1766–1767 (1767–76).
3 William Hamilton (1730–1803) war ein englischer Gelehrter und britischer Gesandter in Neapel sowie ein bedeutender Sammler von Antiken. Die Katalogisierung erfolgte durch den oben genannten Katalog. Hamilton wollte mit dem Werk auch moderne Künstler inspirieren. Die Nachahmungen der antiken Vorlagen durch Josiah Wedgwood (1730–1795) lobte Hamilton in den höchsten Tönen. Vgl. Roberts 1995, S. 53f.; Matuschek, in: Ausst.-Kat. Braunschweig 2004b, S. 159–164.
4 Vgl. Küster 1913, S. 120.
5 Küster 1913, S. 120.

35 Herkules und Hydra

Porzellan, Fürstenberg, farbig bemalt, glasiert
Modelleur: Johann Christof Rombrich, Former: Ludwig Becker
1772, ausgeformt um 1800
Herkules: H 25,6 cm, B 21,4 cm, T 13 cm
Hydra: H 16,2 cm, B 27,7 cm, T 19 cm
HAUM, Inv. Nr. Für 7274, 7286

Lit.: Ausst.-Kat. Münster/Braunschweig 1988/89, S. 260ff.; von Wolff Metternich/Meinz 2004, S. 406

Dargestellt ist die zweite der insgesamt zwölf Taten des Herkules. Nachdem dieser den Nemeischen Löwen erwürgt und sich dessen unverwundbares Fell angeeignet hatte, sollte er das vielköpfige Schlangenungeheuer Hydra töten, welches im Argolischen See bei Lerna hauste und dessen giftiger Atem seine Umgebung verpestete. Die Hydra ist auch als Lernäische Schlange bekannt, deren abgeschlagene Köpfe stets zweifach nachwuchsen. Gemeinsam mit seinem Neffen Iolaos überwand Herkules das Ungeheuer, indem Ersterer die Stümpfe der Hydra mit brennenden Holzscheiten verglühte. Da eines ihrer Häupter unsterblich war, begrub Herkules es unter einem großen Felsen.

Die gezeigte Figurengruppe besteht aus zwei Teilen mit ineinandergreifenden Schnittstellen. Herkules steht in bewegter Haltung auf einem flachen Felsensockel. Den Kopf nach links gewandt und zum Ausholen bereit, umgreift er mit beiden Händen eine Keule, die noch auf einem Felsvorsprung ruht. Auf dem Rücken trägt er das Löwenfell, welches über seine rechte Schulter und linke Hüfte geschlungen ist, wobei der Schwanz des Tieres als Figurenstütze dient. Mit weit aufgerissenen Mäulern und langen, ziegelroten Zungen streckt die Hydra dem Gegner in drohender Gebärde ihre sieben vogelähnlichen, gehörnten Köpfe entgegen, die auf langen, schlangenähnlichen Hälsen sitzen. Der fischähnliche, grau bis schwarz bemalte Rumpf weist einen langen, gekrümmten Schwanz auf und liegt auf einem flachen, wellenförmigen Sockel auf, dessen Flammen an der Unterseite der weit aufgespannten, fledermausartigen Flügel eine farblich verstärkte Entsprechung finden.

Der seit 1758 für die Herzoglich Braunschweigische Porzellanmanufaktur in Fürstenberg als Modelleur tätige Johann Christof Rombrich entlehnte die Figur des Herkules einer Renaissancebronze des Mars, welche vor 1587 vom Florentiner Bildhauer Giambologna (1529–1608) geschaffen worden war.[1]

Mit dem Herkules-Mythos verbanden sich sowohl bildende und belehrende als auch abenteuerliche Inhalte, welche seit der Renaissance beliebte Darstellungsmotive waren und oft Repräsentationszwecken dienten. Die hier gezeigte Tischfigurengruppe stellt somit nicht nur ein dekoratives Schauobjekt dar, sondern ist auch ein allegorischer Verweis. Herkules besiegt als starker, tugendhafter Held das Laster, welches sich in der vielköpfigen Hydra ausgedrückt findet.[2] Diese hat hier nicht ausschließlich die Gestalt einer Schlange. Vielmehr trägt sie als Drache betont phantastische und mischwesenhafte Züge, wodurch die Darstellung um das Motiv des Drachenkampfs erweitert wird. Insbesondere die schnabelähnlichen Mäuler erinnern an Raubvögel. Solche und andere exotische Tiere fanden sich zahlreich im herzoglichen Kunst- und Naturalienkabinett, das den Modelleuren der Porzellanmanufaktur als Vorlagenlieferant dienen konnte.[3]

MH

[1] Vgl. Berger/Krahn 1994, S. 86ff.
[2] Schöpf 1991, S. 152: »[…] der ›vielköpfige Wasserdrache‹ ist ein Sinnbild für Schwierigkeiten und Hindernisse, die sich im Verlauf der Bewältigung vervielfachen. Schon im Altertum bezeichnete man mit ›Hydra‹ ein wucherndes Übel, das kaum auszurotten ist.«

3 Das herzogliche Kunst- und Naturalienkabinett wurde 1754 durch Herzog Carl I. von Braunschweig gegründet. Sieben Jahre zuvor nahm dessen Porzellanmanufaktur in Fürstenberg den Betrieb auf.

36 Pietro della Vecchia (1603–1678)
Herkules bezwingt Acheloos als Schlange, nach 1660

Lwd., 105 cm × 74 cm
HAUM, Inv. Nr. GG 489

Lit.: Aikema 1990, S. 134; Pancheri 2003, S. 113; Jacob/König-Lein 2004, S. 142f.

In den »Metamorphosen« des Ovid (9, 62–79) wird der Kampf zwischen Herkules und dem Flussgott Acheloos beschrieben, welcher als Wasserwesen die verschiedensten Gestalten annehmen konnte. Um die Königstochter Deianira wetteifernd, deren Vater Oineus dem Sieger die Hand seiner Tochter versprach, bezwingt Herkules den Acheloos zunächst als Schlange und dann als Stier.[1]

Der venezianische Maler Pietro della Vecchia zeigt den triumphierenden Herkules als Aktfigur im Profil, wie er mit ausgestreckten Armen das große und mit spitzen Zähnen besetzte Maul der Schlange kraftvoll auseinanderreißt. Sich weit nach vorn beugend, drückt er mit seinem linken Fuß ihren gewaltigen Körper zu Boden, während sein rechtes Bein die gesamte Bewegung nach hinten abstützt. Dabei bildet der hell beleuchtete und signifikant modellierte Körper des Herkules einen starken Kontrast zu dem der riesenhaften, sich am Boden windenden Schlange, die überwiegend im Dunkeln verbleibt. Erst durch die diffuse Beleuchtung eines geringen Teiles ihres mächtigen Leibes lässt sich deren raue und lederartige Haut erahnen. Gerade in der düsteren Darstellung ihrer monumentalen Gestalt, die sich dem Betrachter durch die häufige Windung ihres Körpers erschließt, aber vor allem durch den großen Schädel, ihr starres, rotes Auge und die zahlreichen spitzen Zähne des langen und von Herkules weit aufgerissenen Maules wird die Gefährlichkeit ihrer Erscheinung stark betont. Nicht zuletzt vermögen die auffälligen Rötungen an Ellenbogen und Knie des Herkules auf einen der hier gezeigten Szene vorangegangenen heftigen Kampf verweisen, wie er auch bei Ovid geschildert ist. Generell findet sich eine Darstellung des Kampfes zwischen Herkules und Acheloos als Schlange in der bildenden Kunst sehr selten.[2]

Zwar tritt die Schlange in della Vecchias Gemälde als ein Angst einflößendes Tier auf, dem betont raubtierhafte Züge gegeben wurden, sie ist jedoch zugleich ein Wesen, das nur Mittel zum Zweck ist. Acheloos bedient sich der Schlangengestalt, um Herkules bezwingen zu können, was ihm jedoch misslingt. Hierin ist zugleich ein Motiv angelegt, das auf eine sehr frühe Episode des Herkules-Mythos verweist, da dieser bereits als Kleinkind zwei Schlangen erwürgte, die von der eifersüchtigen Hera gesandt wurden, um ihn zu töten.

Obwohl in Pietro della Vecchias Werk keine weitere Gegenwehr der Schlange zu vermuten wäre, ist die von ihr ausgehende Bedrohung noch sehr stark spürbar.

MH

1 Acheloos ist zugleich der größte und wasserreichste Fluss Griechenlands, mit dessen auffallend krummen Verlauf sich die Schlangengestalt des gleichnamigen Gottes verbindet.
2 Vor allem in der griechischen und etruskischen Kunst war die Darstellung des bärtigen und gehörnten Gesichtes des Acheloos ein beliebtes Motiv. Auch später wird dieser in den wenigen bildlichen Schilderungen des Zweikampfes eher mit einem Stier assoziiert.

37 SALVATOR ROSA (1615–1673)
Jason und der Drache

Radierung
34,1 cm × 21,6 cm
in: Opere S. Rosa, fol. 50
HAUM, Inv. Nr. ZL 80/5681–104; Sign. 2°
KK 11115

Lit.: Ausst.-Kat. London 1973, Kat. Nr. 106, S. 65; Salerno 1975, Abb. 218, S. 102; Wallace 1979, Kat. Nr. 118, S. 314; Scott 1995, Abb. 179, S. 106f.

Das Blatt geht auf eine Erzählung aus den »Metamorphosen« des Ovid zurück (7, 149–55), nach welcher der Argonautenführer Jason mithilfe eines Kräutertrankes der Zauberin Medea das Goldene Vlies von Kolchis raubte. Das wertvolle Widderfell hing in einem heiligen Hain an einer Eiche, wo es König Aietes von einem niemals schlafenden Drachen bewachen ließ. Aietes' Tochter Medea half Jason bei dem Raub, da er ihr versprochen hatte, sie als Gattin auf seinem Schiff nach Griechenland mitzunehmen. Zunächst führte die Zauberin ihn zum heiligen Hain, wo der Drache den beiden zischend entgegenkam, und besänftigte ihn mit einem einschläfernden Lied. Daraufhin goss Jason dem Ungeheuer ein Zauberöl in die Augen, nahm das Goldene Vlies von der Eiche und floh mit Medea auf dem Seeweg.[1]

Die gezeigte Arbeit aus der Argonautensage ist eine der letzten Radierungen des italienischen Malerpoeten Salvator Rosa, der mit diesem Blatt eine in seiner Zeit besonders beachtete Grafik schuf.[2] Ihr folgte wenige Jahre darauf ein Gemälde Rosas des gleichen Themas.[3]

Es ist dargestellt, wie Jason in voller Rüstung das Zaubermittel auf die Augen des Drachen gießt, während er mit ausfahrender Geste über das liegende Untier steigt, das dem Betrachter seine gespreizten Klauen entgegenstreckt. Das Schwert in seiner Rechten haltend, triumphiert der griechische Heros mit wehendem Umhang über den beleibten Drachen, dessen weit geöffnetes Maul die Dramatik der Szene betont. Dem Drachen wurde die Form eines gefährlichen Mischwesens gegeben, wobei seine Verwandtschaft zur Schlange durch seinen breiten und langen Schwanz deutlich wird, dessen Spitze sich im Hintergrund aufrichtet.

Mit der gezeigten Szene verbinden sich die beiden Hauptmotive aller bekannten Drachenerzählungen. Zum Einen wird der Drache in ihnen meist als ein Hüter großer Schätze vorgestellt, zum Anderen bildet der siegreiche Kampf eines Gottes oder Helden gegen das Ungeheuer ein vorherrschendes Thema.[4] Der von Jason überwundene Drache gilt in der Legende als Sohn der Schlangenwesen Typhon und Echidna. Das Untier wurde König Aietes vom Kriegsgott Mars geschenkt, um für ihn das Goldene Vlies zu bewachen, wobei der Wächter in einigen griechischen Erzählungen als ein tausendfach gewundener Drache in Schlangengestalt gedacht wurde.[5] Jener griechische Drache *drakon* tritt in unterschiedlichen Zusammenhängen auf und wird in den Mythen meist als wachsamer, »scharf blickender« Wächter von Wasserquellen und Schätzen vergegenwärtigt.[6] Im vorliegenden Blatt aus dem 17. Jahrhundert wurden diese Vorstellungen um das Bild eines phantastischen Mischwesens ergänzt.

MH

1 Dieser Abschnitt folgt einer Episode der Geschichte, nach welcher König Aietes dem Jason versprach, ihm das Goldene Vlies zu übergeben, wenn dieser mit zwei feuerspeienden Stieren ein Feld pflüge und in dessen Furchen Drachenzähne säe, aus denen Männer wachsen sollten, die Jason zu besiegen hätte. Obwohl Jason diese Probe bestand, weigerte sich der König, das Vlies herauszugeben, da er ahnte, dass seine Tochter Medea dem Jason bei der Aufgabe zu Hilfe kam. Denn auf ihren Rat hin hatte er unter die aus der Drachensaat gewachsenen Krieger einen Stein geworfen, um dessen Besitz sie kämpften und sich dabei gegenseitig vernichteten.
2 Vgl. Scott 1995, S. 167.
3 Salvatore Rosa, »Jasons Kampf mit dem Drachen«, 1668–70, Montreal Museum of Fine Arts, Inv. Nr. 960.1251. Auf dem Ölgemälde ist der Drache in Vorderansicht auf einem Felsen ruhend dargestellt. In heftiger Drehung seines Halses streckt er Jason sein weit geöffnetes Maul entgegen. Jason hat sich von hinten an das Tier herangeschlichen, um ihm das Elixier zu verabreichen. Der Schwanz des Drachen ist auf dem Gemälde ungleich länger und höher aufgerichtet, wodurch er noch eher einer Schlange ähnelt (hierzu vor allem Ausst.-Kat. London 1973, Kat. Nr. 43, S. 35 und Stolzenburg 1999, Abb. 35, S. 27, in Ausst.-Kat. Leipzig/Haarlem 1999).
4 Vgl. Mode 2005, S. 124.
5 Vgl. Nigg 2007, S. 25.
6 Vgl. Nigg 2007, S. 25.

38 Werkstatt des Guido da Merlino (Werkstatt nachweisbar 1542–1551)
Perseus und Andromeda, um 1540–45

Teller
Majolika, Dm 24,5 cm, H 2,6 cm
Allianzwappen der Familien Hörwarth und Schellenberg
HAUM, Inv. Nr. Maj 251

Lit.: Lessmann 1979, Kat. Nr. 157, S. 180; Ausst.-Kat. Dresden 2006, S. 18

Bei dem Motiv auf der Schauseite des gezeigten Tellers handelt es sich um eine Simultandarstellung aus dem Perseus-Mythos, von dem innerhalb der Istoriato-Malerei[1] unterschiedliche Episoden zu einem verdichteten Bild zusammengefasst wurden. Das gezeigte Objekt ist Teil eines Services für die Augsburger Familien Hörwarth und Schellenberg.[2]

In der griechischen Mythologie erhielt Perseus von König Polydektes den Auftrag, ihm das schlangenbesetzte Haupt der Gorgone Medusa zu beschaffen, deren bloßer Anblick jeden auf der Stelle zu Stein erstarren ließ. Indem Perseus der Medusa nur über ihr Spiegelbild in seinem Schild ansichtig wurde, gelang es ihm, sich ihr zu nähern und sie mit einer Sichel zu enthaupten. Im Augenblick ihres Todes gebar Medusa den Riesen Chrysaor und das geflügelte Pferd Pegasos (Hesiod, »Theogonia«, 270–283f.). Mit dem Medusenhaupt konnte Perseus auf seinem Rückweg die äthiopische Prinzessin Andromeda vor dem Seeungeheuer Ketos retten, das Poseidon zur Verwüstung des Landes aussandte, um damit die Überheblichkeit der Kassiopeia zu bestrafen, die behauptet hatte, dass sie und ihre Tochter Andromeda schöner seien als die Nereiden, welche zugleich Töchter der Ketos waren. Perseus verliebte sich in die an einen Felsen gekettete Andromeda, tötete das Ungeheuer und heiratete die Königstochter (Ovid, »Metamorphosen«, 4, 669ff.).

Auf dem Teller wurde die Geschichte in veränderter Form dargestellt: In der Mitte einer Landschaft steht Andromeda, die an einen Baum gefesselt ist und von einem ihr zugewandten, löwenartigen Drachen bedroht wird. Rechts beugt sich Perseus über den Leichnam der Medusa, deren abgetrenntes Haupt er mit seiner rechten Hand emporhält. Über Andromeda erscheint hinter mehreren Bäumen der fliegende Pegasos. Daneben sitzen auf einem Felsen drei Frauen, die das Geschehen beobachten.

Besonders auffällig ist die für das Bildthema ungewöhnliche Schilderung des Drachen, da sie nicht an ein Seeungeheuer erinnert. Dem kräftigen, orange-gelben Leib des fellbesetzten Wesens wurden blaue, dünnhäutige Flügel gegeben, deren lange und spitze Stacheln die Gefährlichkeit seiner Erscheinung betonen, wobei eine Formverbindung zwischen Drache und Löwe bereits in altorientalischen Darstellungen erkennbar wird.[3]

Durch den überlangen, geringelten Schwanz des Tieres erschließt sich eine Verwandtschaft des Drachen zur Schlange.[4]

Der Sieg des Perseus über das Ungeheuer versinnbildlicht den Triumph des Guten über das Böse, der Tugend über das Laster. In der vorliegenden Darstellung wird diese Vorstellung um den Medusa-Mythos ergänzt, der eine ähnliche Deutung nahelegt.[5]

MH

1 Bei der Istoriato-Malerei handelte es sich nach der Definition von Brink »um bildliche Destillate umfangreicher Erzählungen, die der Betrachter zum tieferen Verständnis jederzeit im Zusammenhang nachlesen konnte (oder sollte)« (Brink 2006, S. 15).
2 Vgl. Lessmann 1979, S. 180. Auf der linken, oberen Tellerseite ist das Allianzwappen der Familien wiedergegeben.
3 Vgl. Mode 2005, S. 136f.
4 Mit dem Mythos um Perseus und Andromeda verbinden sich die beiden zentralen Motive des Drachenkampfes und des schatzhütenden Drachen, die in volkstümlichen Drachensagen immer wieder aufgenommen wurden: » […] der Drache als Schatzhüter ist eine in ihren Ausmaßen gesteigerte Schatzschlange, die ihre Form der Antike und dem Orient verdankt. […] Ob Drachenmärchen

oder Drachensage, die Bedeutung des Drachen als Bewacher von Schätzen, Jungfrauen oder Quellen ist immer dieselbe, unterschiedlich ist nur die Geschichte, die sich damit verbindet« (Schöpf 1991, S. 43).

5 Bereits im frühen 9. Jahrhundert wird der Sieg von Perseus über Medusa in den »Mythographi Vaticani« als Beweis gedeutet, dass die »Tugend mit Hilfe der Weisheit alle Schrecken besiege« (Classen 1999, S. 404).

39 Hendrick Goltzius (1558–1616/17)
Der Drache verschlingt die Gefährten des Kadmus, 1588

Kupferstich, Blatt 32 cm × 42 cm,
Platte 25,2 cm × 31,7 cm
HAUM, Inv. Nr. H. Goltzius WB 3.24

Lit.: Bartsch 262; Hollstein 310 I; Illustr. Bartsch, Bd. 3, Nr. 262, S. 296; Brown 1977; Ausst.-Kat. Hamburg 2002, Kat. Nr. 26, S. 96f.

Der von Hendrick Goltzius nach einem Gemälde von Cornelis van Haarlem[1] ausgeführte Stich zeigt, wie die Gefährten des Kadmus vor dem dichten Unterholz eines Waldes auf einer kleinen Lichtung von einem Drachen getötet werden.[2] Die Darstellung zielt darauf ab, Schrecken und Grauen zu erregen. Links im Vordergrund beißt das Ungeheuer in das Gesicht eines in Rückenansicht wiedergegebenen Mannes. Über dessen Beinen liegt ein zweites Opfer, das bereits zuvor sein Leben ließ und dessen abgerissener Kopf am vorderen Bildrand liegt. Mehrere Leichenteile und Knochen von Menschen und Tieren komplettieren die grausige Szenerie. Das Geschehen ist nahe an den Betrachter herangerückt, als solle er sich als das nächste Opfer des Untieres fühlen. Dessen Überwindung durch Kadmus wird in einer kleinfigurigen Kampfszene im rechten Bildhintergrund geschildert.

Die von Ovid in den »Metamorphosen« überlieferte Geschichte berichtet, dass Kadmus, der Sohn des phönizischen Königs Agenor, auszieht, um seine Schwester Europa zu finden, die von Zeus entführt worden war. Während dieser Reise werden die Gefährten des Kadmus von einem Drachen getötet, als sie an einer Quelle Wasser holen. Kadmus erlegt das Untier nach einem langen Kampf (Ovid, »Metamorphosen«, 3, 28–94).

Mehrere Deutungen der Szene wurden vorgeschlagen. Keine plausiblen Aufschlüsse liefert der zeitgenössische Kunstschriftsteller Karel van Mander, der mit Goltzius und Cornelis van Haarlem in Haarlem eine Akademie gegründet hatte. Seinen Ausführungen zufolge repräsentieren die Gefährten des Kadmus jugendlichen Eifer, der von der Weisheit überwunden wird.[3] Man hat in der mit dem Drachen kämpfenden Rückenfigur auch einen gezielten Rückgriff auf die berühmte Laokoongruppe in Rom sehen wollen, der dazu gedient habe, ein »kunsttheoretisches Statement« zu vermitteln. Der für den Bildentwurf verantwortliche Maler habe im Sinne eines Wettstreits mit der antiken Kunst versucht, seine Fähigkeit zu demonstrieren, diese zu übertreffen.[4] Angesichts der Unterschiede zur Mittelfigur der Laokoongruppe bleibt diese Hypothese fraglich. Vielmehr waren am *torso belvedere* orientierte antikisierende Figurenprägungen Michelangelos vorbildlich. Konkret lassen sich hier Michelangelos Figur des *giorno* vom Grabmal Giuliano de' Medicis in der Neuen Sakristei von San Lorenzo in Florenz und die Gestalt eines Israeliten aus dem Fresko der Ehernen Schlange an der Decke der Sixtinischen Kapelle in Rom nennen. Letzteres Beispiel ist insbesondere auch wegen des Motivs der in einen Menschenkopf beißenden Schlange beachtenswert.[5]

Da die Eltern des Malers wegen der Gefahren einer spanischen Belagerung Haarlems ihre Heimatstadt verlassen mussten, ist wohl eher eine politische Deutung zu erwägen, der zufolge der Drache als ein Sinnbild Spaniens fungiert, der die Niederlande in Gestalt der Gefährten des Kadmus zugrunde richtet.[6]

Gemälde und Stich bilden gleichermaßen ein Beispiel dafür, dass Schlangen und Drachen als Symbole übermächtiger und grausamer Gewalt des Bösen Verwendung finden konnten.

GB

Dirus Agenoridæ laniat socia agmina Serpens, Ultor adest Cadmus pænasq; reposcit ab hoste.

1 Cornelis van Haarlem, »Der Drache verschlingt die zwei Gefährten des Kadmus«, signiert und datiert 1585, Lwd. auf Holz übertragen, 148,5 cm × 195,5 cm, National Gallery, London, Inv. Nr. 1893; vgl. Brown 1977.
2 Das Blatt ist unten links bezeichnet: Dirus Agenoridae laniat socia agmina serpens, / Ultor adest Cadmus poenasque reposcit ab hoste (»Der grausige Drache zerfleischt die Gefährten des Agenorsohnes Kadmus, dieser kommt als Rächer und fordert vom Feinde Genugtuung«).
3 Vgl. Illustr. Bartsch, Bd. 3, S. 296. Van Mander lobt an Cornelis van Haarlems Gemälde das Studium des nackten Körpers, die Zeichnung, die Komposition und die Proportionen (Het Schilderboeck, 1604, fol. 293r).
4 Ausst.-Kat. Hamburg 2002, Kat. Nr. 26, S. 96f.
5 Vgl. Bartsch (im Druck).
6 Vgl. Illustr. Bartsch, Bd. 3, S. 296.

40 Francesco Durantino (nachweisbar 1537–1575)
Kadmus erlegt den Drachen, 1545

Majolika, Dm 23,7 cm, H 4,4 cm
HAUM, Inv. Nr. Maj 195 (verzeichnet in Inv. H 33 (1771–1806))

Lit.: Lessmann 1979, Nr. 169, S. 188

In Italien und auch außerhalb Italiens waren Majoliken mit mythologischen Szenen äußerst beliebt. In der Regel wurde ein Satz Teller gefertigt, der es ermöglichte, mehrere mythologische Erzählungen oder verschiedene Szenen eines Mythos darzustellen, wobei zumeist Stiche als Vorlagen dienten. Es handelte sich um Dekorationsstücke, die zwar bereits früh als Sammlerobjekte gesucht waren, aber dennoch nicht als den Ansprüchen hochrangiger Kunstwerke ebenbürtig galten.

Francesco Durantino war in den Jahren 1543 und 1544 nachweislich in der Werkstatt des Guido da Merlino tätig, der neben Guido Fontana die größte Majolika-Werkstatt in Urbino betrieb.[1] Das Herzog Anton Ulrich-Museum in Braunschweig besitzt insgesamt zwölf seiner Majoliken mit mythologischen Darstellungen. Bis auf einen Teller sind sie alle eigenhändig von Durantino beschriftet.[2]

Der ausgestellte in leuchtenden Farben ausgeführte und gut erhaltene Teller zeigt den Kampf des Kadmus gegen den Drachen, nachdem dieser zuvor die Schar der Gefährten getötet hatte. Anders aber als in der graphischen Arbeit von Hendrick Goltzius (Kat. Nr. 39) ist das grausige Geschehen nicht in Nahsicht mit grauenerregenden Details, sondern in distanzierendem Überblick wiedergegeben. Der Betrachter befindet sich gleichsam in Analogie zu einem über der Felsenhöhle des Drachen befindlichen anonymen Zuschauerpaar in einer erhöhten Betrachterposition.

Die Szenerie hat mit der von Ovid in den »Metamorphosen« (3, 28–94) geschilderten Wildnis wenig gemein. Sie hat vielmehr den Charakter einer zivilisationsnahen Gartenlandschaft, in der mit Hilfe weniger Kulissenelemente, einer künstlichen Höhle und einem Tümpel, ein mythologisches Schauspiel inszeniert wird, an dem eine Gruppe nackter Männer mitwirkt.

Die Gefährten des Kadmus liegen tot, aber mit unversehrten Leibern im Vordergrund am Boden. Im Mittelgrund stößt Kadmus in bewegtem Lauf eine Lanze in das aufgerissene Maul der Riesenschlange, aus dem ein eher kleiner letzter Feuer- oder Gifthauch zu kommen scheint. Trotz seiner Größe vermag das Reptil keineswegs den Gruseleffekt eines todbringenden Monsters zu evozieren.

GB

[1] AKL, Bd. 31, s.v. Francesco Durantino, S. 172–174.
[2] Lessmann 1979, S. 183.

41 Marco Dente da Ravenna (um 1493–1527)
Laokoon (um 1520–25)

Kupferstich, 47,2 cm × 32,4 cm
HAUM, Inv. Nr. M. D. Ravenna WB 2.8

Lit.: Bartsch 353; Illustr. Bartsch, Bd. 27, Nr. 353; Thieme/Becker, Bd. 9, S. 82f.; AKL, Bd. 26, S. 183f.; Luckhardt 2001, S. 252

Der Kupferstich wurde von Marco Dente da Ravenna nach der Laokoon-Gruppe gefertigt,[1] die im Jahre 1506 in Rom nahe dem Kolosseum ausgegraben wurde. Der Stich zeigt die Laokoon-Gruppe in ihrem Fundzustand ohne den 1957 wieder angesetzten rechten Arm der Hauptfigur. Die Geschichte des Laokoon geht auf das zweite Buch der »Aeneis« Vergils zurück.[2] Darin wird beschrieben, wie die Griechen die Trojaner mithilfe des hölzernen Pferdes bezwingen. Laokoon, ein trojanischer Priester des Poseidon, ahnt die Gefahr und spießt seine Lanze in den hölzernen Pferdeleib. Damit zieht er den Zorn der Götter auf sich, die Troja dem Untergang geweiht haben, um es später neu, als ewige Stadt, wiederauferstehen zu lassen. Die Göttin Athena schickt daraufhin zwei todbringende Schlangen über das Meer.

Diese umschlingen Laokoon und seine beiden Söhne, als sie gerade ein Opfer für Poseidon darbringen wollen, und töten sie mit Giftbissen. Die Trojaner deuten das Geschehen als Strafe für Laokoons Vermessenheit, das hölzerne Pferd angegriffen zu haben. Sie bringen das vermeintliche Geschenk in die Stadt und besiegeln damit Trojas Schicksal.

Den Mittelpunkt des Kupferstiches bildet der zwischen seinen Söhnen sitzende Laokoon. Die Schlangen haben sich fest um Beine und Arme geschlungen und machen Laokoon nahezu bewegungsunfähig. Zwar greift er eine Schlange mit kraftvoller Hand, doch den Biss in die Hüfte kann er nicht verhindern. Vom Schmerz und der Anstrengung des Kampfes gepeinigt, richtet er seinen letzten Blick anklagend zu den Göttern. Der Sohn links von ihm ist fest im Griff der Schlange, die ihn in die Brust gebissen hat. Mit scheinbar letzter Kraft hat er versucht, den tödlichen Biss abzuwehren. Das Erschlaffen seiner Glieder bereits spürend, wendet er seinen Blick nun verzweifelt gen Himmel. Der zweite, etwas größere Sohn Laokoons steht auf seinem rechten Bein und versucht, das linke aus der Umklammerung der Schlange zu lösen. Er blickt auf seinen Vater und auf seinen von der Schlange umwundenen Arm, und die von ihm empfundene Angst lässt sich deutlich in seinem Gesicht ablesen.

Die Schlangen sind in dem Mythos um Laokoon eng mit dem Tod verbunden. Durch den starren, nur auf den Biss ausgerichteten Blick, die hervorblitzenden scharfen Zähne und die glatten, muskulösen Körper bieten sie schon rein äußerlich ein negatives Bild. Sowohl das Umfesseln und Würgen ihrer Opfer als auch der giftige, sogar todbringende Biss weisen ihnen, ungeachtet der Tatsache, dass Würgeschlangen keine Giftdrüsen besitzen, gefährliche und somit negative Eigenschaften zu. Dieses negative Bild wird noch dadurch verstärkt, dass sich die Schlangen von den Göttern als Werkzeuge benutzen lassen, und erreicht seinen Höhepunkt in der grausigen Tötung Laokoons und seiner Söhne.

FJ

---

1 Die Laokoon-Gruppe aus Marmor befindet sich in den Vatikanischen Museen in Rom und ist eine Kopie aus der Zeit des Kaisers Tiberius (14–37 n. Chr.). Sie wurde nach einem hellenistischen Bronzeoriginal (um 140 v. Chr.) aus Pergamon gefertigt (Andreae 1991, S. 5, Abb. 1).
2 Übersetzt von Götte 1972.

III. Vom christlichen Mittelalter zum Barock

Obwohl sie im Alten Testament nicht einheitlich als gut oder böse charakterisiert wird, tritt die Schlange im Denken der Menschen als Abgesandter bzw. Sinnbild des Teufels auf, der sie zur Abkehr von Gott und Gottes Worten verleitet. Im mittelalterlichen Denken setzt sich aufgrund ihrer Rolle beim Sündenfall die Vorstellung durch, die Schlange sei die Verkörperung des Bösen schlechthin.[1] Die im Bibeltext selbst nicht erwähnte Gleichstellung der Schlange mit dem Teufel setzt dabei sowohl in der jüdischen wie in der christlichen Interpretation früh ein.[2]

Die folgenreiche Verführung Adams und Evas gehört zu den ältesten und am weitesten verbreiteten Bildthemen in der christlichen Kunst. Sie ist der Ursprung fast aller Bedeutungszuschreibungen für andere Schlangendarstellungen. So geht etwa die Darstellung von Maria und der Schlange auf die Eva-Maria-Typologie sowie auf den Vers Gen. 3,15: »Und ich will Feindschaft setzen zwischen dir und der Frau und zwischen deinem Nachkommen und ihrem Nachkommen; der soll dir den Kopf zertreten, und du wirst ihn in die Ferse stechen«, zurück.

Nun haben die Künstler dem Verführer aus der Paradiesgeschichte keineswegs immer die natürliche, zoologisch korrekte Gestalt einer Schlange gegeben. Die Schlange mit Menschenkopf oder mit weiblichem Oberkörper verdankt ihre Form der Vorstellung, dass der Teufel in Schlangengestalt Eva mit ihrem Ebenbild zur Sünde verführt. Motive, die die Schlange als Salamander oder als anderes Tier mit Menschenkopf wiedergeben, gründen entweder auf dem »Physiologus«, einem frühchristlichen Kompendium der Tiersymbolik, oder auf heidnischen Überlieferungen.

Weiterhin kommen auch Drachen in vielerlei phantastischer Gestalt vor. Gerade im Mittelalter variiert die Form des Drachen stark und fügt sich aus verschiedenen Merkmalen zusammen. Er ist geschuppt oder auch mit Fell besetzt, hat einen Raubtier- oder Echsenkopf, kriecht auf zwei oder vier krallen- bzw. prankenartigen Füßen, besitzt einen langen, meist geringelten Schwanz, speit Feuer oder Gift und spricht mit gespaltener Zunge. Ein siebenköpfiger Drache aus der Apokalypse symbolisiert spätestens seit Dürer die sieben Todsünden. Die verschiedenartigen Einzelteile der Gestalt eines Drachen werden nach dem Mittelalter organisch zusammengefügt.

Nach mittelalterlicher Auffassung gehörte der Drache zur dritten Ordnung der Schlangen und auch die aus der antiken Vorstellungswelt übernommene Annahme, dass es sich bei dem Drachen um eine riesige geschuppte, Feuer speiende Schlange mit lederartigen Flügeln und einem Raubtierkopf handle, scheint grundlegend für die bildmotivische Austauschbarkeit der beiden Wesen Schlange und Drache zu sein. Wie in Rembrandts Sündenfalldarstellung eindrucksvoll gezeigt, werden dem Drachen alle negativen Bedeutungen der Schlange übertragen. Er kann sowohl als Teufel, wie auch als sein Werkzeug auftreten. Auch auf die Johannesapokalypse geht die Vorstellung zurück, dass der Teufel die Gestalt des Drachen habe. So heißt es dort: »Und es ward ausgeworfen der große Drache, die alte Schlange, die da heißt der Teufel und Satanas, der die ganze Welt verführt« (Apk. 12,9).

Nach christlichem Glauben triumphiert das Licht über die Finsternis durch den Kreuzestod und die Auferstehung Christi. Entsprechend wurde auch der Vers 13 des Psalms 90/91 von Isidor von Sevilla und Honorius Augustodunensis gedeutet. In ihrer Auslegung stellen die dort erwähnten Tiere, der Aspis den Tod, der Basilisk als König der Schlangen die Sünde, der Drache den Teufel und der Löwe den Antichrist dar. Über diese vier habe Christus durch seinen Kreuzestod und die Auferstehung den Sieg errungen. In frühchristlichen und karolingischen Darstellungen wird Christus noch über den vier Tieren des Psalmtextes stehend wiedergegeben. Im hohen Mittelalter verkürzt sich die Darstellung jedoch auf den Löwen und den Drachen, da man deren Gestalt zu kennen glaubte.

Der Sieg des Guten über das Böse, dargestellt durch den im Kampfe mit Heldenmut besiegten Drachen, zeigt sich auf Erden auch in einigen Heiligenlegenden. Sie sind gleichsam eine archetypische Wiederaufnahme der Vertreibung des Bösen aus dem Reich Gottes durch den Erzengel Michael. Nur der unerschütterliche Glaube und die dadurch vermittelte göttliche Macht befähigen den Helden oder die Heldin zum Sieg über den Drachen.

AR/OR

1 von Erffa 1989, S. 171.
2 von Erffa 1989, S. 171.

42 Altarleuchter-Paar mit Drachendekor

Niedersachsen, um Mitte 12. Jh.
Bronze, gegossen und ziseliert,
H 29,5 cm (ohne Dorn), B 21,1 und
21,6 cm
HAUM, Inv. Nr. MA 91 und MA 92

Lit.: Köhn 1930, S. 48f.; von Falke/Meyer 1935, Nr. 30, S. 7, 63, 98; Ausst.-Kat. Braunschweig 1985, Bd. 2, Nr. 1063, S. 1225 (Brandt); Ausst.-Kat. Magdeburg 1992/93, Nr. III/12; Mende 1995, S. 433f., 436, in: Ausst.-Kat. Braunschweig 1995, Bd. 2; Marth 1997, S. 20; Ausst.-Kat. Braunschweig 2000, Kat. Nr. 192, S. 163 (König-Lein); Ausst.-Kat. Bonn/Essen 2005, Kat. Nr. 62, S. 214 (Mende)

Die Verwendung von Altarleuchtern lässt sich seit der zweiten Hälfte des 11. Jahrhunderts belegen. Obwohl davon auszugehen ist, dass sie meist paarig um das Altarkreuz angeordnet waren, sind nur sehr wenige mittelalterliche Leuchterpaare erhalten.[1]

Hier handelt es sich jeweils um einen bronzenen Kreuzständer, dessen dreiteiliger Fuß, Schaft und trichterförmige Lichtschale separat gegossen wurden. Dies ist an den Fugen unterhalb der beiden Schaftknoten erkennbar. Bei der Gestaltung wurde ornamentales Rankenwerk mit figürlichen und tierhaften Darstellungen kombiniert. Sowohl das durchbrochene Geflecht mit längsgerippten Blättern und Stengeln als auch die sitzenden menschlichen Figuren weisen in den Umkreis von Hildesheim. In der Nachfolge des Kreuzfußes mit sitzenden Engeln in Berlin[2] kommen zahlreiche derber gearbeitete Gussarbeiten vor. Daneben lassen die im Vergleich zum Berliner Kreuzfuß viel schlichter modellierten, schematischeren Figuren und die nicht mehr plastisch durchgebildeten, sondern ziselierten Rankenfurchen an ein Vorbild aus Magdeburg denken.[3]

Der Leuchterfuß ist aus drei schlanken Drachen geformt, die abwärtsgekehrt mit dem Kopf auf dem Boden stehen. Die langgestreckten, schmalen Leiber laufen bis zum Schaftansatz nach oben, wo sich ihre Schwänze in Ranken fortsetzen. Das symmetrische Blattwerk zwischen den Tieren wird durch deren schmale Flügel gerahmt. Auf den Rücken der Drachen sitzen streng frontal ausgerichtete Lektorenengel mit halb rückwärtsgestellten Flügeln. Zum Schaftansatz hin klettern drei kleine, zweifüßige Drachen. Aus dem durchbrochenen Rankenwerk des Schaftes ragen drei nach unten gebogene Blätter hervor. Die am Rand mit einem einfachen Ornament verzierte Lichtschale wird von drei nach unten blickenden Figuren getragen.

Der sakralen Funktion des Leuchters als Träger des Lichtes entsprechend wird der Bildinhalt häufig gemäß der christlichen Lichtsymbolik gedeutet.[4] Der Drache als Verkörperung des Teuflischen und Dunklen muss sich dem Licht beugen und wird vom Boten Gottes beherrscht. Die aufgeschlagenen Bücher der Engel verweisen auf die Lesung liturgischer Texte.

Aber auch der rein ornamentale Gebrauch des Drachens ist hier denkbar.[5] Seit dem 8. Jahrhundert kommt das Drachenornament in der Buchmalerei vor, neben Zierleisten waren vor allem die Initialen Q und S mit Drachen ausgeschmückt. Auch die Verbindung von Ranken und Drachen findet man zuerst in Handschriften. Diese lieferten vielfältige Anregungen für die Bauplastik[6] und das Kunstgewerbe,[7] welche auch für die romanischen Leuchter aufgegriffen wurden. Andere Tierfiguren, wie Löwen und Vögel, waren ebenso beliebte ornamentale Motive. Die Austauschbarkeit dieser Elemente lässt eine symbolische Deutung des Drachen fraglich erscheinen. Vor allem die drei kleinen aufwärts kriechenden Drachen des Leuchterpaares eignen sich nicht als Sinnbild des überwundenen Bösen. Unstrittig ist aber die Tatsache, dass sich die häufige Verwendung des Drachenornamentes auf seinen Symbolgehalt zurückführen lässt.

IH

1 Die beiden nahezu identischen Schaftleuchter kamen mit weiteren Leuchtern 1825 aus dem Stift Gandersheim in die Sammlung des Herzog Anton Ulrich-Museums.
2 Kreuzfuß, Berlin, Staatliche Museen zu Berlin, Kunstgewerbemuseum, Inv. Nr. 4165. Vgl. Springer 1981, S. 124–127.
3 Vgl. Mende 1995, S. 433f.; Springer 1981, S. 125.
4 Vgl. zuletzt Ausst.-Kat. Bonn/Essen 2005, S. 215.
5 Braun 1932, S. 525f.: Die Drachen der Leuchter sind wie jene in der Buchkunst und in der romanischen Baukunst »lediglich Ornament, rein dekorative Elemente«. Vgl. auch Köhn 1930. Er befasst sich mit dem romanischen Drachenornament in der Bronze- und Architekturplastik. Angaben zu Deutungen werden daher nicht gemacht.
6 Der in Ranken verschlungene Drache ist eines der häufigsten Motive der spätromanischen Bauplastik des Niederrheins.
7 Köhn 1930, S. 2.

43 Prunksattel mit Drachendekor

wohl 2. Viertel 15. Jh.
Holz, Leder, Beinplatten, Birkenrinde,
Reste roter, blauer und grüner Fassung,
H 33 cm, B 45,5 cm, L 55,5 cm
Bez. l.: treu yst selth / in der welt
HAUM, Inv. Nr. MA 111

Lit.: Scherer 1931, S. 35; Boockmann 1993, S. 80; Ausst.-Kat. Budapest/Luxemburg 2006, Kat. Nr. 4.70, S. 362 (Verö)

Der Sattel entstammt der höfischen Welt des späten Mittelalters, wie seine edle Gestaltung und das Bildprogramm der Beinplatten erkennen lassen. Sein höchster Teil ist der Knauf, an dessen beiden Seiten sich Drachen krümmen. Darunter entwickelt sich, wie in einem eng verwobenen Netz, eine Abfolge von Buchstaben auf Schriftbändern, Strahlenkränzen und Medaillons mit zwei weiblichen Figuren und Halbfiguren auf jeder Seite. Lesbar sind die Minuskelbuchstaben »m« und »u« und die Devise in hochdeutscher Sprache, die besagt, dass es selten Treue gebe auf der Welt. Die Buchstaben stehen möglicherweise für den Namensanfang der verehrten Frau des Satteleigentümers. Ob der Ritter das Stück überhaupt genutzt hat oder ob es nicht eher als Hoheitszeichen in der Sattelkammer verblieb, muss dahingestellt bleiben. Auf jeden Fall ist es mit Knauf, Durchlässen für Riemen und rückwärtiger Stütze funktionsgerecht gestaltet.

Der Sattel des Herzog Anton Ulrich-Museums gehört zu einer Gruppe von 22 dokumentierten Prunksätteln aus ähnlicher Zeit,[1] deren Entstehung in Süddeutschland, Südtirol oder – neuerdings verstärkt propagiert – in Buda angenommen wurde. In der Tat ist eine Herkunft von mehreren dieser Prunksättel in Ungarn zu belegen. Da zu ihrer grundlegenden Ausschmückung der Drachendekor gehört, wurde vorgeschlagen, in ihnen die Sättel der Mitglieder des »Drachenritterordens« zu sehen.

König Sigismund, aus dem Geschlecht der Luxemburger, gründete mit seiner Gemahlin Barbara 1408 die Gesellschaft der Ritter vom Drachen. Sie trugen als Abzeichen »einen kreisförmig eingedrehten, seinen Schwanz um den Hals windenden verwundeten Drachen«[2]. Die Mitgliederzahl dieses Ordens betrug zunächst 22 – neben dem Königspaar. Die Gründungsurkunde hält ihre Namen fest; es handelt sich um ungarische Adlige.[3] Ihre Aufgaben lagen im Schutz des Landes und des Glaubens gegen die Ungläubigen aus dem Südosten des Reiches.

Auch hier verkörpert der Drache also kein Vorbild, sondern steht für den bereits angeschlagenen, endgültig zu besiegenden Feind. Die Ritter kämpfen für die Christenheit und für ihr Königspaar, ein Ziel, das dem des heiligen Ritters Georg ähnelt.

JL

1 Vgl. Verö 2006.
2 György Racz, in: Ausst.-Kat. Budapest/Luxemburg 2006, S. 339, auch zum Folgenden.
3 Der ursprüngliche Empfänger des Sattels aus dem Herzog Anton Ulrich-Museum lässt sich nicht bestimmen. Der Sattel stammt aus der Sammlung des Herzogs Ferdinand Albrecht I. von Braunschweig-Bevern (gest. 1687).

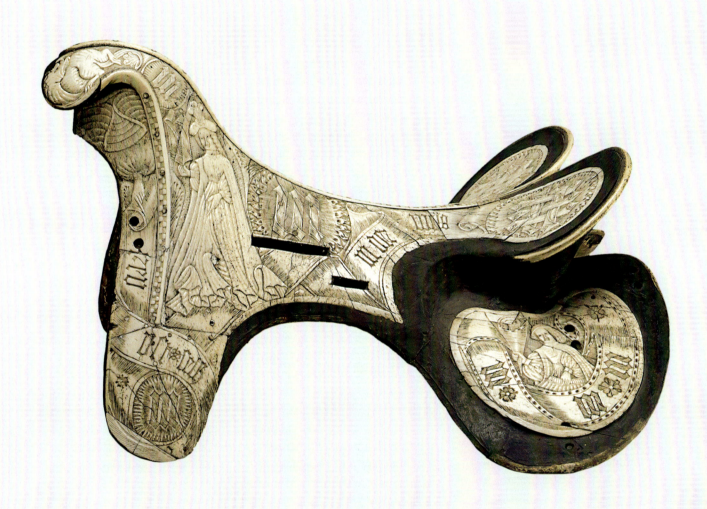

119

44 Nach Wilhelm von Kaulbach (1805–1874)
Siegfried im Kampf mit dem Drachen

In: Guido Görres, »Der hürnen Siegfried und sein Kampf mit dem Drachen: eine altdeutsche Sage; nebst einem Anhange über den Geist des germanischen Heidenthums und die Bedeutung seiner Heldensage für die Geschichte«, mit Abb. nach Wilhelm von Kaulbach, Schaffhausen 1843, 80 S., 13 Tafeln
Lithographie, 23,5 cm × 19 cm
Universitätsbibliothek Braunschweig, Sign. 2005-2902

Die Illustration des durch eine Hornhaut geschützten Siegfried[1] im Kampf mit einem Drachen aus einem Werk über den Helden aus Xanten von Guido Görres (1805–1852) ist eine Lithographie nach einer Zeichnung des Illustrators, Portrait- und Historienmalers Wilhelm von Kaulbach. Kaulbach wurde nach seiner ersten Italienreise 1835 mit einem Karton zur Hunnenschlacht berühmt. 1837 ernannte ihn Ludwig I. von Bayern zum Hofmaler. 1841 illustrierte er für den Verlag Cotta den »Reineke Fuchs« und begründete damit seinen Ruf als Illustrator.[2] Kaulbach stand in persönlicher Verbindung zur Familie Görres. Mitte des 19. Jahrhunderts ein (materiell) erfolgreicher Künstler, verhielt sich die Kunstwissenschaft vor allem Kaulbachs späterem Schaffen gegenüber nach seinem Tode ablehnend.[3]

Das Buch von Görres erzählt die Sage des aus einem Heldengeschlecht stammenden Siegfried, der auszieht, um Ruhm und Ehre zu erlangen. Nachdem Siegfried einige kleinere Abenteuer bestanden hat, kämpft er am Ende der Erzählung gegen einen Drachen, der nicht nur den verfluchten Schatz der Nibelungen bewacht, sondern auch die jungfräuliche Tochter des Königs aus Worms gefangen hält.[4]

Siegfrieds Kampf gegen den Drachen ist der offensichtliche Kampf eines Helden im Dienste und zum Schutz des Guten gegen die bösen, unheilvollen Mächte,[5] wie er typischer nicht sein könnte. Siegfried siegt natürlich gegen das große, giftiges Feuer spuckende Ungeheuer, erlangt so den Schatz und befreit die Jungfrau, welche er schließlich zur Braut nimmt.

Der germanische Sagenheld Siegfried, der in der nordischen Überlieferung den Namen Sigurd trägt, steht auch im Mittelpunkt des ersten Teils des Nibelungenliedes. Das um 1200 entstandene Nibelungenlied ist im deutschen Sprachraum die älteste erhaltene Siegfried-Dichtung und erwähnt den Drachenkampf nur am Rand. Erst aus dem 16. Jahrhundert ist das »Lied vom hürnen Seyfrid« erhalten, welches auf Vorlagen des 13. Jahrhunderts zurückgeht und das auch die in Görres' Werk beschriebenen Taten des jungen Siegfried erzählt. Hierzu gehören der Drachenkampf, die Befreiung Kriemhilds und das Gewinnen des Nibelungenhortes.

Im 19. und frühen 20. Jahrhundert knüpfte man, wie zum Beispiel auch Richard Wagner in seinem Musikdrama »Siegfried«, an die alten, aus vorchristlicher Zeit stammenden und im Mittelalter oft christlich umgeformten Sagen an. So wird Siegfried in dieser Zeit, wie auch Görres im Nachwort »über den Geist des germanischen Heidenthums und die Bedeutung seiner Heldensage für die Geschichte« deutlich werden lässt, als typisch ›germanisch-deutscher‹ Held zur nationalen Identifikationsfigur. Auch Görres will, so schreibt er im Nachwort, mit seinem Buch dazu beitragen, dass die Kenntnis der großen Vergangenheit das Selbstvertrauen in der Gegenwart stärkt, damit das Volk die Stellung, welche ihm die göttliche Vorsehung im großen Verbande der Menschheit anweisen wollte, wieder bestrebt ist einzunehmen.[6]

OR

1 Siegfried badet nackt im Blute eines von ihm erschlagenen Drachen (in der Version nach Görres in dem eines Lindwurms, den Görres nicht mit dem Drachen gleichsetzt) und wird somit, bis auf eine Stelle zwischen den Schultern, auf der ein Linden-

Hei wie da ward gerungen in heißem, heißem Sturm
Als Siegfried schon umschlungen erschlug den grimmen Wurm.

blatt klebte, unverwundbar. Deshalb macht ihn die Sage zum »hürnen« oder gehörnten Siegfried.

2 Thieme/Becker, Bd. 20, S. 23.
3 Thieme/Becker, Bd. 20, S. 24.
4 Parallelen in Görres' Variante der Siegfriedsage zum heiligen Georg sind in diesem Punkt kaum zu übersehen. Beide kämpfen gegen einen Drachen, welcher eine Jungfrau gefangen hält.
5 Vgl. im ausgestellten Band, S. 70.
6 Vgl. im ausgestellten Band, S. 79.

45 Albrecht Dürer (1471–1528)
Adam und Eva, 1504

Kupferstich, Blatt 24,5 cm × 19,0 cm
HAUM, Inv. Nr. 3925, A. Dürer AB 3.1

Lit.: Bartsch 1; Meder 1; Thausing 1876, S. 231–236; Panofsky 1977, S. 113–117, S. 160f., Abb. 117; Ausst.-Kat. Boston 1971, Kat. Nr. 84, S. 115; Ausst.-Kat. Nürnberg 1971, Kat. Nr. 484, S. 248f.; Ausst.-Kat. Nürnberg 1986, Kat. Nr. 121, S. 295f.; Schoch/Mende/Scherbaum 2001–2004, Kat. Nr. 39, S. 110–113; Ausst.-Kat. Wien 2003, Kat. Nr. 65, S. 254–257

Die hier als Attribut des Sündenfalls gezeigte Schlange ist Ausgangspunkt und Gegenstand aller metaphorischen Bezüge in diesem Kupferstich. Denn »die Schlange war listiger als alle Tiere« (Gen. 3,1), sie konnte Eva und so bekanntlich auch den zunächst zögernden Adam zur verbotenen Tat anstiften. Die Frucht des verbotenen Baumes[1] brachte ihnen nicht nur das Wissen um ihre Nacktheit. Das bis dahin ausgeglichene Wesen des Menschen wird in der mittelalterlichen Vorstellung fortan durch vier Säfte, personifiziert durch den Elch, das Kaninchen, die Katze und den Ochsen,[2] verstimmt und zu Triebhaftigkeit und Sündigkeit angeregt. Daneben spielt auch das Verhältnis von Katze und Maus auf die der Situation innewohnende Spannung an. Die auf dem einzig hellen Bereich des Hintergrundes gegebene Gämse verweist auf das Zögern Adams und auf die Gefahr und Tragweite dieser Situation.[3] Dem gleichen Gedanken geschuldet ist die Zuordnung Adams zur Eberesche, welche von Schlangen gemieden und allgemein als Lebensbaum verstanden wird, und zum darauf sitzenden Papageien.[4] Das Böse der realistisch dargestellten Schlange wird dadurch unterstrichen, dass sie Eva die verbotene Frucht direkt in die Hand zu legen scheint. Die auf dem Haupt angedeutete Krone scheint als Indiz dafür zu fungieren, dass es sich hierbei nicht nur um ein einfaches Tier, sondern um ein denkendes, zur Verführung befähigtes Wesen handelt.

Doch man sollte in den reichhaltigen ikonographischen Bezügen nicht das herausragendste Merkmal des Kupferstiches sehen. Betrachtet man die Behandlung der Perspektive, Plastizität und Stofflichkeit, kann man zu dem Ergebnis kommen, dass die Darstellung zu den qualitätvollsten Stichen Dürers zu zählen ist. Durch das Absetzen des hellen Inkarnats der Stammeltern von dem diffus dunklen Wald werden die klassisch idealisierten Körper als eigentlicher Gegenstand des Bildes hervorgehoben. Der Stich gilt als Ergebnis zahlreicher vorangegangener Studien zur Proportionslehre, zur Konstruktion perfekter Geschöpfe[5] und in Vorbereitung auf Dürers zweite Italienreise als künstlerische Referenz und Ausweis seiner Meisterschaft.

AR

1 Hier ist er als Feigenbaum dargestellt.
2 Vgl. Panofsky 1977, S. 114: »[…] den Elch Vertreter melancholischen Trübsinns, das Kaninchen als Vertreter sanguinischer Sinnlichkeit, die Katze als Vertreterin cholerischer Grausamkeit und den Ochsen als Vertreter phlegmatischer Schwerfälligkeit.«
3 Sie verweist auf den im »Physiologus« (Nr. 41) erwähnten Dorkas bzw. die Gazelle. Vgl. Ausst.-Kat. Wien 2003, S. 256, Anm. 9.
4 Der Papagei galt als klug und den Menschen wohl gesinnt, vgl. Schoch/Mende/Scherbaum 2001–2004, S. 110.
5 Aufzählung und Beschreibung von Einzelstudien in Ausst.-Kat. Wien 2003, S. 254–256, sowie in Ausst.-Kat. Nürnberg 1971, S. 246–254.

46 Lucas Cranach d. Ä. (1472–1553)
Adam und Eva, um 1518

Holz, zwei Tafeln:
Adam 88,6 cm × 32,7 cm,
Eva 88,5 cm × 53 cm
HAUM, Inv. Nr. GG 27

Lit.: Flechsig 1900a, S. 93f., 276f.; Flechsig 1900b, Abb. 36, S. 93f., 270f., 267f.; Heyck 1908, Abb. 61, S. 102; Glaser 1923, Abb. 103, S. 101f.; Adriani 1969; Rosenberg 1976, S. 17ff.; Friedländer/Rosenberg 1979, Nr. 112, S. 92; Swoboda 1980, Abb. 142, S. 202; Wex 1986, Abb. 1, S. 166

Das Herzog Anton Ulrich-Museum in Braunschweig besitzt eine größere Anzahl von Werken Lucas Cranachs d. Ä. Eines davon ist die gezeigte, um 1518 entstandene Darstellung des Sündenfalls. Das Gemälde besteht aus zwei Holztafeln, die wohl später erst zu einem Bild zusammengefügt wurden. Es könnte sich daher um die Flügel eines Altars gehandelt haben.[1] Die Tafel, welche Adam zeigt, ist mit dem Monogramm Cranachs (einer geflügelten Schlange) signiert.[2]

Dargestellt vor schwarzem Hintergrund sind Adam und Eva. Zwischen ihnen, beide Tafeln verbindend, steht der Baum der Erkenntnis. Von diesem sind nur der Stamm und kaum mehr als die ersten Äste der Krone zu sehen. Gottvater verbot dem ersten Menschenpaar, die Früchte von jenem Baum anzurühren. Doch verführt durch die listige Schlange übertraten Adam und Eva das Gebot und kosteten dennoch davon. Eva hält in Cranachs Werk in ihrer rechten Hand eine Frucht, von der sie bereits ein Stück abgebissen hat. Sie bedeckt deshalb ihren Schoß, da sie sich mit der verbotenen Tat ihrer Blöße bewusst geworden ist. Adam, welcher ebenfalls bereits eine der Früchte in seiner Hand hält, blickt Eva zögernd und fragend an – oder weist ihr mit seiner Geste resigniert die Schuld an der Übertretung des Gottesgebots zu.

Aus der Krone des Baumes windet sich eine grüne, von Cranach sicher gewollt naturgetreu dargestellte Schlange auf Eva zu. Sie wirkt in Cranachs Komposition jedoch unscheinbar. Im Vordergrund der Darstellung steht vielmehr das erste Menschenpaar, das sich durch die hellen Körper vom schwarzen Hintergrund abhebt.

Wie viele andere Künstler seiner Zeit nutzte auch Cranach Adam und Eva als legitimes Sujet für die Darstellung des nackten menschlichen Körpers.[3] Ein Vorbild für Cranach ist dabei sicher Dürer mit seinen Darstellungen des Themas (siehe Kat. Nr. 45).[4] Wenn man jedoch die beiden Werke miteinander vergleicht, wird deutlich, dass es Cranach an der Umsetzung eines an der Antike orientierten Verständnisses des Körpers als organische, lebendige Einheit im Gegensatz zu Dürer nicht so sehr gelegen ist. Den Figuren mit ihren für Cranach so typischen puppenhaften Gesichtern fehlt die realistische Körperlichkeit.[5] Jedoch hat ihre zierliche und anmutige Art ihren ganz eigenen Reiz.[6]

OR

1 Klessmann 1978, S. 32.
2 Klessmann 1978, S. 32.
3 von Erffa 1989, Bd. 1, S. 181.
4 Klessmann 1978, S. 32; Heyck 1908, S. 102; Glaser 1923, S. 101f.
5 Klessmann 1978, S. 32.
6 Klessmann 1978, S. 32; Glaser 1923, S. 101f.

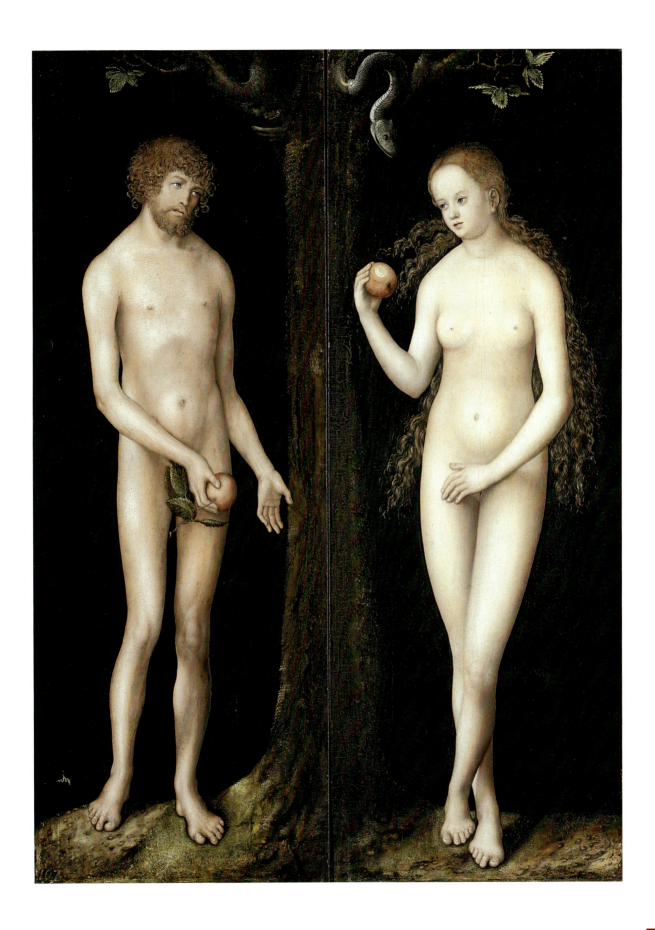

47 Rembrandt Harmensz. van Rijn (1606–1669)
Adam und Eva, 1638

Radierung, 16,2 cm × 11,5 cm
HAUM Inv. Nr. 5385 A

Lit.: Bartsch 28 II; Dutch Hollstein 28 II; Hamann 1913, S. 321; Münz 1951; Rotermund 1963, S. 9f.; Tümpel 1970, Nr. 1; Ausst.-Kat. Hamburg 1987, Nr. 31, S. 84; Ausst.-Kat. Berlin/Amsterdam/London 1991/92, Nr. 11; Ausst.-Kat. Wolfsburg 1993, Nr. 54, S. 17; Unverfehrt 1994, Abb. 112, S. 134; White 1999, S. 13, 38–43, 198; Ausst.-Kat. Amsterdam/London 2000/01, Nr. 30; Ausst.-Kat. Boston/Chicago 2003/04, Nr. 95; Ausst.-Kat. Schwarzheide 2006, Abb. S. 11, S. 10

Die Darstellung des Sündenfalls gehört zu den ältesten Bildthemen der christlichen Kunst und ist wohl auch das am weitesten verbreitete Bildthema des Alten Testaments.[1] Doch nicht alle Künstler haben dem Verführer der Paradiesgeschichte immer die natürliche, zoologisch korrekte Gestalt einer Schlange gegeben.[2] Eine Erscheinungsform, welche in Darstellungen des Sündenfalls von der natürlichen Schlangengestalt abweicht, ist die des Drachen. Das ist nahe liegend, da der Drache nach mittelalterlicher Auffassung zur dritten Ordnung der Schlangen gehörte.[3] Schon im frühen Judentum war die Ansicht verbreitet, dass die Schlange bis zu ihrer Verdammung Füße gehabt habe.[4] Außerdem wurde die Schlange aus dem Paradies, welche den Menschen zum Ungehorsam gegen Gottes Gebot verlockt, oft mit dem Teufel selbst assoziiert.[5] So lässt sich die Darstellung des Teufels als Drache auf die Johannesapokalypse zurückführen.[6]

Auch in der Radierung von Rembrandt hat der Verführer die Gestalt eines Drachen. Vorbild hierfür fand der Künstler in Albrecht Dürers Holzschnitt »Christus in der Vorhölle« aus der Kleinen Passion.[7] Dabei nahm Rembrandt den Drachen Dürers möglicherweise sogar aus theologischen Gründen zum Vorbild. Denn so konnte er auf die Überwindung des Bösen und die Erlösung des Menschengeschlechts durch Christus hinweisen. Setzt doch der Sündenfall das Heilsgeschehen überhaupt erst in Gang.[8]

Neben der Schlange in Gestalt eines Drachen weicht Rembrandt auch in der Darstellung des ersten Menschenpaares von der konventionellen Form typisierter, schöner Aktdarstellungen ab. Er versucht nicht zu idealisieren, sondern er bringt das Primitive, Urtümliche zum Ausdruck.[9] Adam und Eva erscheinen uns als einfache Menschen fortgeschrittenen Alters. Sie werden so zu barocken Sinnbildern der Vanitas[10]: Stärker als in jeder idealisierten Darstellung kommt hier der Fall des ersten Menschenpaares zum Ausdruck.

OR

1 von Erffa 1989, Bd. 1, S. 178.
2 von Erffa 1989, Bd. 1, S. 171.
3 von Erffa 1989, Bd. 1, S. 174.
4 von Erffa 1989, S. 174; vgl. auch Gen. 3,14.
5 von Erffa 1989, Bd. 1, S. 171; Ausst.-Kat. Hamburg 1987, S. 84.
6 von Erffa 1989, Bd. 1, S. 174; vgl. Offenbarung 12,9: »Und es ward ausgeworfen der große Drache, die alte Schlange, die da heißt der Teufel und Satanas, der die ganze Welt verführet.«
7 Unverfehrt 1994, S. 135; Hamann 1913, S. 321; Ausst.-Kat. Hamburg 1987, S. 84.
8 Ausst.-Kat. Wolfsburg 1993, S. 17; vgl. von Erffa 1989, Bd. 1, S. 179.
9 Rotermund 1963, S. 9f.; Hamann 1913, S. 87f.
10 Unverfehrt 1994, S. 136.

48 Werkstatt der Patanazzi
Vase mit Moses und der Schlange, um 1630

Majolika, H 36 cm, H mit Deckel 42,5 cm, Dm 22,4 cm
HAUM, Inv. Nr. Maj 1076 (verzeichnet in Inv. H 33 (1771–1806))

Lit.: Lessmann 1979, S. 250, Nr. 283

Die Bezeichnung Majolika bezieht sich auf die iberische Herkunft dieser Art von Keramik,[1] die erst durch ihre Weiterentwicklung im Italien der Renaissance auch im deutschsprachigen Raum bekannt wurde. Charakteristisch ist die Blei-Zinn-Glasur mit der Scharffeuermalerei, deren Farben auf Basis von Metalloxiden ihre typische Leuchtkraft entwickeln. Für fürstliche Kunst- und Wunderkammern wurden speziell die Istoriato-Geschirre gesammelt,[2] mit ihren Themen aus der griechischen Mythologie und der Bibel.[3] Vorlagen hierfür lieferten neben Kupferstichen vor allem deutsche und französische Buchholzschnitte.[4] Als die Familie Patanazzi 1580 in Urbino[5] die letzte Fontana-Werkstatt übernahm, kamen wohl auch deren Vorlagen in ihren Besitz.[6] So arbeiteten beide Werkstätten nach Holzschnitten von Bernard Salomon und Pierre Eskrich, nach dessen Illustrationen in den »Figure de la biblia«[7] die Szenen der hier ausgestellten Vase entstanden.

Das eiförmige Gefäß mit eingezogenem Hals steht auf einem profilierten Fuß. Der Deckel ist glockenförmig und mit einem Knauf ausgestattet. Die durch Gelb, Blau und Ocker dominierte Bemalung bedeckt die gesamte Oberfläche der Vase. Mittels einer umlaufenden Landschaftsdarstellung sind die beiden alttestamentarischen Szenen verbunden: Aaron spricht zum Volk Israel (2. Mose 4,29–31) und der Stab Moses verwandelt sich in eine Schlange (2. Mose 4,1–5). Über einer Baumgruppe erscheint Gott in einem Kranz aus Flammen, Mose schreckt furchtsam vor der Schlange zurück. »Der HERR sprach zu ihm: Was hast du da in deiner Hand? Er sprach: Einen Stab. Der HERR sprach: Wirf ihn auf die Erde. Und er warf ihn auf die Erde; da ward er zur Schlange, und Mose floh vor ihr« (2. Mose 4,2f.). Diese Szene steht in einem direkten Zusammenhang mit dem nachfolgenden Schlangenwunder, welches sich ereignet, als Mose und Aaron vor dem Pharao erscheinen: »Und Aaron warf seinen Stab hin vor dem Pharao und vor seinen Großen, und er ward zur Schlange. Da ließ der Pharao die Weisen und Zauberer rufen, und die ägyptischen Zauberer taten ebenso mit ihren Künsten: Ein jeder warf seinen Stab hin, da wurden Schlangen daraus; aber Aarons Stab verschlang ihre Stäbe« (2. Mose 7,10–12). Die kluge, gottgesandte Schlange erkennt die Lügen und vernichtet daraufhin die falschen Propheten und Ungläubigen.[8] Vom Mittelalter bis zum Barock wird diese Szene als Präfiguration für den Sieg des Kreuzes Christi über die Juden interpretiert. Hintergrund des Wunders bildet die Praxis ägyptischer Zauberer, welche die ägyptische Kobra (Uräusschlange; vgl. Kat. Nr. 1) für ihre Beschwörungen benutzten. Sie versetzten die Schlange durch Druck auf Nacken und Kopf in eine Art Starrkrampf, wodurch sie diese wie einen Stock hin- und herschwingen konnten. Durch Lockerung des Griffes löste sich die Starre der Schlangen wieder.[9] Auch beim sogenannten Quellwunder, bei dem Mose mit seinem Stab Wasser aus einem Felsen schlägt (2. Mose 17,5f.), lässt sich eine Verbindung zwischen Stab und Schlange ziehen. In antiker griechischer Vorstellung waren es chthonische Wesen in Schlangengestalt, die Quellen aus Erdspalten und Felsen hervorbrechen lassen konnten.[10]

IH

1 Zu den verschiedenen Theorien vgl. Richter 2006, S. 9.
2 Siehe Kat. Nr. 38, Anm. 1.
3 Vgl. Richter 2006, S. 9f.
4 Leonhardt 1920, S. 252.
5 Das Herzogtum Urbino spielte besonders bei den Istoriato-Dekoren eine führende Rolle. Vgl. Ausst.-Kat. Dresden 2006, S. 119.
6 Zu den Vorlagen der Fontana-Werkstatt Leonhardt 1920, S. 365–372.
7 »Figure de la biblia illustrate da stanze tuscane da Gabriele Symeoni«, Lyon, Guillaume de Roville, 1564. Eskrich kopierte sehr oft Salomons Illustrationen, so dass diese bei ihm spiegelbildlich erscheinen (Baron 2004). Vgl. hierzu auch den Majolika-Teller aus den Sammlungen des Herzog Anton Ulrich-Museums (Inv. Nr. Maj 325, Lessmann 1979, Nr. 439, S. 320). Bei diesem stammt die Vorlage aus Bernard Salomons »Figure del vecchio testamento«, Lyon, Jean de Tournes, 1554. Dieser Teller zeigt die Szene mit Moses Schlangenstab. Auf der Vase ist sie seitenverkehrt abgebildet.
8 Vgl. zu Drachen als Symbol der falschen Propheten Canby 1997, S. 57.
9 Vgl. hierzu auch die Etymologie von Stab: althochdeutsch *stabīn* (starr, steif sein bzw. werden) und *gistabīn* (erstarren), litauisch *stābas* (Pfosten, Säule, Götzenbild).
10 Vgl. Küster 1913, S. 154.

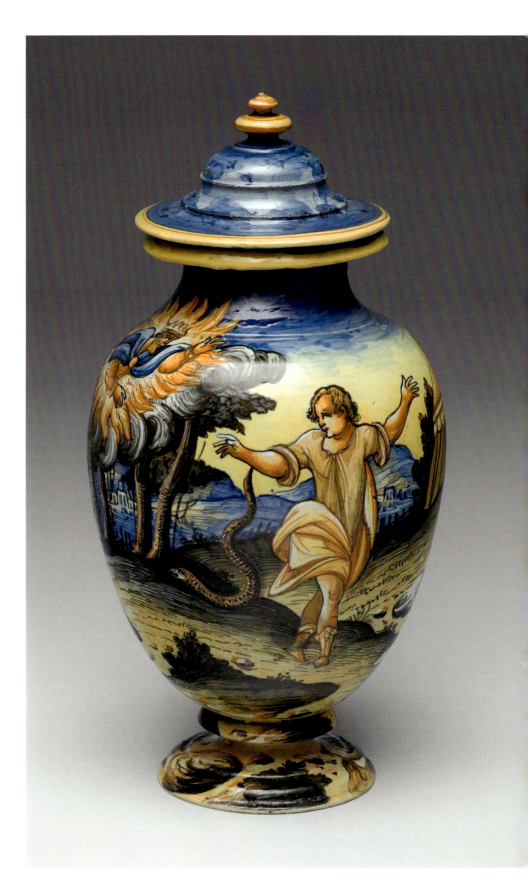

49 Maerten van Heemskerck (1498–1574), Kopie
Aufrichtung der Ehernen Schlange

Schwarze Kreide, Ölkreide
32,1 cm × 21,9 cm
HAUM, Inv. Nr. Z 1029

Lit.: Kerrich 1829, S. 17f.; Preibisz 1911, S. 72, Nr. 19, S. 100; Harrison 1993, Bd. 2, S. 699–709

Darstellungen der Ehernen Schlange finden sich im Werk des Haarlemer Malers und Zeichners Maerten van Heemskerck mehrfach. Die Zeichnung ist eine Kopie des gleichnamigen Gemäldes, welches Heemskerck 1551 in Delft ausführte.[1]

Im Alten Testament wird berichtet, dass Mose die Eherne Schlange während der Wanderung des Volkes Israel in das verheißene Land auf Weisung Gottes errichtete, um es vor den Bissen brennender Schlangen zu retten (4. Mose 21,6–9). Diese hatte Gott ausgesandt, um die klagenden Menschen zu bestrafen, die nicht auf ihn vertraut hatten. Nachdem das Volk diese Sünde erkannt hatte, bat es Mose um Hilfe. Er erhielt von Gott die Weisung, das eherne Abbild einer Schlange zu errichten. Wer nun von einer Schlange gebissen wurde und die Eherne Schlange ansah, wurde gerettet.

Im vorliegenden Blatt dominiert die Schilderung mehrerer nackter, verwundeter Leiber, hinter denen die Darstellung der Ehernen Schlange zurücktritt.[2] Diese umschlingt ein aufgerichtetes Gabelholz, das in der Mitte des Geländes positioniert ist. Im Hintergrund wird das Lager des Volkes Israel angedeutet. Links neben der Ehernen Schlange stehen Mose und sein Halbbruder Aaron. Mose verweist mit seiner Rechten auf die Schlange. Im Vordergrund werden drei männliche Gestalten von mehreren Schlangen angegriffen und ringen heftig mit ihnen. Während vorn ein bärtiger Mann mit weit ausgebreiteten Armen um Hilfe fleht, wenden sich hinter ihm mehrere Personen der Ehernen Schlange zu, um von den tödlichen Schlangenbissen geheilt zu werden. Besonders auffällig ist die bewegte Haltung des Figurenpaares in der Bildmitte, welches prominent in das Bildgeschehen involviert ist. Im Zusammenhang mit den drei Gestalten im Vordergrund, deren raumgreifende Bewegungen auf das Formvokabular der Laokoongruppe zurückgehen,[3] wird deutlich, dass es sich bei den dargestellten Figuren, mit Ausnahme von Mose und Aaron, in erster Linie um Bewegungsstudien handelt.

In der Bibelexegese gilt die Schlange, vor allem im Kontext mit der Paradiesesschlange, als Prinzip des Bösen und Symbol für Tod, Verderben und Verrat. Sie dient daher mehrfach als ein Strafwerkzeug Gottes, doch vermag sie auch Gottes schützende Kraft anschaulich zu machen. Im Topos der Ehernen Schlange verbinden sich diese Pole. Durch sie werden die ausgesandten brennenden und todbringenden Schlangen unschädlich gemacht. Daher scheint die Eherne Schlange aufgrund ihrer heilbringenden Eigenschaften der christlichen Auffassung von der Schlange als Teufel zu widersprechen. Nicht nur erinnern ihre Form und Funktion stark an den Schlangenstab des Heilsgottes Äskulap (vgl. Kat. Nr. 27), die Eherne Schlange wird außerdem als typologische Präfiguration der Kreuzigung Christi begriffen, da ihre Erhebung mit der Erhöhung Christi am Kreuz vergleichbar ist.

MH

1 Heute im Frans-Hals-Museum in Haarlem. Diesem Gemälde ging 1549 eine Grisaille gleichen Themas voraus, die auf den Außenseiten des St. Petersburger »Triptychons mit der Kreuzigung« dargestellt war (Grosshans 1980, S. 202f.). Bereits 1539 entstand eine Radierung mit einer Aufrichtung der Ehernen Schlange, für die eine Zeichnung Heemskercks als Vorlage diente (vgl. Harrison 1993, S. 700).
2 Dieser Darstellungstypus nimmt mit Michelangelo seinen Ausgang in der italienischen Renaissancemalerei.
3 Vgl. Grosshans 1980, S. 202; Harrison 1993, S. 704.

50 Albrecht Dürer (1471–1528)
Die Kupferstichpassion: Christus in der Vorhölle, 1512

Kupferstich, 11,5 cm × 7,4 cm
HAUM, Inv. Nr. 4257, A. Dürer AB 3.30

Lit.: Bartsch 16; Meder 16; Wiesenhütter 1935, S. 14, Abb. S. 41; Tietze/Tietze-Conrat 1937, S. 86, Nr. 542; Waetzoldt 1941, S. 18; Ulrich 1958, Nr. 14; Ausst.-Kat. Boston 1971, S. 128–137, Kat. Nr. 107, S. 135; Ausst.-Kat. Nürnberg 1971, S. 333–335, Kat. Nr. 604[14], S. 334; Schoch/Mende/Scherbaum 2001–2004 (mit Lit.), S. 125–129, Kat. Nr. 58, S. 148f.

Nach der Kreuzigung ist Christus, hier durch den Kreuzstab und die Strahlenaureole als Triumphator gekennzeichnet, in die Vorhölle hinabgestiegen, um dort die Stammeltern Adam und Eva sowie die Gerechten zu befreien.[1] Die nicht menschlichen Lebewesen dieser Sphäre sind von vornherein als böse und durchweg negativ charakterisiert, denn in der Hölle gibt es nur Teufel und ähnliche Wesen, sieht man von den Verdammten und Sündern ab.[2]

Adam und Eva sowie Mose mit den Gesetzestafeln befinden sich jenseits des Zuganges, während Christus gerade dabei ist, den mit einem Fell bekleideten Johannes den Täufer[3] aus den Tiefen zu ziehen. Am linken unteren Rand drängen sich zwei weitere Menschen heraus. Allerdings werden sie offensichtlich durch die Last des aus den Angeln geschleuderten hölzernen Höllentores zurückgehalten. Direkt dahinter lauert ein Höllenwächter, der über das Eindringen Jesu sichtlich erbost ist. Sieht man auch nur einen Bruchteil des Kopfes, so kann man sich dennoch die abschreckende äußere Gestalt bildhaft vorstellen. Denn sein eindringliches und fixierendes Auge wirkt wie eine Fokussierung des Bösen.

Der direkt über Christus auf dem steinernen Türbogen hockende, eher tierähnliche als teufelsartige Wächter stellt ebenfalls keine Bedrohung für Jesus dar. Seine mit einem riesigen Widerhaken verstärkte, speerartige Waffe zeigt direkt auf Adam. Sein echsenförmiger, aber dennoch mit borstigem Fell besetzter Körper schmiegt sich an den Türbogen an.

Die Kennzeichnung der Höllenwächter als Drachen bzw. als drachenähnliche Mischwesen ist der mittelalterlichen Vorstellung geschuldet, wonach sie als Werkzeuge des Teufels auftreten, aber auch den Teufel selber verkörpern können.

AR

1 Die Thematik der Höllenfahrt Christi wird in den Evangelien nicht erwähnt. Sie taucht erst in den Apokryphen auf, wo sie insbesondere in den »Meditationes Vitae Christi« des Pseudo-Bonaventura (Kap. 85) und der »Vita Christi« Ludolphs des Kartäusers (Kap. 68) beschrieben wird. Vgl. Schoch/Mende/Scherbaum 2001–2004, S. 148.
2 Vgl. Schoch/Mende/Scherbaum 2001–2004, S. 148.
3 Vgl. zur Deutung dieser Gestalt Tietze/Tietze-Conrat 1937, S. 86.

51 Albrecht Dürer (1471–1528)
Die Apokalypse: Das Sonnenweib und der siebenköpfige Drache, lat. Ausgabe, 1511

Holzschnitt, Blatt 40,4 cm × 29,0 cm,
Einf. 39,3 cm × 27,9 cm
HAUM, Inv. Nr. 4127, A. Dürer V. 3.106

Lit.: Bartsch 71; Meder 173; Thausing 1876, S. 194f.; Schmidt 1939, S. 262, Abb. 2; Körte 1948, S. 10, Abb. 11; Chadraba 1964, S. 132–134; Ausst.-Kat. Boston 1971, Kat. Nr. 40, S. 53; Panofsky 1977, S. 68–79, Abb. 291; Ausst.-Kat. Nürnberg 1978, Kat. Nr. 63/64, S. 74f.; Ausst.-Kat. Nürnberg 1986, Kat. Nr. 108, S. 272–274; Perrig 1987, S. 13, Abb. 13–15; Döring 1994, Abb. 12; Schoch/Mende/Scherbaum 2001–2004 (mit Lit.), S. 59–104, Kat. Nr. 121, S. 92–94

Die zuerst 1498 sowohl in lateinischer als auch in deutscher Fassung publizierte Holzschnittfolge zur Offenbarung des Johannes machte den noch jungen Albrecht Dürer mit einem Schlag berühmt. Das Besondere an seinem Buch ist die extreme Verdichtung der vormals in über 50 Darstellungen erzählten Visionen auf nur 15 Holzschnitte.

Das vorliegende Blatt behandelt gleichzeitig die Erscheinung des Sonnenweibes, »mit der Sonne bekleidet, und der Mond unter ihren Füßen und auf ihrem Haupt eine Krone mit zwölf goldenen Sternen«,[1] die Geburt und Rettung ihres Sohnes[2] sowie ihre Bedrohung durch den Drachen, »der hatte sieben Häupter und zehn Hörner und auf seinen Häuptern sieben Kronen«.[3] Dürer verdichtet die Geschehnisse in diesem Holzschnitt zusätzlich, da er auch das Erdendasein des mit den Adlerflügeln[4] ausgestatteten Weibes und ihre erneute Bedrohung durch den Drachen[5] zeigt.

Den in der Abfolge der Apokalypse dazwischenliegenden Michaelskampf[6] zeigt Dürer erst im folgenden Blatt.

Durch diese Umstellung und auch die Komposition des Blattes betont Dürer die vom Drachen ausgehende Bedrohung. Der Drache nimmt die Hälfte der diagonal angelegten Bildfläche ein.

Der schlangenartige Schwanz des Ungeheuers fegt »den dritten Teil der Sterne des Himmels hinweg«[7] und einer der sieben Köpfe speit aus dem »Munde ein Wasser wie einen Strom«[8]. Auf den ersten Blick folgt Dürer damit der visionären Beschreibung des Wesens,[9] doch bei genauer Betrachtung zeigen sich Nuancen, die eine Darstellung des erdverbundenen Urbösen und die von ihm ausgehende Bedrohung beinhalten. Die kleinen, herabhängenden, ledernen Flügel verweisen auf den Ursprung des Wesens, seine Bindung an die Erde. Seine Häupter sitzen auf schlangenartigen Hälsen, welche wiederum seinem massigen Körper entspringen. Es bewegt sich mit riesigen, krallenbesetzten Pranken vorwärts. Aber auch das schuppige Fell an den Kopfansätzen, die gehörnten Köpfe und deren lauernde Haltung verstärken das Gefühl von Bedrohung.

AR

1 Apk. 12,1.
2 Apk. 12,5.
3 Apk. 12,3.
4 Apk. 12,14.
5 Apk. 12,12–17.
6 Apk. 12,7–9.
7 Apk. 12,4.
8 Apk. 12,15. Den Abschluss der Diagonale und zudem das positive Gegenüber des Sternenraubs bildet der Wasserlauf in der unteren linken Ecke. Denn »die Erde half dem Weibe und tat ihren Mund auf und verschlang den Strom, den der Drache aus seinem Munde schoss« (Apk. 12,17).
9 Apk. 12,3: »ein großer, roter Drache, der hatte sieben Häupter und zehn Hörner und auf seinen Häuptern sieben Kronen.«

52 Jan Claudius de Cock (1667–1735)
Maria erlöst die Welt von der Sünde

Rötel und Feder in Braun, braun laviert,
34,7 cm × 21,5 cm
HAUM, Inv. Nr. Z 1337

Die Zeichnung zeigt Maria als Siegerin über die Schlange und knüpft so thematisch an die Darstellungen und Bedeutungen der Immaculata Conceptio, der unbefleckten Empfängnis, an.

Maria tritt hier als Überwinderin von Sünde und Tod und somit als Antithese zu Eva auf. So ist Eva genau gegenüber von Maria hinter der Weltkugel angeordnet. Die Darstellung der vom Schwanz der Schlange besetzten Weltkugel kann als Symbol für die sündige Welt gelesen werden. Während Maria auf der Schlange kniet und sogar noch ihren linken Fuß auf deren Haupt setzt, ist Adam durch die Schlange an die Weltkugel gefesselt. Auch die direkte Verknüpfung mit der Schlange, der Weltkugel und dem mittig davor platzierten, ebenfalls umschlungenen Totenschädel verweist möglicherweise auf den Aufenthalt in der Vorhölle, sicher aber auf die vom ersten Menschenpaar begangene Sünde. Das Symbol dafür findet sich noch im Maul der Schlange – der Apfel, samt Stiel und Blatt, als wäre er gerade erst vom Baum der Erkenntnis gepflückt.

Die geistliche Grundstimmung des Blattes ist aber dennoch sehr positiv. Die Schlange ist besiegt, und Maria hebt den Jesusknaben gen Himmel Richtung Gottvater. Sie gibt ihren Sohn für die Erlösung der Menschheit hin und Gottvater empfängt das Kreuz.

Der flämische, zeitlebens in Antwerpen lebende Künstler Jan Claudius de Cock ist vor allem für seine Skulpturen im Geschmack des Barockklassizismus bekannt (vgl. Kat. Nr. 25).[1] Daneben war er ein äußerst produktiver Zeichner.[2]

Die Mehrzahl der überlieferten Zeichnungen – von denen ein großes Konvolut im Kupferstichkabinett des Herzog Anton Ulrich-Museums bewahrt wird – sind Entwürfe für Skulpturen und Reliefs.[3] Kleinformatige Zeichnungen hingegen dienten als Vorlagen für druckgraphische Illustrationen. Die Funktion der hier besprochenen Zeichnung ist bisher ungeklärt.

AR

1 Vgl. Kramm 1857–1859, Bd. 2, S. 248, 899; Peeters 1947; Lawrence 1986; viele Hinweise in Liggeren 1872, AKL, Bd. 20, S. 71f. und Dict. of Art, Bd. 7, S. 500f.
2 Auf seine Zeichnungen und Stiche gehen genauer ein Bussers 1991, S. 331–342; Nys 1995, S. 155–189.
3 De Cock ist ab 1688/89 als Meister geführt und nimmt ab 1697/98 zahlreiche Lehrlinge zur Unterrichtung im Modellieren und Zeichnen an. Vgl. AKL, Bd. 20, S. 71f.

53 Albrecht Dürer (1471–1528)
Die Apokalypse: Das Babylonische Weib, der Engel mit dem Mühlstein, lat. Ausgabe, 1511

Holzschnitt, Blatt 40,4 cm × 29,0 cm, Einf. 39,5 cm × 28,0 cm
HAUM, Inv. Nr. 4129, A. Dürer V 3.108

Lit.: Bartsch 73; Meder 177; Thausing 1876, S. 188f., S. 197; Schmidt 1939, S. 265, Abb. 6; Körte 1948, S. 12, Abb. 13; Chadraba 1964, S. 43–50, S. 111; Ausst.-Kat. Boston 1971, S. 38–54, Kat. Nr. 45, S. 54; Panofsky 1977, S. 68–79, Abb. 293; Ausst.-Kat. Nürnberg 1986, Kat. Nr. 108, S. 272–274; Perrig 1987, S. 20–22, Abb. 16; Döring 1994, Abb. 16; Schoch/Mende/Scherbaum 2001–2004 (mit Lit.), S. 59–104, Kat. Nr. 125, S. 101–103; Ausst.-Kat. Wien 2003, Kat. 49, S. 219–224

Bei dem Blatt XIII, das die Babylonische Hure zeigt, handelt es sich wohl um einen der ersten realisierten Holzschnitte der Folge. Gezeigt ist sowohl das Auftreten der Babylonischen Hure,[1] der Engel mit dem Mühlstein,[2] die Zerstörung Babylons[3] (im Hintergrund), als auch das des Himmlischen Heeres mit dem Ritter Treu und Wahrhaftig.[4] Anders als bei Blatt IX, dem Apokalyptischen Sonnenweib, sind die einzelnen Referenzen hier nicht komplex miteinander verbunden, sondern additiv zu einem Ganzen zusammengesetzt. Durch die Vielzahl der attributiv abgebildeten Inhalte wirkt die Komposition übervoll, weist noch nicht die Klarheit späterer Blätter auf.

Der Drache ist sowohl durch seine Form als auch durch die Position in der rechten unteren Ecke mit den Drachendarstellungen der Blätter IX und XI verbunden. Sie werden so als ein und dasselbe Tier empfunden. Auf diesem Holzschnitt scheint der Drache aber erstmals an Autorität eingebüßt zu haben. Die Kronen, welche als Herrschaftsinsignien fungieren, fehlen,[5] auch ist die Physiognomie der Gesichter und die Haltung der Hälse eher defensiv abwartend zu deuten. Doch als herausragendstes Merkmal dieses Drachen sticht seine Unterordnung als Reittier der Babylonischen Hure hervor. Das verführerische Weib[6] sitzt majestätisch auf ihm, auf seinen Flügeln, zwingt ihn so zum gemächlichen Schreiten. Doch scheint es ihn nicht zu stören, denn die Vielzahl seiner Köpfe blickt ruhig, dem Blick der Hure folgend, in Richtung der Menschenmenge. Dass es sich dennoch um das vergegenständlichte Böse handelt, wird durch seine Herkunft aus den flammenden Tiefen, durch seine individualisierte Gestalt und durch seine kompositorische Verknüpfung mit den Drachengestalten der vorangegangenen Holzschnitte deutlich. Des Weiteren gibt bereits der Engel der Apokalypse den entscheidenden Hinweis, dass das Tier als Sinnbild des domitianischen Roms,[7] der christenfeindlichsten aller Städte zu sehen ist. In der Literatur wird meist angenommen, dass es sich bei der Darstellung ferner um ein Gleichnis zum päpstlichen Rom handle, da die Identifizierung der Babylonischen Hure mit dem zeitgenössischen Rom in der Dürerzeit geläufig war.[8]

Gleichwohl ist dieser vorletzte Holzschnitt der Dürer'schen Apokalypse hoffnungsvoll angelegt. Denn in der oberen Zone ist sowohl die Vorbereitung auf den Kampf als auch die Zerstörung der Stadt Babylon gezeigt. Das Himmlische Heer strömt zur entscheidenden Schlacht aus, die Schwertspitze des Ritters Treu und Wahrhaftig weist auf den Drachen und die Dirne, um das Böse zu besiegen.

AR

1 Apk. 17,1–3.
2 Apk. 18,21.
3 Apk. 16,19–21; Apk. 18,21.
4 Apk. 19,11–14.
5 Vgl. Holzschnitt IX, »Das Sonnenweib« und XI, »Das Tier aus dem Meer« und »Das Tier aus der Erde«. Allerdings sind diese auch im Text der Apokalypse nicht erwähnt. Vgl. Apk. 17,3.
6 Als Vorlage für die Babylonische Buhlerin ist eine Zeichnung einer jungen Venezianerin überliefert, heute in der Albertina in Wien, Inv. Nr. 3064 recto. Vgl. Ausst.-Kat. Wien 2003, Kat. Nr. 23, S. 164f.
7 Apk. 17,9.
8 Vgl. Schoch/Mende/Scherbaum 2001–2004, S. 103.

54 Aus dem Braunschweiger Skizzenbuch, fol. 1r
Bezähmung des Drachen

Deutsch, um 1400
Feder und Pinsel auf Pergament
16,4 cm × 13,3 cm
HAUM Inv. Nr. H 27, Nr. 63

Lit.: Neuwirth 1897, Taf. I oben, S. 16, 17, 24; von Heusinger 1992, Bd. 1, Taf. 1; von Heusinger 1997, Bd. 2, S. 262

Die »Bezähmung des Drachen«, eine Zeichnung mit Feder und Pinsel auf Pergament, eröffnet die Reihe der Zeichnungen im sogenannten Braunschweiger Skizzenbuch, einem mittelalterlichen Musterbuch. Das Blatt zeigt zwei nur mit einer kurzen Hose bekleidete Männer mit gelocktem Haar, die mit einem Drachen kämpfen. Thematisiert wird der zwar auf diese Art selten dargestellte, aber im christlichen Mittelalter durchaus geläufige Kampf gegen das Böse.[1] So ist ja das Böse in Form eines Drachen etwa aus der Legende des heiligen Georg oder als Teufel selbst aus der Legende von der heiligen Margaretha bekannt.[2]

Beide Männer ergreifen den geflügelten Drachen, der vom oberen Blattrand her kopfüber in das Bild hineinragt. Einer der beiden packt das Untier dabei am Hals, der andere greift ihn an Kopf und Maul, wobei ihn der Drache mit einem Gift- oder Feuerstrahl anfaucht.

Folgt man Christian von Heusingers Deutung der Zeichnung, erhält man durch eine gedachte Erweiterung des Drachen über den oberen Blattrand hinaus einen maximal 21 cm hohen und circa 14 cm breiten Buchstabenkörper h eines Antiqua-Minuskelalphabets. Für von Heusinger vereint das Blatt den Kampf zweier Männer in der Tradition romanischer Buchmalerei[3] mit der des Drachenkampfes im Buchstaben h.

Der Drachenkampf als figurierte Initiale taucht schon in der Buchmalerei des 12. Jahrhunderts auf.[4] Doch sowohl die Aktdarstellung als auch die Tatsache, dass Figurenalphabete ohne den rahmenden Buchstabenkörper erst im 15. Jahrhundert zu finden sind, weisen auf die spätere Entstehungszeit hin. So wäre das Blatt, wenn von Heusingers Deutung der Darstellung als ein Fragment eines unbekannten Antiqua-Minuskels richtig ist, erst in der Mitte des 15. Jahrhunderts entstanden.[5]

OR

1 von Heusinger 1997, Bd. 2, S. 262.
2 Vgl. hierzu Kat. Nrn. 59–63.
3 Vgl. Ausst.-Kat. Paris 1954, Taf. XX.
4 Vgl. Ausst.-Kat. Paris 1954, Taf. XVIII als Buchstabe h, Taf. XX als Buchstabe R.
5 von Heusinger 1997, Bd. 2, S. 262.

55 Roelant Savery (1576–1639)
Kampf zwischen Drache und Löwe

Dunkelbraune, hellbraune, rote und blaue Ölkreide, weiß gehöht, 23,2 cm × 31,5 cm
HAUM, Inv. Nr. Z 2569

Lit.: Erasmus 1911, Z. 28; Flechsig 1925, Nr. 69; Spicer-Durham 1979, PZ. 2, C 147 F 145, S. 573f.

Unter den zahlreichen Tierkampfszenen, die Roelant Savery seit 1610 ausführte, nimmt das vorliegende Blatt eine herausragende Stellung im Werk des niederländischen Malers ein. Savery ist der Begründer der Tiermalerei in den nördlichen Niederlanden.[1] Die Schilderung von Löwen zählt zu den häufigsten Motiven in den Tierdarstellungen Saverys, wohingegen das Thema der hier gezeigten Zeichnung in seinem Werk einzigartig ist.[2]

Dargestellt ist der raumgreifende Kampf eines Löwen mit einem Drachen, dem die Züge eines Greifen gegeben wurden. Mit seinem ganzen Gewicht greift der Drache den Löwen an und stützt seine Hinterläufe auf dessen mächtigen Körper, welcher seitlings am Boden liegt.

Der Löwe umgreift mit seiner linken, vorderen Pranke einen der Vorderläufe des Drachen und versucht, mit seinem kräftigen Maul in dessen Leib zu beißen. Das lebendig geschilderte Kräftespiel zwischen den Kontrahenten wird atmosphärisch von mehrfarbigen Lichtstrahlen begleitet, welche, vom linken oberen Bildrand ausgehend, durch dichte Wolken brechen und auf die mächtige Mähne des Löwen herabfallen. Diese realistische Schilderung kontrastiert mit der Phantastik des Themas und der Gestaltung des Drachen. Auf dem gewaltigen Löwenkörper des Drachen sitzt ein langer, geschuppter Hals, der formal im gewundenen Schwanz aufgegriffen wird.

Die Körperform und das schnabelartige Maul des Ungeheuers legen eine Verbindung zum Greifen nahe, der seit assyrischen Darstellungen als geflügeltes Mischwesen aus Löwe und Vogel vor Augen gestellt wird.[3]

Die Bedeutungen von Löwe und Greif sind nicht eindeutig bestimmt.[4] Sie können sowohl das Gute als auch das Böse vertreten. Beide können als Präfiguration der Auferstehung Christi verstanden,[5] aber auch wegen ihrer ungezähmten Wildheit und Stärke negativ gedeutet werden. Im Zusammenhang mit dem Kampf zwischen Löwe und Drache ist wohl der Deutung des Löwen als Macht des Guten der Vorrang zu geben, vielleicht sogar als Christus selbst, der gegen den Teufel zu Felde zieht.[6]

MH

1 Die reinen Tierbilder Saverys entstanden seit 1614. Eine Beschäftigung mit exotischen Tieren kann von 1617 bis 1630 angenommen werden (vgl. Buysschaert 1985, S. 51f.; Mülllenmeister 1988, S. 119f.).
2 Vgl. Spicer-Durham 1979, S. 573.
3 Saverys Drache begegnet dem Betrachter als eine Mischform aus Flügellöwe und Löwengreif (vgl. Mode 2005, S. 136f.).
4 Im Hinblick auf Drache und Greif hebt McConnell hervor, dass »der Vogel Greif unter dem Einfluss des Christentums niemals konsistent und mit effektiver Nachwirkung zum Symbol des Teuflischen geworden ist, wie dies dem Drachen geschah« (McConnell 1999, S. 284f.).
5 Dem »Physiologus« (2.–3. Jh. n.Chr.) folgend, schlafe der Löwe mit offenen Augen und erwecke seine totgeborenen Jungen nach drei Tagen durch Gebrüll zum Leben, während der Greif seit Isidor von Sevilla durch seine Doppelnatur als Sinnbild Christi, als König zwischen Himmel und Erde, aufgefasst werde (Schöpf 1991, S. 101). Wurde der Löwe stets als Verkörperung herrschaftlicher Macht und Würde verstanden, so treten in Bezug auf den Greifen deutlich Triumph- und Schutzmotive hervor. Löwen wie auch Greife gelten seit jeher als Symbole göttlicher Macht und Wachsamkeit, wodurch sich zugleich ihre Verbindung zur apotropäischen (unheilabwendenden) Symbolik erklärt (vgl. McConnell 1999, S. 268).
6 Vgl. auch Spicer-Durham 1979, S. 573.

56 Gaspard Duchange (1662–1757) nach Peter Paul Rubens (1577–1640)
Der im Himmel besiegelte Friede, 1709

Kupferstich, 44,5 cm × 33,8 cm
HAUM, Inv. Nr. nach Rubens AB 2.30

Literatur: Voorhelm-Schneevoogt 1873, Kat. Nr. 23, S. 220; Ausst.-Kat. Köln 1977, Kat. Nr. 137, S. 123; Ausst.-Kat. Aachen 1995, S. 62f.; Ausst.-Kat. Braunschweig 2004a, S. 176

Der Kupferstich ist Teil einer Folge, die im Auftrag des Duc d'Orléans[1] nach Zeichnungen des Malers Marc Nattier von den besten Kupferstechern Frankreichs[2] nach Rubens' Gemälden ausgeführt wurde. Duchange[3] publizierte sie 1710 mit dem Privileg des Königs. Duchange stach fünf Blätter, darunter auch das gezeigte. Die in den Stichen wiedergegebenen 21 Gemälde hatte Rubens um 1621–25 im Auftrag von Maria de' Medici, der Witwe des französischen Königs Heinrich IV., für das Palais du Luxembourg geschaffen (heute im Louvre).

Der hier dargestellte Sieg über die Hydra steht für den Friedensschluss zwischen Maria de' Medici und ihrem Sohn, dem zukünftigen König Frankreichs, Ludwig XIII. Dieses Ereignis wird bildlich zu einem Meilenstein im Leben der Regentin erhoben und entsprechend barocker Herrscherikonographie glorifiziert und im gesamten Zyklus nachvollzogen.

In der linken oberen Ecke stärkt die gute Fortuna, gekennzeichnet durch Steuerruder und Kugel, der kämpferisch angreifenden Fortitudo den Rücken. Letztere, in der linken Hand ein Bündel Blitze haltend, wendet sich nach rechts, um mit der Rechten dem fallenden Untier nachzusetzen. Zwar erkennt man weder an der Kämpferin noch am Tier Verletzungen, doch suggeriert der muskulöse, raubtierähnliche kräftig-vitale Körper des Ungeheuers, dass es sich keineswegs um einen schnellen Kampf gehandelt haben kann. Die Krallen sind noch gezückt, die Vorderläufe angespannt, die Hinterbeine scheinen zum Sprung bereit und auch die zwei dem Betrachter zugewandten Häupter drücken eher Angriffslust denn Opfermut aus. Rubens hat das Tier bewusst einer genauen Bestimmung entzogen. Als Kompositwesen aus abstoßenden Elementen zusammengesetzt, personifiziert es schlechthin das Böse.

Auf dem Felsen, an dem die fallende Hydra im nächsten Moment zerschmettert wird, ringelt sich ein Schlangendrachen, der einen letzten kleinen Feuerhauch nach oben entsendet. Sein Körper gleicht mit den Schuppen auf der Oberseite und den Rippen auf der unteren dem einer Schlange, doch ist er durch die lederartigen Flügelchen, das raubtierhafte Maul und die Ohren ebenfalls als Drache aufzufassen. In der linken unteren Ecke schließt ein Knäuel von Schlangen und Nattern die Sphäre des Bösen ab.

Rechts schweben über einer Landschaft Maria de' Medici und ihr Sohn nach oben. Fürsorglich legt Ludwig seine Hände auf die Schulter und unter den Arm der Mutter. Das innige Verhältnis von Mutter und Sohn spiegelt sich allegorisch in der Caritas-Gruppe im rechten Hintergrund.

Verschiedentlich wurde die Hydra als Personifizierung bestimmter politischer Feinde Marias gedeutet, zum Beispiel Heinrichs II. von Bourbon.[4] Der kleinere Drache hingegen wurde mit dem Connétable Luynes[5] verglichen, das Schlangenknäuel mit dem allgemeinen »Genatter« am Hof. Die letztere Bedrohung ist aber gerade im Vergleich zu den weit größeren Monstren und den politischen Gegnern eher harmlos. In diesem Sinne kann der Sieg über die Gegner und die glückliche Beseitigung der Zwietracht auch als Voraussetzung für die endlich vollzogene Versöhnung gesehen werden.

AR

Rubens pinxit. J. M. Natier delineavit. Duchange sculp. 1709

La Paix confirmée dans le Ciel.

Pour marquer la droiture des intentions de leurs Majestez au sujet de la Paix, le Peintre suppose qu'elle a été principalement faite dans la vue de Dieu, et pour montrer qu'elle est approuvée dans le Ciel il y introduit Louis 13. qui descend au devant de la Reine sa mere, laquelle est sur les nuées d'ou sortent les Zephirs qui ne respirent qu'amour et bienveillance; Elle est accompagnée de la Charité et de l'Esperance. Sur le devant paroit le courage vetu de rouge qui combat et terrasse l'hidre de la rebellion.

A Paris chez Duchange Graveur du Roy rue S.t Jacques au dessus de la rue des Mathurins. Avec Privilege du Roy.

1 Der Duc d'Orléans war der damalige Besitzer des Palais du Luxembourg. Der Auftrag wurde 1702 erteilt, 1704 wurde das Projekt öffentlich angekündigt; vgl. Gramaccini/Meier 2003, S. 110.

2 Vgl. Ausst.-Kat. Köln 1977, S. 115.

3 Duchange trug den Titel Graveur du Roy und war Mitglied der Académie Royale de Peinture et de Sculpture. Vgl. Dict. of Art, Bd. 9, S. 362: »[...] according to Claude-Henri Watelet he was one of the printmakers who were able to produce the softest effects in engraving and who knew how best to suggest the velvety texture of a woman's skin; in this domain he was often imitated but never equalled.«

4 Vgl. Millen/Wolf 1989, S. 205–219, insbes. S. 206f.

5 Vgl. Millen/Wolf 1989, S. 205f.

57 Franz (Johann Heinrich) Nadorp (1794–1876)
Zug der Liebenden mit Francesca und Paolo, 1835

Aquarell und Feder in Grau,
über Bleistiftvorzeichnung, auf festem Karton, 53,3 cm × 45 cm
HAUM, Inv. Nr. ZL 96/7349 (Inventarbuch Bernhard Hausmann Nr. 129), Dauerleihgabe aus Privatbesitz

Lit.: Gatenbröcker 2005, S. 149–151

Dante berichtet in der »Göttlichen Komödie« im fünften Gesang des Inferno von den Wollüstigen, den *peccator carnali*, die der Versuchung der Fleischeslust erlegen sind und die die Vernunft ihren sexuellen Neigungen unterworfen haben. Der Gesang beginnt mit einer Schilderung der antiken, von Dante als dämonischer Höllenwächter charakterisierten Richtergestalt des Minos. Er nimmt die Beichten der Seelen entgegen und teilt ihnen mit den Windungen seines Schweifes die ihnen bestimmten Höllenstufen zu. Danach treffen Dante und Vergil auf den großen Kreis der Liebessünder, der sich ihnen zunächst als ewiger nächtlicher Wirbelsturm, einem Schwarm von Staren gleich, präsentiert. Aus dieser großen Gruppe lösen sich zwei Gestalten heraus, die sich als Paolo und Francesca zu erkennen geben. Es handelt sich um Paolo da Rimini, der mit der Gattin seines Bruders Gianciotto, Francesca da Polenta, Ehebruch beging. Gianciotto beobachtete das Paar und ermordete es anschließend. Dante zeigt sich von der Schilderung des Schicksals der beiden so beeindruckt, dass er von Mitleid überwältigt in Ohnmacht sinkt. Die schon die Zeitgenossen Dantes bewegende Geschichte von Paolo und Francesca ist zu einer der berühmtesten Episoden der »Divina Commedia« geworden.

Nadorp zeigt sie in seinem großformatigen kolorierten Blatt als einen langen eindrucksvollen Zug fliegender Verdammter, der sich durch die Hölle windet. Angeführt wird er von Paolo und Francesca, die dem Betrachter entgegenschweben. In Verzweiflung und Scham verdeckt Paolo sein Gesicht mit der Rechten. Francesca dagegen wendet sich zu dem rechts im Bild auf einer steilen Felsformation stehenden Beobachterpaar Dante und Vergil um, um auf das an ihrem Schicksal gezeigte Interesse zu reagieren. Das Paar wird von einem Teufelswesen bedrängt, das von einer zischenden Schlange begleitet wird.[1] Seinen Ausgang nimmt der Zug in der oberen linken Ecke des Blattes, wo der Höllenwächter Minos seines Amtes waltet, flankiert von einer bei Dante nicht erwähnten Figur der himmlischen Gerechtigkeit. Der am unteren Rand der Zeichnung im italienischen Original beigegebene Vers zitiert den berühmten Ausspruch der Francesca: »Es gibt kein größeres Leid, als sich im Elend an glückliche Zeiten zu erinnern.«[2]

Die sich in der Zeichnung mehrfach um Gliedmaßen der Verdammten windenden Schlangen werden im fünften Canto nicht erwähnt. Sie erinnern an eine weitere Schilderung dantesker Höllenqualen: Im 24. Gesang des Inferno erleiden die Diebe ihre Strafe, indem sie von Schlangen verfolgt und gebissen werden, zu Asche zerfallen und sich im Anschluss selbst in Schlangen verwandeln. Dante befolgt hier erneut das Prinzip des *contrappasso*, des auf die Art und Schwere des Verbrechens abgestimmten Strafmaßes: Diebe sind in der mittelalterlichen Vorstellung wie Schlangen immer auf Verborgenheit und schleichende List aus, deshalb werden sie in alle Ewigkeit von Schlangen gequält. Bei Nadorp erscheinen sie dagegen in allgemeinerer Bedeutung als Kennzeichnung der Hölle als einem schrecklichen Ort, aus dem es wegen der dreifachen Bewachung durch Minos, Teufel und Schlangenbrut kein Entrinnen gibt.

Das Blatt ist Teil der umfangreichen Zeichnungssammlung »Andenken meiner Zeitgenossen« des Hannoveraner Mäzenaten und Sammlers Bernhard Hausmann und wurde 1835 von seinem Sohn in Rom angekauft. Der aus Westfalen stammende Nadorp war dort seit 1828 ansässig und versuchte sich als Historienmaler. Erfolgreicher war er als Bildnismaler. Aus einem Brief eines Künstlerfreundes geht hervor, dass Nadorp intensiv an einem Dante-»Cyclus« arbeitete, ohne dass sich jedoch bisher ermitteln ließ, welcher Art dieser Zyklus sein sollte.[3]

GB

1 Nadorp hat sich bei der Darstellung des Teufels an Peter Paul Rubens' Gemälden des Engelsturzes und des Apokalyptisches Weibes, beide Alte Pinakothek München (Inv. Nrn. 306 und 891), orientiert. Bei der Darstellung des Zuges der Verdammten zitiert er Rubens' »Jüngstes Gericht« (ebd., Inv. Nr. 890, 611); vgl. Gatenbröcker 2005, S. 151.
2 Mittig, mit Bleistift: »Ed ella a me: nessun maggior dolore / che ricordarsi del tempo felice / nella miseria – dell Inferno Canto V. Dante«.
3 Gatenbröcker 2005, S. 151.

58 a Jacob Matham (1571–1631) nach Goltzius
Prudentia, 1593

58 b Jacob Matham (1571–1631) nach Goltzius
Invidia, 1593

58 a
Kupferstich, 32 cm × 16,5 cm,
Blatt 33 cm × 18,5 cm
HAUM, Inv. Nr. AB 3.39

Lit.: Bartsch 129, Dutch Hollstein XI 229, 263–269; Filedt Kok 1991/92, Nr. 99, S. 183–185, S. 213; Widerkehr 1991/92, S. 226f.; Ausst.-Kat. Stuttgart 1997, Kat. Nr. 1.4, S. 28–30 (Brakensiek)

58 b
Kupferstich, 32 cm × 16,5 cm,
Blatt 33 cm × 18,5 cm
HAUM, Inv. Nr. AB 3.40

Lit.: Bartsch 136; Dutch Hollstein XI 230, 277–283; Filedt Kok 1991/92, Nr. 99, S. 183–185, S. 213; Widerkehr 1991/92, S. 226f.; Blöcker 1993, Nr. 130b, S. 226f., S. 364f.; Ausst.-Kat. Stuttgart 1997, Kat. Nr. 2.4, S. 30–32 (Brakensiek)

In der zweiten Hälfte des 16. Jahrhunderts erlebte die druckgraphische Produktion in den Niederlanden einen Höhepunkt und Haarlem etablierte sich neben Antwerpen als zweites Zentrum.[1] Diesen Aufschwung verdankte Haarlem vor allem Hendrick Goltzius.[2] Da Goltzius jedoch nach seiner Italienreise kaum noch selbst stach, setzte sein Stiefsohn und erster Lehrling Jacob Matham die Zeichnungen des Meisters[3] in Kupferstiche um. Sie entstammen zwei Serien von Tugenden und Lastern[4] mit jeweils sieben Einzelblättern.[5] Weibliche Personifikationen sind mit einem Attribut in einer Nische stehend dargestellt. Wappen mit Emblemen und ein Bildvers unterstützen zusätzlich die Deutung. Während die *subscriptio* (Unterschrift) typisch für diese Art der Serien ist, stellen die Wappenschilde mit der damit verbundenen Erweiterung des allegorischen Konzeptes »eine für das 16. Jahrhundert überaus originelle Lösung« dar.[6]

Die illusionistische Nischenarchitektur, die den eingestellten Figuren einen skulpturalen Charakter verleiht, geht auf eine Grisaille-Fassadenmalerei des Polidoro da Caravaggio zurück. Diese hatte Goltzius in Rom kopiert.[7] Am maßvoll ponderierten, natürlichen Körperbau und an den ruhigen Bewegungen der allegorischen Figuren erkennt man Goltzius' Studium sowohl antiker Statuen als auch der Werke Raffaels und Michelangelos.[8]

Die Personifikation der Prudentia (Klugheit) hält in ihrer ausgestreckten linken Hand zwei sich windende Schlangen, die ihr seit dem Mittelalter als Attribut zugeordnet sind und auf Worte des Evangelisten Matthäus verweisen: »Seid klug wie die Schlangen« (Matth. 10,16). Die Wappen zeigen das Auge Gottes und ein Buch.

Die Schlange als Attribut der Invidia (Neid) geht dagegen auf antike Quellen (Ovid, »Metamorphosen«, II, 768f.)[9] zurück. Die ausgemergelte Frauengestalt hält Schlangen nicht nur in der Hand, sie trägt auch eine als Gürtel und ist mit Schlangenhaaren[10] ausgestattet. Eine weitere Schlange findet sich im linken Wappen, das andere zeigt einen Hund. »Mimik und Physiognomie der Invidia werden zum Spiegelbild ihrer selbstzerfleischenden Natur«,[11] die sich darin manifestiert, dass sie ihr eigenes Herz isst.

Das Beispiel der Prudentia und der Invidia zeigt den ambivalenten Charakter der Schlange. Da Attribute häufig mit mehrfacher Bedeutung aufgeladen sind, können sie in unterschiedlichen Zusammenhängen verschiedene Sinngehalte enthalten. So werden auch noch weitere Tugenden und Laster mit der Schlange als Attribut dargestellt.[12]

Allegorische Graphikserien dienten neben dem ästhetischen Genuss vor allem der Belehrung. Diese moralisierend-didaktische Funktion wird durch Bildverse[13] unterstützt, die in diesem Fall von dem Humanisten Franciscus Estius stammen.

58 a

58 b

149

58 c Prudentia, nach dem Stich von Matham

58 d Invidia, nach dem Stich von Matham

58 c
Feder in Braun, grau laviert,
32 cm × 19 cm
HAUM, Inv. Nr. ZWB VIII, 43

Lit: unveröffentlicht

58 d
Feder in Braun, grau laviert,
32,5 cm × 18,5 cm
HAUM, Inv. Nr. ZWB VIII, 36

Lit: unveröffentlicht

In der Regel wurden die Inschriften in lateinischer Sprache verfasst, die Stiche richteten sich also an ein gebildetes städtisches Publikum. Ebenso wurde aber auch ein internationaler Markt erschlossen.[14] In Graphikmappen gesammelt lieferten die Stiche außerdem Vorlagen für andere Künstler sowie für allegorische Triumphzüge.[15] Ein Zeugnis für die in dieser Zeit zu beobachtende große Beliebtheit solcher Darstellungen abstrakter Begriffe ist auch Cesare Ripas »Iconologia«, die 1593 als erstes ikonographisches Handbuch erschien.[16] Dass es später in Amsterdam zu einer Neuauflage von den zum Teil schon ausgedruckten Platten der beiden gezeigten Stichserien nach Goltzius kam,[17] zeugt ebenso von der großen Nachfrage wie die vielen Kopien, die von anderen Blättern aus der Goltzius-Werkstatt angefertigt wurden.[18] An den beiden gezeigten Zeichnungen, die nach Mathams Stichen entstanden, lässt sich deutlich sehen, dass diese an die Qualität der Originale meist nicht heranreichen. Ihnen fehlen die Tiefe und die Feinheit der Details. Die Inschriften wurden ebenso weggelassen wie bei der Prudentia die Wappen, wodurch diese weiteren Sinnebenen entfallen.

IH

1 Kaulbach 1997, S. 11.
2 Ausst.-Kat. München 2003, S. 3.
3 Goltzius' Zeichnungen: »Serie der Tugenden«, 1592, jeweils Feder mit brauner Tinte, braun laviert, weiß gehöht auf bräunlichem Papier, 32,2 cm × 16,6 cm, Kopenhagen, Statens Museum for Kunst, Den Kongelige Kobberstiksamling, Inv. Nr. 7314, vgl. hierzu Reznicek 1961, Bd. 1, S. 98, 263–266, Bd. 2, K 82–88, Taf. 214–220. Die Zeichnungen zur »Serie der Laster« gelten als verschollen.
4 Bereits in der griechischen Philosophie (Plato, Aristoteles) spielen die weltlichen Tugenden Justitia (Gerechtigkeit), Temperantia (Mäßigung), Prudentia (Klugheit) und Fortitudo (Tapferkeit) eine Rolle. Diesen sogenannten Kardinaltugenden fügte Papst Gregor der Große (590–604) nach Paulus (1 Kor. 13,13) die christlichen Tugenden Fides (Glaube), Spes (Hoffnung) und Caritas (Liebe) hinzu. Ihnen wird häufig eine Siebenzahl der Laster gegenübergestellt: Superbia (Hochmut), Ira (Zorn), Invidia (Neid), Avaritia (Geiz), Libido (Unzucht), Gula (Völlerei) und Acedia (Trägheit des Herzens). LDK, Bd. 7, S. 443–445.
5 Im Kupferstichkabinett des Herzog Anton Ulrich-Museums sind beide Serien komplett vorhanden.
6 Ausst.-Kat. Stuttgart 1997, S. 27.
7 Vgl. Reznicek 1961, S. 89 und Ausst.-Kat. Hamburg 2002, S. 122.
8 Zu Goltzius' grundlegendem Stilwechsel nach dessen Italienreise vgl. ausführlich Stolzenburg 2002. Goltzius schuf, einer allgemeinen Entwicklung entsprechend, »eine an der Kunst der Renaissance geschulte Personifikation, eine ›manieristische‹ und eine ›alltägliche‹ Figur«. Kaulbach 1997, S. 16. Zu den weiteren Serien von Tugenden und Lastern vgl. Reznicek 1961, S. 264; Hirschmann 1914, S. 38–40.
9 Drinnen sieht sie die Mißgunst Vipernfleisch essen – das gibt ihrem Laster Nahrung.« Ovid, »Metamorphosen«, S. 115.
10 Diese Art der Invidia-Darstellung kommt in den letzten Jahrzehnten des 16. Jahrhunderts hinzu. Hier lässt sich eine Verbindung zur antiken Medusa ziehen. Vgl. Blöcker 1993, S. 77.
11 Blöcker 1993, S. 227.
12 Siehe Dittrich 2004, S. 445f.
13 Inschrift der Prudentia: »Die Klugheit prüft mit wacher Sorge das Zukünftige, während sie sich zuvor Getanes ins Gedächtnis zurückruft, Gutes und Schlechtes überdenkend.« Inschrift der Invidia: »Nichts ist schlimmer als der Neid, noch bei irgendeiner Gelegenheit abstoßender, ein durch Schlechtigkeit verzehrendes Übel und ein unheilvolles Gift.« Übersetzung Ausst.-Kat. Stuttgart 1997, S. 30f.
14 Kaulbach 1997, S. 12.
15 »In den Niederlanden waren verschiedene Formen öffentlicher allegorischer Darbietungen ausgeprägt, die zur allgemeinen Verständlichkeit der Themen, Figuren und der Allegorie insgesamt beträchtlich beigetragen haben.« Kaulbach 1997, S. 15.
16 Ausst.-Kat. Stuttgart 1997, S. 9.
17 Kaulbach 1997, S. 12; Filedt Kok 1991/2, S. 196, 200.
18 Magnaguagno-Korazija 1983, S. 18.

58 c

58 d

151

59 Ottmar Elliger d. Ä. (1633–1679)
Hl. Georg, 1658

Kupfer, 27,9 cm × 23,6 cm
HAUM Inv. Nr. 451

Lit.: Lichtwark 1898, Bd. 1, S. 123; Ausst.-Kat. Braunschweig 1977, Nr. 26; Clough 1987, S. 287, in: Hamoud/Strocchi 1987; Ausst.-Kat. Braunschweig 1988, Nr. 4; Jacoby 1989, Nr. 451, S. 108f.

Der heilige Georg Ottmar Elligers d. Ä. ist eine aufgrund des veränderten Hintergrundes vom Vorbild leicht abweichende Kopie nach einem Gemälde Raffaels, welches sich heute in der National Gallery of Art, Washington, befindet.[1] Das Werk zeigt einen auf einem weißen Pferd reitenden, voll gerüsteten Ritter, der einem sich am Boden unter dem aufbäumenden Pferd windenden Drachen seine Lanze in den Leib stößt. Links im Hintergrund erscheint eine den Kampf beobachtende Frau, welche von einem Strahlenkranz umgeben ist.

Dargestellt ist der Kampf des heiligen Georg mit dem Drachen. Der »Legenda Aurea« des Jacobus de Voragine[2] zufolge haust in einem See vor der Stadt Silena in Lybia ein Ungeheuer, das die Stadt mit seinem Gifthauch verpestet. Täglich müssen dem Untier zwei Lämmer geopfert werden, um es zu besänftigen. Doch als es im Land kaum noch Lämmer gibt, werden nach dem Los die Söhne und Töchter der Bewohner von Silena geopfert. Als das Los auf die Tochter des Königs fällt, macht auch sie sich auf den Weg, um sich zu ergeben. Sie begegnet dabei Georg, der ihr seine Hilfe verspricht. Als der Drache erscheint, bekreuzigt sich Georg und durchbohrt das Untier mit seiner Lanze, so dass es zu Boden stürzt. Der angeschlagene Drache wird in die Stadt geführt und Georg verspricht den erschrockenen Bewohnern Silenas, ihn zu töten, wenn sie sich zum Christentum bekehrten. Schließlich erschlägt Georg den Drachen und der König sowie seine Untertanen lassen sich taufen.

Die im Hintergrund des Drachenkampfs wiedergegebene Frau ist als Königstochter, aufgrund des Strahlenkranzes aber zugleich als heilige Margarethe zu deuten. Seit dem 14. Jahrhundert wurde in den Darstellungen zur Georgslegende häufig die Königstochter mit der Heiligen gleichgesetzt.[3]

Der heilige Georg steht in dieser Legende, wie auch im meisterhaften Werk Elligers, für die Vorstellung von der heldenhaften Bekämpfung und Befreiung aus der Gewalt des im Drachen verkörperten alten, bösen Glaubens durch ein neues, christliches Bewusstsein. Der Drache ist also auch in der Legende vom heiligen Georg ein böses Untier. Dessen Vernichtung führt zur Bekehrung der Heiden zum Christentum.

OR

1 National Gallery of Art, Inv. Nr. 26, Holz, 28,5 × 21,5 cm; vgl. Shapley 1979, S. 391–394; Jacoby 1989, Nr. 451.
2 Voragine beruft sich auf mehrere Legenden, wobei die hier erstmals aufgenommene Legende vom Drachenkampf die bekannteste, aber späteste, erst im 11. Jh. aufkommende ist.
3 LCI, Bd. 6, 1974, Sp. 379.

60 Eger (Böhmen)
Adam Eck (1604–1664) zugeschrieben

Hl. Georg, Fragment einer Brettspielkassette, Mitte 17. Jh.

Holz, Reliefintarsie, H 18,4 cm, B 18 cm
HAUM, Inv. Nr. Hol 84

Lit.: RDK, Bd. 4, s.v. Einlegearbeit, Sp. 1005, Abb. 7; Sturm 1961, S. 109; Voigt 1994, S. 34f., Voigt 1999, Nr. II.11, S. 303, Abb. 289; Ausst.-Kat. Braunschweig 2000, Nr. 316, S. 262

Die meisterhaft mit verschiedenfarbigen Hölzern ausgeführte Einlegearbeit aus Eger (heute Cheb, Tschechien), einer freien Reichsstadt in Böhmen, zeigt den heiligen Georg im Kampf mit dem die Stadt Silena in Lybia bedrohenden Drachen.[1] Diese sogenannte Reliefintarsie wird dem sicher bekanntesten Egerer Meister Adam Eck (1604–1664) zugeschrieben.[2] Aus der Hand Ecks stammen einige der künstlerisch wohl bedeutendsten Einlegearbeiten dieser Art.

Egerer Reliefintarsien wurden häufig zur Ausschmückung von Kabinettschränken, Brettspielen, Spiegelrahmen, Schatullen und Tischplatten verwendet.[3] Die ebenfalls mit Intarsien gearbeitete, einfach gehaltene Rückseite des Braunschweiger Stückes diente als die eine Hälfte eines Trictrac-Spielbretts. So ist davon auszugehen, dass die 2000 neu gerahmte[4] Arbeit ursprünglich zu einer heute verlorenen Brettspielkassette gehörte.[5]

Im 15. Jahrhundert hatten sich neben einfachen Spielbrettern auch Brettspielkassetten herausgebildet, die mehrere Spiele beinhalteten.[6] Ab dem 17. Jahrhundert nutzten Kunsthandwerker aus Eger eine der Außenflächen dieser Brettspielkassetten für die Anbringung kunstvoll gearbeiteter Reliefintarsienbilder.

Die Größe der Reliefintarsie des Braunschweiger Stücks beträgt 18 mal 18,5 Zentimeter, so dass von einer ungefähren Kassettengröße von 25 mal 25 Zentimeter ausgegangen werden darf.[7] Die Braunschweiger Brettspielkassette ist damit im Vergleich zu anderen Stücken dieser Art sehr klein.[8]

Hinsichtlich ihres kriegerischen Bildinhalts korrespondiert die Reliefintarsie mit der Funktion der Kassette zum Spiel bzw. zum Wettstreit.[9] Die Darstellung des heiligen Georg auf der Braunschweiger Arbeit beschränkt sich wohl auch deshalb auf den Kampf mit dem Drachen. Die häufig ebenfalls im Bild gezeigte Königstochter,[10] die dem Drachen geopfert werden soll, und die vom Drachen heimgesuchte Stadt Silena werden ausgespart.

Der Heilige, in voller Rüstung mit federgeschmücktem Helm auf seinem Pferd sitzend, durchbohrt den Kopf des Drachen mit seiner Lanze. Kompositorisch geht die Darstellung auf eine um 1570/80 in Süddeutschland entstandene Bleiplakette zurück, welche anscheinend auch als Vorlage für ein Egerer Brettspiel in der Dresdner Rüstkammer diente.[11]

OR

1 Zur Legende des heiligen Georg siehe auch Kat. Nr. 59.
2 Voigt 1999, S. 303; Ausst.-Kat. Braunschweig 2000, S. 262.
3 Voigt 1992, S. 162.
4 Konservierungs- und Restaurierungsprotokoll 2001.
5 Voigt 1999, S. 303; Ausst.-Kat. Braunschweig 2000, S. 262.
6 Voigt 1994, S. 33.
7 Voigt 1994, S. 35.
8 Voigt 1994, S. 34f.
9 Voigt 1994, S. 35; Voigt 1992, S. 164.
10 Vgl. hierzu Kat. Nr. 59.
11 Voigt 1999, S. 303; Ausst.-Kat. Braunschweig 2000, S. 26.

61 Niederdeutscher Meister
Zwei Tafeln mit den Heiligen Georg und Michael, um 1475

Tannenholz, je 71,2 cm × 22,5 cm
HAUM, Inv. Nr. GG 700

Lit.: Scherer 1911, S. 16; Klessmann 1976, S. 17; Marth 1997, S. 44

Bei den zwei deutschen, goldgrundigen Tafeln mit dem heiligen Georg und dem Erzengel Michael handelt es sich sicher um zwei Tafeln eines Flügelaltars, dessen innere Flügelseiten sie gebildet haben könnten.[1] Beide in der präzise konturierenden Malerei bemerkenswerten Tafeln sind schmal und von einer leuchtenden Farbigkeit. Sie wurden dem Herzog Anton Ulrich-Museum 1910 neben wenigen weiteren Gemälden, einigen kunstgewerblichen Arbeiten und einer großen Anzahl an graphischen Blättern und Handzeichnungen aus dem Nachlass des Kunstsammlers August Vasel übereignet.[2]

Der Erzengel Michael mit seinen großen, grünlich-türkis schimmernden Flügeln trägt eine prunkvolle goldene, mit Edelsteinen besetzte Rüstung und einen karminroten Umhang mit grünem Futter, welcher am Saum ebenfalls mit Edelsteinen verziert ist. Bei all dem Prunk der Rüstung stechen vor allem die goldenen, mit Edelsteinen verzierten und filigran gearbeiteten Schließen seines Umhanges und Gurtes hervor.

Michael steht über dem Teufel in der Gestalt eines in vielen Farben schimmernden Drachenwesens, den er mit einem Fuß zu Boden zwingt. Auf ihn herabschauend holt er mit dem Schwert in der Rechten zum Schlag aus und wehrt mit dem Schild in seiner linken die Lichtstrahlen ab, die aus den Augen des Ungeheuers hervorkommen.

Der »Legenda Aurea« des Jacobus de Voragine nach besiegte der Erzengel Michael als Bannerträger des himmlischen Heeres Luzifer, der sich Gott gleichstellen wollte, und verstieß ihn mit seinem Gefolge aus dem Himmel. Auch streitet Michael wider die Teufel, welche die Menschen zu verführen suchen, und tötet am Ende der Welt den Antichrist.[3] Der Drache dieser Darstellung bedeutet also den Teufel selbst, die Sünde, das Böse schlechthin.

Georg, dargestellt vor dem gleichen Goldhintergrund, ähnelt zumindest mit seinem zarten Gesicht und den feinen Locken der Darstellung Michaels. Insgesamt ist die Darstellung Georgs jedoch weniger ausdrucksstark als die des Michael. Die Szene mit dem heiligen Georg ist starrer und weniger bewegt, da sie nicht einen Kampf zeigt wie bei Michael, der, zum Schlag ausholend, noch mit dem Drachen ringt. Das Schwert Georgs steckt wieder in der Scheide an seiner Seite: Der grüne Drache, welcher in seiner Gestalt einer riesigen Eidechse ähnelt, ist bereits besiegt und kauert gezähmt zu Füßen des Heiligen.

Georg trägt einen zweigeteilten, dunkelzinnoberroten Samtumhang und ebenfalls einen Harnisch. Seine Rüstung ist jedoch weder vergoldet noch mit Edelsteinen besetzt und somit weniger prachtvoll als die des Erzengels. Dieser Unterschied in der Darstellung ist sicherlich vom Künstler gewollt, denn es stehen sich hier ja ein himmlisches Wesen und ein Mensch gegenüber. Auch der Kampf Georgs gegen den Drachen ist ein Kampf Gut gegen Böse, jedoch auf Erden.[4]

OR

1 Marth 1997, S. 44.
2 Scherer 1911, S. 15f.
3 Vgl. auch NT Offenbarung 12,7; NT Offenbarung 20,1–3.
4 Zu Georg und seiner Befreiung der Stadt Silena von einem Drachen siehe auch Kat. Nr. 59 und 60.

62 a Israhel van Meckenem (2. Hälfte 15. Jahrhundert)
Hl. Margaretha

62 b Israhel van Meckenem
Hl. Margaretha

62 a
Kupferstich, 16,3 cm × 11,3 cm
HAUM, Inv. Nr. I. v. Meckenem AB. 3.23

Lit.: Bartsch 128; Lehrs 1908–1934, 408; Hollstein 408 III; Illustr. Bartsch, Bd. 9, Nr. 128; Ausst.-Kat. Bocholt 1972, Fig. 134, S. 106

62 b
Kupferstich, 16,3 × 11,3 cm
HAUM, Inv. Nr. I. v. Meckenem AB.3.24

Lit.: Bartsch 129; Lehrs 409; Hollstein 409 I; Illustr. Bartsch, Bd. 9, Nr. 129; Heinecken 1786, I, 458, Nr. 93; Geisberg 1903, S. 128; Geisberg 1905, S. 163, 342f.; Ausst.-Kat. Washington 1967, Nr. 203

Auf den beiden Stichen des Goldschmieds und Kupferstechers Israhel van Meckenem ist die heilige Margaretha mit dem Drachen dargestellt.

Die Legende der Heiligen berichtet folgendes: Margaretha, die zusammen mit Barbara, Katharina und Dorothea zu den *virgines capitalis*, den weiblichen Hauptheiligen, zählt,[1] wird als Tochter des heidnischen Fürsten Theodosius in Antiochia geboren. Nach dem Tod ihrer Mutter von einer Amme großgezogen, bekehrt sie sich zum Christentum. Zur Zeit der diokletianischen Verfolgung begehrt nun der Stadtpräfekt Olibrius Margaretha zur Frau. Da sie sich aber weigert, ihrem christlichen Glauben zu entsagen, lässt sie der Christenverfolger Olibrius martern und sperrt sie schließlich in einen Kerker. Dort bittet sie Gott, ihr ihren Feind zu zeigen. Da erscheint ihr ein ungeheurer Drache. Als der sie verschlingen will, macht sie über ihm das Kreuzzeichen und er verschwindet. Am nächsten Tag lässt Olibrius Margaretha erneut vor Gericht bringen, und da sie sich wieder nicht von ihrem Glauben abbringen lassen will, lässt der Präfekt sie abermals martern. Da sie trotz dieser Qualen weiterhin standhaft bleibt, bekehren sich mehrere tausend Zuschauer zum Christentum und werden bald danach enthauptet wie schließlich auch Margaretha. So empfing sie die Märtyrerkrone.[2]

Viel eher einer Raubkatze, weniger einem Reptil ähneln die Drachen auf den beiden Stichen des westfälischen Meisters Israhel van Meckenem. Vor allem auf Blatt 23 erinnert der Lindwurm mehr an einen Löwen als an einen Drachen. Auf Blatt 24 sind es lediglich die Fledermausflügeln ähnlichen Ohren und der breite, sich um die heilige Margaretha schlingende Schwanz des Ungeheuers, die aus der Raubkatze das Fabeltier Drache werden lassen.

Auf Blatt 23 hat Margaretha ihre Hände zum Gebet gefaltet und hält so auch einen Kreuzstab, welcher neben Fackel, Kamm und Palme zu ihren Attributen zählt. Aufrecht stehend, geht ihr Blick über die gefalteten Hände hinab zum Drachen. Diesem schaut ein Mantelzipfel der Heiligen aus dem Maul heraus; ein ikonographisches Detail, welches zu jener Zeit üblich war und darauf hinweist, dass der Drache die Heilige verschlingen wollte.[3] Das Ungeheuer schaut mit aufgerissenen Augen ins Leere.

Anders der Drache auf Blatt 24, den van Meckenem nach einer verlorenen Zeichnung Martin Schongauers anfertigte.[4] Das Ungeheuer kauert hier zu Füßen der Märtyrerin, umschlingt sie fast mit seinem Schwanz und schaut zu ihr auf. Zwar reißt der Schrecken hervorrufende Drache hier bedrohlich sein Maul auf, doch wirkt er in der gesamten Komposition mehr wie ein Schoßhund. Margaretha selbst blickt ähnlich wie in Blatt 23 über ihre Schulter auf das Ungeheuer herab. Als Attribut hält sie nicht den Kreuzstab, sondern ein Buch in der Hand. Auch betet sie nicht, sondern macht vor ihrer Brust das Kreuzzeichen, wodurch der Legende nach der Drache verschwand.

OR

62 a

62 b

1 Keller 1991, S. 395f.
2 Vgl. »Legenda Aurea« des Jacobus de Voragine; Keller 1991, S. 395f.
3 Ausst.-Kat. Bocholt 1972, S. 106.
4 Geisberg 1903, S. 128; Ausst.-Kat. Washington 1967, Nr. 203.

63 François Chaveau (1613–1676)
Hl. Margaretha, nach Nicolas Poussin

Kupferstich, 34,8 cm × 25,5 cm
HAUM Inv. Nr. F. Chaveau AB.3.4

Lit.: Le Blanc, 1856, Nr. 87

Der Kupferstich des Zeichners, Malers und vor allem Kupferstechers und Radierers François Chaveau wurde nach dem Vorbild eines sich heute in Turin, in der Galleria Sabauda befindlichen Gemäldes des französischen Malers Nicolas Poussin (1594–1665) angefertigt.

Chaveau, der anders als die meisten führenden französischen Stecher des 17. Jahrhunderts nie in Italien gewesen war,[1] wurde 1663 im Rang eines Conseiller in die Académie Royale de Peinture et Sculpture gewählt.[2] Die meisten seiner Blätter sind nach eigener Erfindung gestochen. Zusätzlich arbeitete er jedoch auch nach fremden Vorlagen; etwa nach seinem Lehrer Laurent de la Hyre, Domenichino, Guido Reni und eben Poussin.

Poussin malte nur wenige traditionelle christliche Heilige.[3] Das Gemälde der heiligen Margaretha wurde in den 1630er Jahren wahrscheinlich für einen Altar angefertigt.[4] Es zeigt jene Episode aus der Legende, in der Margaretha den in Gestalt eines Drachen erscheinenden Teufel bezwingt. Darüber hinaus treten hier zwei Engel in Erscheinung, die auf Grund der von ihnen mitgeführten Symbole des Palmwedels und des Lorbeerkranzes und nicht zuletzt auch durch den in den Himmel verweisenden Gestus als Hinweis auf den bevorstehenden Märtyrertod der Jungfrau zu deuten sind. In der unteren Bildhälfte, sich auf dem Boden zwischen den Beinen Margarethas windend, liegt mit aufgerissenem Maul und vorgestreckter Zunge der besiegte Drache. Um seinen Hals und Oberkörper schlingt sich eine Schlange, welche Margaretha den Kopf zuwendet und sie anfaucht.

OR

1 Gramaccini/Meier 2003, S. 34.
2 Gramaccini/Meier 2003, S. 95.
3 Blunt 1958, S. 179, Anm. 9.
4 Wright 1984, S. 66.

6.Preciosa Margarita, quæ flamma, ferrog? magis Enites.
Horrendum Virgo monstrum debellat Inermis;
Virtuti ferrum, flamma, venena parent.

Poussin pinx.t   F.Chauveau scul   F.Bignon ex   au Singe d'or rue S.Honoré pres le Palais Royal

64 Jacques Callot (1592–1635)
Versuchung des heiligen Antonius, 1635

Radierung, 35,5 cm × 45,8 cm
HAUM, Inv. Nr. J. Callot AB 3.112

Lit.: Meaume 1861, Bd. 2, Kat. Nr. 139 III, S. 94–96; Nasse 1909, S. 74; Bechtel 1955, Kat. Nr. 221; Dohmann 1960, S. 18; Ternois 1962, S. 133f.; Schröder 1972, S. 1513; Ausst.-Kat. Washington 1975, Kat. Nr. 139, S. 177 (Russell); Préaud 1993, S. 300; Ausst.-Kat. Rom/Pisa/Neapel 1992, Kat. Nr. 47, S. 260; Ausst.-Kat. Dresden 1992, Kat. Nr. 1153, S. 105; Ausst.-Kat. Nancy 1992, Kat. Nr. 536, S. 429; Ausst.-Kat. Karlsruhe 1995, Kat. Nr. L. 1416/III, S. 45f. (Rommé); Picard 2002, S.85–103; Préaud 2002, S. 12

Der französische Zeichner und Radierer Jacques Callot schuf das Blatt in Nancy als eine zweite Version der Versuchungen des heiligen Antonius Eremita (um 251–356).[1] Dieser gilt als der Begründer des christlichen Mönchtums, nachdem er als junger Mann seinen gesamten Besitz veräußert hatte und seitdem 20 Jahre lang in einem Felsengrab lebte. Um die tiefe Frömmigkeit des Eremiten zu untergraben, wurde er dort mehrfach von schweren Prüfungen durch Dämonen- und Teufelserscheinungen geplagt. Ein Panoptikum dieser Versuchungen stellt das Blatt Callots dar, auf dem Heerscharen dämonischer Gestalten zu einem Feldzug der Sittenlosigkeit angetreten sind. Rechts zerren mehrere geflügelte Unwesen den Heiligen mit Gewalt aus seiner Zelle. Dabei werden sie von einem feuerspeiendem Drachen unterstützt, den ein schlangenbesetzter Dämon reitet. Im Vordergrund wird dieses Motiv um eine Drachenkanone ergänzt, die Lanzen und Gewehre ausspeit. Über der gesamten Szenerie schwebt ein riesiger gehörnter Drachendämon mit weit ausgebreiteten Flügeln, die zum Teil von kleinen Teufeln besetzt sind. Den rechten Arm des Höllenwesens umschlingt eine feuer- und giftspeiende Schlange, während aus dem Maul des bärtigen Dämonenhauptes schlangenförmige Drachenwesen entweichen.

Die Kette am linken Bein des Höllendrachen legt eine Deutung des Wesens als Teufel nahe, der im 24. Kapitel der »Vita Antonii« des Athanasius (298–373) wegen seiner Lügen gestraft wird: »Er wurde gebunden vom Herrn wie ein Sperling, damit er von uns verspottet werde; sie sind hingestellt worden, er und seine Mitteufel, wie Skorpione und Schlangen, auf daß sie zertreten werden von uns Christen.«[2] Der Teufel wird in der Bibel als Drache beschrieben, wobei der Drache in der christlichen Mythologie in der Form einer Schlange erscheint.[3]

Im vorliegenden Blatt ist diese Verwandtschaft durch die enge Verbindung zwischen den dargestellten Schlangen und Drachen besonders eindrucksvoll geschildert. Der Drache als »alte Schlange« (Apk. 20,2) verkörpert die Macht des Bösen, den Tod, die Finsternis und den Versucher, dem der Heilige trotz der schweren Peinigungen zu widerstehen hat.[4] Es ist die Standhaftigkeit des Antonius, die in dieser detailreichen Szene voller grotesker Dramatik auf die Probe gestellt wird.

MH

[1] Die erste Fassung entstand 1617 in Florenz für Cosimo II. de' Medici und enthält ebenso einen, über allem schwebenden, Höllendrachen, der jedoch anders ausgeführt wurde. Auch wohnt der zweiten Version eine politische Relevanz inne, denn Callot widmete sie dem Staatssekretär Ludwigs XIII., Graf Louis Phillipeaux de Laurillière, der zudem ein bekannter Sammler von Graphik war.

[2] Bardenhewer 1917, S. 714. Die Vita des heiligen Antonius wurde nur wenige Jahre nach dem Tod des Eremiten vom Kirchenvater Athanasius verfasst und bereits um 373 von Bischof Euagrius in das Lateinische übersetzt.

[3] Apk. 20,2–3: »Und er ergriff den Drachen, die alte Schlange, das ist der Teufel und der Satan, und fesselte ihn für tausend Jahre, und warf ihn in den Abgrund und verschloss ihn, und setzte ein Siegel oben darauf, damit er die Völker nicht mehr verführen sollte, bis vollendet wurden die tausend Jahre. Danach muss er losgelassen werden eine kleine Zeit.«

[4] Cooper 1986, S. 36: »Im Alten Testament war der ›Ort des Drachen‹ mit dem ›Schatten des Todes‹ assoziiert.«

65 Limoges
Kästchen mit fünf Szenen aus der Phaetongeschichte

Anonym (2. Hälfte 16. Jh.)
Maleremail in Grisaille, Goldmalerei, Goldzeichnung, Holz, Messing
H 13,8 cm, B 20,2 cm, T 13,7 cm
HAUM, Inv. Nr. Lim 221

Lit.: von Falke 1928, S. 24; Weltkunst 1972, S. 1819; Müsch 2002, S. 131–134

Das Kästchen stellt eine herausragende Arbeit der Emailmalerei dar. Die auch ursprünglich zusammengehörenden fünf Platten aus der zweiten Hälfte des 16. Jahrhunderts wurden, wahrscheinlich im 19. Jahrhundert, in das Ebenholzkästchen eingefasst. Der weiße Farbton, die kräftig gearbeiteten Konturen und die Goldzeichnungen machen die Bildthemen leicht lesbar.

Das Kästchen erzählt in fünf Szenen die Geschichte des Phaeton aus den »Metamorphosen« des Ovid. Helios überlässt seinem Sohn Phaeton den Sonnenwagen und weist ihm den Weg. Phaeton lenkt den Wagen mit großer Geschwindigkeit über den Himmel und vertreibt die Sterne und Luzifer. Da er jedoch den Wagen kaum beherrscht, kommt er der Erde zu nah und verursacht einen gewaltigen Brand, nachdem die Sonnenstrahlen die Erde entzündet haben. Jupiter schleudert daraufhin den unglücklichen Lenker mit einem Bündel von Blitzen vom Wagen und beendet so die gefährliche Fahrt. Phaeton stürzt brennend in den Fluss Eridanos und stirbt. Der König Kyknos von Ligurien und die Heliaden (Phaetons Schwestern) beweinen ihn am Sarg. In der letzten Szene verwandeln sich die Schwestern in Bäume.

Auf der einen Frontseite sind Phaeton auf dem Sonnenwagen und Luzifer, der als kleiner Drache am unteren Rand dargestellt ist, zu sehen. Die wörtliche Übersetzung des Namens Luzifer bedeutet »der Lichtbringende«, denn sein Name setzt sich aus den lateinischen Wörtern *lux* (Licht) und *ferre* (bringen) zusammen. Luzifer steht hier als die Personifikation des Morgensternes und als der Wächter über das Sternenmeer. Seine Aufgabe ist es, das Sternenmeer zu schützen und den neuen Tag heranzuführen.

Um den Drachen in seiner äußeren Erscheinung charakterisieren zu können, wird auch hier auf die Darstellung eines Mischwesens zurückgegriffen. Dieses besitzt den Körper eines Reptils, den Schwanz einer Schlange und die Beine eines Greifvogels. Seine Größe und die körperliche Erscheinung wirken kaum gefährlich. Hingegen lassen die drohende Kopfbewegung und das aufgerissene Maul die Wut des Wesens erkennen.

Gut und Böse werden in der Darstellung des Drachen anschaulich vereint. Er steht als Symbol für die Auferstehung und das neue Leben, obwohl er auch für Phaeton ein furchteinflößender Unheilsbote und eine bedrohliche Bestie ist, die als Schatzhüter der himmlischen Ordnung diese im Gleichgewicht zu halten versucht.

JK

66 Hans Jakob Mair (1641–1719)
Prunkschale und Kanne mit Drachendekor

Augsburg, vor 1683
Marmor, emaillierte Silber-Reliefauflagen, getrieben, gegossen, vergoldet, Achat, Blutjaspis, Granat, Karneol, Türkis
Becken: H 7,6 cm, B 62,5 cm, T 46,7 cm
Kanne: H 41,3 cm, B (Fuß) 17,3 cm, T (Fuß) 13,8 cm
HAUM, Inv. Nr. Ste 11, 12

Lit.: Riegel 1887, S. 272; Rosenberg 1922, S. 181; Fink 1931, S. 41, Nr. 41, 42; Ausst.-Kat. Augsburg 1968, Kat. Nr. 493, S. 340, Abb. 299; Ausst.-Kat. Warschau 1974, Kat. Nr. 112, Abb. 58; Ausst.-Kat. Braunschweig 1975, S. 75f., Abb. 55; von Schlosser 1978, S. 164, 165, Abb. 116, 117; Seling 1980, Bd. 3, Nr. 133 und Nr. 1657, S. 219; Ausst.-Kat. München 1994, Bd. 1, S. XXI; Schütte 1997, S. 63f.; Luckhardt 2004, S. 63, Abb. 50

Das gezeigte Prunklavabo, zu dem ein gut erhaltenes Becken und eine Kanne gehören, ist vor 1683 entstanden und stammt aus dem Besitz des Herzogs Ferdinand Albrecht I. zu Braunschweig-Lüneburg-Bevern (1636–1687). Die Auflösung der Goldschmiedemarke HIM war eine Zeitlang umstritten. In der jüngeren Forschung hat sich die Zuschreibung an Hans Jakob Mair durchgesetzt. Ein ähnliches Stück befindet sich im Besitz des Kunsthistorischen Museums in Wien (Inv. Nr. 1954, 1955). Ein *Lavabo* kann vereinfacht als Waschgerät bezeichnet werden.

Die Garnitur zeigt eine marmorierte Oberfläche in den Farben Grau, Weiß und Rosa, welche aufwendig mit Email und Halbedelsteinen verziert ist. Die vier angesetzten Marmorbuckel der Kanne sind in einen vergoldeten Silberkorpus eingesetzt. Seine Wandung ist mit emaillierten Blumen und Früchten überzogen, die auch in ähnlicher Form auf dem Becken erscheinen. Ergänzt sind sie dort durch Fische und Delphine. Auf dem Kannendeckel sitzt als Bekrönung ein freiplastisch gestalteter Drache. Der Ausguss ist als Drachenkopf mit aufgerissenem Maul gestaltet. Unter ihm sitzt der monsterartige Kopf.

Der bekrönende Drache, der als Knauf dient, hat Flügel, kraftvolle Beine, große Augen und eine heraushängende Zunge. In die blaue Grundfarbe des Körpers sind rote, weiße und gelbe Strukturen eingestreut. Seit dem Altertum hat es zahlreiche Künstler immer wieder gereizt, den Ausguss eines Gefäßes in Form eines drachen- oder monsterartigen Tierkopfs mit aufgesperrtem Maul zu gestalten. Einer Variante dieser eingängigen Lösung, bei der sich auf Zeit bewegte Natur mit Kunst verbindet, begegnet man bei den Wasserspeiern mittelalterlicher Kirchen. Hier wie dort kommt ihr eine apotropäische, also unheilabwehrende Bedeutung zu. Für den die Kanne bekrönenden Drachen konnten keine schlüssigen Vergleichsbeispiele gefunden werden. So darf darüber spekuliert werden, ob das Fabeltier hier als Behüter der Schätze, d.h. der Edelsteine, als Symbol für das Element Feuer oder letztlich als weiteres Apotropaion zu verstehen ist.

JK

67 a Virgil Solis-Kreis
Kanne mit Schlangenhenkel, um 1550/51

Feder in Braun, grau laviert,
27,2 cm × 15,5 cm
HAUM, Inv. Nr. ZWB VI 7

Lit.: Franke 1968, Kat. Nr. C 20, Tafel 85, S. 164f.; O'Dell-Franke 1977, S. 60, S. 166, sub Kat. Nr. i 50, S. 168; von Heusinger 1987, S. 67; von Heusinger 1992, Taf. 80; von Heusinger 1997, S. 289

Über Virgil Solis (1514–1562), einem durch Albrecht Dürer und Peter Flötner geprägten Nürnberger Zeichner und Kupferstecher, ist nur wenig bekannt. Aufgrund der ungewöhnlich großen Anzahl der erhaltenen Arbeiten wie auch der sehr unterschiedlichen Qualität der Blätter ist jedoch davon auszugehen, dass Solis eine umfangreiche Werkstatt leitete.

Fast die Hälfte der Stiche des Solis sind Vorlagen für ornamentierte Kunst- und Gebrauchsgegenstände.[1] Die zwei ausgestellten Blätter sind Vorzeichnungen zu Solis' erster großer Serie mit Vorlagen für Gefäße.[2] Die Stiche sind mit dem Monogramm des Solis, VS in Ligatur, versehen, doch die Braunschweiger Zeichnungen können ihm aus stilistischen Gründen nicht als eigenhändige Arbeiten zugeschrieben werden.[3]

Neben derartigen Stichen fertigte Solis Holzschnitte für Buchillustrationen an. So werden die Vorzeichnungen für die Holzschnittillustrationen in Walther Rivius' »Architektura« und »Vitruvius teutsch«[4] Virgil Solis zugeschrieben.[5] Darunter sind Darstellungen geometrisch konstruierter Vasen, deren schlanke Eiform sich auf Serlios »Architettura«[6] zurückführen lässt,[7] während die Schmuckformen vom Zeichner selbstständig hinzugefügt wurden.

Die Gefäße der ersten großen Serie besitzen den selben eiförmigen Körper nach Serlios Konstruktion. Auch das Laubwerk aus einzelnen spitzen Blättern und dünnen, weitläufig beblätterten Ranken ist identisch mit den Gefäßen in Ryffs »Architektura«.[8] Aufgrund der Übereinstimmungen in Aufbau und Dekor vermutet Christian von Heusinger ein und denselben Zeichner für beide Gefäßserien. Er schlägt Jacopo Strada (1507–1588) vor, der seit 1546 in Nürnberg war[9] und für den die Mischung italienischer und niederländischer Elemente in Dekor und Formenvorrat sprechen. Auffällig an den Entwürfen ist die präzise Trennung von Grundform und aufliegendem Dekor, während die Künstler in Nürnberg die Gefäßform mit dem Dekor verschmolzen.[10]

Bei beiden Kannen erhebt sich über einer flachen Fußplatte nach italienischem Typus[11] ein kurzer Schaft. Die Kannenschäfte sind mit kleinen Schlangen und Satyrköpfen geschmückt, bei der Kanne mit Schlangenhenkel (67a) ist der Knoten zusätzlich mit zwei Adlern besetzt. Der Gefäßkörper dieser Kanne ist mit lockerem Rankenmuster überzogen, dem Henkel gegenüber ragen ein weiterer Satyrkopf und ein plastisch ausgeformtes Mischwesen aus dem Blattwerk heraus. Der ausladende Ausguss ist zerschnitten. Der dünne Henkel besitzt die Gestalt einer Schlange, deren Schwanz sich durch eine Attache zum Knoten windet. Aus dem geöffneten Maul des Tieres entspringt eine Ranke, die als Verbindungselement zu Hals und Ausguss dient. Bei der zweiten Kanne (67b) formt ein Schlangenkopf die Ver-

67 a

67 b VIRGIL SOLIS-KREIS
Kanne mit Schlange, Schildkröte und Eidechsen, um 1550/51

Feder in Braun, grau laviert,
27,0 cm × 15,5 cm
HAUM, Inv. Nr. ZWB VI 8

Lit.: Franke 1968, Kat. Nr. C 21, Tafel 84, S. 164f.; O'Dell-Franke 1977, S. 60, S. 166, sub Kat. Nr. i 51, S. 169; Ausst.-Kat. Braunschweig 1987, S. 67

bindung zwischen dem organisch geformten Henkel und dem Gefäßkörper. Der sehr lange Körper der Schlange windet sich in dekorativen Schlingen um Hals und Schulter der Kanne.[12] Darunter sind eine Schildkröte und zwei Eidechsen auf den Gefäßbauch appliziert.

Die dekorative Verwendung der Schlangen geht mit einer genauen Naturbeobachtung einher. So wurden die Körperproportionen, die Oberfläche der Haut mit Schuppenstruktur, der Kopf mit Augen und Riechorgan und die beachtliche Größe des Maules detailgetreu wiedergegeben. Vermutlich wurden sie nach der Vorlage einer großen Würgeschlange gezeichnet.

IH

1 So lassen sich beispielsweise Gefäße von Nürnberger Silberschmieden nachweisen, die auf Entwürfe von Solis zurückgehen. Die große Nachfrage nach solchen Vorlagen lässt sich auch an der weiten Verbreitung von Musterbüchern für Kunsthandwerker ablesen, vgl. O'Dell-Franke 1977, S. 43f.
2 O'Dell-Franke 1977, S. 166, Kat. Nr. i 32–55: vierundzwanzig Entwürfe für Gießgefäße, Schalen, Pokale und Kannen. Das Herzog Anton Ulrich-Museum besitzt zwanzig der Vorzeichnungen und die komplette Serie der entsprechenden Stiche.
3 Vgl. O'Dell-Franke 1977, S. 166. Franke spricht die Zeichnungen Solis ab, vgl. Franke 1968, S. 164.
4 Walther Hermann Ryff, »Der furnembsten, notwendigsten, der gantzen Architectur angehoerigen Mathematischen vnd Mechanischen kuenst eygentlicher bericht vnd vast klare, verstendliche vnterrichtung«, Nürnberg 1547; Walther Hermann Ryff, »Vitruvius Teutsch. Nemlichen des ... Marci Vitruuis Pollonis Zehen Bücher von der Architectur vnd künstlichem Bawen«, Nürnberg 1548.
5 Zuletzt Jachmann 2006, S. 34. Vgl. Röttinger 1914, S. 43–47; Lichtwark 1888, S. 88–91.
6 Sebastiano Serlio, »Tutte l'opere d'architettura et prospetiva«, Venedig 1544.
7 Jachmann hat nach Röttinger eine Auflistung der Vorbilder der einzelnen Abbildungen erstellt: Jachmann 2006, Tabelle C, S. 120f.
8 Lichtwark 1888, S. 91.
9 Nürnberg war neben Augsburg führend in der Produktion von Vorlagen nach italienischen Vorbildern, O'Dell-Franke 1977, S. 1.
10 Ausst.-Kat. Braunschweig 1987, S. 67.
11 Lichtwark 1888, S. 93.
12 Im Stich von Solis ist der Schlangenkörper zum Henkelansatz reduziert. Bei der ersten Kanne sind im Stich weniger Laubwerkranken zu finden. O'Dell-Franke 1977, S. 166: »Die geringen Veränderungen der Stiche gegenüber den Zeichnungen zielen alle auf eine größere ›Verwendbarkeit‹ der Gefäße; die Stiche sind realistischer als die Zeichnungen.«

67 b

68 Johann Wilhelm Meil (1733–1805)
Ofen in Nische mit Drachen auf einer Kugel

Feder in Grau, grau laviert,
40,6 cm × 23,8 cm
HAUM, Inv. Nr. ZL III 4904

Lit.: von Heusinger 1997, S. 198, Abb. 98

Der als Zeichner und Kupferstecher bekannte Johann Wilhelm Meil wurde am 23. Oktober 1733 in Altenburg geboren. An den Universitäten Leipzig und Berlin studierte er zunächst Naturwissenschaften, folgte dann aber seiner Leidenschaft und bildete sich autodidaktisch zum Künstler aus. Seit 1752 war Meil in der Werkstatt des Ornamentstechers Johann Michael Hoppenhaupt in Berlin tätig, dessen Sohn den berühmten Rokoko-Drachen-Ofen für die Bibliothek des Neuen Palais in Potsdam entwarf.[1]

Das künstlerische Schaffensspektrum Meils reicht von Buchillustrationen bis hin zu Entwürfen verschiedenster Interieurs. Meil starb als Vizedirektor der Akademie der Künste am 2. Februar 1805 in Berlin.

Die lavierte Federzeichnung zeigt den in einer Nische stehenden Ofen im Stil des späten Rokoko, das von einer Vorliebe für das Neue, Ungewohnte und Fremdartige geprägt ist. Chinesisches Porzellan, Lackarbeiten und Möbel schmückten die neu entstandenen chinesischen Zimmer in den Schlössern. Oft arbeiteten europäische Künstler hierfür nach chinesischen Vorlagen.

Der Ofenkorpus, welcher auf dünnen, leichtfüßigen Beinen ruht, ist mit Blüten und Ranken verziert. Den oberen Teil des Ofens bildet eine große Kugel, auf der ein Drache sitzt. Seine schlanke Figur, die Gestaltung von Körper und Kopf ist gut mit chinesischen Darstellungen vergleichbar.

Die asiatische Mythologie verehrt den Drachen ja hauptsächlich als ein weises, glücksbringendes und wohlstandsförderndes Wesen. Im Winter zieht sich der Drache meist zurück, um Winterschlaf zu halten und neue Kräfte zu sammeln. So kann auch der Ofen als Ort der Erholung angesehen werden.

So wäre es möglich, den Drachen in diesem Zusammenhang nicht allein als dekoratives Gestaltungselement des Ofens anzusehen, sondern auch als glücksbringendes Wesen. Zugleich soll mit diesem chinesischen Symbol auf den königlichen Herrschaftsanspruch verwiesen werden.[2]

JK

1 Vgl. von Heusinger 1997, S. 198.
2 Vgl. Stamer/Zingsem 2001, S. 62f.

69 Leinentischdecke (sog. Judith-Decke) mit Drachendekor

Italien, 2. Hälfte 16. Jahrhundert
Leinen, L 143 cm, B 90 cm
HAUM, Inv. Nr. Spi 19

Lit.: Schuette 1929, S. 7, Taf. 10, 11

Das Mittelfeld der Decke setzt sich aus neun Reihen von jeweils fünf Quadraten zusammen. Darum schließt sich ein Streifen, der seinerseits von einem schmalen Ziersaum umrandet ist. Den äußeren Abschluss der Leinendecke bildet eine Zierkante aus kleinen Klöppelzacken. Die Quadrate des Mittelfeldes wechseln zwischen Netzstickereien und Durchbrucharbeiten. Letztere zeigen neben Reticella-Sternen[1] einen Vogel, ein sich gegenüberstehendes Paar, Blumenzweige, einen Doppeladler, ein Schiff, einen Herrn mit Lanze und eine Dame mit großem gemustertem Rock. Die Netzstickereien zeigen verschiedenste Tiere. Neben Adlern, einem Pelikan, Pfauen, Eseln, Pferden und einem kostümierten Affen sind auch Phantasie- und Mischwesen dargestellt. Zu einigen Greifen (mit Kopf und Flügeln eines Adlers sowie einem Löwenkörper) gesellen sich Drachen, wobei die Übergänge zwischen beiden Wesen fließend sind, so dass eine eindeutige Zuordnung oftmals schwierig ist. Das mittlere Quadrat der ersten Reihe zeigt einen siebenköpfigen Drachen. Seine Hälse wachsen aus einem breiten, geflügelten Körper mit zwei Klauen. Alle sieben Köpfe blicken nach links, die vorderen zwei speien Feuer. Die nach hinten gelehnten Hälse vermitteln zusammen mit dem Feuerspeien den Eindruck, dass sich der Drache in einer Angriffsposition befindet. Ein weiterer feuerspeiender Drache steht im ersten Quadrat der siebenten Reihe. Sein Körper ruht auf vier Beinen, das Schwanzende ist eingerollt, Rücken, Kopf und Hals sind mit kleinen Zacken übersät, die dem Drachen, verstärkt durch seinen bösen Blick, einen bedrohlichen Ausdruck verleihen.

Die Tier- und Mischwesendarstellungen werden durch menschliche Figuren ergänzt, so zum Beispiel eine Frau in prachtvollem Gewand. Die Inschrift zu beiden Seiten ihres Kopfes verkündet, dass es sich um die »IVDIA« handelt. Judia, die Befreierin Bethulias im Alten Testament (Buch Judith), hat der sogenannten Judith-Decke ihren Namen gegeben. In ihrer linken Hand hält sie den abgetrennten Kopf des Holofernes.

Die Leinendecke zeigt Bilder aus der Natur, der Phantasie und dem Leben der Menschen. Es lässt sich nicht erkennen, was der Anlass zur Kombination dieser unterschiedlichen Themen war. Beim Hersteller stand offensichtlich die dekorative Wirkung des Werks im Vordergrund der Überlegungen.

FJ

---

[1] *reticella* ist eine ursprünglich genähte, später geklöppelte italienische Spitze.

70 Caspar Langenbucher (um 1620–1678)
Spiegeluhr, astronomische Uhr mit Drachenzeiger

Augsburg 1649, Gehäuse: Bronze vergoldet, Messing vergoldet, graviert, Eisen, Silber, teilweise emailliert, graviert, Kristallglas, Ebenholz
Werk: Messing
H 97 cm
HAUM, Inv. Nr. Uhr 76

Lit.: Fink 1965, S. 11–13; Maurice 1976, Bd. 2, S. 73, Nr. 554; Ausst.-Kat. Wolfenbüttel 1979, S. 165f., Nr. 350; Ausst.-Kat. München/Washington 1980/81, S. 209, Nr. 45, S. 173, Abb. 88

Der Drachenzeiger zeigt im Zusammenspiel mit dem Sonnen- und Mondzeiger die Sonnen- und Mondfinsternisse an. Der Sonnenzeiger umkreist das Zifferblatt in 24 Stunden, der Mondzeiger in 24,8 Stunden. Demnach überschneiden sie sich in einem Zeitabstand von 29,5 Tagen. Auf halber Strecke stehen sie in Opposition zueinander. Die Überschneidung entspricht dem Zeitpunkt des Neumonds, die Opposition dem des Vollmonds. Liegen dabei Sonne, Mond und Erde auf einer Geraden, ist eine Sonnen- bzw. Mondfinsternis zu beobachten. Sie wird auf der Uhr angezeigt, wenn sich der Sonnen-, Mond- und Drachenzeiger überschneiden.[1] Der Umlauf des Drachenzeigers dauert 23,9 Stunden.[2]

Der Mond kreuzt während seines Umlaufs um die Erde zweimal die Ebene der Umlaufbahn der Erde um die Sonne, die sog. Ekliptik. Dieser Kreuzungspunkt wird Knoten genannt. Dabei spricht man, je nachdem, ob sich der Mond von Süd nach Nord oder von Nord nach Süd bewegt, vom sog. auf- oder absteigenden Knoten. Zwischen dem jeweiligen Durchgang des Mondes durch einen Knoten liegt ein Zeitabstand von ca. 13,6 Tagen. Ein Zyklus, der sog. drakonische Monat, dauert also ca. 27,2 Tage. Das Überschneiden des Mond- und Drachenzeigers zeigt den Zeitpunkt des Durchgangs des Mondes durch die Ekliptik an. Dabei bezeichnet das Zusammentreffen des Mondzeigers mit dem Drachenkopf den aufsteigenden, das Zusammentreffen mit dem Drachenschwanz den absteigenden Knoten.[3]

Nicht alle astronomischen Uhren des 17. Jahrhunderts sind mit einem Drachenzeiger ausgestattet. Um 1650 war er von der Augsburger Uhrmacherzunft für die Anfertigung des Meisterstücks, einer Spiegeluhr, offensichtlich verlangt.[4] Beispiele aus der zweiten Hälfte des 16. Jahrhunderts lassen sich bei den Tischuhren[5] und den Monumentaluhren nachweisen.[6] In dem 1510 edierten Hauptwerk des Agrippa von Nettesheim »De occulta philosophia« ist unter Berufung auf das Altertum eine Verbildlichung der Mondbahn mit ihren beiden Knoten wiedergegeben. Sie zeigt einen Drachen in Seitenansicht, über den als Zeichen für die Mondbahn und die Ekliptik zwei sich in zwei Punkten schneidende Kreise gelegt sind.[7]

Die Vorstellungen, die sich hinter dem für die Mondumlaufbahn stehenden Sinnbild des Drachen verbergen, veranschaulichen Kalenderillustrationen des 15. und 16. Jahrhunderts. Demnach verschlingt der Drache zu Beginn einer Finsternis die Sonne bzw. den Mond.[8] Die Darstellungen gehören zu einem weit verbreiteten und weit zurückreichenden Mythos, der das Verzehren der beiden Himmelskörper durch ein furchterregendes Tier zum Inhalt hat. Die weltweite Verbreitung des Mythos ist vielleicht damit zu erklären, dass die irregulär erscheinende Verfinsterung der beiden Hauptgestirne die Menschen zu allen Zeiten beunruhigte und in Schrecken versetzte.[10] Nach mythisch-kosmologischem Verständnis wurde der das Licht vertilgende Drache für ein Geschöpf der Finsternis gehalten.[11]

AW

1 Diese Konstellation tritt im Laufe eines Kalenderjahres für eine Sonnen- und eine Mondfinsternis in der Regel je zweimal, jedes neunte Jahr je dreimal auf. Die durch die zweidimensionale kreisförmige Zeigerbewegung erzielte Darstellung des dreidimensionalen Bewegungssystems Sonne – Erde – Mond ist als ein stark vereinfachtes Modell zu betrachten. In Wirklichkeit sind auf der Erde pro Jahr durchschnittlich 2,3 Sonnenfinsternisse und 1,5 Mondfinsternisse zu beobachten. Das bedeutet, dass bei Anzeige einer Finsternis eine Finsternis eintreten kann, aber nicht muss.

2 Dementsprechend rückt von Jahr zu Jahr die Anzeige einer Finsternis ca. 19 Tage vor. Nach rund 18 Jahren beginnt der Zyklus von neuem.

3 Zur Veranschaulichung der Ausführungen ist die von Sebastian Busch entwickelte Animation der astronomischen Uhr am Ulmer Rathaus zu empfehlen: www.tourismus.ulm.de/astrouhr/Astronomische_Uhr.swf.

4 Caspar Langenbucher nennt ihn in dem von ihm verfassten »Verzaichnuß und ware beschreibung der Spiegeluhr und Augsburger Maisterstuckg [...]«: »Mer so zaigt sie dass ganze Astrolabium mit sambt dem dracken, [...]«, Herzog Anton Ulrich-Museum, Altregistratur, Neu 318, fol. 1v, 2r.

5 Maurice 1976, Bd. 2, Abb. 154, Beschreibung S. 29, Caspar Spitz, Schwaz/Tirol, um 1550/60. Schillinger 1994, S. 114, Abb. 59, Beschreibung S. 95, Paulus Schuster, Nürnberg, 1587.

6 Maurice 1976, Bd. 2, Abb. 10, Beschreibung S. 7–9, Straßburger Münsteruhr, 1574. Siehe Anm. 2, Isaak Habrecht, Ulmer Rathausuhr, 1581. Unter den beweglichen Pappmodellen des 1540 von Peter Apian veröffentlichten astronomischen Standardwerks »Astronomicum Caesareum« befindet sich eine Scheibe mit der Darstellung eines von Skalen eingefassten geflügelten Drachen, mit deren Hilfe sich die Daten der auf- und absteigenden Knoten bestimmen lassen. Roob 1996, S. 72, mit Farbabb.

7 Roob 1996, S. 68. Eine ähnliche Darstellung enthält Guido Bonatis 1491 erschienener »Liber astronomicus«, Chojecka 1967, S. 78, Abb. 31, Erläuterung in Anm. 4, S. 74.

8 Chojecka 1967, S. 78–81, Abb. 32–37.

Detail: freigelegter Drachenzeiger

9 Die Bandbreite reicht von der altmexikanischen gefiederten Schlange, die ein Kaninchen, das Symbol des Mondes, verschlingt, bis zum indischen Ungeheuer Rahu, dessen abgeschlagener Kopf den Mond in Form einer Schale verschluckt. Das Gestirn kommt jedoch bald wieder zum Vorschein, da ja Rahus Körper fehlt. Lurker 1983, S. 179. Zu Rahu: RDK, Bd. 4, 1958, Sp. 360, s. v. Drache.

10 Vgl. RE, 12. Halbbd., 1909, Sp. 2334–2336, s. v. Finsternisse, 4. Beziehung des Vorgangs auf die Menschenwelt; Drößler 1976, S. 137–142; Barrow 1997, S. 169–173, Dunkelheit am Mittag: Finsternisse.

11 »Handwörterbuch Volkskunde«, Abt. 1, Aberglauben, 1929/30, Sp. 380; Zerling 2003, S. 59–63, s.v. Drache/Lindwurm. Ob dieser Zusammenhang Caspar Langenbucher veranlasste, den Drachenzeiger durch Schwärzung von dem vergoldeten Sonnen- und Mondzeiger abzusetzen, muss allerdings offenbleiben.

71 Schmuckkassette mit den vier Elementen

Augsburg, Ende 17. Jh.
Elfenbein, geschnitzt, gedrechselt,
vergoldetes Metall, Email
H 19,5 cm, B 23,7 cm, T 19 cm
HAUM, Inv. Nr. Elf 467

Lit.: Scherer 1931, S. 140f.; Boeckh 1996,
S. 81; Ausst.-Kat. Braunschweig 2000,
S. 298 (König-Lein)

Funktion, thematische und dekorative Gestaltung nehmen bei dieser außergewöhnlichen Kassette eng aufeinander Bezug. Sie hat die Form eines Kästchens über rechteckigem Grundriss, das auf Kugelfüßen ruht, über denen eine Architekturordnung, bestehend aus Basisprofilen, Ecksäulen und oberen Randprofilen, die vier Seiten einfasst. Das Kästchen besticht durch seine kostbare Gestaltung, hervorgerufen durch die sorgsam verarbeiteten Elfenbeinplatten und die leuchtenden insgesamt neun Maleremails – darunter die beiden an den Schmalseiten in violetter Ton-in-Ton-Malerei, die in vergoldeten Rahmen in Wände und Oberseite eingelassen sind. Diese wohl ausnahmslos Themen der antiken Mythologie enthaltenden Bilder wurden sicher nach graphischen Vorlagen gestaltet; zumindest sind bisher für drei Darstellungen Blätter von Michel Dorigny nach Simon Vouet (1640) und für eine weitere ein Blatt von Reinier van Persijn nach Joachim von Sandrart gefunden worden.

Die Emails der von Ornamentschnitzerei bestimmten Oberseite gruppieren sich um ein achteckiges Mittelbild, in dem Meeresgottheiten die Leiche des ertrunkenen Leander bergen. Die runden Emails in den Ecken stellen vor (im Uhrzeigersinn von links oben): Eos und Kephalos, Bacchus und Ariadne, Venus und Adonis und wohl Apoll und Koronis. Allesamt stehen sie für Liebesgeschichten, die überwiegend tragisch endeten – nur Bacchus und Ariadne blieben nach allgemeiner Überlieferung länger beieinander, wiewohl Homer dagegen berichtet, Bacchus habe Ariadne töten lassen.[1]

Auf den Wandungen des Kästchens werden Elfenbeinschnitzereien und Emails thematisch miteinander verknüpft. Zu beginnen ist mit der Schmalseite, auf der Hunde Wildtiere (etwa Hirsche oder Bären) jagen; auf dem Rundmedaillon der Mitte lagert die Erntegöttin Ceres. Die folgende Längsseite zeigt phantasievolle Fische und Meereswesen mit Flügeln, teilweise mit Schlangenleib, das Email den Raub der Nymphe Amphitrite durch Neptun. Die zweite Schmalseite wiederum stellt Vögel dar, die das Medaillon mit der Schilderung des antiken Olymp in den Wolken umrahmen. Die vierte Wandung schließlich gibt mannigfaltige, ineinander verknotete Drachen wieder: mit Flügeln, Schlangenleibern, geschuppt, gepunktet, gerippt oder vernarbt. Das Thema des Emailmedaillons dieser Seite blieb bisher unbestimmt: Erkennbar ist die Verurteilung eines Jünglings zum Feuertod. Die »Drachenseite« kann als Hauptseite der Kassette gewertet werden. Es sind nicht nur die Emails der Oberseite aus deren Richtung lesbar, sondern gerade sie dient als Verschluss: Sie kann weggezogen werden und gibt dann den Blick frei auf die acht kleinen Schubladen im Innern zum Bergen des Schmucks.

Die Themenkombinationen lassen erkennen, dass es hier um die Darstellung der vier Elemente Erde, Wasser, Luft und Feuer geht.[2] Tiere und antike Gottheiten sind, der barocken Tradition folgend, ungeachtet der verschiedenen Materialien ihrer Darstellung in Beziehung gesetzt. Schon das maßgebliche Themenhandbuch dieser Zeit, Cesare Ripas »Iconologia« (Rom 1603), beschreibt Triumphwagen der vier Elemente, in denen antike Gottheiten (Vulkan,

Neptun, Juno und Terra) sitzen und die von entsprechenden Symboltieren (wie Meereswesen oder Vögel) gezogen werden. Nach Ripa steht das Element Feuer an oberster Stelle. Sein Symboltier ist hier aber nicht etwa der bekannte Feuersalamander, sondern der Drache, dem am Kästchen die besondere Bedeutung zukommt. Die Drachen fungieren – wie schon in der Antike bekannt – als Schatzhüter, hier für den Schmuck.

Es stellt sich die Frage, inwieweit das Bildprogramm des Kästchens nicht als geschlossene Einheit interpretiert werden darf. Die Präsentation der vier Elemente huldigt generell dem Kosmos, in dem der Mensch lebt, liebt und leidet. Erde, Wasser, Luft und Feuer benötigt man aber auch gleichermaßen für die Herstellung des Schmucks, der bewahrt wird als Zeugnis der Liebe und als Mittel dafür, Zuneigung zu gewinnen.

Einst gehörte die Kassette sicherlich einer hochgestellten Dame, die sich an dieser Luxusproduktion aus Augsburg erfreute. Hier gab es eine große Tradition der Herstellung von Kabinettschränken in allerhöchster Qualität, auch aus Elfenbein. Graphische Vorlagen waren präsent, wie die seitenverkehrten Nachstiche nach Dorigny durch den Augsburger Kupferstecher Melchior Küsel (gestorben 1683) erweisen. Belegt sind auch weitere Verwendungen der Vorlagen in der herausragenden Augsburger Emailmalerei »um 1700«.[3]

JL

1 S. hierzu die diesbezüglichen Artikel bei Hunger 1974.
2 Zum Folgenden RDK, Bd. 4, 1958, s. v. Elemente (Frey), insbesondere Sp. 1286.
3 Weinhold 2000, S. 33, 108, 136.

IV. Die Entdeckung der Natur

Mit dem Ende des 15. Jahrhunderts und der Eroberung der Neuen Welt beginnt ein weiteres Kapitel des Sammelns. Es werden ferne Kontinente, andere Kulturen, exotische Tiere und Pflanzen entdeckt. Aus Erzählungen von Handelsreisenden und Seeleuten erwächst das Interesse an unbekannten Regionen. Auch die Naturwissenschaften entwickeln sich rasant in dieser Zeit. Ausgehend von den Sammlungen der Medici in Florenz und an den großen Höfen von Österreich und Prag entstehen seit dem 16. Jahrhundert in ganz Europa sogenannte Kunst- und Wunderkammern. Anfänglich kommen diese an königlichen oder fürstlichen Höfen vor, später auch im Bürgertum und an Universitäten. Grob gegliedert werden diese frühen Formen der Museen in zwei Sammlungsbereiche: in die Artificialia und in die Naturalia.

Im Vordergrund solcher Sammlungen stand die Darstellung der Einzelstücke. Oft erscheinen sie als wahllose Aneinanderreihung der verschiedensten Objekte und ohne Orientierung. Es wurden Bücher, Münzen, Gemälde und Kunstgegenstände, aber auch Knochen, Fossilien und Kuriositäten zusammengetragen. Hinzu kamen exotische Pflanzen und Tiere, die gefangen, präpariert und gleichwertig nebeneinander ausgestellt wurden. Ziel solcher Sammlungen war die Repräsentation der gesamten Bandbreite des Universums. Weiterhin sollte dem Besucher die Möglichkeit gegeben werden, sich gleichzeitig Wissen über viele Bereiche anzueignen.

Beim Betrachten der »Welt im Kleinen« war es dem Besucher zugleich möglich, Wissenschaft zu betreiben. Der Gedanke fußte dabei auf einer Idee Quicchebergs: »Jeder wissensdurstige Mensch, dem es gestattet sei, in einem solchen Museum längere Zeit zu verweilen, wird sich, wenn er nicht ganz ungebildet ist, durch die Betrachtung all dieser mit Namen versehenen Dinge in kürzester Zeit (ohne die Gefahren und Beschwerden des Reisens) eine geradezu unglaubliche und einzig dastehende Kenntnis und Einsicht erwerben.«[1]

Schon im 18. Jahrhundert werden verschiedene Sammlungen der Öffentlichkeit zugänglich gemacht, so eröffnete Herzog Carl I. von Braunschweig-Lüneburg in Braunschweig das erste Kunst- und Naturalienkabinett auf dem Kontinent. Ein Jahrhundert später kommt es zur Trennung von Kunst und Naturwissenschaft, wie auch in Braunschweig 1857 zur Unterteilung in eine Kunst- und eine Naturkundesammlung. Allerorts werden neue Räumlichkeiten geschaffen und erste eigenständige naturhistorische Museen eröffnet.

Auch die Schlange bzw. der Drache tritt mit dem Umbruch ab dem 17. Jahrhundert aus dem Schatten eines mythischen Wesens heraus und zeigt sich nun als ein Teil der göttlichen Schöpfung, die bis dahin den meisten verschlossen blieb. Doch nicht alle Geheimnisse konnten schnell gelöst werden. So tauchten immer wieder verschiedene Knochen oder Fossilien auf, welche keinem bekannten Tier zugeordnet werden konnten. Ab dem 18. Jahrhundert entwickelten sich verschiedene Wissenschaften: die Archäologie und die Geologie mit ihrer Hilfswissenschaft, der Paläontologie (Lehre der Leitfossilien). Der Leiter der naturwissenschaftlichen Abteilung des Britischen Museums, Richard Owen, prägte 1842 den Begriff der Entsetzlichen Echse oder Dinosaurier (griech. *Deinos sauros*). Zusammen mit dem Bildhauer Benjamin Waterhouse Hawkins stellte Owen 1854 im Crystal Palace 33 große Dinosaurierskulpturen aus und gab so einen ersten Eindruck vom Aussehen dieser längst ausgestorbenen Erdenbewohner. In Zeiten vor Owen wurden diese Knochen Drachen zugesprochen. Um die Lebewesen besser beschreiben zu können, griff man auf bekannte Tiere zurück.

Auch die Hawkins'schen Skulpturen sind eher Mischwesen als genaue, wissenschaftlich begründete Rekonstruktionen.

Die Entwicklung im 19. Jahrhundert hinterließ Spuren, so zum Beispiel auch in der Literatur. Jules Verne nahm seine Leser mit auf die Reise in verschiedene Welten. So berichtete er in seinem Roman »20 000 Meilen unter dem Meer« von 1870 (»Vingt mille lieues sous les mers«) von See- und Meerungeheuern und die Helden des Romans »Die Reise zum Mittelpunkt der Erde« von 1864 (»Voyage au centre de la terre«) begegnen tief im Erdinnern lebenden Dinosauriern. Erst nach und nach wurden die Rätsel der Natur Stück für Stück gelöst.

JK

1 Hartig 1933, S. 200.

Literatur: Hartig 1933; Sachs 1971; Grote 1994; Sheehan 2002; Ausst.-Kat. Braunschweig 2004 b; Ausst.-Kat. Manderen 2005; Ausst.-Kat. Wien 2006

72 a   Otto Marseus van Schrieck (1619–1678)
Stillleben mit Insekten und Amphibien, 1662

Lwd., 50,7 cm × 68,5 cm
HAUM, Inv. Nr. GG 431

Lit.: Ausst.-Kat. Braunschweig 1983, S. 129 (Klessmann); Grimm 1988, S. 170; Schneider 1989, S. 195; Ausst.-Kat. Kassel 1989, S. 25 (Weber); Gemar-Koeltzsch 1995; Ausst.-Kat. Braunschweig 1996, S. 53 (Bott)

Dieses vom niederländischen Stilllebenmaler Otto Marseus van Schrieck gemalte und signierte Gemälde zeigt eine dichte und kaum zu durchdringende Szene des Waldes. Auf engstem Raum wuchern verschiedene Pflanzen- und Baumarten. Farbenprächtige und im Licht reflektierende Insekten und Reptilien füllen so den dargestellten Lebensraum. Natürliche Feinde, wie Kröten und Insekten, existieren nebeneinander, aber auch Speise- und Giftpilze werden dicht gedrängt dargestellt. Der Theorie des Pharmakologen und Arztes Pedanios Dioskurides, welcher darauf hinwies, dass Pilze, die in der Nähe von Schlangennestern wachsen, giftig seien, wird so indirekt widersprochen.[1] Das dunkle Szenario wird durch die Aggressivität der Echse und der sich aufeinander zu bewegenden, mit offenen Mäulern drohenden Schlangen bestimmt, die die Pflanzen zu Fall bringen. Die Schlange im Zentrum des Bildes windet sich um Baum und Tulpe und beendet so die Lebensphase der Blume, ebenso wie die gelbgrüne Zornnatter die des Täublings.

Auffällig ist die Exaktheit, mit der van Schrieck die Insekten und Reptilien darstellt. Die Oberflächen der Schlangenhäute scheinen durch ihre farbliche Gestaltung und Struktur lebensecht. Dadurch ist es dem Künstler gelungen, die scheinbare körperliche Anwesenheit der gezeigten Lebewesen zu suggerieren. Dies kann durch seine Naturverbundenheit und die Leidenschaft zur Schlangen- und Reptilienzucht erklärt werden. Allerdings ist das Gemälde nur scheinbar ein Abbild der Wirklichkeit. Es handelt sich um ein sorgfältig komponiertes Kunststück, das die außerordentlichen malerischen Fertigkeiten des Malers unter Beweis stellt. Es ist dazu geeignet, beim Betrachter Furcht zu erregen. Schon der Beiname des Künstlers »van Schrieck« verweist auf seine Absicht, durch die gekonnte Täuschung des Auges Schrecken zu erregen.

Die Schlange zeigt sich hier als ein Teil der Natur, die als Sujet gewählt wird, um sie mit anderen dem Menschen eher unliebsamen Lebewesen wie Kröten und Eidechsen kunstvoll zusammen zu komponieren. Gegenstände, die lange Zeit nicht darstellungswürdig waren, werden so zum Kunstobjekt.

JK

1 Vgl. Baumann 1993.

72 b Gelbgrüne Zornnatter (Hierophis viridiflavus)

Vierstreifennatter (Elaphe quatuorlineata)

Aspisviper (Vipera aspis), Chamonix, Frankreich

überfahren nahe Quingey bei Dijon, Frankreich, 1997, Inv. Nr. PBfl 1902

ohne Fundort, Inv. Nr. PBfl 1601, N 38287

Inv. Nr. N 2234
Staatliches Naturhistorisches Museum Braunschweig

Die von Marseus van Schriek in seinem Stillleben von 1662 lebensecht dargestellten Schlangen sind, von links nach rechts:

- eine Gelbgrüne Zornnatter (Hierophis viridiflavus), in Frankreich, Italien und Slowenien/Kroatien verbreitet, ungiftig;
- eine Vierstreifennatter (Elaphe quatuorlineata), in Italien und auf dem Balkan vorkommend, ungiftig;
- eine Aspisviper (Vipera aspis), von Nordspanien bis Italien verbreitet, giftig.

Das einzige Land, in dem diese drei Schlangenarten gemeinsam vorkommen, ist Italien. In Holland kommt keine von ihnen vor. Auch die Größe der Erdkröte übersteigt die maximalen Maße holländischer Kröten, nicht aber italienischer Kröten. Es ist daher wahrscheinlich, dass das Gemälde in Italien gemalt wurde. Marseus lebte und arbeitete, wie viele holländische Maler seiner Zeit, für mehrere Jahre in Italien.

Bemerkenswert für das 17. Jahrhundert ist die Detailtreue, mit der die Schlangen dargestellt wurden. Sie zeugt von einer genauen Beobachtung der lebenden Tiere. So wird bei der Vierstreifennatter die Rückenstreifung und der Hinteraugenstreifen gezeigt, außerdem die beim Zischen vorgestreckte Luftröhre. Als größte der drei Schlangen wurde sie im Hintergrund platziert. Die Zornnatter züngelt; der Unterschied zwischen kleinen Rückenschuppen und breiten Bauchschildern ist zu sehen; ihre charakteristische schwarze Fleckung wurde fein herausgearbeitet. Die Aspisviper wird korrekt als kleinste der Schlangen dargestellt, im offenen Maul sind die aufgerichteten Giftzähne zu erkennen. Ein Unterscheidungsmerkmal von der auch in Holland vorkommenden Kreuzotter ist die nach oben gewölbte Schnauzenkante.

Drei in Äthanol eingelegte Schlangen aus der Sammlung des Staatlichen Naturhistorischen Museums Braunschweig zeigen die Übereinstimmungen am Objekt:

- Gelbgrüne Zornnatter (Hierophis viridiflavus)
- Vierstreifennatter (Elaphe quatuorlineata)
- Aspisviper (Vipera aspis)

UJ

72 b

73 Anonym
Basilisk

Feder in Braun, aquarelliert
36,2 cm × 25,8 cm
HAUM, H 27, Nr. 28, Bl. 113

Lit.: von Heusinger 1997, S. 100

Das Aquarell befindet sich in einem Band mit ursprünglich 154 Handzeichnungen mit »Vögeln, Amphibien, Insekten und Muscheln« aus der Bibliothek der Herzogin Elisabeth Sophie Marie zu Braunschweig und Lüneburg (1683–1767). Ein Teil der Blätter können dem niederländischen Maler Herman Henstenburgh (1667–1726) und seinem Sohn Anton (1695–1781) zugeschrieben werden.[1] Beide waren Meister naturgetreuer Darstellungen.

Zu sehen ist ein Basilisk in kämpferischer Haltung mit weit ausgebreiteten, häutigen Flügeln und aufgerissenem, breitem Schnabel, aus dem eine lange Zunge ragt. Mit starrem Blick, den Körper hoch aufgerichtet, präsentiert er sich dem Betrachter als ein Mischwesen aus Hahn, Drache und Schlange. Dabei ruht der Hahnenkopf auf einem geschuppten Hals, der aus einem reptilienartigen Rumpf hervorwächst. Der auffallend lange und mächtige Schwanz, der sich am Boden der kargen Landschaft windet, weckt zugleich Assoziationen an eine Schlange und eine Eidechse. Die langen Beine treten aus Oberschenkeln hervor, die mit gescheckem Fell besetzt sind. Die roten, drachenähnlichen Flügel, an deren Unterseite schemenhaft Gefieder angedeutet ist, korrespondieren farblich mit den Kehllappen und dem ungewöhnlich gearteten Hahnenkamm. Dessen Ausgestaltung als Diadem knüpft ikonografisch an die Krone an, welche den Hahnenkopf des Basilisken gemäß den Ausführungen des Albertus Magnus (1193–1280) ziert.[2] Durch die Latinisierung des griechischen Wortes *basileus* (Basilisk) zu *regulus* (der kleine König) und die daraus resultierende naturhistorisch klassifizierte Ableitung *rex serpentinum* seit Isidor von Sevilla (um 560–636) ergibt sich die Auffassung vom Basilisken als König der Schlangen, von der mehrere Quellen berichten.

Die naturgeschichtliche Bedeutung des Basilisken bildete sich seit Plinius d. Ä. (23–79 n. Chr.) heraus. Zunächst als eine Schlangenart beschrieben, seit dem Mittelalter zumeist als Mischwesen aus Hahn und Schlange, gilt der Basilisk als eines der gefährlichsten Tiere. Es heißt, er besitze den bösen Blick, so dass jeder, der ihn ansehe, auf der Stelle sterben müsse. Bereits sein Atem solle tödlich sein und seine Umgebung verpesten.[3]

Über den Basilisken und seine Entstehung existieren seit der Antike diverse Überlieferungen. Dass man bis in das 19. Jahrhundert hinein an die Existenz des Basilisken glaubte, verdeutlicht in dieser Zeichnung die Inschrift am Oberrand: GETEYKENT NAE EEN DOODE BASILISCVS. Wie selbstverständlich wurde diese Darstellung eines Fabelwesens in einen Band mit Naturzeichnungen integriert.

In der christlichen Allegorese verkörpert der Basilisk Tod, Teufel, Parusie und Sünde.[4] Er gilt nicht nur als Attribut der Unkeuschheit, auch der Neid und die Verleumdung können durch den Basilisken personifiziert werden.[5] In seiner »Therobiblia« von 1595 vergleicht Hermann Heinrich Frey die Irrlehren falscher Prediger mit dem giftigen Atem des Basilisken. Beide bringen dem »wahrheitssuchenden Menschen Tod und Verderben«.[6]

MH

1 Vgl. Gool 1971, Bd. 1, S. 248–256.
2 Vgl. Schöpf 1991, S. 14.
3 Vgl. Sammer 1999, S. 135–160.
4 Vgl. Sammer 1998, S. 39–99.
5 Bernhard von Clairveaux schreibt zu Ps. 91, 13 von bösen Werken, die auf unsichtbare Weise schaden, so wie der Basilisk durch seinen Blick (vgl. Sammer 1999, S. 148).
6 Schöpf 1991, S. 23f.

74 Nach Bernard Palissy (um 1510–um 1590)
Schale mit Tieren und Pflanzen

Fayence, Hafnerware, Dm 43 cm
HAUM, Inv. Nr. Fay 4581

Lit.: Kris 1926; Gibbon 1986; Boudon-Duaner 1989; Lestringant 1992; Amico 1996; Katz/Lehr 1996

Die runde Schüssel wurde aus feiner Hafnerware gefertigt und weist einen gewallten Rand auf. Sie ist dicht belegt mit nach der Natur geformten Steinen, Blättern, Muscheln, Fischen, Fröschen, Krebsen, Libellen und in der Mitte mit einer zusammengerollten Schlange. Das Ganze wurde mit blauen, grünen, gelben und grauen Bleiglasuren auf dunkelfarbenen Grund überzogen, die Unterseite ist in Grün, Violett und Gelb marmoriert. Der Blick in die Schale erfolgt quasi wie durch die Wasseroberfläche auf den Grund eines Gewässers. Es handelt sich um ein charakteristisches Beispiel der von Bernard Palissy und seinen Nachahmern angefertigten sog. *bassins rustiques*.

Der französische Alchimist und Töpfer Bernard Palissy war vor allem für seine Naturabgüsse berühmt und erhielt für seine außergewöhnlichen Werke den Titel »Inventeur des rustiques figulines du roi«. Das Verfahren des Naturabgusses war schon in der Antike bekannt; im italienischen Trecento wurde es durch Cennino Cennini beschrieben. Die Technik erhielt sich vor allem im Bronzeguss bis ins 17. Jahrhundert. Hierbei werden Gegenstände aus der Natur, wie Blätter, Eidechsen, Käfer etc. direkt mit dem Formsand umgeben, ausgebrannt und durch flüssiges Metall ersetzt. In Frankreich erfuhr die Technik vorwiegend in der Keramik Verbreitung. Erst im 19. Jh. konnte die genaue Zusammensetzung der Palissy'schen Glasuren geklärt werden; in der Folge entstanden zahlreiche Werke in seinem Stil, vermutlich auch die gezeigte Schale.

Die Natur wird hier zum genauen Studienobjekt, und Tiere, die zuvor nicht bildwürdig gewesen wären (Frösche, Muscheln etc.), werden zum Mittelpunkt der Darstellung erhoben. Von Palissys Beschäftigung mit der Natur zeugen auch seine wissenschaftlichen Arbeiten, wie der »Discours admirables de la nature des eaux et fontaines de la terre, tant naturelles qu'artificielles«, der 1580 in Paris veröffentlicht wurde. Bei der Herstellung der Keramiken wurden mit großem Interesse für das Studium der Natur alle Einzelheiten erfasst, wie beispielsweise die Schuppen der Schlange, dann aber zu einem großen dekorativen Ganzen zusammengeführt. Eine allegorisch-symbolische Bedeutung der Schlange ist wohl nicht zu konstatieren, vielmehr geht es um die Erfassung kreatürlicher Schönheit. Die Schale diente als Schaugeschirr.

GB

75 Ulisse Aldrovandi (1522–1605)
Serpentum et draconum historia libri duo

Bologna 1640
Holzschnitt, 24,5 cm × 36,7 cm
Universitätsbibliothek Braunschweig,
Sign. 3000-3734

Lit.: Riedl-Dorn 1989; Ausst.-Kat. Wien
2006, S. 91f., Kat. 2.39

Ulisse Aldrovandi war ein bekannter italienischer Arzt, Botaniker und Naturforscher. Nach einer kaufmännischen Ausbildung studierte er an der Universität in Bologna zunächst Jurisprudenz, Mathematik und Logik, dann Medizin und erhielt dort 1560 eine Professur. In Bologna gründete er zudem 1568 den Botanischen Garten, der zu den ersten Italiens gehört. Heute gilt Aldrovandi als Mitbegründer der modernen Zoologie.

Das Hauptwerk Aldrovandis ist die aus elf Bänden bestehende »Historia animalium«. Sein Ziel war es, die um 350 v. Chr. entstandene Naturgeschichte des Aristoteles zu erweitern und zu vervollständigen.[1] Zu Aldrovandis »Historia« gehören auch die beiden postum 1640 erschienenen Bücher »Serpentum et draconum« (Band 9 der »Historia«), von denen das erste den Schlangen, das zweite den Drachen gewidmet ist. Im Buch über Schlangen werden zumeist reale Schlangen, wie beispielsweise die Hornviper, beschrieben. Behandelt werden dabei ihre Gifte, die bekannten Gegenmittel, ihre Anatomie, ihr Vorkommen, ihre Nahrung und ihre Verwendung in der Medizin. Im Buch über Drachen wird selbstverständlich davon ausgegangen, dass die beschriebenen Wesen tatsächlich existieren. Aldrovandi berichtet von unterschiedlichen Drachen, wie beispielsweise von jenen, die das Wasser vergiften. Der Drachenbiss wird als höchst schmerzhaft beschrieben, wobei jener der Männchen gefährlicher sei als der der Weibchen. Zudem berichtet der Autor, dass ihm Franciscus Centensini selbst einen getrockneten Drachen geschenkt habe. Als 1572 ein Schrecken erregender Drache in der Umgebung Bolognas gefunden wurde, konnte ihn Aldrovandi ausführlich studieren und beschreiben, ja sogar ausstopfen und in seinem Museum ausstellen lassen.[2]

Der auf Seite 316 dargestellte Drache ist ein kraftvolles, beinloses, geflügeltes Mischwesen mit Reptilienschwanz. Er weist starke Ähnlichkeiten zu einem Basilisken auf, der heute noch im Naturhistorischen Museum in Verona ausgestellt ist. Dieser stammt aus einer italienischen Privatsammlung des 17. Jahrhunderts und wurde durch Mumifizierung und Manipulation eines Nagelrochens (Raja clavata) hergestellt. Auch im Naturhistorischen Museum in Wien wird ein ähnlicher Basilisk verwahrt.[3] Dass derartige Drachen gefälscht waren, erkannte bereits Aldrovandi, der das abgebildete Exemplar als »Draco alter ex Raia exsiccata concinnatus« (»ein anderer Drachen, der aus einem zerschnittenen Nagelrochen hergestellt wurde«) beschrieb.

JK

1 Im Unterschied zu Plinius' »Historia animalis«, in der Fabeln und Erzählungen einfließen, stützt sich Aristoteles auf empirische Beobachtungen. Eine lateinische Ausgabe seines Werks wird zum Beispiel in der Universitätsbibliothek Innsbruck verwahrt: »De historia animalium«, Amsterdam 1504.
2 Vgl. Ausst.-Kat. Wien 2006, S. 93.
3 Vgl. Ausst.-Kat. Wien 2006, S. 93.

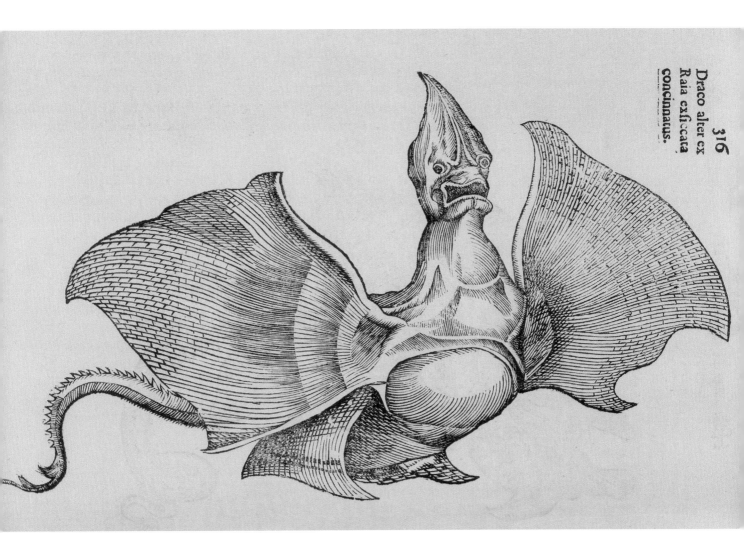

316
Draco alter ex
Raia exsiccata
concinnatus.

76 Basilius Besler (1561–1629)
Fasciculus rariorum et aspectu dignorum varii generis ...

Nürnberg 1616–1622
Frontispiz, Kupferstich,
H 17,5 cm, B 24,5 cm
Herzog August Bibliothek Wolfenbüttel,
Sign. A:26.8 Geom.

Lit.: Kölbl 1976; Ausst.-Kat. München 1989; Dressendörfer 1998; Pröbster 1998, S. 19; Ausst.-Kat. Wien 2006, S. 28, Kat. 1.10

Im gezeigten Titelkupfer betritt der Apotheker und Botaniker Basilius Besler (1561–1629) aus Nürnberg zusammen mit einem Gast seine umfangreiche Naturaliensammlung.[1] Im Gespräch vertieft stehen die beiden Männer auf dem Treppenabsatz am linken Bildrand. Der relativ klein erscheinende Raum ist voll gestopft mit allerlei Gegenständen, die dicht gedrängt ausgestellt sind. Zu ihren Füßen präsentiert ein sich verbeugender und gut gekleideter Diener den Schädel eines Krokodils. Gekonnt und leichtfüßig scheint er sich zwischen verschiedenen Echsenarten und einem Gürteltier zu bewegen.

An der mit Holz verkleideten Decke hängen Schlangen verschiedener Art sowie Früchte und Eier. Auf dem an zwei Wänden umlaufenden Bord stehen Bücher, verschiedene Gefäße und Mineralien. Auch die Wände spiegeln das Interesse an der Natur und die Sammelleidenschaft Beslers wider. Exotische Tiere wie Rochen, Schwertfische, Kugelfische und Schildkröten, aber auch Korallen können vom Besucher bestaunt werden. Auf der rechten Wandseite befindet sich ein halbhohes, offenes und teilweise mit Schubladen versehenes Regal. Auch hier drängen sich die Naturalien dicht an dicht. Die Schubladen tragen Beschriftungen, die darauf hinweisen, dass Besler nicht nur Objekte der Flora, sondern auch der Fauna sammelt. Es ist auch zu erkennen, dass seine Sammlung nicht ausschließlich den Objekten der Natur gilt, sondern auch der Kunst. Die Skulptur auf dem Regal und die kleine Kiste mit der Aufschrift »Gemme« können hierfür als Belege angeführt werden.

Die hintere Wand des Raumes beherrscht ein großes, gespanntes Tuch. In der Aufschrift wird Besler als Besitzer dieser Naturaliensammlung ausgewiesen.

Im 16. und 17. Jahrhundert entwickelten sich in ganz Europa sogenannte »Wunderkammern«, besser gesagt Kunst- und Naturaliensammlungen. Adlige und reiche Bürger trugen Naturalien, Artefakte und Kuriositäten aus aller Welt zusammen. Die Sammlung des Basilius Besler gilt heute als eine der ältesten Naturaliensammlungen.

Auch hier kann eine allegorisch-symbolische Bedeutung der Schlange ausgeschlossen werden, geht es doch vielmehr um die Darstellung der Natur. Ziel ist es, in einem Mikrokosmos ein Abbild der Welt in Bildern und Gegenständen zu schaffen. Dabei sind die zahlreichen Details zu erwähnen, die diesen Kupferstich prägen. Als Beispiele hierfür seien das Körpermuster der Schlange in der oberen Bildmitte und der Rückenpanzer der Schildkröte am rechten Bildrand genannt. Dieser Detailreichtum hat Verweischarakter. Die kleinformatigen Tiere auf dem Titelkupfer, wie die Schlange, werden im Innern des Bandes auf einer eigenen Tafel in einer vergrößerten Wiedergabe vorgestellt.

JK

[1] Besler hatte u. a. im Auftrag des Bischofs von Eichstätt, Johann Conrad von Gemmingen, den Botanischen Garten von Eichstätt angelegt, der in ganz Europa Berühmtheit erlangte. Die hier wachsenden Pflanzen wurden Vorbild für das barocke illustrierte Pflanzenbuch »Hortus Eystettensis«, das Besler 1613 gemeinsam mit Ludwig Jungermann veröffentlichte.

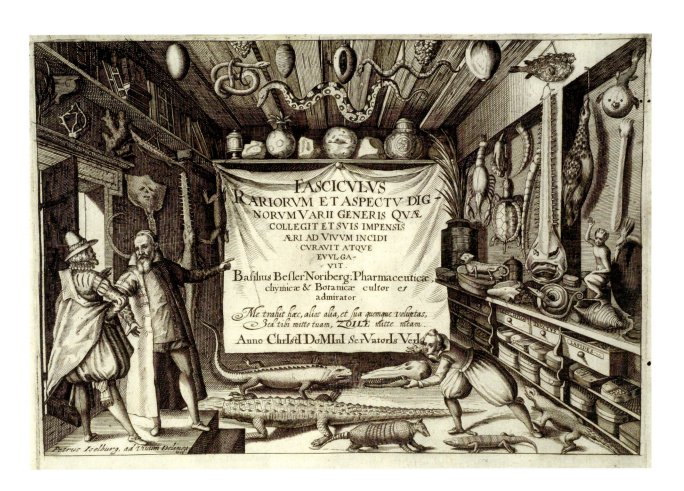

IV. Die Entdeckung der natur

77 Konrad Gesner (1516–1565)
Schlangenbuch

Das ist eine grundtliche und vollkomme Beschreybung aller Schlangen, so im Meer, süsen Wassern und auff Erden ir wohnung haben

Zürich 1589
Universitätsbibliothek Braunschweig,
Sign. 4000–1043

Lit.: Ley 1929; Riedl-Dorn 1989 (mit Lit.); Ausst.-Kat. Braunschweig 1991; BBKr, Bd. 15, Erg. 2, 1999, Sp. 635–650 (Freundenberg); Ausst.-Kat. Wien 2006, Nr. 2.35, 2.36, S. 87f.

Das vierbändige Werk »Historia animalium« stellt Konrad Gesners wichtigste zoologische Arbeit dar und entstand zwischen 1551 und 1558. In über 1000 Holzschnitten werden Säugetiere, Amphibien, Reptilien sowie Vögel und Wassertiere gezeigt und beschrieben. Band fünf und sechs, welche sich mit Schlangen und Insekten beschäftigen, wurden in den Jahren 1587 und 1634, also nach Gesners Tod, veröffentlicht.[1]

Neben diesem für die neuzeitliche Zoologie einflussreichen Gesamtwerk wurde eine gekürzte, popularisierende deutsche Bearbeitung als »Thier-, Vogel-, Fisch-, und Schlangenbuch« (1557–1589) in mehreren Auflagen gedruckt und verbreitet.[2]

Der Schweizer Konrad Gesner war aber nicht nur Naturforscher, sondern vor allem Arzt, Theologe und Altphilologe. Er wurde 1516 in Zürich geboren und starb dort 1565. Er studierte u. a. Alte Sprachen und Theologie in Straßburg sowie Medizin und Naturkunde in Bourges und Paris.[3] Wie üblich in dieser Zeit unternahm auch Gesner Bildungsreisen quer durch Europa. So eignete er sich ein breites Wissen durch Beobachtungen, Diskussionen, Beschreibungen und Experimente an. Ab 1537 war Gesner Professor für Griechisch in Lausanne, eine weitere Professur in Physik folgte 1546 in Zürich; zudem war er als praktizierender Arzt tätig. Gesner verfasste Schriften auf fast allen wissenschaftlichen Gebieten.

In seinem Schlangenbuch versucht er enzyklopädisch, alle bisherigen bekannten Informationen zusammenzutragen. Er unterscheidet verschiedene Schlangenarten und Blindschleichen, aber auch Drachen, Lindwürmer und Basilisken kommen in seinen Beschreibungen vor.

Gesner teilt jede Beschreibung in verschiedene Abschnitte. Er zählt die Namen der Tiere in allen ihm bekannten Sprachen auf, erläutert die Herkunft des Tieres und seine Lebensweise, vergleicht Größe, Gestalt und Art seiner Fortbewegung, gibt Hinweise, wie die Lebewesen zu fangen und wie sie dem Menschen nutzbar zu machen seien, und vermittelt Behandlungsmethoden bei Bissen und Vergiftungen.[4]

Er beschreibt unter anderem auch die gelbe Meerschlange, ein Phantasiewesen, das nach seinen Angaben in der Ostsee lebt und eine Größe von dreißig bis vierzig Schuhlängen erreichen kann. Gefährlich sei dieses Tier nicht, solang es nicht gereizt werde.

Drachen und Lindwürmer gehören bei Gesner nicht in das Reich der Phantasie, sondern sind reale Lebewesen, die von ihm beschrieben und durch Zeichnungen illustriert werden. Er räumt jedoch ein, sich mit der Frage der Existenz kritisch auseinandersetzen zu müssen.[5] Den Basilisken verbannt Gesner bereits in das Land der menschlichen Phantasie.[6] So steht Konrad Gesner mit seinem Werk am Übergang vom Mittelalter zur Wissenschaft der Neuzeit.

JK

1 BBKr, Bd. 15, Erg. 2, 1999, Sp. 635–650.
2 BBKr, Bd. 15, Erg. 2, 1999, Sp. 635–650.
3 BBKr, Bd. 15, Erg. 2, 1999, Sp. 635–650.
4 Vgl. Riedl-Dorn 1989, S. 37.
5 Vgl. Riedl-Dorn 1989, S. 72.
6 Vgl. Ley 1929, S. 83.

Von der Vipernater. LII

tags reitt er widerumb hinauß / vnnd fand kein läbendige schlangen meer/ der todten aber lagen aldah acht tausent/ welche er all ließ in ein gruben werffen/ vnnd mit erden bedecken/ der fürst that auch diß wunder dem Türckischen Keyser Baiazet/ so dise statt kurtz daruor erobert hatt / zů wüssen/ welcher es für glückhafftig gehalten/ vnd sich darüber erfröwet.

Von der Schlangen Tyrus genennt.

Ilgelehrte männer wöllen dise schlang mit der vipernater ein art sein. Ettlich aber schreyben es seye ein sonderbar geschlecht/ so in den einöden vmb Jericho vmbher wohne/ allerley thieren vnd vöglen/ insonders aber jren eyeren nachstelle/ vñ die eyer mit sam̃t den vöglen verschlinde. Man pflege ein artzney auß jrem fleisch zůzerüsten / die mit ettlich anderen stucken vermischt all gifft bestreitte vnd auß dem leyb treybe. Jm abstreiffen der haut löst sie erstlich dieselb zwüschen den augen (sicht auß als were sie mit blindheit geschlagen) schindt darnach den kopff vnd volgends den gantzen leyb.

Von der Vipernater.

Vipera.   Vipernater.
Tyrus Arabum.   Otter.

Von jrem namen vnd wob sie wohne.

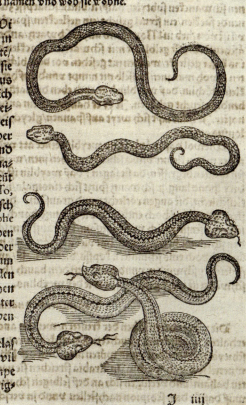

N alte scribenten setzẽ der Viper namen/ alle schlangen in gemein dardurch zůbedeütẽ/ andere consindieren vnd zehlen sie vnder die Aspide/ so doch Galenus dise beide geschlecht außtruckenlich vnderscheiden. Derhalben so soll eigentlich zů redẽ die Viper allein heissen vnd verstanden werdẽ von der art/ so allhie beschriben wirdt/ vnnd Teütsch vipernater/ hecknater/ natter / otter vnd brandschlang genen̄t wirt/ heißt welsch Vipera, Marasso, Frantzösisch Vne vipere, Spanisch Biuora vnnd bicha, Arabisch Alphe vnd Tyrus. Aber es vnderscheiden etlich tolmetschen vnd außleger der Arabischen schrifften denn Tyrum von der vipernatern. So zweyfflen vnd disputieren auch die Welschen ob je Marasso der alten vipernater sey oder nit/ welchs wir berůwen lassen.

Wiewol die Marser nit zůgelassen daß Italia die viperen (oder vil mehr die aspiden) wegen des temperierten luffts/ vnd der erdẽ feüchtig-

78 Albertus Seba (1665–1736)
Thesauri

Locupletissimi rerum naturalium thesauri accurata descriptio
et iconibus artificiosissimus expressio, per universam physices historiam …

Amsterdam 1734–1765
Universitätsbibliothek Braunschweig,
Sign. 4000–0772, 4000–0785,
4000–0798, 4000–0808

Lit.: Ausst.-Kat. Braunschweig 1991, S. 21;
Müsch 2001 (mit Lit.)

Neben Basilius Besler (vgl. Kat. Nr. 76) war Albertus Seba ein weiterer wichtiger Naturaliensammler des Apothekerstandes. Er wurde am 2. Mai 1665 in Etzel geboren. In Neustadt-Gödens erlernte er den Beruf des Apothekers. In seinen anschließenden Wanderjahren hatte er die Möglichkeit, in verschiedenen Kunst- und Naturaliensammlungen sein Wissen zu erweitern, so zum Beispiel in der des Apothekers Johann Leonhard Stöberlein.[1] Seba ließ sich als erfolgreicher Apotheker in der pulsierenden Handels- und Wirtschaftsmetropole Amsterdam nieder. Inspiriert durch die in seinen Wanderjahren gesehenen Sammlungen begann Seba mit dem Aufbau einer ersten eigenen Naturaliensammlung. Hierzu gehörten u. a. präparierte Insekten, Vögel und Fische. Als ein Mann mit Gespür für gute Geschäfte trennte er sich 1717 hiervon und verkaufte die Sammlung an den russischen Zaren Peter den Großen.

Kurz darauf begann Seba mit dem Aufbau einer zweiten Naturaliensammlung. Der Schwerpunkt lag nun auf Insekten, Reptilien und Meerestieren.

Am 30. Oktober des Jahres 1731 schlossen Seba und zwei Verlage einen Vertrag zur Publikation der Seba'schen Sammlung.[2] Das vierbändige Werk »Locupletissimi Rerum Naturalium Thesauri Accurata Descriptio« (auch kurz »Thesauri« genannt) versuchte erstmals, einen enzyklopädischen Überblick über die Flora und Fauna zu vermitteln. Band 1 und 2, welche noch zu Lebzeiten Sebas erschienen (1734–1735), beschäftigen sich hauptsächlich mit der Flora und Fauna Südamerikas und Asiens sowie mit Schlangen, Spinnen und Reptilien. Am 3. Mai 1736 starb Seba in Amsterdam. Die Bände 3 und 4 erschienen postum in den Jahren 1758 und 1765 und behandeln den Lebensraum Meer und die Gruppe der Insekten sowie Mineralien und Fossilien.

Auf 446 Tafeln veranschaulicht das Werk mit Hilfe von Erläuterungen die Vielfalt der Natur. 13 namentlich bekannte Künstler arbeiteten an den Tafeln, die hauptsächlich die äußere Gestalt der Lebewesen zeigt, vereinzelt aber auch Skelette und anatomische Präparate.[3]

Die Sammlung Sebas gibt eine große Vielfalt verschiedener Arten wieder, aber auch für Seba existente Phantasielebewesen, wie z. B. eine siebenköpfige Hydra (Band 1, Taf. 102).

Da es bis zu Carl von Linné (1707–1778) keine Gliederung der Lebewesen in Reich, Klasse, Ordnung, Gattung und Art gab, ist die hier gezeigte lockere Zusammenstellung von Pflanzen und Tieren erklärbar.

Auch zeigt sich die Schlange, zum Beispiel in Band 2, Taf. 86, als ein Teil der Natur. Für Albertus Seba ist sie ein wichtiger Teil der Fauna. Ihre unterschiedlichen Größen, Formen und Farben und die Herkunft von fernen Kontinenten und aus verschiedenen Ländern machen sie daher sammelnswert.

JK

1 Vgl. Müsch 2001, S. 9.
2 Vgl. Müsch 2001, S. 19.
3 Vgl. Müsch 2001, S. 20.

79 Mark Catesby (1683–1749), Nikolaus Friedrich Eisenberger (1707–1771), Georg Lichtensteger (1700–1781)

Piscivum / serpentvm insectorvm / aliorvmqve nonnvllorvm animalivm / nec non plantarvm qvarvndam / imagines [...]

Die Abbildungen verschiedener Fische, Schlangen, Insecten, einiger anderer Thiere und Pflanzen, welche Herr Marcus Catesby im zweyten Theil, und im Anhang seines vortrefflichen Wercks der natürlichen Historie von Carolina/Florida und den Bahamischen Inseln beschrieben. Mit den Abbildungen der unsrigen und anderer Länder Fische vermehret, und in ihren natürlichen Farben vorgestellet herausgegeben von Nicolaus Friederich Eisenberger und Georg Lichtensteger. Nürnberg, gedruckt bey Johann Joseph Fleischmann 1750
58 S., 58 Taf.
Aus dem Bestand des ehemaligen Herzoglichen Kunst- und Naturalienkabinetts in Braunschweig[1]
Braunschweig, Universitätsbibliothek, Sign. 4000–0811

Lit.: Nissen 1969, Bd. 1, S. 90, Nr. [846]; McBurney 1997; Meyers/Pritchard 1998

Der englische Naturhistoriker und Illustrator Mark Catesby (1683–1749) bereiste von 1712–1719 und von 1722–1726 die südöstliche Region von Nordamerika und die Bahamas. Im Auftrag und mit finanzieller Unterstützung mehrerer Mitglieder der Royal Society erforschte er bei seinem zweiten Aufenthalt systematisch die dortige Fauna und Flora. Er fertigte vor Ort zahlreiche Aquarelle von den erkundeten Pflanzen und Tieren an.[2] Nach der Rückkehr in seine Heimat arbeitete er an der Veröffentlichung seiner Forschungsergebnisse. Die ersten Teile seines zweibändigen Werks »The Natural History of Carolina, Florida and the Bahama Islands« erschienen zwischen 1729 und 1732, weitere folgten 1734/35 und 1743 sowie ein Appendix 1747.[3] Jeder der beiden Hauptbände enthält 100, der Appendix 20 ganzseitige Farbtafeln. Bis auf wenige Ausnahmen entstanden diese nach den Aquarellen. Sie wurden auch von Catesby eigenhändig radiert. Zudem verfasste er die Beschreibungen, die auf der jeweils gegenüberliegenden Seite erscheinen.[4]

Die Tafeln des ersten Bands zeigen ausnahmslos die Wiedergabe von Vögeln. Im zweiten Band und im Appendix werden unterschiedliche Tiergattungen vorgestellt, in der Mehrzahl Fische, aber auch 20 Schlangen. Wie bei den Vogeldarstellungen ist auch hier dem jeweiligen Tier bzw. Tierpaar häufig eine bestimmte Pflanze hinzugefügt. Es handelt sich dabei um eine von Catesby mit Bedacht ausgewählte Zusammenstellung. Pflanze und Tier sind in der Regel ein und derselben Naturlandschaft entnommen oder stehen gar – so die Vögel und ihre Futterpflanzen – in direkter Beziehung zueinander.[5] Die mit den Schlangen in Verbindung gebrachten Spezies wurden jedoch eher aus formalen als aus biotopischen Gründen ausgesucht.[6] Das hier reproduzierte Beispiel der Carolina-Zwergklapperschlange[7] zeigt vielfache, zum Teil subtil angelegte Gestalt- und Strukturparallelen zwischen dem sich windenden Schlangenkörper und den Blättern der beiden Zweige. Besonders ins Auge fallen das den aufgerichteten Vorderteil des Kriechtiers unterstützende Blattquartett sowie die beiden auf Form und Farbe der Rassel anspielenden Schoten. Der nicht nur in der Komposition zu erkennende künstlerische Anspruch entsprach den Erwartungen der zeitgenössischen Liebhaber wissenschaftlicher Darstellungen.[8] Dieser Anspruch blieb jedoch keineswegs auf die Anlage des einzelnen Blatts beschränkt. Vergleicht man die 220 Bilder miteinander, so fällt auf, dass sich Catesby um eine abwechslungsreiche Gestaltung der jeweiligen Tafeln bemühte.

Trotz seines Verharrens in traditionellen Darstellungsformen und gewisser handwerklicher Mängel[9] zählt Mark Catesby zu den zukunftsweisenden naturwissenschaftlichen Illustratoren und Autoren des 18. Jahrhunderts. Die »Natural History« zeugt von seinem Bemühen, eine möglichst unvor-

VIPERA caudisona Americana minor.

Quum huius magnitudinis viperis caudisonis aliae sint maculae aliusque color, quam quidem maioribus illis, quemadmodum ipsae earum ostendunt pictae imagines, diversae easdem esse speciei vulgo credunt, licet hoc ipso res minime sit comprobata: vidi namque mutari nonnullarum, positis exuuiis, maculas atque colorem, quum contra aliae praesertimque vnicolores, pristinum, exuta cute, seruent colorem. Crebrius id ipsum obseruaui, multas enim earum exuuias suas ponere vidi. Vtrum itaque minor haec vipera caudisona diuersae sit speciei, res est vlterioris indagationis. Venenum habet viperae huius morsus, quum autem parua sit, mortem vix semper infert.

Fuscus est huius viperae color, cui tamen in dorso, maculis nigris margine albo cinctis exornato, rubri quid admiscetur.

Seruant omnes angues adultae pristinum suum colorem, sed iuniores minusque adultae mutant nonnunquam eundem vbi exuuias ponunt, id quod in sequente earum historia, si quidem cognitum mihi fuerit, semper sum indicaturus. Fert vulgaris opinio, tot crepitaculo viperarum caudisonarum esse articulos, quot ipsae habeant annos, sed nititur illa mera atque, vt mihi quidem videtur, falsa coniectura, quum minores viperae, plures saepius, quam maiores, habeant articulos.

Frutex foliis oblongis serratis, alternis, Acaciae floribus luteis, fructu breui, calyculato viridi.

Crescit frutex hic ad altitudinem octo decemue pedum, multosque emittit caules alternatim inflexos. Folia ipsius serrata ex angulis flexurarum alternatim oriuntur. Flores ex summitate minorum ramorum procrescentes spicam formant; singuli flores pappescunt, globosi sunt, gratumque spargunt odorem. Aequat fructus pisum fere maius, glandemque querneam refert, cuius tamen calyx in quatuor quinqueue duisus est segmenta. Crescit hic frutex in plurimis *Insularum Bahamensium*.

Acacia, Buxi foliis rotundioribus, floribus albis, siliqua lata compressa.

In summam arbores hae excrescunt altitudinem truncis magnis procerisque, quorum diameter interdum tres aequat pedes, rami vero in magnum ambitum diffunduntur. Exteriores arboris rami admodum tenues sunt flexilesque nec non foliis pinnatis confertim positis vestiti. Flos pappofus, albus globosusque. Hunc excipiunt siliquae tenues, compressae, pollicem latae et quinque pollices longae, vtplurimum tortiles, seminibus pluribus planis atque fuscis refertae. Praestantissimum earum est lignum optimorum harum insularum post illud, quod hic *Madera*, atque in insula *Iamaica Mahogony* dicitur, vnde crebrius pro opere intestino in *Agliam* transfertur. Venae non sunt tam confertae ac in Ligno *Madera*, splendet tamen serici panni *Satin* dicti instar, *Bahamenjes* appellant illud per errorem *Mahogony*.

Die kleinere Americanische Klapperschlange.

Da die Klapperschlangen von dieser Grösse andere Flecken und Farben haben als die grösseren, wie die Abbildungen zeigen, so hält man sie insgemein für verschieden, ob solches hiedurch gleich noch nicht genugsam bewiesen ist: denn ich habe wahrgenommen, daß einige Arten ihre Flecken und Farben verändern, wann sie ihre Haut ablegen; da hingegen andere, und insonderheit diejenige so einfärbig sind, bey Veränderung der Haut ihre Farbe behalten. Dieses habe ich öffters beobachtet, indem ich vielen bey Ablegung ihrer Haut zugesehen habe. Ob diese kleine Kapperschlange eine verschiedene Sorte seye, oder nicht, muß noch untersuchet werden. Der Biß dieser Schlange ist vergifftet, weil sie aber klein ist, hat er nicht allezeit eine tödliche Folge.

Die Grundfarbe dieser Schlange ist braun, und auf dem Rucken roth schattiret, welcher auch noch grosse schwarze, weiß eingefaßte Flecken hat.

Alle Sorten von Schlangen behalten die ihnen eigene Farbe, wenn sie ausgewachsen sind. So lang sie aber noch jung sind und wachsen, bekommen einige derselben, bey Veränderung ihrer Haut, verschiedene Farben, wie ich, in so ferne mir solches bekannt ist, in ihren folgenden Beschreibungen bemerken werde. Die gemeine Meynung will, die Klapperschlangen hätten in ihrer Klapper so viel Gelenke als sie Jahre alt sind, welches aber doch nur eine Muthmassung ist, und falsch zu seyn scheinet; weil auch kleine Schlangen vielmals mehrere Gelenke als die grösseren haben.

Eine Staude so länglichte, ausgezackte, wechselsweis wachsende Blätter, gelbe Blumen wie die Acacia, und eine kurze, mit einem Kelch versehene grüne Frucht hat.

Diese Staude wächst insgemein acht oder zehen Schuh hoch, und hat viele zähe Stengel so wechselsweis gebogen sind. Die Blätter sind ausgezackt, und wachsen wechselsweis, bey jedem Bug, aus den Winkeln. Die Blumen wachsen am Ende der kleinern Aeste ährenweis, sind stockicht, kugelförmig, und wohlriechend. Die Frucht ist etwann so groß als eine grosse Erbse, und wie eine Eichel geformt, mit dem Unterschied, daß ihr Kelch vier oder fünf Einschnitte hat. Sie wächst auf den meisten bahami'schen Inseln.

Die Acacia, mit runden Buchsblättern, weißen Blumen, und einer breiten, wie zusammen gedruckten Schote.

Diese Bäume wachsen sehr hoch, mit grossen geraden Stämmen, wovon einige drey Schuh im Durchmessen und grosse, sich weit ausbreitende Aeste haben. Die äusseren Zweige des Baumes sind sehr dünn und biegsam, und dick mit paarweis wachsenden Blättern besetzt. Die Blume ist stockicht, weis und kugelförmig. Auf sie folgen platte, dünne Schoten, so einen Zoll breit, fast fünffe lang, und insgemein gedrehet sind, auch viele platte, braune Saamen enthalten. Sie haben ein vortreffliches Holz, welches nach demjenigen so man hier Madera nennet (welches das Mahogony von Jamaica ist) das beste Holz ist, so in diesen Inseln wächst, auch wird viel davon nach Engeland für die Schreiner verführet. Es hat keine so dichte Adern als wie das Madera, aber einen vortrefflichen Glanz wie Satin, und wird von den Bahamern irrig Mahogony genennet.

eingenommene, genaue und umfassende Darstellung der Naturgeschichte der von ihm erforschten Regionen abzuliefern.¹⁰ Die Publikation wurde im Laufe des 18. Jahrhunderts mehrfach nachgedruckt. Einen Auszug aus dem zweiten Band bietet die vorliegende deutsche Ausgabe, die 58 Farbtafeln enthält. Die 1750 von den Nürnbergern Nikolaus Friedrich Eisenberger (1707–1771) und Georg Lichtensteger (1700–1781) nachgestochenen Tafeln wirken in der Form- und Farbgebung pointierter als Catesbys Radierungen, die ihrerseits den aquarellierten Vorlagen näherstehen.¹¹

AW

1 Nachgewiesen in: Herzog Anton Ulrich-Museum, Altregistratur, H 35, Nr. 16.
2 Zahlreiche ganzseitige Farbreproduktionen bei McBurney 1997.
3 Eine digitalisierte Ausgabe (California Academy of Sciences, London) ist unter www.rarebookroom.org/Control/catthf/index.html (1. Bd. mit App.) und www.rarebookroom.org/Control/catthg/index.html (2. Bd.) zu finden. Für den Hinweis danke ich Stefan Wulle.
4 Zur Biographie: Gillispie 1970–1990, Bd. 3, 1971, S. 129f.; AKL, Bd. 17, 1997, S. 300f.; Meyers/Pritchard 1998, S. 11–18; McBurney 1997, S. XV–XVIII, S. 1–17; ODNB, Bd. 10, 2004, S. 531f.
5 Vorbild dafür waren die Insektendarstellungen der Maria Sybilla Merian (1647–1717), wo neben den Tieren auch die zugehörigen Futterpflanzen wiedergegeben sind. McBurney 1997, S. 21f.
6 Weiterführend dazu Meyers, in: Meyers/Pritchard 1998, S. 230f.
7 *Sistrurus miliaris miliaris.* Für die genaue Bestimmung danke ich Ulrich Joger.
8 Lechtreck 2000, S. 229: »Die ästhetische Präsentation wissenschaftlicher Erkenntnis und ihre Einbindung in die Lebenswelt des Adels und reichen Bürgertums kennzeichnet ganz allgemein das Naturstudium bis Ende des 18. Jahrhunderts.«
9 Catesby ist sich dessen wohl bewusst, sieht darin aber auch gewisse Vorteile: »Da ich kein vollkommener Mahler bin, so hoffe ich man werde mir die in Ansehung der Perspectiv und anderer Kunstgriffe gegangenen Fehler, um so viel ehender vergeben; wie ich denn auch die Meinung hege, dass die obwohl etwas platt, doch aber sorgfältig gemachten Pflanzen und anderen Dingen, denen mit mehrerer Kunst, nach Mahlerart, ausgeführten, so ferne sie zur Erläuterung in der natürlichen Historie gehören, vorzuziehen seyen.« Catesby, Beschreibung [o. S.].
10 Zur Bewertung Catesbys innerhalb der zeitgenössischen naturhistorischen Forschung Siemer 2004, S. 83–85.
11 Biographische Angaben zu Eisenberger und Lichtensteger bei Ludwig 1998, S. 326f. bzw. S. 354. Bereits 1749 hatte der Nürnberger Kupferstecher Johann Michael Seligmann (1720–1762) einen Nachdruck der Vögel aus Catesbys erstem Band ediert, Nissen 1969, Bd. 1, S. 89, Nr. [843]. Der darin enthaltene, ins Deutsche übertragene Einführungstext Catesbys erschien 1755 und 1756 auch als separater Druck, s. Catesby, Beschreibung. Catesby äußert sich folgendermaßen zu seiner Technik: »[…] ob ich nun aber gleich hierinnen nicht nach Art der Kupferstecher verfahren, und die Anlag der Striche, gleich ihnen, gemachet, sondern vielmehr den Federstrichen gefolget, welches mühsamer ist; so glaube ich doch mein Vorhaben besser ausgerehrt zu haben.« Catesby, Beschreibung [o. S.].

80 Gerard Krefft (1830–1881)
The snakes of Australia
An illustrated and descriptive catalogue of all the known species

Sydney 1869, Taf. 4 und 5
Staatliches Naturhistorisches Museum Braunschweig, Inv. Nr. 942

Lit.: Ausst.-Kat. Wolfenbüttel 2000, S. 248–255 (mit Lit.)

Das 1869 veröffentlichte Werk »The snakes of Australia, an illustrated and descriptive catalogue of all the known species« von Johann Ger(h)ard Louis Krefft gilt als grundlegende und wissenschaftlich höchst anerkannte Arbeit der Schlangenforschung.[1]

Krefft beschreibt alle bis zum Jahre 1869 bekannten Schlangenarten Australiens. Aus einer Bemerkung im Vorwort wird deutlich, wie schnell die Erforschung des Kontinents voranschritt: 1854 waren 20 Schlangenarten bekannt, 1859 30 und 1869 schließlich dann 70 Arten. 19 davon entdeckte und beschrieb Krefft selbst. Die in seinem Werk enthaltenen Illustrationen stammen von Harriet Scott und Mrs. Edward Ford. Der Autor legte größten Wert auf detailgetreue Abbildungen der Tiere, da er einen geschulten Blick und künstlerische Fähigkeiten besaß.[2]

Am 17. Februar 1830 kam Krefft als Sohn eines Konditors in Braunschweig zur Welt und absolvierte auf Wunsch der Familie eine kaufmännische Ausbildung. Mit 21 Jahren verließ er aber als Auswanderer die Heimat in Richtung Amerika. Sein eigentliches Ziel, Australien, führte ihn nochmals um die halbe Welt. Im November 1852 traf er in Victoria ein. Anfänglich arbeitete er als Goldgräber, bis er 1858 die Möglichkeit erhielt, sich einer Expedition unter der Leitung William Blandowskis anzuschließen. Nach seiner Rückkehr stellte ihn Prof. Frederick Mc Coy als Assistenten am Nationalmuseum ein. 1861 wurde Krefft Kurator und Sekretär des Australian Museum in Sydney.[3] Krefft war sowohl Wissenschafler als auch Sammler. Für das Erstere sprechen seine Veröffentlichungen und die Tatsache, dass zahlreiche von ihm entdeckte australische Tierarten seinen Namen tragen. Der zweite Umstand lässt sich noch heute in zahlreichen Museen Australiens, insbesondere dem Australian Museum, aber auch den Museen in Hamburg und Braunschweig nachvollziehen.[4]

Krefft beschäftigte sich vor allem mit Zoologie, Botanik und Paläontologie und dies auf hohem wissenschaftlichen Niveau. Die Trennung von Kunstkammern in Kunstsammlungen und Naturkundemuseen war zu seiner Zeit längst vollzogen. Daher finden sich in Kreffts Werken nur tatsächlich existierende Lebewesen, die er selbst beobachtet und dokumentiert hatte. Tafel 4 und 5 seiner »Snakes of Australia« zeigen ungiftige australische Schlangen, Tafel 4 eine Grüne Baumschlange (*Dendrophis punctulata*), Tafel 5 zwölf verschiedene Arten, darunter eine Braune Baumschlange (*Dipsas fusca*, Nr. 7 und 7a) und eine Schwarzköpfige Steinschlange (*Aspidiotes melanocephalus*, Nr. 4).

JK

1 Vgl. Ausst.-Kat. Wolfenbüttel 2000, S. 251.
2 Vgl. Ausst.-Kat. Wolfenbüttel 2000, S. 255.
3 Vgl. Ausst.-Kat. Wolfenbüttel 2000, S. 251.
4 Vgl. Ausst.-Kat. Wolfenbüttel 2000, S. 252.

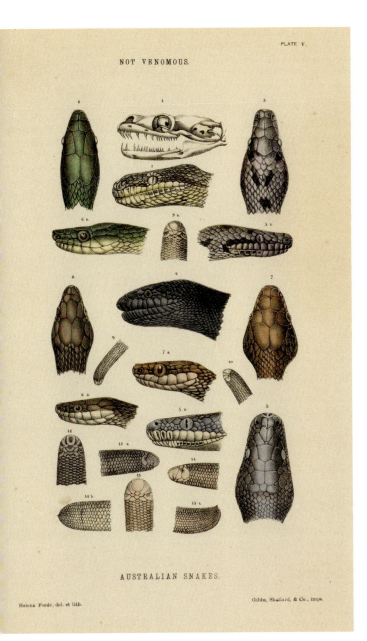

PLATE V.
NOT VENOMOUS.
AUSTRALIAN SNAKES.
Helena Forde, del. et lith.   Gibbs, Shallard, & Co., impe.

PLATE IV.
NOT VENOMOUS.
GREEN TREE SNAKE.
Dendrophis punctulata.
Harriet Scott, del. et lith.   Gibbs, Shallard, & Co., impe.

LITERATURVERZEICHNIS

Abgekürzt zitierte Literatur

AKL
Allgemeines Künstlerlexikon. Die bildenden Künstler aller Zeiten und Völker, hrsg. von K.-G.-Saur, München–Leipzig, begr. u. mithrsg. von Günter Meißner, München, Leipzig 1–, 1992ff.

Bartsch
Adam Bartsch: Le peintre graveur, Wien 1.1803–21.1821

BBKr
Biographisch-Bibliographisches Kirchenlexikon, begr. und hrsg. von Friedrich Wilhelm Bautz, fortgef. von Traugot Bautz, Nordhausen, Herzberg 1–, 1990ff.

Dict. of Art
The Dictionary of Art, hrsg. von Jane Turner, New York, London 1.1996–34.1996

Dutch Hollstein
Friedrich Wilhelm Heinrich Hollstein: Dutch and Flemish Etchings, Engravings and Woodcuts ca. 1450–1700, Amsterdam 1–, 1949ff.

Handwörterbuch Volkskunde
Handwörterbuch zur Deutschen Volkskunde, hrsg. vom Verband Deutscher Vereine für Volkskunde, Berlin [u.a.] 1,1.1927–1,10.1942

Hollstein
Friedrich Wilhelm Heinrich Hollstein: German Engravings, Etchings and Woodcuts ca. 1400–1700, Amsterdam 1–, 1954ff.

Illustr. Bartsch
The Illustrated Bartsch, general ed. Walter L. Strauss, New York, NY 1.1978–165.1999

LCI
Lexikon der christlichen Ikonographie, begr. von Engelbert Kirschbaum, hrsg. von Wolfgang Braunfels, Rom [u.a.] 1.1968–8.1976

LDK
Lexikon der Kunst. Architektur, bildende Kunst, angewandte Kunst, Industrieformgestaltung, Kunsttheorie, hrsg. von Harald Olbrich, Leipzig 1987–1994

Le Blanc
Charles Le Blanc: Manuel de l'amateur d'estampes. contenant un dictionnaire des graveurs de toutes les nations …, Paris 1.1854–4.1890

LIMC
LIMC, Lexicon iconographicum mythologiae classicae, Red. Hans Christoph Ackermann, Zürich [u.a.] 1981–1999

Meder
Joseph Meder: Dürer-Katalog. Ein Handbuch über Albrecht Dürers Stiche, Radierungen, Holzschnitte, deren Zustände, Ausgaben und Wasserzeichen, Wien 1932

Nagler
Georg Kaspar Nagler: Neues allgemeines Künstler-Lexicon oder Nachrichten von dem Leben und den Werken der Maler, Bildhauer, Baumeister, Kupferstecher, Formschneider, Lithographen, Zeichner, Medailleure, Elfenbeinarbeiter, etc., München 1.1835–22.1852

Niederländisches Künstler-Lexikon
Niederländisches Künstler-Lexikon. Mit mehr als 3000 Monogrammen, auf Grund archivalischer Forschungen bearb. von Alfred von Wurzbach, Wien, Leipzig 1.1906–3.1911

ODNB
Oxford Dictionary of National Biography. From the earliest times to the year 2000, ed. by H. C. G. Matthew …, in assoc. with the British Academy, Oxford [u.a.] 1.2004–60.2004

PGM
Papyri Graecae magicae = Die griechischen Zauberpapyri, hrsg. u. übers. von Karl Preisendanz, 2 Bde., Repr. 2., verb. Aufl. durchges. u. hrsg. von Albert Henrichs (Sammlung wissenschaftlicher Commentare), Stuttgart 1973

RDK
Reallexikon zur deutschen Kunstgeschichte, begonnen von Otto Schmitt, hrsg. vom Zentralinstitut für Kunstgeschichte, München 1–, 1937ff.

RE
Paulys Realencyclopädie der classischen Altertumswissenschaft, begonnen von Georg Wissowa, fortgef. von Wilhelm Kroll und Karl Mittelhaus, neue Bearb., Stuttgart [u.a.] 1.1893–15.1978

Thieme/Becker
Ulrich Thieme, Felix Becker (Hrsg.): Allgemeines Lexikon der bildenden Künstler von der Antike bis zur Gegenwart, Leipzig 1.1907–37.1950

Quellen

Cartari, Imagini
Vincenzo Cartari: Le imagini de i Dei de gli Antichi (1556), hrsg. von Ginetta Auzzas, Federica Martignago, Manlio Pastore Stocchi und Paola Rigo, Vicenza 1996

Cassius Dio, Geschichte
Cassius Dio: Römische Geschichte, übersetzt von Otto Veh, 5 Bde. (Die Bibliothek der alten Welt), Zürich 1985–1987

Catesby, Beschreibung
Marcus Catesby (Hrsg.): Die Beschreibung von Carolina, Florida und den Bahamischen Inseln, worinnen von der Luft, dem Wasser, den Einwohnern, den vierfüßigen Thieren, den Fischen, Pflanzen etc. dieser Länder umständliche und zuverläßige Nachricht mitgetheilet wird, in das Dt. übers. von D. Georg Leonhard Huth, Nürnberg 1755

Herodot, Historien
Herodot: Historien. Deutsche Gesamtausgabe, übers. von August Horneffer, neu hrsg. und erl. von Hans W. Haussig, 4. Aufl. (Kröners Taschenausgabe; 224), Stuttgart 1971

Hornung, Totenbuch
Erik Hornung: Das Totenbuch der Ägypter, eingel., übers. und erl. von Erik Hornung, Düsseldorf 2004

Hornung, Unterweltsbücher
Erik Hornung: Die Unterweltsbücher der Ägypter, eingel., übers. und erl. von Erik Hornung, Neuausg., Düsseldorf 2002

Krefft, Snakes
Gerard Krefft: The snakes of Australia. An illustrated and descriptive catalogue of all the known species, Sydney 1869

Ovid, Metamorphosen
Publius Ovidius Naso: Metamorphosen. Lateinisch/deutsch, übers. und hrsg. von Michael von Albrecht (Universal-Bibliothek; 1360), Stuttgart 1994

Plinius, Naturkunde
Gaius Plinius Secundus d. Ä: Naturkunde. Lateinisch-deutsch, hrsg. und übers. von Roderich König, 37 Bde., Düsseldorf, München 1973–1994

Plutarch, Antonius
Plutarch: Marcus Antonius, Bd. 5 in: Grosse Griechen und Römer, eingel. und übers. von Konrat Ziegler, 6 Bde. (Die Bibliothek der alten Welt), Zürich 1954–1965

Plutarch, De Pythiae orac.
Plutarchs Schrift »De Pythiae oraculis«, eingel. und übers. von Stephan Schröder (Beiträge zur Altertumskunde; 8), Stuttgart 1990

Seba, Locupletissimi
Albertus Seba: Locupletissimi rerum naturalium thesauri accurata descriptio, et iconibus artificiosissimis expressio, per universam physices historiam. Opus, cui, in hoc rerum genere, nullum par exstitit, ex toto terrarum orbe collegit, digessit, descripsit, et depingendum curavit Albertus Seba, 4 Bde., Amsterdam 1734–65

Statius, Kampf
Publius Papinius Statius: Der Kampf um Theben, Einl., Übers. und Anm. von Otto Schönberger, Würzburg 1998

Strabo, Geographica
Strabo: Geographica, übersetzt von Albert Forbiger, Wiesbaden 2005

Tacitus, Historien
Publius Cornelius Tacitus: Historien, in: Publius Cornelius Tacitus: Sämtliche erhaltene Werke, unter der Zugrundelegung der Übertragung von Wilhelm Bötticher neu bearb. von Andreas Schäfer, Essen 2006

Vergil, Aeneis
Vergil, Aeneis, übers. von Gerhard Fink (Die Bibliothek der alten Welt), Düsseldorf 2007

Literaturverzeichnis

Adriani 1969
Gert Adriani: Herzog Anton Ulrich-Museum Braunschweig. Verzeichnis der Gemälde, Braunschweig 1969

Aikema 1990
Bernard Aikema: Pietro della Vecchia and the Heritage of the Renaissance in Venice, Florenz 1990

Amico 1996
Leonard N. Amico: A la recherche du paradis terrestre. Bernard Palissy et ses continuateurs, Paris 1996

Andreae 1991
Bernard Andreae: Laokoon und die Kunst von Pergamon. Die Hybris der Giganten, Frankfurt am Main 1991

Ausst.-Kat. Aachen 1995
Ausst.-Kat. Peter Paul Rubens (1577–1640). Meisterwerke im Kupferstich, hrsg. von Christiane Mannheim und Dagmar Preising, Suermondt-Ludwig-Museum Aachen, Aachen 1995

Ausst.-Kat. Amsterdam 2006
Ausst.-Kat. Objects for Eternity. Egyptian Antiquities from the W. Arnold Meijer Collection, hrsg. von Carol A. R. Andrews und Jacobus van Dijk, Allard Pierson, Museum Amsterdam, Archeologisch Museum der Universiteit van Amsterdam, Mainz 2006

Ausst.-Kat. Amsterdam/London 2000/01
Ausst.-Kat. Rembrandt the Printmaker, bearb. von Erik Hinterding, Ger Luijten und Martin Royalton-Kisch, mit Beitr. von Mariju Schapelhonman, Peter Schatborn und Ernst van de Wetering, Amsterdam, London 2000/01

Ausst.-Kat. Augsburg 1968
Ausst.-Kat. Augsburger Barock, hrsg. von Bruno Bushardt, Augsburger Rathaus und Holbeinhaus, Augsburg 1968

Ausst.-Kat. Berlin/Amsterdam/London 1991/92
Ausst.-Kat. Rembrandt. Der Meister und seine Werkstatt, Bd. 2. Zeichnungen und Radierungen, bearb. von Holm Bevers, Peter Schatborn und Barbara Welzel, München [u. a.] 1991

Ausst.-Kat. Bocholt 1972
Ausst.-Kat. Israhel van Meckenem und der deutsche Kupferstich des 15. Jahrhunderts, Bocholt 1972

Ausst.-Kat. Bonn/Essen 2005
Ausst.-Kat. Krone und Schleier. Kunst aus mittelalterlichen Frauenklöstern, hrsg. von Jutta Frings, Kunst- und Ausstellungshalle der Bundesrepublik Deutschland Bonn und Ruhrlandmuseum Essen, München 2005

Ausst.-Kat. Boston 1971
Ausst.-Kat. Albrecht Dürer. Master Printmaker, Museum of Fine Arts Boston, Boston 1971

Ausst.-Kat. Boston/Chicago 2003/04
Ausst.-Kat. Rembrandt's Journey. Painter, Draftsman, Etcher, bearb. von Clifford S. Ackley in Zsarb. mit Ronni Baer, Thomas E. Rassieur und William W. Robinson, Boston, Chicago 2003/04

Ausst.-Kat. Braunschweig 1975
Ausst.-Kat. Deutsche Kunst des Barock, Herzog Anton Ulrich-Museum Braunschweig, Braunschweig 1975

Ausst.-Kat. Braunschweig 1977
Ausst.-Kat. Pferd und Reiter, Herzog Anton Ulrich-Museum, Braunschweig 1977

Ausst.-Kat. Braunschweig 1983
Ausst.-Kat. Die holländischen Gemälde. Kritisches Verzeichnis, Herzog Anton Ulrich-Museum, Braunschweig 1983

Ausst.-Kat. Braunschweig 1985
Ausst.-Kat. Stadt im Wandel. Kunst und Kultur des Bürgertums in Norddeutschland 1150–1650, hrsg. von Cord Meckseper, Braunschweigisches Landesmuseum, Herzog Anton Ulrich-Museum Braunschweig und Dom am Burgplatz Braunschweig, 4 Bde., Stuttgart 1985

Ausst.-Kat. Braunschweig 1987
Ausst.-Kat. Das gestochene Bild, bearb. von Christian von Heusinger, Herzog Anton Ulrich-Museum Braunschweig, Limbach 1987

Ausst.-Kat. Braunschweig 1988
Ausst.-Kat. Bilder norddeutscher Meister, Herzog Anton Ulrich-Museum, Braunschweig 1988

Ausst.-Kat. Braunschweig 1991
Ausst.-Kat. Das Tier in der Buchillustration. Eine Ausstellung von zoologischen Abbildungswerken aus dem Bestand der Universitätsbibliothek Braunschweig, hrsg. von Dietmar Brandes, Beate Nagel und Michael Kuhn, Universitätsbibliothek der Technischen Universität Braunschweig, Braunschweig 1991

Ausst.-Kat. Braunschweig 1995
Ausst.-Kat. Heinrich der Löwe und seine Zeit. Herrschaft und Repräsentation der Welfen 1125–1235, hrsg. von Jochen Luckhardt und Franz Niehoff, Herzog Anton Ulrich-Museum Braunschweig, 4 Bde., München 1995

Ausst.-Kat. Braunschweig 1996
Ausst.-Kat. Stilleben, hrsg. von Gian Casper Bott, Herzog Anton Ulrich-Museum Braunschweig, Braunschweig 1996

Ausst.-Kat. Braunschweig 1998
Ausst.-Kat. Hofkunst der Spätrenaissance. Braunschweig-Wolfenbüttel und das kaiserliche Prag um 1600, Herzog Anton Ulrich Museum-Braunschweig, Braunschweig 1998

Ausst.-Kat. Braunschweig 2000
Ausst.-Kat. Weltenharmonie. Die Kunstkammer und die Ordnung des Wissens, hrsg. von Alfred Walz, Herzog Anton Ulrich-Museum Braunschweig, Braunschweig 2000

Ausst.-Kat. Braunschweig 2003
Ausst.-Kat. Amors Pfeil. Tizian und die Erotik in der Kunst, hrsg. von Mila Horký, Herzog Anton Ulrich-Museum Braunschweig, Braunschweig 2003

Ausst.-Kat. Braunschweig 2004a
Ausst.-Kat. Peter Paul Rubens. Barocke Leidenschaften, hrsg. von Jochen Luckhardt, Herzog Anton Ulrich-Museum Braunschweig, München 2004

Ausst.-Kat. Braunschweig 2004b
Ausst.-Kat. 250 Jahre Museum. Von den fürstlichen Sammlungen zum Museum der Aufklärung, hrsg. von Alfred Walz, Herzog Anton Ulrich-Museum Braunschweig, München 2004

Ausst.-Kat. Budapest/ Luxemburg 2006
Ausst.-Kat. Sigismundus Rex et Imperator. Kunst und Kultur zur Zeit Sigismunds von Luxemburg 1387–1437, hrsg. von Imre Takács, Szépmûvészeti Múzeum Budapest, Musée National d'Art et d'Histoire Luxemburg, Mainz 2006

Ausst.-Kat. Dresden 1992
Ausst.-Kat. Jacques Callot. Das druckgrafische Werk im Kupferstich-Kabinett zu Dresden, bearb. von Christian Dittrich, Staatliche Kunstsammlungen Dresden, Dresden 1992

Ausst.-Kat. Dresden 1996
Ausst.-Kat. Johann Gregorius Höroldt (1696–1775) und die Meissener Porzellanmalerei, hrsg. von Ulrich Pietsch, Staatliche Kunstsammlungen Dresden, Porzellansammlung, Leipzig 1996

Ausst.-Kat. Dresden 2006
Ausst.-Kat. Götter, Helden und Grotesken. Das Goldene Zeitalter der Majolika, hrsg. von Rainer G. Richter, Staatliche Kunstsammlungen Dresden, München 2006

Ausst.-Kat. Essen 1988
Ausst.-Kat. Prag um 1600. Kunst und Kultur am Hofe Rudolfs II., Villa Hügel, Essen, Kulturstiftung Ruhr 1988, Freren 1988

Ausst.-Kat. Genf 2004
Ausst.-Kat. Cléopâtre dans le miroir de l'art occidental, hrsg. von Claude Ritschard, Musée Rath Genf, Genf 2004

Ausst.-Kat. Hamburg 1987
Ausst.-Kat. Rembrandt. Hundert Radierungen, Auswahl und Bearb. von Eckhard Schaar, Hamburger Kunsthalle, Hamburg 1987

Ausst.-Kat. Hamburg 2002
Ausst.-Kat. Die Masken der Schönheit. Hendrick Goltzius und das Kunstideal um 1600, hrsg. von Jürgen Müller, Petra Roettig und Andreas Stolzenburg, Hamburger Kunsthalle, Hamburg 2002

Ausst.-Kat. Hamburg 2006
Ausst.-Kat. Kleopatra und die Caesaren, hrsg. von Bernard Andreae, Bucerius Kunst Forum Hamburg, München 2006

Ausst.-Kat. Hannover 1962
Ausst.-Kat. Handzeichnungen des 19. Jahrhunderts. Aus der Sammlung Bernhard Hausmann, Kestner-Museum Hannover, Hannover 1962

Ausst.-Kat. Karlsruhe 1995
Ausst.-Kat. Jacques Callot. Radierungen aus dem Kupferstichkabinett der Staatlichen Kunsthalle Karlsruhe, hrsg. von Barbara Rommé, Staatliche Kunsthalle Karlsruhe, Karlsruhe 1995

Ausst.-Kat. Kassel 1989
Ausst.-Kat. Stilleben alter Meister in der Kasseler Gemäldegalerie, hrsg. von Gregor J. M. Weber, Staatliche Kunstsammlung Kassel, Melsungen 1989

Ausst.-Kat. Köln 1973
Ausst.-Kat. Kunst der Ch'ing-Zeit 1644–1911, bearb. von Roger Goepper, Museum für Ostasiatische Kunst Köln, Köln 1973

Ausst.-Kat. Köln 1977
Ausst.-Kat. Peter Paul Rubens 1577–1640, Bd. 2, Maler mit dem Grabstichel. Rubens und die Druckgraphik, hrsg. von Gerhard Bott, Wallraf-Richartz-Museum Köln, Köln 1977

Ausst.-Kat. Köln 1985
Ausst.-Kat. Roelant Savery in seiner Zeit (1576–1639), Wallraf-Richartz-Museum Köln, Köln 1985

Ausst.-Kat. Köln 2006
Ausst.-Kat. Vom Adel der Malerei. Holland um 1700, hrsg. von Ekkehard Mai, Wallraf-Richartz-Museum und Fondation Corboud Köln, Köln 2006

Ausst.-Kat. Leipzig/Haarlem 1999
Ausst.-Kat. Salvator Rosa. Genie der Zeichnung, hrsg. von Herwig Guratzsch, Leipzig 1999

Ausst.-Kat. London 1973
Ausst.-Kat. Salvator Rosa, Hayward Gallery, London, Arts Council of Great Britain, London 1973

Ausst.-Kat. Magdeburg 1992/93
Ausst.-Kat. Erzbischof Wichmann (1152–1192) und Magdeburg im hohen Mittelalter. Stadt – Erzbistum – Reich, hrsg. von Matthias Puhle (Magdeburger Museumsschriften; 1), Magdeburger Museen, Magdeburg 1992/93

Ausst.-Kat. Manderen 2005
Ausst.-Kat. Drachen. Ausstellungsführer [Ausstellung in der Burg Malbrouck in Manderen], hrsg. von Philippe Hoch und Patrick Absalon, Conseil Général de la Moselle und Musée National d'Histoire Naturelle Paris, Metz 2005

Ausst.-Kat. München 1989
Ausst.-Kat. Hortus Eystettensis. Zur Geschichte eines Gartens und eines Buches, hrsg. Hans Otto Keunecke, München 1989

Ausst.-Kat. München 1994
Ausst.-Kat. Silber und Gold. Augsburger Goldschmiedekunst für die Höfe Europas, bearb. von Lorenz Seelig, Bayerisches Nationalmuseum München, 2 Bde., München 1994

Ausst.-Kat. München 2001
Ausst.-Kat. Bunte Steine – Dunkle Bilder »Magische Gemmen«, hrsg. von Simone Michel, München 2001

Ausst.-Kat. München 2003
Ausst.-Kat. Hendrick Goltzius – Graphik, hrsg. von Thea Vignau-Wilberg, Staatliche Graphische Sammlung München, München 2003

Ausst.-Kat. München/Washington 1980/81
Ausst.-Kat. The Clockwork Universe. German Clocks and Automata 1550–1650, ed. by Klaus Maurice and Otto Mayr, Bayerisches Nationalmuseum München, National Museum of History and Technology, Smithsonian Institution Washington, New York 1980 [dt. Ausg. u.d.T.: Die Welt als Uhr. Deutsche Uhren und Automaten 1550–1660, München 1980]

Ausst.-Kat. Münster/Braunschweig 1988/89
Ausst.-Kat. Weißes Gold aus Fürstenberg. Kulturgeschichte im Spiegel des Porzellans 1747–1830, Red. Angelika Lorenz, Herzog Anton Ulrich-Museum, Braunschweig [u. a.] 1988

Ausst.-Kat. Nancy 1992
Ausst.-Kat. Jacques Callot 1592–1635, Musée Historique Lorrain, Nancy 1992

Ausst.-Kat. Nürnberg 1971
Ausst.-Kat. Albrecht Dürer 1471–1971, hrsg. von Leonie von Wilckens, Germanisches Nationalmuseum Nürnberg, München 1971

Ausst.-Kat. Nürnberg 1978
Ausst.-Kat. Vorbild Dürer. Kupferstiche und Holzschnitte Albrecht Dürers im Spiegel der europäischen Druckgraphik des 16. Jh., Germanisches Nationalmuseum Nürnberg, München 1978

Ausst.-Kat. Nürnberg 1986
Ausst.-Kat. Nürnberg 1300–1550. Kunst der Gotik und Renaissance, hrsg. von Martin Angerer und Gerhard Bott, Germanisches Nationalmuseum Nürnberg, München 1986

Ausst.-Kat. Paris 1954
Ausst.-Kat. Manuscrits à Peinture en France du VIIe–XIIe siècle, Bibliothèque Nationale Paris, Paris 1954

Ausst.-Kat. Paris 2006
Ausst.-Kat. Dragons. Entre Science et Fiction, hrsg. von Patrick Absalon u. a., Musée National d'Histoire Naturelle Paris, Paris 2006

Ausst.-Kat. Rom/Pisa/Neapel 1992
Ausst.-Kat. Le incisioni di Jacques Callot nelle collezioni italiane, Calcografia Nazionale Roma, Museo Nazionale e Civico di San Matteo Pisa, Istituto Italiano per gli Studi Filosofici di Napoli, Mailand 1992

Ausst.-Kat. Schwarzheide 2006
Ausst.-Kat. Rembrandt. Radierungen zur Bibel, Galerie der BASF Schwarzheide GmbH, Schwarzheide 2006

Ausst.-Kat. Stuttgart 1979/1980
Ausst.-Kat. Zeichnung in Deutschland. Deutsche Zeichner 1540–1640, bearb. von Heinrich Geissler, Graphische Sammlung der Staatsgalerie Stuttgart, 2 Bde., Stuttgart 1979/1980

Ausst.-Kat. Stuttgart 1997
Ausst.-Kat. Der Welt Lauf. Allegorische Graphikserien des Manierismus, hrsg. von Hans-Martin Kaulbach und Reinhart Schleier, Graphische Sammlung der Staatsgalerie Stuttgart und Kunstwissenschaftliches Institut der Ruhr-Universität Bochum, Ostfildern-Ruit 1997

Ausst.-Kat. Warschau 1974
Ausst.-Kat. Sztuka Baroku, Warschau 1974

Ausst.-Kat. Washington 1967
Ausst.-Kat. Fifteenth Century Engravings of Northern Europe from the National Gallery of Art, hrsg. von Alan Shestack, Washington D.C. 1967 [ohne Paginierung]

Ausst.-Kat. Washington 1975
Ausst.-Kat. Jacques Callot. Prints and related drawings, National Gallery of Art Washington D.C., Washington D.C. 1975

Ausst.-Kat. Wien 1994
Ausst.-Kat. Isabella d'Este: »la prima donna del mondo«. Fürstin und Mäzenatin der Renaissance, hrsg. von Sylvia Ferino-Pagden und Wilfried Seipel, Kunsthistorisches Museum Wien, Wien 1994

Ausst.-Kat. Wien 2003
Ausst.-Kat. Albrecht Dürer. Albrecht Dürer in der Albertina, hrsg. von Klaus Albrecht Schröder und Maria Luise Sternath, Graphische Sammlung Albertina Wien, Ostfildern-Ruit 2003

Ausst.-Kat. Wien 2006
Ausst.-Kat. Die Entdeckung der Natur. Naturalien in den Kunstkammern des 16. und 17. Jahrhunderts, hrsg. von Wilfried Seipel, Kunsthistorisches Museum Wien 2006

Ausst.-Kat. Wörlitz 1995
Ausst.-Kat. Wedgwood. Englische Keramik in Wörlitz 1795–1995, hrsg. von Thomas Weiss (Wissenschaftliche Bestandskataloge der Staatlichen Schlösser und Gärten Wörlitz, Oranienbaum, Luisium; 1), Leipzig 1995

Ausst.-Kat. Wolfenbüttel 1979
Ausst.-Kat. Sammler Fürst Gelehrter, Herzog August zu Braunschweig und Lüneburg 1579–1666, Herzog August Bibliothek Wolfenbüttel, Braunschweig 1979

Ausst.-Kat. Wolfenbüttel 2000
Ausst.-Kat. Brücken in eine neue Welt. Auswanderer aus dem ehemaligen Land Braunschweig (Ausstellungskataloge der Herzog August Bibliothek; 76), Herzog August Bibliothek Wolfenbüttel, Wiesbaden 2000

Ausst.-Kat. Wolfsburg 1993
Ausst.-Kat. Rembrandt – Radierungen, Wolfsburg 1993

Bardenhewer 1917
Otto Bardenhewer (Hrsg.): Bibliothek der Kirchenväter, Bd. 31, Des heiligen Athanasius ausgewählte Schriften aus dem Griechischen übersetzt. Leben des heiligen Antonius, übers. v. Hans Martel, München 1917

Baron 2004
Robert A. Baron: Emblem and Narrative in Bernard Salomon's Illustrations to the Old Testament, 2004 (http://www.studiolo.org/BSProject/BIBLE/JOSHUA/BSJoshua.htm)

Barrow 1997
John D. Barrow: Der kosmische Schnitt. Die Naturgesetze des Ästhetischen, Heidelberg, Berlin 1997

Bartsch (im Druck)
Tatjana Bartsch: Transformierte Transformation. Zur fortuna der Antikenstudien Maarten van Heemskercks im 17. Jahrhundert, in: Wissensästhetik. Wissen über die Antike in ästhetischer Vermittlung, Akten der Jahrestagung des SFB 644 vom 7.–9.12 2006, Berlin, New York (im Druck)

Baumann 1993
Hellmut Baumann: Die griechische Pflanzenwelt in Mythos, Kunst und Literatur, 3., erw. Aufl., München 1993

Bechtel 1955
Edwin de T. Bechtel: Jacques Callot, New York 1955

Behrends 1978
Rainer Behrends: Das Meissener Musterbuch der Höroldt-Chinoiserien. Musterblätter aus der Malstube der Meissener Porzellanmanufaktur (Schulz-Codex), Leipzig 1978

Berger/Krahn 1994
Ursel Berger, Volker Krahn: Bronzen der Renaissance und des Barock. Katalog der Sammlung, Herzog Anton Ulrich-Museum Braunschweig, Braunschweig 1994

Biba 2001
Franz Biba: Asklepios und das Schlangensymbol in Medizin und Pharmazie, Herrn Prof. Mag. pharm. Dr. Otto Nowotny zum 85. Geburtstag gewidmet, in: Österreichische Apothekerzeitung (ÖAZ) 12, 2001: 1–16 (http://fetcher.fw-notify.net/0000000888-1607013536/schlange%C3%96AZ.pdf)

Black/Green 2004
Jeremy Black, Anthony Green: Gods, Demons and Symbols of Ancient Mesopotamia. An illustrated Dictionary, 4. Aufl., London 2004

Blasius 1868
J. Heinrich Blasius: Verzeichnis der Gemäldesammlung des Herzoglichen Museums in Braunschweig, 2. Aufl., Braunschweig 1868

Blöcker 1993
Susanne Blöcker: Studien zur Ikonographie der sieben Todsünden in der niederländischen und deutschen Malerei und Graphik von 1450–1560 (Bonner Studien zur Kunstgeschichte; 8), Münster, Hamburg 1993

Blunt 1958
Anthony Blunt: Nicolas Poussin, Washington D.C. 1958

Boeckh 1996
Hans Boeckh: Les arts du feu à Augsbourg et à Genève ou comment différencier les deux écoles entre 1680 et 1710, in: Geneva. Nouvelle Série, Tome 44, 1996: 81–94

Boockmann 1993
Andrea Boockmann: Die Inschriften der Stadt Braunschweig bis 1528 (Die deutschen Inschriften; 35), Wiesbaden 1993

Boudon-Duaner 1989
Marguerite Boudon-Duaner: Bernard Palissy. Le potier du roi, Paris 1989

Braun 1932
Joseph Braun: Das christliche Altargerät in seinem Sein und in seiner Entwicklung, München 1932

Brehm 1970
Alfred Edmund Brehm: Der farbige Brehm. Ein großes Tierbuch mit 120 Farbtafeln, Freiburg im Breisgau 1970

Brink 2006
Claudia Brink: Was Teller erzählen. Mythologische Themen auf italienischen Majoliken, in: Ausst.-Kat. Dresden 2006: 15–21

Brown 1977
Christopher Brown: A rediscovered painting by Cornelis van Haarlem, in: Burlington Magazine 119, 1977: 564–567

Bruns/Fink 1950
Gerda Bruns, August Fink: Das mantuanische Onyxgefäß (Kunsthefte des Herzog Anton Ulrich-Museums; 5), Braunschweig 1950

Bühler 1973
Hans-Peter Bühler: Antike Gefäße aus Edelsteinen, Mainz 1973

Burkert 1994
Walter Burkert: Antike Mysterien. Funktionen und Gehalt, 3. Aufl., München 1994

Bussers 1991
Helena Bussers: Enkele gegevens over de Antwerpse beeldhouwer Joannes Claudius de Cock (1667–1735), in: Bulletin Musées Royaux des Beaux-Arts de Belgique, Brüssel 38–40, 1989–1991, 1–3: 331–342

Buysschaert 1985
Anne-Caroline Buysschaert: Roelant Savery als Tiermaler, in: Ausst.-Kat. Köln 1985: 51–54

Canby 1997
Sheila R. Canby: Drachen, in: Fabeltiere. Von Drachen, Einhörnern und anderen mythischen Wesen, hrsg. von John Cherry, Stuttgart 1997: 19–67

Chadraba 1964
Rudolf Chadraba: Dürers Apokalypse. Eine ikonologische Deutung, Prag 1964

Chojecka 1967
Ewa Chojecka: Darstellungen von Sonnen- und Mondfinsternissen mit dem Drachen. Ein Beitrag zur Kalenderillustration des XV. und XVI. Jahrhunderts, in: Astronomische und astrologische Darstellungen und Deutungen bei kunsthistorischen Betrachtungen alter wissenschaftlicher Illustrationen des XV. bis XVIII. Jahrhunderts (Veröffentlichungen des Staatlichen Mathematisch-Physikalischen Salons, Forschungsstelle, Dresden; 4), Berlin 1967: 71–81

Classen 1999
Albrecht Classen: Medusa, Pegasos und Perseus, in: Müller 1999: 403–412

Clough 1987
Cecil H. Clough: 'Il San Giorgio' di Washington: Fonti e Fortuna, in: Hamoud/Strocchi 1987: 275–290

Colshorn 1854
Carl und Theodor Colshorn: Märchen und Sagen aus Hannover, Hannover 1854

Cooper 1986
J. C. Cooper: Lexikon alter Symbole, Leipzig 1986

Diesinger 1990
Gunter Rudolf Diesinger: Ostasiatische Lackarbeiten sowie Arbeiten aus Europa, Thailand und Indien. Katalog der Sammlung, Herzog Anton Ulrich-Museum Braunschweig, Braunschweig 1990

Dittrich 2004
Sigrid und Lothar Dittrich: Lexikon der Tiersymbole. Tiere als Sinnbilder in der Malerei des 14.–17. Jahrhunderts (Studien zur internationalen Architektur- und Kunstgeschichte; 22), Petersberg 2004

Döring 1990
Thomas Döring: Holländische Historienbilder des 17. Jahrhunderts (Bilderhefte des Herzog Anton Ulrich-Museums; 8), Braunschweig 1990

Döring 1994
Thomas Döring: Dürers Apokalypse und ihre Wirkung. Ausstellungsheft, Herzog Anton Ulrich-Museum, Braunschweig 1994

Dohmann 1960
Albrecht Dohmann: Jacques Callot. Radierungen, Dresden 1960

Dressendörfer 1998
Werner Dressendörfer: Vom Kräuterbuch zur Gartenlust. Der Hortus Eystettensis zwischen Medizin, Botanik und Hortikultur, in: Die Pflanzenwelt des Hortus Eystettensis. Ein Buch lebt, München, Paris, London 1998

Drößler 1976
Rudolf Drößler: Als die Sterne Götter waren. Sonne, Mond und Sterne im Spiegel von Archäologie, Kunst und Kult, Leipzig 1976

Dunand 1973
Françoise Dunand: Le culte d'Isis dans le bassin oriental de la Méditerranée, 3 Bde. (Études préliminaires aux religions orientales dans l'Empire romain; 26), Leiden 1973

Eberhard 2004
Wolfram Eberhard: Lexikon chinesischer Symbole. Die Bildsprache der Chinesen, München 2004

Eberlein 1776
Christian Nikolas Eberlein: Verzeichniß der Herzoglichen Bilder-Galerie zu Salzthalen, Braunschweig 1776

Erasmus 1911
Kurt Erasmus: De Tekeningen van R. Savery, in: Kunst en Kunstleven 1, 1911, Z. 28

von Erffa 1989
Hans Martin von Erffa: Ikonologie der Genesis. Die christlichen Bildthemen aus dem alten Testament und ihre Quellen, Bd. 1, München 1989

von Falke 1928
Otto von Falke: Alte Goldschmiedewerke im Züricher Kunsthaus, Einführung und Beschreibung der Sammlung im Landolthaus (Zürcher Kunsthaus), Zürich und Leipzig 1928

von Falke/Meyer 1935
Otto von Falke, Erich Meyer: Romanische Leuchter und Gefäße. Gießgefäße der Gotik, Berlin 1935

Filedt Kok 1991/92
Jan Piet Filedt Kok: Hendrick Goltzius. Engraver, Designer and Publisher 1582–1600, in: Nederlands Kunsthistorisch Jaarboek, 42–43, 1991/92: 159–218

Fink 1931
August Fink: Herzog Ferdinand Albrecht I. von Braunschweig und die Kunstsammlungen von Bevern, in: Jahrbuch des Braunschweigischen Geschichtsvereins, hrsg. von H. Voges, Wolfenbüttel, 2. Folge, 4, 1931, 1: 16–47

Fink 1965
August Fink: Die Uhren Herzog Augusts d. J. (Kunsthefte des Herzog Anton Ulrich-Museums; 8), Braunschweig 1965

Fink 1993
Gerhard Fink: Who's who in der antiken Mythologie, München 1993

Fischer-Elfert 1986
Hans-Werner Fischer-Elfert: s.v. Uto, in: Wolfgang Helck, Eberhard Otto (Hrsg.): Lexikon der Ägyptologie, 7 Bde., Wiesbaden 1975–1992, Bd. 6, 1986: Sp. 906–911

Flechsig 1900a
Eduard Flechsig: Cranachstudien I, Leipzig 1900

Flechsig 1900b
Eduard Flechsig: Tafelbilder Lukas Cranachs und seiner Werkstatt, Leipzig 1900

Flechsig 1925
Eduard Flechsig: Zeichnungen alter Meister im Landesmuseum zu Braunschweig, Braunschweig 1925

Franke 1968
Ilse Franke: Die Handzeichnungen Virgil Solis', Göttingen 1968

Franklin 1994
David Franklin: Rosso in Italy. The Italian career of Rosso Fiorentino, New Haven 1994

Friedländer/Rosenberg 1932
Max Friedländer, Jakob Rosenberg: Die Gemälde von Lucas Cranach, Berlin 1932

Friedländer/Rosenberg 1978
Max Friedländer, Jakob Rosenberg: The Paintings of Lucas Cranach, London 1978

Friedländer/Rosenberg 1979
Max Friedländer, Jakob Rosenberg: Die Gemälde von Lukas Cranach, Basel 1979

Gatenbröcker 2005
Silke Gatenbröcker: Aquarelle und Zeichnungen aus Romantik und Biedermeier. Die Sammlung »Andenken meiner Zeitgenossen« des Bernhard Hausmann (1784–1873) (Sammlungskataloge des Herzog Anton Ulrich-Museums Braunschweig; 14), München 2005

Geisberg 1903
Max Geisberg: Der Meister der Berliner Passion und Israhel van Meckenem. Studien zur Geschichte der westfälischen Kupferstecher im fünfzehnten Jahrhundert (Studien zur deutschen Kunstgeschichte; 42), Straßburg 1903

Geisberg 1905
Max Geisberg: Verzeichnis der Kupferstiche Israhels van Meckenem, zsgest. von Max Geisberg (Studien zur deutschen Kunstgeschichte; 58), Straßburg 1905

Geissler 1988
Heinrich Geissler: Rudolfinische Filiationen in der Zeichenkunst um 1600, in: Ausst.-Kat. Essen 1988, Bd. 2: 70–83

Gemar-Koeltzsch 1995
Erika Gemar-Koeltzsch: Holländische Stillebenmaler im 17. Jahrhundert, 3 Bde., Lingen 1995

Gibbon 1986
Alan Gibbon: Céramiques de Bernard Palissy, Paris 1986

Gillispie 1970–1990
Charles Coulston Gillispie (Hrsg.): Dictionary of scientific biography, New York 1970–1990

Glaser 1923
Curt Glaser: Lukas Cranach, Leipzig 1923

Goette 1985
Hans Rupprecht Goette: Kunst der Antike (Bilderhefte des Herzog Anton Ulrich-Museums; 7), Braunschweig 1985

Götte 1972
Johannes Götte, Maria Götte (Hrsg.): Vergil. Sämtliche Werke, München 1972

Gool 1971
Jan van Gool: Nieuwe Schouburg, 2 Bde. [Ersterscheinung 1750], Reprint Soest 1971

Gramaccini/Meier 2003
Norberto Gramaccini, Hans Jakob Meier: Die Kunst der Interpretation. Französische Reproduktionsgraphik 1648–1792, München, Berlin 2003

Grant 1998
Michael Grant: Kleopatra (Bastei Lübbe; 61416), Bergisch Gladbach 1998

Gressmann 1930
Hugo Gressmann: Die orientalischen Religionen im hellenistisch-römischen Zeitalter, Berlin, Leipzig 1930

Grimm 1988
Claus Grimm: Stilleben. Die niederländischen und deutschen Meister, Stuttgart, Zürich 1988

Grosshans 1980
Rainald Grosshans: Maerten van Heemskerck. Die Gemälde, Berlin 1980

Grossmann 1906
Carl Grossmann: Der Gemäldezyklus der Galerie der Maria von Medici von Peter Paul Rubens, Straßburg 1906

Grote 1994
Andrea Grote (Hrsg.): Macrocosmos in Mircrocosmos: Die Welt in der Stube. Zur Geschichte des Sammelns 1450–1800, in: Berliner Schriften zur Museumskunde, 10, 1994

Hall 1999
Marcia Hall: After Raphael. Painting in central Italy in the sixteenth century, Cambridge 1999

Hamann 1913
Richard Hamann: Rembrandt Radierungen, 2. Aufl., Berlin 1913

Hammond/Griffith 1979
Nicholas Geoffrey Lemprière Hammond, Guy Thompson Griffith: A History of Macedonia 550–336 B.C., 2 Bde., Oxford 1979

Hamoud/Strocchi 1987
Micaela Sambrucco Hamoud, Maria Letizia Strocchi (Hrsg.): Studi su Raffaello, Urbino 1987

Harrison 1993
Jefferson Cabell Harrison: The Paintings of Maerten van Heemskerck. A Catalogue Raisonné, 2 Bde., Michigan 1993

Hartig 1933
Otto Hartig: Die Kunsttätigkeit in München unter Wilhelm IV. und Albrecht V. 1520–1579, in: Münchner Jahrbuch der bildenden Kunst, N.F., 10, 1933

Hayashi 1992
Tetsuhiro Hayashi: Bedeutung und Wandel des Triptolemosbildes vom 6.–4. Jh. v. Chr. Religionshistorische und typologische Untersuchungen (Beiträge zur Archäologie; 20), Würzburg 1992

Heinecken 1786
Carl Heinrich von Heinecken: Neue Nachrichten von Künstlern und Kunstsachen, Dresden, Leipzig 1786

von Heusinger 1991
Christian von Heusinger: Herzog Anton Ulrich-Museum Braunschweig. Kurzführer, Braunschweig 1991

von Heusinger 1992
Christian von Heusinger (Hrsg.): Die Handzeichnungssammlung, Herzog Anton Ulrich-Museum Braunschweig (Sammlungskataloge des Herzog Anton Ulrich-Museums Braunschweig; 3), Bd. 1: Tafelband. Von der Gotik zum Manierismus, Braunschweig 1992

von Heusinger 1997
Christian von Heusinger (Hrsg.): Die Handzeichnungssammlung, Herzog Anton Ulrich-Museum Braunschweig (Sammlungskataloge des Herzog Anton Ulrich-Museums Braunschweig; 3), Bd. 2: Katalog zu Tafelband 1. Geschichte und Bestand, Braunschweig 1997

Heyck 1908
Eduard Heyck: Lukas Cranach (Künstler-Monographien; 95), Bielefeld, Leipzig 1908

Hirschmann 1914
Otto Hirschmann: Hendrik Golzius, 1558–1617. Leben und graphische Arbeiten, Leipzig 1914

Hojer 1992
Gerhard Hojer: Die Prunkappartements Ludwig I. im Königsbau der Münchner Residenz. Architektur und Dekoration, München 1992

Hornbostel 1973
Wilhelm Hornbostel: Sarapis. Studien zur Überlieferungsgeschichte, den Erscheinungsformen und Wandlungen der Gestalt eines Gottes, in: Maarten J. Vermaseren (Hrsg.): Études préliminaires aux religions orientales dans l'empire romain, Bd. 32, Leiden 1973

Hornung 1971
Erik Hornung: Der Eine und die Vielen. Ägyptische Gottesvorstellungen, Darmstadt 1971

Hunger 1974
Herbert Hunger: Lexikon der griechischen und römischen Mythologie, Hamburg 1974

Jachmann 2006
Julian Jachmann: Die Architekturbücher des Walter Hermann Ryff. Vitruvrezeption im Kontext mathematischer Wissenschaften (Cultural and interdisciplinary studies in art; 1), Stuttgart 2006

Jacob/König-Lein 2004
Sabine Jacob, Susanne König-Lein: Die italienischen Gemälde des 16. bis 18. Jahrhunderts, Herzog Anton Ulrich-Museum Braunschweig (Sammlungskataloge des Herzog Anton Ulrich-Museums Braunschweig; 13), München 2004

Jacoby 1989
Joachim Jacoby (Bearb.): Die deutschen Gemälde des 17. und 18. Jahrhunderts sowie die englischen und skandinavischen Werke, Braunschweig 1989

Jahn 1869
Otto Jahn: Die Cista Mystica, in: Hermes. Zeitschrift für klassische Philologie, 3, 1869: 317–334

Junge 1983
Michael Junge: Untersuchungen zur Ikonographie der Erinys in der griechischen Kunst, Kiel 1983

Kàkosy 1986
Làszlo Kàkosy: s.v. Uroboros, in: Wolfgang Helck, Eberhard Otto (Hrsg.): Lexikon der Ägyptologie, 7 Bde., Wiesbaden 1975–1992, Bd. 6, 1986, Sp. 886–893

Katz/Lehr 1996
Marshall P. Katz, Robert Lehr: Palissy Ware. 19th Century French Ceramists from Avisseau to Renoleau, London 1996

Kaulbach 1997
Hans-Martin Kaulbach: Allegorische Graphikserien, in: Ausst.-Kat. Stuttgart 1997: 11–17

Keller 1991
Hiltgart L. Keller: Reclams Lexikon der Heiligen und der biblischen Gestalten. Legende und Darstellung in der bildenden Kunst, 7., durchges. Aufl. (Universal-Bibliothek; 10154), Stuttgart 1991

Kerrich 1829
Thomas Kerrich: A Catalogue of the prints which have been engraved after Martin Heemskerck or rather an essay towards such a catalogue, Cambridge 1829

Kleiner/Noe 1977
Fred S. Kleiner, Sydney P. Noe: The early cistophoric Coinage, New York 1977

Klessmann 1976
Rüdiger Klessmann (Bearb.): Verzeichnis der Gemälde vor 1800, Herzog Anton Ulrich-Museum, Braunschweig 1976

Klessmann 1978
Rüdiger Klessmann (Hrsg.): Herzog Anton Ulrich-Museum Braunschweig, München 1978

Klessmann 1983
Rüdiger Klessmann: Die holländischen Gemälde, Braunschweig 1983

Klessmann 1987
Rüdiger Klessmann (Hrsg.): Herzog Anton Ulrich-Museum Braunschweig, 2., überarb. Aufl., München 1987

Koch 1993
Klaus Koch: Geschichte der ägyptischen Religion. Von den Pyramiden bis zu den Mysterien der Isis, Stuttgart, Berlin, Köln 1993

Köhn 1930
Heinz Köhn: Romanisches Drachenornament in Bronze- und Architekturplastik, Straßburg 1930

Kölbl 1976
Konrad Kölbl: Kölbls Kräuterfibel. Eine Kompilation, Grünwald b. München 1976

Koepplin/Falk 1976
Dieter Koepplin, Tilman Falk: Lukas Cranach. Gemälde, Zeichnungen, Druckgraphik, 2 Bde., Basel 1976

Körte 1948
Werner Körte: Albrecht Dürer. Die Apokalypse des Johannes, Berlin 1948

Kramm 1857–1859
Christian Kramm: De Levens en werken der Hollandsche en Vlaamsche Konstschilders, Beeldhouwers, van den vroegsten tot op onzen tijd, 3 Bde., Amsterdam 1857–1859

Kreissl 2000
Barbara Kreissl: Popcorn und Queen Elizabeth. Der Drache im chinesischen Volksbrauchtum, in: Gerd Kaminski, Barbara Kreissl: Drache. Majestät oder Monster, Wien 2000: 88–113

Kris 1926
Ernst Kris: Der Stil »rustique«. Die Verwendung des Naturabgusses bei Wenzel Jamnitzer und Bernard Palissy, in: Jahrbuch der Kunsthistorischen Sammlungen in Wien, 1926: 137–208

Küster 1913
Erich Küster: Die Schlange in der griechischen Kunst und Religion (Religionsgeschichtliche Versuche und Vorarbeiten; 13,2), Gießen 1913

Lawrence 1986
Cynthia Lawrence: The Ophovius Madonna. A newly-discovered work by Jan Claudius De Cock, in: Bulletin Musées Royaux des Beaux-Arts de Belgique, Brüssel 1986: 273–293

Lechtreck 2000
Hans-Jürgen Lechtreck: »Den früheren Blick wieder zu finden«. Das Pflanzenbild zwischen botanischer Illustration und ästhetischer Botanik, in: Hans Holländer (Hrsg.): Erkenntnis, Erfindung, Konstruktion. Studien zur Bildgeschichte von Naturwissenschaften und Technik vom 16. bis zum 19. Jahrhundert, Berlin 2000

Lehrs 1908–1934
Max Lehrs: Geschichte und kritischer Katalog des deutschen, niederländischen und französischen Kupferstichs im 15. Jahrhundert, Wien 1.1908–9.1934

Leisegang 1955
Hans Leisegang: Die Gnosis, 4. Aufl., Stuttgart 1955

Leonhardt 1920
Karl Friedrich Leonhardt: Italienische Majolikawerkstätten des 16. Jahrhunderts und die in ihnen benutzten Vorlagen, in: Der Cicerone. Halbmonatsschrift für die Interessen des Kunstforschers & Sammlers, 12, 1920, S. 243–252, 365–377

Leschhorn 1998
Wolfgang Leschhorn: Katalog der griechischen Münzen (Sammlungskataloge des Herzog Anton Ulrich-Museums Braunschweig; 7), Braunschweig 1998

Leschhorn 2006
Wolfgang Leschhorn: Katalog der römischen Münzen (Sammlungskataloge des Herzog Anton Ulrich-Museums Braunschweig; 15), Braunschweig 2006

Lessmann 1979
Johanna Lessmann: Italienische Majolika. Katalog der Sammlung, Herzog Anton Ulrich-Museum Braunschweig, Braunschweig 1979

Lestringant 1992
Frank Lestringant (Hrsg.): Bernard Palissy 1510–1590. L'écrivain, le réformé, le céramiste. Akten des Colloquiums Bernard Palissy, Studientag, Saintes, Abbaye-aux-dames, 29./30. Juni 1990, Aubigné 1992

Levertin 1911
Oscar Levertin: Jacques Callot. Eine Studie, Minden in Westfalen 1911

Ley 1929
Willy Ley: Konrad Gesner, in: Münchner Beiträge zur Geschichte und Literatur der Naturwissenschaften und Medizin, Heft 15/16, München 1929

Lichtwark 1888
Alfred Lichtwark: Der Ornamentstich der deutschen Frührenaissance, Berlin 1888

Lichtwark 1898
Alfred Lichtwark: Das Bildnis in Hamburg, 2 Bde., Hamburg 1898

Liggeren 1872
De Liggeren en andere historische archieven der Antwerpsche Sint Lucasgilde onder zinspreuk: »Wt jonsten versaemt« afgeschr. en bewerkt door Ph[ilip] Rombouts en Th[eodor] van Lerius, Advokaet, Antwerpen 1872

Linnæus 1758
Carolus Linnæus (Carl Linné): Systema naturæ per regna tria naturæ, secundum classes, ordines, species, cum characteribus, differentiis, synonymis, locis. Tomus I. Editio decima, reformata 10, Stockholm 1758

Linné 1767
Carl von Linné: Systema naturæ (per regna tria naturæ, secundum classes, ordines, species, cum characteribus, differentiis, synonymis, locis). Tomus I. Pars II. Editio duodecima, reformata 12, Stockholm 1767

Löhr 1996
Winrich Alfried Löhr: Basilides und seine Schule. Eine Studie zur Theologie- und Kirchengeschichte des zweiten Jahrhunderts, in: M. Hengel, O. Hofius (Hrsg.): Wissenschaftliche Untersuchungen zum Neuen Testament, Bd. 83, Tübingen 1996

Luckhardt 2001
Jochen Luckhardt: Moralische Bilder und antike Gestalt. Troianische Mythen in der Kunst der Renaissance, in: Archäologisches Landesmuseum Baden-Württemberg [u. a.] (Hrsg.): Troia. Traum und Wirklichkeit, Stuttgart 2001: 245–256

Luckhardt 2004
Jochen Luckhardt (Hrsg.): Das Herzog Anton Ulrich-Museum und seine Sammlungen 1578, 1754, 2004, Herzog Anton Ulrich-Museum Braunschweig, München 2004

Ludwig 1998
Heidrun Ludwig: Nürnberger naturgeschichtliche Malerei im 17. und 18. Jahrhundert (Acta biohistorica; 2), Marburg 1998

Lücke 1999
Hans-K. und Susanne Lücke: Antike Mythologie. Ein Handbuch. Der Mythos und seine Überlieferung in Literatur und bildender Kunst, Reinbek bei Hamburg 1999

Lurker 1983
Manfred Lurker: Adler und Schlange. Tiersymbolik im Glauben und Weltbild der Völker, Tübingen 1983

Magnaguagno-Korazija 1983
Eva Magnaguagno-Korazija: Eros und Gewalt. Hendrik Goltzius (Die bibliophilen Taschenbücher; 386), Dortmund 1983

Mahoney 1977
Michael Mahoney: The drawings of Salvator Rosa, 2 Bde., New York 1977

Marth 1997
Regine Marth: Die Mittelalter-Abteilung des Herzog Anton Ulrich-Museums im Knappensaal der Burg Dankwarderode, Braunschweig 1997

Martin 1986
Karl Martin: s.v. Uräus, in: Wolfgang Helck, Eberhard Otto (Hrsg.): Lexikon der Ägyptologie, 7 Bde., Wiesbaden 1975–1992, Bd. 6, 1986: Sp. 864–868

Massinelli 1991
Anna Maria Massinelli: Bronzetti e anticaglie dalla Guardaroba di Cosimo I, Florenz 1991

Matsche 1994
Franz Matsche: Lucas Cranachs mythologische Darstellungen, in: Claus Grimm (Hrsg.): Lucas Cranach. Ein Maler-Unternehmer aus Franken, Regensburg 1994: 78–88

Maurice 1976
Klaus Maurice: Die deutsche Räderuhr. Zur Kunst und Technik des mechanischen Zeitmessers im deutschen Sprachraum, 2 Bde., München 1976

Mavromataki 1997
Maria Mavromataki: Mythologie und Kulte Griechenlands, dt. Ausg., Athen 1997

McBurney 1997
Henrietta McBurney: Mark Cateby's Natural History of America. The watercolors from the Royal Library Windsor Castle. [Catalogue of a travelling exhibition …], Royal Library Windsor, London 1997

McConnell 1999
Winder McConnell: Mythos Greif, in: Müller 1999: 267–286

Meaume 1861
Edouard Meaume: Recherches sur la vie et les ouvrages de Jacques Callot, 2 Bde., Paris 1861

Megow 1987
Wolf-Rüdiger Megow: Kameen von Augustus bis Alexander Severus (Antike Münzen und geschnittene Steine; 11), Berlin 1987

Mende 1995
Ursula Mende: Zur Topographie sächsischer Bronzewerkstätten im welfischen Einflußbereich, in: Ausst.-Kat. Braunschweig 1995, Bd. 2: 427–439

Meyers/Pritchard 1998
Amy R. W. Meyers, Margaret Beck Pritchard (Hrsg.): Empire's nature. Mark Catesby's new world vision, Chapel Hill, London 1998

Millen/Wolf 1989
Ronald Forsyth Millen, Robert Erich Wolf: Heroic Deeds and Mystic Figures. A new reading of Rubens' Life of Maria de' Medici, Princeton 1989

Mode 1973
Heinz Mode: Fabeltiere und Dämonen. Die phantastische Welt der Mischwesen, Leipzig 1973

Mode 2005
Heinz Mode: Fabeltiere und Dämonen. Die Welt der phantastischen Wesen, Leipzig 2005

Müllenmeister 1988
Kurt J. Müllenmeister: Roelant Savery. Die Gemälde. Mit kritischem Œuvrekatalog, Freren 1988

Müller 1999
Ulrich Müller [u.a.] (Hrsg.): Dämonen, Monster, Fabelwesen, St. Gallen 1999

Münz 1951
Ludwig Münz: A Critical Catalogue of Rembrandt's Etchings, London 1951

Müsch 2001
Irmgard Müsch [u.a.]: Albertus Seba. Das Naturalienkabinett. Vollständige Ausgabe der kolorierten Tafeln 1734–1765, Köln 2001

Müsch 2002
Irmgard Müsch: Maleremails des 16. und 17. Jahrhunderts aus Limoges, Herzog Anton Ulrich-Museum Braunschweig (Sammlungskataloge des Herzog Anton Ulrich-Museums Braunschweig; 11), Braunschweig 2002

Nasse 1909
Hermann Nasse: Jacques Callot. Mit einem Titelbild und 98 Abbildungen auf 45 Tafeln in Lichtdruck, Leipzig 1909

Neuwirth 1897
Joseph Neuwirth: Das Braunschweiger Skizzenbuch eines mittelalterlichen Malers, Prag 1897

Newerow 1981
Oleg Newerow: Antike Kameen (Insel-Bücherei; 1045), Leipzig 1981

Nigg 2007
Joseph Nigg: Drachen und andere Sagengestalten, München 2007

Nissen 1969
Claus Nissen: Die zoologische Buchillustration. Ihre Bibliographie und Geschichte, Bd. 1: Bibliographie, Stuttgart 1969

Nissen 1978
Claus Nissen: Die zoologische Buchillustration. Ihre Bibliographie und Geschichte, Bd. 2: Geschichte, Stuttgart 1978

Nys 1995
Wim Nys: Joannes Claudius de Cock als Ontwerper van Boekillustraties. Een overzicht, in: De Gulden Passer, Jaarboek van de Vereeniging der Antwerpsche Bibliophielen, 73, 1995: 155–189

O'Dell-Franke 1977
Ilse O'Dell-Franke: Kupferstiche und Radierungen aus der Werkstatt des Virgil Solis, Wiesbaden 1977

Otten 1967
Frank Otten: Ludwig Michael Schwanthaler 1802–1848. Studien über sein Werk, München 1967

Otten 1970
Frank Otten: Ludwig Michael Schwanthaler 1802–1848. Ein Bildhauer unter König Ludwig I. von Bayern, München 1970

Pancheri 2003
Roberto Pancheri: 'Accademie' di Pietro della Vecchia, in: Arte veneta, 58, 2001 (2003): 110–115

Panofsky 1977
Erwin Panofsky: Das Leben und die Kunst Albrecht Dürers, übers. von Lise Lotte Möller, (1. engl. Aufl. 1948), München 1977

Peeters 1947
Raymond Peeters: Een wegbereider voor het klassicisme. De Antwerpse beldhouwer Joannes Claudius de Cock, in: Jaarboek, Federatie van de Kringen voor Geschiedenis en Oudheidkunde van België, Gembloux 1947: 278–288

Perrig 1987
Alexander Perrig: Albrecht Dürer oder die Heimlichkeit der deutschen Ketzerei. Die Apokalypse Dürers und andere Werke von 1495 bis 1513, Weinheim 1987

Picard 2002
Michel Picard: La Tentation. Essai sur l'art comme jeu, à partir de la Tentation de Saint Antoine par Callot, Chambon 2002

Préaud 1993
Maxime Préaud: Les tribulations de saint Antoine, in: Jacques Callot (1592–1635), Actes du colloque, organisé par le Service culturel du musée du Louvre et la ville de Nancy à Paris et à Nancy les 25, 26 et 27 juin 1992, Paris 1993: 290–307

Préaud 2002
Maxime Préaud: Jacques Callot multiplié: 'la Tentation de saint Antoine', in: Le pays lorrain, 99, 2002: 7–20

Preibisz 1911
Leon Preibisz: Martin van Heemskerck, Leipzig 1911

Pröbster 1998
Dieter Pröbster: Basilius Besler, Botaniker und Apotheker, in: Mitteilungen des Bürgervereins, 44, 1998

Raven 2006
Marten J. Raven: Bronze in Egypt, in: Ausst.-Kat. Amsterdam 2006: 169–171

Reznicek 1961
Emil Karel Josef Reznicek: Die Zeichnungen von Hendrick Goltzius (Orbis artium; 6), 2 Bde., Utrecht 1961

Richardson/Riedmaier 2004
Holly Richardson, Sylvia Riedmaier: Bilder-Buch. Alte Meister Braunschweig, München 2004

Richter 2006
Rainer G. Richter: Das goldene Zeitalter der Majolika. Einführung, in: Ausst.-Kat. Dresden 2006: 9–14

Riedl-Dorn 1989
Christa Riedl-Dorn: Wissenschaft und Fabelwesen. Ein kritischer Versuch über Conrad Gessner und Ulisse Aldrovandi (Perspektiven der Wissenschaftsgeschichte; 6), Wien, Köln 1989

Riegel 1887
Herman Riegel, Herzogliches Museum. Führer durch die Sammlungen, Braunschweig 1887

Riegel 1900
Herman Riegel: Beschreibendes und kritisches Verzeichnis der Gemälde-Sammlung, Braunschweig 1900

Riethmüller 2005
Jürgen W. Riethmüller: Asklepios. Heiligtümer und Kulte (Antike Heiligtümer; 2), Heidelberg 2005

Roberts 1995
Gaye Blake Roberts: Josiah Wedgwood und das englische Landhaus, in: Ausst.-Kat. Wörlitz 1995: 48–59

Roeder 1956
Günter Roeder: Ägyptische Bronzefiguren, in: Staatliche Museen zu Berlin (Hrsg.): Mitteilungen aus der Ägyptischen Sammlung, Ägyptische Bronzefiguren, 2 Bde. (Text- und Tafelband), Berlin 1956

Röttinger 1914
Heinrich Röttinger: Die Holzschnitte zur Architektur und zum Vitruvius teutsch des Walther Rivius (Studien zur deutschen Kunstgeschichte; 167), Straßburg 1914

Roob 1996
Alexander Roob: Alchemie & Mystik, Köln [u. a.] 1996

Rosenberg 1922
Marc Rosenberg: Der Goldschmiede Merkzeichen I, Deutschland A bis C, Frankfurt 1922

Rosenberg 1976
Jakob Rosenberg: »Adam und Eva« von Lukas Cranach d. Ä., in: Pantheon, 34, 1976: 17–21

Rotermund 1963
Hans-Martin Rotermund (Hrsg.): Rembrandts Handzeichnungen und Radierungen zur Bibel, Stuttgart 1963

Sabek 2003
Yasser Sabek: Die Schlange und ihre Verehrung in Ägypten in pharaonischer und moderner Zeit, in: Martin Fitzenreiter, Steffen Kirchner (Hrsg.): Tierkulte im pharaonischen Ägypten und im Kulturvergleich. Internet-Beiträge zur Ägyptologie und Sudanarchäologie IV, Berlin 2003: 137–158 (http://www2.rz.hu-berlin.de/nilus/netpublications)

Sachs 1971
Hannelore Sachs: Sammler und Mäzene. Zur Entwicklung des Kunstsammelns von der Antike bis zur Gegenwart, Leipzig 1971

Salerno 1975
Luigi Salerno: L'opera completa di Salvator Rosa, Milano 1975

Salomonson 1985
Jan Willem Salomonson: Domenicus van Wijnen, in: Niederdeutsche Beiträge zur Kunstgeschichte 24, 1985: 105–170

Sammer 1998
Marianne Sammer: Der Basilisk. Zur Natur- und Bedeutungsgeschichte eines Fabeltieres im Abendland, München 1998

Sammer 1999
Marianne Sammer: Basilisk – regulus. Eine bedeutungsgeschichtliche Skizze, in: Müller 1999, S. 135–160

Sanders/Pau 1981
Tao Tao Liu Sanders, Johnny Pau: Geister und Drachen der Chinesen, Hamburg 1981

Schade 2003
Werner Schade [u. a.]: Lucas Cranach. Glaube, Mythologie und Moderne, Hamburg 2003

Scherer 1911
Christian Scherer: Das Vaselsche Vermächtnis an das Herzogliche Museum in Braunschweig, in: Der Cicerone. Halbmonatsschrift für die Interessen des Kunstforschers & Sammlers, 3, 1911: 15–20

Scherer 1931
Christian Scherer: Die Braunschweiger Elfenbeinsammlung. Katalog der Elfenbeinbildwerke des Herzog Anton Ulrich-Museums in Braunschweig, Leipzig 1931

Schillinger 1994
Klaus Schillinger (Hrsg.): Kostbare Instrumente und Uhren aus dem Staatlichen Mathematisch-Physikalischen Salon Dresden, Leipzig 1994

Schloss Hinterglauchau 1994
Museum und Kunstsammlung Schloss Hinterglauchau (Schriftenreihe/Museum und Kunstsammlung Schloß Hinterglauchau; 10), Glauchau 1994

von Schlosser 1978
Julius von Schlosser: Die Kunst und Wunderkammern der Spätrenaissance. Ein Beitrag zur Geschichte des Sammelwesens, Braunschweig 1978

Schmidt 1939
Hans Friedrich Schmidt: Dürers Apokalypse und die Straßburger Bibel von 1485, in: Zeitschrift des Deutschen Vereins für Kunstwissenschaft, 6, 1939: 261–266

Schneider 1989
Norbert Schneider: Stilleben. Realität und Symbolik der Dinge. Die Stillebenmalerei der frühen Neuzeit, Köln 1989

Schneider 1990
Erich Schneider: Sagen der Lausitz, Bautzen 1990

Schoch/Mende/Scherbaum 2001–2004
Rainer Schoch, Matthias Mende, Anna Scherbaum: Albrecht Dürer. Das druckgraphische Werk, 3 Bde., München 2001–2004

Schöpf 1991
Hans Schöpf: Fabeltiere, Graz 1991

Schröder 1972
Thomas Schröder (Hrsg.): Jacques Callot. Das gesamte Werk, 2 Bde., München 1972

Schuette 1929
Marie Schuette: Spitzen von der Renaissance bis zum Empire. Die Sammlung Helene Vieweg-Brockhaus, Leipzig 1929

Schütte 1997
Rudolf-Alexander Schütte, Die Kostbarkeiten der Renaissance und des Barock. Pretiosa und allerley Kunstsachen aus den Kunst- und Raritätenkammern der Herzöge von Braunschweig-Lüneburg aus dem Hause Wolfenbüttel (Sammlungs-Kataloge des Herzog Anton Ulrich-Museums 6), Braunschweig 1997

Schumann 2003
Hans Wolfgang Schumann: Buddhabildnisse. Ihre Symbolik und Geschichte, Heidelberg/Leimen 2003

Schwartz 1981
Jacques Schwartz: Papyri Magicae Graecae und magische Gemmen, in: Maarten J. Vermaseren (Hrsg.): Die orientalischen Religionen im Römerreich, Leiden 1981: 485–509

Schwarz 1987
Gerda Schwarz: Triptolemos. Ikonographie einer Agrar- und Mysteriengottheit, in: Grazer Beiträge. Zeitschrift für die klassische Altertumswissenschaft, Supplementband II, 1987

Schwarz 1997
Gerda Schwarz, s.v. Triptolemos, LIMC, Bd. 8.1: 56–68

Scott 1995
Jonathan Scott: Salvator Rosa. His life and times, New Haven [u.a.] 1995

Seling 1980
Helmut Seling: Die Kunst der Augsburger Goldschmiede 1529–1868, 3 Bde., München 1980

Shapley 1979
Fern Rusk Shapley: Catalogue of the Italian Paintings, National Gallery of Art, 2 Bde., Washington D. C. 1979

Shaughnessey 2001
Edward L. Shaughnessy (Hrsg.): Das alte China. Im Land des himmlischen Drachen, München 2001

Sheehan 2002
James J. Sheehan: Geschichte der deutschen Kunstmuseen, Darmstadt 2002

Siemer 2004
Stefan Siemer: Geselligkeit und Methode. Naturgeschichtliches Sammeln im 18. Jahrhundert (Veröffentlichungen des Instituts für Europäische Geschichte Mainz; 192), Mainz 2004

Simon 1957
Erika Simon: Die Portlandvase, Mainz 1957

Simon 1985
Erika Simon: Die Götter der Griechen, 3. Aufl., München 1985

Spicer-Durham 1979
Joaneath Ann Spicer-Durham: The Drawings of Roeland Savery, Diss. Yale University 1979 (University Microfilms International), PZ. 2, C 147 F 145: 573f.

Springer 1981
Peter Springer: Kreuzfüße. Ikonographie und Typologie eines hochmittelalterlichen Gerätes (Bronzegeräte des Mittelalters; 3), Berlin 1981

Stamer/Zingsem 2001
Barbara Stamer, Vera Zingsem: Schlangenfrau und Chaosdrache, in: Märchen, Mythos und Kunst, Stuttgart, Zürich 2001

Steland 1988
Anne Charlotte Steland: Herkules – ein Supermann? Zu einer Bilderfolge mit Herkules-Taten von Lucas Cranach dem Älteren, Herzog Anton Ulrich-Museum Braunschweig, 2. Aufl. Braunschweig 1988

Stolzenburg 1999
Andreas Stolzenburg: Zu Leben und Werk Salvator Rosas, in: Ausst.-Kat. Leipzig/Haarlem 1999: 8–36

Stolzenburg 2002
Andreas Stolzenburg: Hendrick Goltzius und die Antike, in: Ausst.-Kat. Hamburg 2002: 17–21

Ströber 1998
Eva Ströber: Höhlenhimmel-Bergeshallen. Anmerkungen zur Bedeutung der Höhlen in der chinesischen Malerei. Teil 2. Die Höhlen des Buddhismus, in: Deutsche Gesellschaft für Ostasiatische Kunst, Mitteilungen Nr. 24, Juli 1998:12–23

Ströber 1999
Eva Ströber: Höhlenhimmel-Bergeshallen. Anmerkungen zur Bedeutung der Höhlen in der chinesischen Malerei. Teil 3. Ende, in: Deutsche Gesellschaft für Ostasiatische Kunst, Mitteilungen Nr. 26, Januar 1999: 14–26

Ströber 2002
Eva Ströber: Ostasiatika. Sammlungskatalog des Herzog Anton Ulrich-Museums Braunschweig, Braunschweig 2002

Sturm 1961
Heribert Sturm: Egerer Reliefintarsien, München 1961

Swoboda 1980
Karl Maria Swoboda: Das 16. Jahrhundert nördlich der Alpen, unter Mitarb. von Maria Buchsbaum, Wien, München 1980

Ternois 1962
Daniel Ternois: Jacques Callot. Catalogue complet de son Œuvre dessiné, 2 Bde., Paris 1962

Thausing 1876
Moritz Thausing: Dürer. Geschichte seines Lebens und seiner Kunst, Leipzig 1876

Thöne 1963
Friedrich Thöne: Wolfenbüttel. Geist und Glanz einer alten Residenz, München 1963

Tietze/Tietze-Conrat 1937
Hans Tietze, Erika Tietze-Conrat: Kritisches Verzeichnis der Werke Albrecht Dürers. Der reife Dürer, Bd. 2, 1. Halbband, Basel 1937

Tümpel 1970
Christian Tümpel (Bearb.), Astrid Tümpel (Mitarb.): Rembrandt legt die Bibel aus. Zeichnungen und Radierungen aus dem Kupferstichkabinett der Staatlichen Museen Preußischer Kulturbesitz, Berlin 1970

Ünlüoğlu 2005
Bensen B. M. Ünlüoğlu: The Cult of Isis in Asia Minor, in: Adolf Hoffmann (Hrsg.): Ägyptische Kulte und ihre Heiligtümer im Osten des Römischen Reiches. Internationales Kolloquium 5./6. September 2003 in Bergama, Türkei (Byzas; 1), Istanbul 2005: 95–108

Ulrich 1958
Gerhard Ulrich: Albrecht Dürer. Die Kupferstich-Passion. Mit Geleitwort von Gerhard Ulrich, Gütersloh 1958

Unverfehrt 1994
Gerd Unverfehrt (Hrsg.): Rembrandt schwarz-weiß. Meisterwerke der Radierkunst aus der Kunstsammlung der Universität Göttingen, Göttingen 1994

Verö 2006
Maria Verö: Bemerkungen zu den Beinsätteln aus der Sigismundzeit, in: Ausst.-Kat. Budapest/Luxemburg 2006: 270–278

Vidman 1981
Ladislav Vidman: Isis und Sarapis, in: Maarten J. Vermaseren (Hrsg.): Die orientalischen Religionen im Römerreich, Leiden 1981: 121–156

Vogel 1995
Jean Philippe Vogel: Indian Serpent Lore or the Nagas in Hindu Legend and Art, Erstaufl. 1926, Reprint, New Delhi 1995

Voigt 1992
Jochen Voigt: Bildschnitzer und Intarsienschneider. Reliefintarsien von Adam Eck, in: Rheydter Jahrbuch für Geschichte, Kunst und Heimatkunde, 20, 1992: 159–178

Voigt 1994
Jochen Voigt, in: Schloß Hinterglauchau 1994: 33–41

Voigt 1999
Jochen Voigt: Für die Kunstkammern Europas. Reliefintarsien aus Eger, Halle an der Saale 1999

Voorhelm-Schneevoogt 1873
C. G. Voorhelm-Schneevoogt: Catalogue des Estampes gravées d'apres P. P. Rubens, Harlem 1873

Waetzoldt 1941
Wilhelm Waetzoldt: Albrecht Dürer. Kupferstich-Passion und kleine Passion. Mit einl. Text von Wilhelm Waetzoldt, Königsberg 1941

Wallace 1979
Richard W. Wallace: The etchings of Salvator Rosa, Princeton 1979

Wasem 1981
Eva-Maria Wasem: Die Münchner Residenz unter Ludwig I. Bildprogramme und Bildausstattungen in den Neubauten (Neue Schriftenreihe des Stadtarchivs München; 101), München 1981

Weber 1989
Gregor J. M. Weber: Stilleben alter Meister in der Kasseler Gemäldegalerie, Staatliche Kunstsammlung Kassel, Melsungen 1989

Weihrauch 1956
Hans R. Weihrauch: Die Bildwerke in Bronze und in anderen Metallen mit einem Anhang. Die Bronzebildwerke des Residenzmuseums, Bayerisches Nationalmuseum München, München 1956

Weinhold 2000
Ulrike Weinhold: Emailmalerei an Augsburger Goldschmiedearbeiten von 1650 bis 1750, München, Berlin 2000

Weltkunst 1972
Neuerwerbungen des Herzog Anton Ulrich-Museums, Braunschweig (H.H.W.), in: Weltkunst. Die Zeitschrift für Kunst und Antiquitäten, 42, 1972

Westermark 1996
Ulla Westermark: Influences from South Italy on early Macedonian Bronze coins, in: Wolfgang Leschhorn, Auguste V. B. Miron, Andrei Miron (Hrsg.): Hellas und der griechische Osten. Studien zur Geschichte und Numismatik der griechischen Welt. Festschrift für Peter Robert Franke zum 70. Geburtstag, Saarbrücken 1996: 291–299

Wex 1986
Reinhold Wex: Cranach and his contemporaries, in: Apollo 123, 1986: 166–170

Weyerman 1769
Jacob Campo Weyerman: De Levens-Beschryving der Nederlandsche Konst-Schilders en Konst-Schilderessen, met een uytbreyding over de Schilder-Konst der ouden, 4 Bde., 's-Gravenhage 1769, Bd. 4: 47–54

White 1999
Christopher White: Rembrandt as Etcher. A study of the Artist at Work (Erstausg. London 1969), New Haven, London 1999

Widerkehr 1991/92
Lena Widerkehr: Jacob Matham Goltzij privignus. Jacob Matham graveur et ses rapports avec Hendrick Goltzius, in: Nederlands Kunsthistorisch Jaarboek, 42–43, 1991/92: 219–260

Wiesenhütter 1935
Alfred Wiesenhütter: Dürers Kupferstichpassion. Mit Worten alter Prediger und mit einer Einf. von Alfred Wiesenhütter, Berlin 1935

Wilkinson 2003
Richard H. Wilkinson: Die Welt der Götter im alten Ägypten. Glaube, Macht, Mythologie, dt. Ausgabe, Stuttgart 2003

Winkler 1995
Lorenz Winkler: Salus. Vom Staatskult zur politischen Idee, Heidelberg 1995

Wittkower 1977
Rudolf Wittkower: Adler und Schlange, in: Klassiker der Kunstgeschichte. Allegorie und der Wandel der Symbole in Antike und Renaissance, Erstveröffentlichung 1942, Nachdr., Köln 1977, Bd. 5: 21–86

von Wolff Metternich/Meinz 2004
Beatrix Freifrau von Wolff Metternich, Manfred Meinz: Die Porzellanmanufaktur Fürstenberg. Eine Kulturgeschichte im Spiegel des Fürstenberger Porzellans, München [u. a.] 2004

Wright 1984
Christopher Wright: Poussin. Paintings. A Catalogue Raisonné, New York 1984

Zazoff 1970
Peter Zazoff (Hrsg.): Antike Gemmen in Deutschen Sammlungen, Braunschweig, Göttingen, Kassel, 3. Bd., Wiesbaden 1970

Zerling 2003
Clemens Zerling: Lexikon der Tiersymbolik. Mythologie – Religion – Psychologie, hrsg. von Wolfgang Bauer, [o.O.] 2003

Zwierlein-Diehl 1993
Erika Zwierlein-Diehl: Magische Amulette und andere Gemmen des Instituts für Altertumskunde der Universität zu Köln, in: Abhandlungen der Rheinisch-Westfälischen Akademie der Wissenschaften, 20, 1993

Abbildungsnachweis

Braunschweig, Herzog Anton Ulrich-Museum
  Foto Claus Cordes: Kat. Nr. 1, 2, 3, 4, 6, 7, 8, 9, 10, 12, 15, 16, 18, 19, 20, 21, 22, 23, 25, 29, 30, 32, 36, 37, 39, 41, 45, 47, 48, 49, 50, 51, 52, 53, 55, 56, 57, 58 a–d, 59, 61, 62 a–b, 63, 64, 66, 67 a–b, 68, 69, 70 Detailaufnahme, 72 b, 73, 80

Foto Bernd-Peter Keiser: Kat. Nr. 14, 24, 26, 28, 31, 34, 35, 38, 40, 42, 43, 46, 54, 60, 70 Gesamtaufnahme, 72 a, 74
Foto Michael Lindner: Kat. Nr. 11, 17, 27, 33, 65
Foto Joachim Thies: Kat. Nr. 13, 71

Braunschweig, Universitätsbibliothek:
  Kat. Nr. 44, 75, 77, 78, 79

Halle, Museum Robertinum:
  Kat. Nr. 5

Wolfenbüttel, Herzog August Bibliothek:
  Kat. Nr. 76

Danksagung

Die Herausgeber danken den Leihgebern, die bereitwillig ihre Exponate für dieses außergewöhnliche Ausstellungsprojekt zur Verfügung gestellt haben. Den Kolleginnen und Kollegen im Herzog Anton Ulrich-Museum sei gedankt für vielfältige Anregungen und sorgfältige Korrekturarbeit.

Ein besonderer Dank gebührt Claus Cordes für die Erstellung des Photomaterials, Ulrich Nebelung und Team für Aufbau und Einrichtung, allen Mitarbeiterinnen der Restaurierungswerkstätten für die Betreuung der Objekte und die Überwachung des Klimas, Dr. Gisela Bungarten und Dr. Alfred Walz für die Koordinierung des Gesamtprojektes sowie den engagierten Studentinnen und Studenten der Universitäten Halle-Wittenberg und Leipzig.

HERZOG ANTON ULRICH-MUSEUM BRAUNSCHWEIG
KUNSTMUSEUM DES LANDES NIEDERSACHSEN
NIEDERSÄCHSISCHE LANDESMUSEEN BRAUNSCHWEIG

Konzeption
Felix Bachmann, Gisela Bungarten, Martin Hartung, Ilka Hausmann, Felicitas Jungnitsch, Jana Kassler, Jochen Luckhardt, Anja Richter, Oliver Ritter, Alfred Walz

Katalog
Gisela Bungarten, Jochen Luckhardt, Alfred Walz

Organisation und Leihverkehr
Gisela Bungarten

Ausstellungseinrichtung
Gisela Bungarten, Alfred Walz

Ausstellungsgestaltung
Hinz & Kunst, Braunschweig

Redaktion und Lektorat
Gisela Bungarten, Jochen Luckhardt

Korrekturen
Iris Berbner, Gisela Bungarten, Judith Claus, Thomas Döring, Silke Gatenbröcker, Wolfgang Leschhorn, Jochen Luckhardt, Juliane Stannewitz, Alfred Walz

Photographie
Claus Cordes

Konservatorische Betreuung
Birgit Bradler, Eva Jordan-Fahrbach, Ursel Gaßner, Ursula Gerloff, Britta Goldbach, Verena Herwig, Hildegard Kaul, Shiyori Kudo, Friederike Leibe, Katja Pylen

Technische Betreuung und Aufbau
Georg Barkowski, Gerhard Brese, Bernd Eppers, Rudolf Lange, Ulrich Nebelung, Tracy Niepold, Marek Prengel

Tischlerarbeiten
Gerd Torunski

Praktikantinnen
Özlem Cin, Jekaterina Kredovica, Claudia Müller, Sarah Thumser

Ausstellungstexte
Gisela Bungarten, Alfred Walz

Öffentlichkeitsarbeit
Angelie Kapusta, Sven Nommensen, Rainer Sander

Layout
Lohse Design

Lektorat
Caroline Stöss, Wolfram Schwieder

Autorinnen und Autoren
AR   Anja Richter
AW   Alfred Walz
FB   Felix Bachmann
FJ   Felicitas Jungnitsch
GB   Gisela Bungarten
IH   Ilka Hausmann
JK   Jana Kassler
JL   Jochen Luckhardt
MH   Martin Hartung
OR   Oliver Ritter

Leihgeber
Braunschweig, Universitätsbibliothek
Halle, Museum Robertinum der Universität Halle-Wittenberg
Wolfenbüttel, Herzog August Bibliothek

Sponsoren und Förderer

Staatliches Naturhistorisches Museum Braunschweig (SNHM)

Projektleitung
Ulrich Joger

Konzeption und Realisierung
Ulrich Joger
Nikolaus Stümpel
Verena Traxel

Assistenz
Gabriele Finkenwerder-Hoffmann
Claudia Kamcke
Jörg Pauli
Barbara Selig

Pädagogik
Gerhard Pohl
Bärbel Heise
Gaby Marx
Ricarda Meyer
Karin Rabe

Logistik
Gerhard Göhring
Rainer Sander

Präparation
Bettina Borges-Naumer
Michaela Forthuber
Frank Strauß

Grafik
Maria Neppe
Karin Doering
Claus Fries

Photographie
Claus Cordes
Maik Dobiey
Harald Nicolay
Arend van den Nieuwenhuizen

Animation und Film
Germund Mielke
Achim Ritter
Hans-Jürgen Zimmermann

Website
BRAINWORXX, Braunschweig
Susanne Stein
Verena Traxel

Technik und Aufbau
Hans-Dieter Barnickel
Jan Greve
Bernd Scheundel

Technische Beratung
Wilhelm-Klauditz-Institut
für Holzforschung, Braunschweig

Lebende Schlangen
Detlev Quaas
Mark Regent
Nikolaus Stümpel

Shop
Regina Fischer

Leihgeber
Staatliche Naturhistorische Sammlungen
Dresden, Museum für Tierkunde (MTD)
Hessisches Landesmuseum Darmstadt
Museum für Naturkunde Berlin
Senckenbergmuseum und Forschungsinstitut, Frankfurt/M. (SMF)
Geologisches Museum der Universität
Göttingen
Naturhistorisches Museum Wien (NMW)
Dietrich Mebs (Frankfurt/M.)
Fritz J. Krüger (Braunschweig)
Karl Ziegan (Schönfließ)

Danksagung

Zahlreiche Menschen haben sich um das Zustandekommen der Ausstellung und dieses Begleitbuchs verdient gemacht. Für den naturwissenschaftlichen Teil möchte ich nennen: Nikolaus Stümpel und Verena Traxel als wissenschaftliche Mitarbeiter, Hans-Dieter Barnickel, Bettina Borges-Naumer, Michaela Forthuber, Jan Greve, Maria Neppe, Detlev Quaas, Mark Regent und Frank Strauß als technische Mitarbeiter. Ihnen allen sei herzlich gedankt.

Für die hervorragenden Fotografien bedanke ich mich bei Claus Cordes, Maik Dobiey, Harald Nicolay, Arend van den Nieuwenhuizen, Alexander Schörgendorfer, Guido Westhoff und Wolfgang Wüster, für die meisterlichen Zeichnungen bei Karin Doering, Claus Fries und Germund Mielke.

Die Leihgaben stellten freundlicherweise Dr. Uwe Fritz und Dr. Edgar Lehr (Staatliche Naturhistorische Sammlungen Dresden), Dr. Gabriele Gruber, Dr. Jörn Köhler und Dr. Wolfgang Schneider (Hessisches Landesmuseum Darmstadt), Dr. Rainer Günther (Museum für Naturkunde Berlin), Dr. Gunther Köhler und Prof. Dr. Friedemann Schrenk (Senckenbergmuseum Frankfurt/M.), Dr. Mike Reich (Geologisches Museum der Universität Göttingen), Dr. Franz Tiedemann (Naturhistorisches Museum Wien), Fritz J. Krüger (Braunschweig) und Karl Ziegan (Schönfließ) zur Verfügung.

Den Autoren dieses Begleitbuches danke ich für ihre wertvollen Beiträge, die sie in rekordverdächtig kurzer Zeit ablieferten. Schließlich gilt mein besonderer Dank meinem Kollegen Prof. Dr. Jochen Luckhardt, Herzog Anton Ulrich-Museum (Kunstmuseum des Landes Niedersachsen) und seinen Mitarbeitern, Dr. Gisela Bungarten und Dr. Alfred Walz, für die unkomplizierte und angenehme Zusammenarbeit.

Ulrich Joger

Merck, J. H. (1786): Troisième lettre sur les os fossiles d'Elephans et de Rhinocéros qui se trouvent en Allemagne et particulièrement dans le pays de Hesse-Darmstadt adressée à Monsieur Forster. – 30 S., 3 Taf., Darmstadt.

Mertens, R. (1969): Der »Drachen von Babylon« war kein Waran. – Natur u. Museum 99: 389–392.

Nehring, A. (1898): Die Anbetung der Ringelnatter bei den alten Litauern, Samogiten und Preußen. – Globus. Illustr. Zeitschr. f. Länder- und Völkerkunde LXXIII, Nr. 4.

Paterson Hain, J. (1673a): Observatio CXXXIX, de Draconibus Carpathicis. – Miscellanea Curiosa Medico-Physica Academiae Naturae Curiosorum, sive Ephemeridum Medico-Physicarium Germanicarum; Lipsiae & Francofurti, Sumptibus Haeredum Schnureri Gözianorum & Johannis Fritzschii, Typin Johann Georgii Drulmanni. 616 S. + Index, 1 gef. Kupfer: 257–259

Paterson Hain, J. (1673b): Observatio CXCIV, de Draconum Carpathiicorum Cavernis. – Miscellanea Curiosa Medico-Physica Academiae Naturae Curiosorum, sive Ephemeridum Medico-Physicarium Germanicarum; Lipsiae & Francofurti, Sumptibus Haeredum Schnureri Gözianorum & Johannis Fritzschii, Typin Johann Georgii Drulmanni. 616 S. + 31 S. Index, 1 Kupfertafel: 366–370.

Philippsen, H. (1923): Die versteinerten Seeigel Norddeutschlands und ihre mythologische Bedeutung. – Kosmos 20: 324–325.

Plinius C. Secundus: Naturalis historiae libri XXXVII. Zahlreiche Ausgaben. Julius Sillig, Leipzig 1831–1835, 5 Bände.

Rabeder, G., Nagel, D. & Pacher, M. (2000): Der Höhlenbär. – Species 4, Stuttgart.

Rätsch, Ch. (1997): Die Steine der Schamanen. Kristalle, Fossilien und die Landschaften des Bewußtseins. – Eugen Diederichs, München.

Rätsch, Ch. & Guhr, A. (1989): Lexikon der Zaubersteine aus ethnologischer Sicht. – Akademische Druck- und Verlagsanstalt (ADEVA), Graz

Rosendahl, W. (2001): Die Zoolithenhöhle bei Burggaillenreuth/Fränkische Schweiz. – In: Weidert, W. K. (Hrsg.): Klass. Fundstellen der Paläontologie, Band 4, Korb: 235–244.

Rosendahl, W., Darga, R., Kühn, R. & Pacher, M. (2000): Der Höhlenbär in Bayern. – Dr. Friedrich Pfeil, München.

Rosendahl, W. & Kempe, S. (2004): Johann Christian Rosenmüller und der Höhlenbär (1794–2004) – »Lebensbilder aus 210 Jahren. – Natur und Mensch 2003, Nürnberg: 145–159.

Rosenmüller, J. C. (1794): Quaedam de ossibus fossilibus animalis cujusdam, historiam ejus et cognitionem accuratiorem illustrantia, disertatio, quam d, 22. Octob. 1794. Ad disputandum proposuit Ioannes Christ. Rosenmüller Heßberga-Francus, LL. AA. M. in Theatro anatomico Lipsiensi Prosector assumto socio Io. CHrs. Heinroth Lips. Med. Stud. Cum tabula aenea. – 34 S., 1 Kupfertafel; Leipzig.

Rosenmüller, J. C. (1795): Beiträge zur Geschichte und nähern Kenntniß fossiler Knochen. – 92 S., 1 unpag. S., 1 Kupfertafel, Leipzig.

Rosenmüller, J. C. (1804): Abbildungen und Beschreibungen der fossilen Knochen des Höhlenbären. Description des os fossiles de l'Ours des Cavernes avec figures. – IV, 22 S., 8 Kupfertafeln, Weimar.

Schwalm, J. (1993): Fossilien in Volksmedizin und Magie. – Aufschluß 44: 106–110.

Thenius, E. & Vávra, N. (1996): Fossilien im Volksglauben und im Alltag. – Senckenberg-Buch 71, W. Kramer, Frankfurt/M.

Vávra, N. (1987): Fossilien in Volksglauben und Alltag. – Schriften des Vereins zur Verbreitung naturwissenschaftlicher Kenntnisse in Wien, 126: 193–252.

Vollgnad, H. (1676): Observatio CLXX. De Draconibus Carpathicis et Transsylvanicis. – Miscellanea Curiosa Medico-Physica Academiae Naturae Curiosorum, sive Ephemeridum Medico-Physicarium Germanicarum. – Francofurti & Lipsiaus, Sumptibus Johannis Fritzschii, Bibliopolae Lipsiensis, 315 S., 1 gef. Kupfertafel: 226–229

Ziegan, K. (1997): Netsuke Schlangen als »Handschmeichler«. – Bongo 27: 97–107.

Ziegan, K. (2005): Die Schlange in der Kulturgeschichte. – Milu 11: 503–511.

Romer, A. S. (1971): Vergleichende Anatomie der Wirbeltiere. – Paul Parey, Hamburg.

Trutnau, L. (1990): Schlangen (Band 1 und 2). – Eugen Ulmer, Stuttgart.

Visser, J. & Chapman, D. S. (1984): Snakes and snakebite. – 7. Impr. Struik Publ., Cape Town.

Kapitel 7–8:

Abel, O. (1939): Vorzeitliche Tierreste im deutschen Mythos, Brauchtum und Volksglauben. – Gustav Fischer, Jena.

Abel, O. & Kyrle, G. (Hrsg.) (1931): Die Drachenhöhle bei Mixnitz. – Speläol. Monographien, 7/8, Wien.

Annoskia, E. (1981): Fossils unknown compansions. – Soliart, Mailand.

Bandini, D. & G. (2005): Das Drachenbuch. Sinnbilder, Mythen, Erscheinungsformen. – Lizenzausgabe Marix, Wiesbaden.

Basset, M. G. (1982): Formed Stones, Folkore and Fossils. – Amgueddfa Genedlaethol Cymru. National Museum of Wales, Geological Series 1, Cardiff.

Blumenbach, F. (1788): Handbuch der Naturgeschichte, dritte sehr verbesserte Ausgabe. – XVI, 715 S., 2 Kupfertafeln, Göttingen.

Borkhausen, M. B. (1793): Epochen der Schöpfung, oder über die Ausbildung der Erde und besonders ihre gegenwärtige Oberfläche, aus Urkunden der Natur und den Denkmälern der Vorzeit geschöpft; in Briefen. – Rheinisches Magazin z. Erweiterung der Naturkunde, 1, 135 S., Gießen.

Brückmann, F. E. (1734): De antro Scharfeldiano et Ibergensi. – Epistola itineraria 34, Wolfenbüttel.

Brückmann, F. E. (1739): Antra Draconum Liptoviensia. – Epistola itineraria 77, Wolfenbüttel.

Casson, L. (Hrsg.) (1989): The Periplus Maris Erythraei. Text with introduction, translation, and commentary by Lionel Casson. Princeton University, Princeton.

Eckstorm, H. (1620): Epistola de Specu Bumanni, vulgo Bumannshol, ex: Historia terrae motuum complurium et pracipue eius etc. … – Helmstedt: 210–227.

Egli, H. (1994): Das Schlangensymbol. 3. Aufl. – Walter, Solothurn.

Esper, J. F. (1774): Ausführliche Nachricht von neuentdeckten Zoolithen unbekannter vierfüssiger Thiere, und denen sie enthaltenden, so wie verschiedenen anderen, denkwürdigen Grüften der Obergebürgischen Landes des Marggrafthums Bayreuth. – 148 S., 14 Kupfertafeln, Nürnberg.

Esper, J. F. (1778/1790): Kurze Beschreibung der in den Osteolithen Grüften bey Gailenreuth ohnweit Muggendorf im Baireutischen neuerlich entdeckten Merkwürdigkeiten. [Fn.:] nach der von dem nunmehr verstorbenen Herrn Superint. Esper über die ihm aufgetragene neuere Untersuchung, erstatteten Anzeige vom Jahr 1778, bearbeitet. – Fränk. Archiv, Bd. 1, Ansbach: 77–105.

Friebe, J. G. (1995): Schlangeneier und Drachenzungen. Fossilien in Volksmedizin und Abwehrzauber. – Eine Sonderausstellung der Vorarlberger Naturschau, 30. August–30. Oktober 1997

George, U. (1993): Das »Grab der Drachen«. – Geo 7: 34–58.

Gesner, C. (1516–1565): Vollkommenes Fischbuch. – Hannover 1981 (Nachdruck der Ausgabe von 1670).

Gesner, C. (1565): De rerum fossilium, lapidum et gemmarum etc. – Tiguri, Zürich.

Grautopf, F. H. (1829/1830): Die lübeckschen Chroniken in niederdeutscher Sprache. – Chronik des Franciscaner Lesemeisters Detmar, 2 Bde.

Haeckel, E. (1899–1904): Kunstformen der Natur. – Bibliogr. Inst., Leipzig u. Wien.

Hartmann, H. (1920): Die Beatus-Höhlen am Thunersee. – Bern.

Heller, F. (Hrsg.) (1972): Die Zoolithenhöhle bei Burggaillenreuth/Ofr., 200 Jahre wissenschaftliche Forschung, 1771–1971. – Erlanger Forschungen, B, 5, Erlangen.

Hildegard von Bingen (1986): Das Buch von den Steinen. 2. Aufl. – Nach den Quellen übersetzt von P. Riethe, Otto Müller, Salzburg.

Horst, J. D. (1656): Observationum Anatomicarum Decas I. – 34 S., Frankfurt a. M.

Isbell, L. A. (2006): Snakes as agents of evolutionary changes in primate brains. – Jour. Hum. Evol. 51: 1–35.

Joger, U. (1999): The reptile fauna of the Soqotra Archipelago. – In: Rheinwald, G. (Hrsg.): Proceedings of the Symposium on isolated vertebrate communities. – Bonn.

Kempe, S., Rosendahl, W. & Döppes, D. (2005): The making of the cave bear, wie es zur Art Ursus spelaeus kam. – Mitt. Komm. Quartärforsch. Österr. Akad. Wiss., 14, Wien: 89–106.

Knoefel, P. K. (1988): Francesco Redi on vipers. – Brill, Leiden.

König, R. (1983): Schlangen. – Zoolog. Museum der Christian-Albrechts-Universität, Kiel.

Krüger, F. J. (1987): Flint-Seeigel – Steinkerne aus nördlichen Geschieben. – Fossilien 4 (6): 258–263.

Krüger, F. J. (1993): Anmerkungen zu einem magischen Thema. – Aufschluß 44: 347–350.

Lachmund, F. (1669): Oryktographia Hildesheimensis, sive admirandorum fossilium quae in tractu Hildesheimensi reperiuntur. – 80 + 5 S., Hildesheim.

Leibniz, G.W. (1949): Protogaea. – Herausgegeben von W. E. Peuckert, 1. Band, W. Kohlhammer, Stuttgart.

Lüschen, H. (1968): Die Namen der Steine. Das Mineralreich im Spiegel der Sprache. – Ott, Thun und München.

Luven, Y. (2001): Der Kult der Hausschlange – Eine Studie zur Religionsgeschichte der Letten und Litauer. – Böhlau, Köln.

Mackall, R. P. (1987): A living dinosaur? In search of Mokele-Mbembe. – Brill, Leiden.

Mayer, G. (1975): Die Mineralien und Fossilienlieferungen des Freiherrn Carl Reinhard von Gemmingen in Ansbach an die Markgräfin Caroline Louise von Baden (1769–1778). – Geol. Bl. NO-Bayern 25 (1): 46–51.

Literaturverzeichnis

Kapitel 1–3:

Apesteguia, S. & H. Zaher (2006): A Cretaceous terrestrial snake with robust hindlimbs and a sacrum. – Nature 440: 1037–1040.

Bellairs, A. (1971): Die Amphibien und die Reptilien. – Rencontre, Lausanne.

Berger-Dell'Mour, H. (1983): Der Übergang von Echse zu Schleiche in der Gattung *Tetradactylus* Merrem (Gerrhosauridae). – Zool. Jahrbücher (Anatomie u. Ontogenie) 110: 1–152.

Ferguson, M. W. J. (Hrsg.) (1984): The structure, development and evolution of reptiles. – Symp. Zool. Soc. London 52, Academic Press, New York.

Gans, C. (1974): Biomechanics: An approach to vertebrate biology. – University of Michigan Press, Ann Arbor.

Gans, C. (1975): Tetrapod limblessness: evolution and functional corollaries. – American Zoologist 15: 455–467.

Grassé, P. (Hrsg.) (1970): Traité de Zoologie. Tome XIV Reptiles. – Masson, Paris.

McDowell, S. B. (1987): Systematics. – In: Seigel, R. A., Collins, J. T. & Novak, S. S. (Hrsg.): Snakes. Ecology and evolutionary Biology. Macmillan, New York: 3–50.

Pough, F. H., Andrews, R. M., Cadle, J. E., Crump, M. L., Savitzky, A. H. & Wells, K. D. (2001): Herpetology, 2. Aufl. – Prentice Hall, New Jersey.

Rage, J.-C. (1987): Fossil history. – In: Seigel, R. A., Collins, J. T. & Novak, S. S. (Hrsg.): Snakes. Ecology and evolutionary Biology. Macmillan, New York: 51–76.

Rage, J. C., Escuillié, F. (2000): Un nouveau serpent bipède du Cenomanien (Crétacé). Implications phylétiques. – Comptes rendus des scéances de l'Académie des Sciences, Paris, IIa, 330: 513–520.

Slowinski, J. B. & Lawson, R. (2002): Snake phylogeny: evidence from nuclear and mitochondrial genes. – Mol. Phyl. Evol. 24: 194–202.

Townsend, T., Larson, A., Louis, E. & Macey, J. R. (2004): Molecular phylogenetics of Squamata: The position of snakes, amphisbaenians, and dibamids, and the root of the squamate tree. – Syst. Biol. 53 (2): 735–757.

Vidal, N. & Hedges, S. B. (2006): Molecular evidence for a terrestrial origin of snakes. – Proc. Royal Soc. London B., suppl. 271: 226–229.

Kapitel 4–6:

Alcock, J. (1996): Das Verhalten der Tiere aus evolutionsbiologischer Sicht. – Gustav Fischer, Stuttgart.

Andrèn, C. (1976): Social behaviour during the reproductive period in *Vipera b. berus* (L.). – Norwegian J. Zool. 24: 234–235

Bauchot, R. (Hrsg.) (1998): Schlangen. – Bechtermüntz, Augsburg.

Blüm, V. (1985): Vergleichende Reproduktionsbiologie der Wirbeltiere. – Springer, Berlin.

Campbell, J. A. & Lamar, W. W. (1989): The venomous reptiles of Latin America. – Comstock Publishing Associates, London.

Chippaux, J.-P. (1998): Snake-bites: appraisal of the global situation. – Bull. World Health Org. 76: 515–524.

Courage, K. (1996): Untersuchungen zur Frage der konvergenten Entstehung rasselnder Körperschuppen bei Schlangen (Serpentes). – Diplomarbeit, Philipps-Universität Marburg.

Greene, H. W. (1997): Schlangen, Faszination einer unbekannten Welt. – Birkhäuser, Basel.

Günther, R. (Hrsg.) (1996): Die Amphibien und Reptilien Deutschlands. – Gustav Fischer, Jena.

Isbell, L. A. (2006): Snakes as agents of evolutionary changes in primate brains. – Jour. Hum. Evol. 51: 1–35.

Joger, U. (1984): The venomous snakes of the Near and Middle East. – Ludwig Reichert, Wiesbaden.

Joger, U. & Courage, K. (1999): Are Palaearctic ›rattlesnakes‹ (*Echis* and *Cerastes*) monophyletic? – In: Joger, U. (Hrsg.): Phylogeny and Systematics of the Viperidae. – Kaupia (Darmstädter Beiträge zur Naturgeschichte) 7: 65–81.

Joger, U. & Wollesen, R. (Hrsg.) (2004): Ökologie, Verbreitung und Schutz der Kreuzotter (*Vipera berus* [Linnaeus, 1758]). – Mertensiella, Rheinbach.

Mebs, D. (2000): Gifttiere. – Wiss. Verlagsges., Stuttgart.

Minton, S. A., Jr. & Minton, M. R. (1969): Venomous reptiles. – Charles Scribner's Sons, New York.

Petzold, H.-G. (1982): Aufgaben und Probleme der Tiergärtnerei bei der Erforschung der Lebensäußerungen der Niederen Amnioten (Reptilien). – Milu 8: 485–486.

Pough, F. H., Andrews, R. M., Cadel, J. E., Crump, M. L., Savitzky, A. H. & Wells, K. (2003): Herpetology. – Prentice Hall, Upper Sadle River, New Jersey.

Erlangen war auch der Ausgangspunkt für zahlreiche Wanderungen, Höhlenbefahrungen und paläontologische Untersuchungen, die Johann Christian Rosenmüller im Gebiet um »Muggendorf im Bayreuthischen Oberland« in den folgenden Jahren durchführte.

Auch wenn Rosenmüller bereits 1794 Erlangen wieder verließ und an die Universität Leipzig wechselte, beschäftigten ihn die fossilen Tierreste in den fränkischen Knochenhöhlen des »Muggendorfer Gebirgs« auch weiterhin. Nicht anders ist es zu erklären, dass Rosenmüller die Untersuchung eines vollständig erhaltenen Bärenschädels (Abb. 110) aus der Zoolithenhöhle bei Burggaillenreuth (Rosendahl 2000) zum Gegenstand seiner »dissertatio« gemacht hatte, die er am 22. Oktober 1794 zur Erlangung des akademischen Titels eines »Doktors der Weltweisheit« an der Philosophischen Fakultät der Universität Leipzig vorlegte. In heutigem Sinne erwarb Rosenmüller damit den Titel eines Doktors der Philosophie, Dr. phil. (Rosendahl & Kempe 2004).

Das vollständige Zitat dieser Arbeit lautet: »Quaedam de ossibus fossilibus animalis cuiusdam, historiam eius et cognitionem accuratiorem illustrantia, dissertatio, quam d. 22. Octob. 1794 ad disputandum proposuit Ioannes Christ. Rosenmüller Heßberga-Francus, LL.AA.M. in Theatro anatomico Lipsiensi Prosector assumto socio Io. Chr. Aug. Heinroth Lips. Med. Stud. Cum tabula aenea«. Die deutsche Übersetzung zu dieser Arbeit erschien 1795 (Rosenmüller 1795).

Hatte Esper 1774 die gefundenen Überreste der »unbekannten Creaturen« aus der Gaillenreuther Höhle noch nicht abschließend zuordnen wollen, so gelang Rosenmüller 1794 als Erstem die endgültige Deutung: Zwar handele es sich bei dem Schädel aus der Zoolithenhöhle um den Überrest eines Tieres, das zur Gattung der Bären (Ursus) gehöre, aber letztlich könne er weder dem Eisbär (Ursus maritimus Phipps 1774) noch dem Braunbär (Ursus arctos Linné 1758) zugeschrieben werden. Vielmehr müsse es sich um eine heute nicht mehr existierende Form handeln, d. h. um eine ausgestorbene Bärenart. Wegen des Vorkommens der Bärenreste in Höhlen nannte er diese neue Art Ursus spelaeus – »Höhlenbär«. Gemäß den Konventionen der von Carl v. Linné 1758 aufgestellten zoologischen Nomenklatur lautet demnach die korrekte Schreibweise: Ursus spelaeus Rosenmüller 1794. In Ergänzung zu seiner Dissertation veröffentlichte Rosenmüller

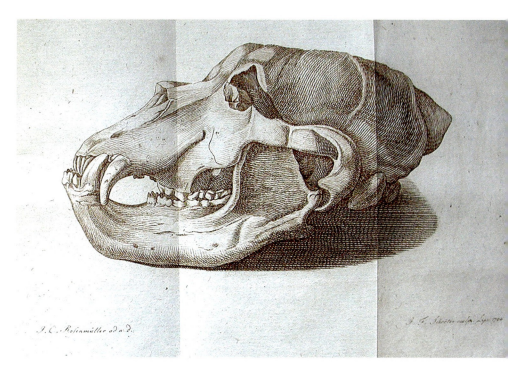

Abb. 110
Mit der Beschreibung dieses Schädels aus der Zoolithenhöhle bei Burggaillenreuth in Franken stellte J. C. Rosenmüller 1794 die Art des Höhlenbären (Ursus spelaeus) auf (aus Rosenmüller 1795).

1804 eine Bearbeitung der restlichen Skelettelemente des Höhlenbären.

Heute weiß man, dass nicht nur die »Carpathen-Drachen« von Paterson Hain und Vollgnat eigentlich Höhlenbären waren. Auch für viele andere Drachensagen bzw. Drachenhöhlen ist belegt, dass die in geschichtlichen Zeiten angeführten Knochenbelege der Art Ursus spelaeus zugehören. Dies gilt nicht nur für die Drachenhöhle im Säntis, sondern ganz besonders auch für die Mixnitzer Drachenhöhle, eine der berühmtesten Höhlenbärenhöhlen Europas.

 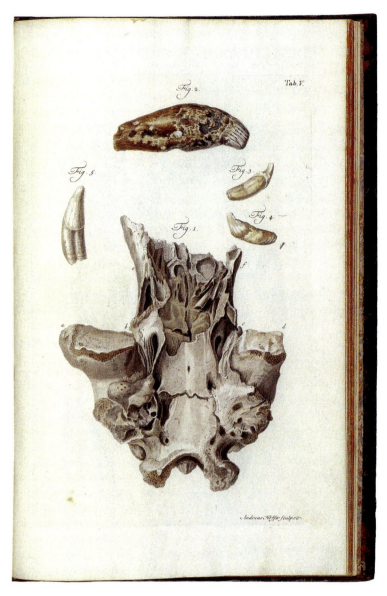

Abb. 109
Titelblatt und kolorierte Tafel mit Knochenfunden des unbekannten »Hauptthieres« aus der Monographie von J. F. Esper über die Zoolithenhöhle bei Burggaillenreuth in Franken (aus Esper 1774).

leuten der damaligen Zeit zu einem heftigen Streit. Während Camper der Zuweisung zum Eisbären widersprach (Merck 1786, S.23/24) befürworteten Blumenbach (1788) und Borkhausen (1793) diese. Anzumerken ist aber, dass, obwohl er die Eisbärenzuweisung ablehnte, auch Camper keine andere Deutung vertrat außer der, dass er für das unbekannte Geschöpf den Begriff »Ignotum« einführte. Bis zur endgültigen Klärung der systematischen Zugehörigkeit bürgerte sich dieser Begriff schnell ein (Heller 1972).

Der letzte Schritt zur Artaufstellung erfolgte durch Johann Christian Rosenmüller (1771–1820), der 1792 an die Universität Erlangen gewechselt war, um dort mit dem Medizinstudium zu beginnen (Rosendahl & Kempe 2004). Hier sollte nicht nur der Grundstein für sein weiteres berufliches Wirken gelegt werden;

Markgräfin Caroline Louise von Baden (1723–1783; geb. Prinzessin von Hessen-Darmstadt) vom 31.12.1778 wie folgt: »Man hat vor kurzem eine sonderbare Entdeckung in den Ländern seiner Hoheit, meines Herrn [Carl Alexander, Markgraf zu Ansbach-Bayreuth, 1736–1806, reg. 1757–1791] gemacht, dies sind Felsen und andere Abscheulichkeiten, erfüllt von Knochen und von Trümmern von vierfüßigen Tieren von welchen man bis jetzt die Art noch nicht feststellen konnte. Die Beschreibung, die ein sehr kluger Mann [eben J. F. Esper] davon gemacht hat und welche dieser dem Markgrafen gewidmet hat, verdient die Aufmerksamkeit und die Prüfung der Liebhaber der Naturgeschichte. Ich habe die Ehre Eurer erlauchten Hoheit mit der ersten Postkutsche ein Exemplar dieser Arbeit zu senden, die wie ich hoffe weiter gefördert wird durch die Ermunterungen, welche der Markgraf dem Verfasser gegeben hat. Beobachtungen dieser Art, durchgeführt mit Genauigkeit und Vielfalt, werfen vielleicht ein sicheres Licht auf die Geschichte der Umwälzungen unserer Erde, welche die Natur scheinbar mit Finsternis und unbesiegbarem Zweifel bedeckt, dieses beweist vielleicht eine plötzliche und schreckliche Umwälzung unabhängig von der, welche der Ozean kaum wahrnehmbar auf die Oberfläche der Erde erzeugt, einhergehend mit dem Begraben werden ganzer Generationen unter den Trümmern des Universums.

Ich habe dem Verfasser geschrieben, um ihn zu bitten, mir einige bemerkenswerte Stücke von Versteinerungen seiner Entdeckung zu schicken, die wie ich annehme würdig sind, in das Kabinett Eurer Hoheit aufgenommen zu werden« (Mayer 1975).

Nach langen Bemühungen war es Esper 1778 endlich gelungen, zu Vergleichszwecken das Gebiss eines Eisbären zu erhalten (Esper 1778/1790). Das Ergebnis seiner Vergleiche beschreibt er wie folgt: Trotz der abermals festgestellten morphologischen und Größenunterschiede habe man Schwierigkeiten »... bei so viel übereinkommendem auf eine andere Thierart zu verfallen (Esper 1778/1790; Nachtrag S. 196), zumal es vermutlich verschiedene Spielarten, oder gar Species des *Ursus maritimus* gegeben habe oder noch gebe, ... eine derselben hat den so ins lange angelegten, die andere jenen ins runde zusammengeschobenen Kopf. Beede sind in den Gailenreuther Grüften vorhanden, von beeden werden wieder Abweichungen angetroffen, welche vielleicht nichts als Geschlechtsunterschiede sind« (Esper 1778/1790; Nachtrag S. 197). Die entschiedene Aussage, dass es sich bei dem unbekannten »Hauptthier« aus der Zoolithenhöhle um den Eisbären handelt (Esper 1778/1790), führte unter den Fach-

Abb. 108
Der heilige Beatus vertreibt den Drachen aus der Höhle. Stich von Urs Graf aus dem Jahre 1511 (aus Hartmann 1920).

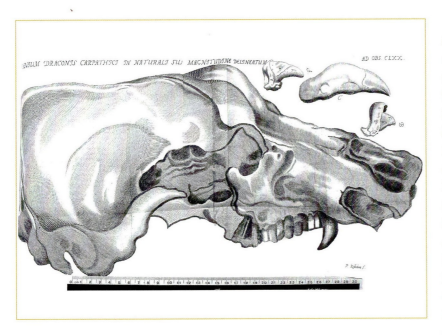

Abb. 107
Abbildung eines vollständigen »Drachen-Schädels« in natürlicher Größe aus Vollgnad (1673). Die originale Bildunterschrift dazu lautet »Cranium draconis Carpathici in naturali sua Magnitudine delineatum« (Schädel eines Carpathen-Drachen, gezeichnet in natürlicher Größe) (aus Vollgnad, 1673).

te durch das Ungeheuer besonders viel Leid erfahren, weshalb der reiche Mann eine hohe Belohnung für die Erlegung des Drachen aussetzte. Es gelang jedoch niemandem den Drachen zu erlegen, und die meisten, welche sich an der Jagd versuchten, mussten dies mit ihrem Leben bezahlen. In dieser Not ersann der Ziehsohn des Bauern eine List. Ausgehend von der Überlegung, dass das schuppentragende Untier an der Bauchseite ungeschützt und damit verwundbar war, vergrub der Ziehsohn in der Felsrinne, welche der Drache zum Herabgleiten ins Tal nutzte, Sicheln und Sensen so, dass deren Spitze aus dem Boden herausragten. Beim nächsten Beutezug ins Dorf rutschte der Drache durch die Rinne und die scharfen Spitzen durchbohrten seine weiche, ungeschützte Bauchdecke. Je mehr sich der Drache dabei vor Schmerz drehte, umso fürchterlicher wurden die Wunden, so dass er schließlich heulend und im Tal liegend verendete. Als Belohnung bekam der listige Ziehsohn des Bauern nicht nur die versprochene Belohnung, sondern auch noch die Hand der schönen Bauerntochter.

Über die Vertreibung eines Drachen aus einer Höhle durch einen Heiligen berichtet die Sage zu den St.-Beatus-Höhlen in der Schweiz. Allein mit heiligen Sprüchen soll der Heilige Beatus einen wilden und fauchenden Drachen zur Flucht bewogen haben (Hartmann 1920). In einem Stich von Urs Graf aus dem Jahre 1511 wurde das eindrucksvolle Ereignis für die Nachwelt festgehalten (Abb. 108).

Heute wissen wir, dass weder in den Höhlen noch sonstwo Drachen gehaust haben und ihr Dasein sich nur auf Mythen und Legenden beschränkt. Es stellt sich aber die Frage, zu welchem Tier die vermeintlichen Drachenknochen gehörten. Bei der Beantwortung hilft die moderne Betrachtung der bei Paterson Hain (1673a, b) und Vollgnad (1673) abgebildeten Drachenknochen. Dem Kundigen offenbart sich auf den ersten Blick, dass es sich hierbei um Skelettreste des nicht selten in Höhlen vorkommenden und zum Ende der letzten Eiszeit ausgestorbenen Höhlenbären *(Ursus spelaeus)* handelt (z. B. Rabeder et al. 2000, Rosendahl et al. 2000). Dies konnte im ausgehenden 17. Jahrhundert aber noch keiner wissen.

Obwohl bereits 1656 durch Horst und 1734 durch Brückmann Knochen aus der Einhornhöhle bei Scharzfeld im Harz als Bärenknochen angesprochen worden waren (Kempe et al. 2005) – diese wurden aber weder spezieller beschrieben noch über Vergleichsanalysen einer Art zugeordnet – sollte es bis 1794 dauern, bis die Art *Ursus spelaeus* wissenschaftlich modern und vergleichend aufgestellt wurde.

Die wichtigste Arbeit auf dem Weg zum Höhlenbär war die Monographie von Johann Friederich Esper (1732–1781), »Ausführliche Nachricht von neu entdeckten Zoolithen vierfüßiger Tiere des Markgrafentums Bayreuth«, erschienen 1774 (Abb. 109). Sie muss damals auf alle an Petrefakten Interessierten einen gewaltigen Eindruck gemacht haben: Der Ansbacher Freiherr Carl Friedrich von Gemmingen (1739–1822) kommentiert in einem Brief an die

Wilfried Rosendahl

Über die wahre Natur der in Höhlen hausenden Drachen

Für die Menschen im Mittelalter waren Höhlen geheimnisvolle, dunkle Orte, an denen nicht selten sagenumwobene Gestalten wie Riesen, Lindwürmer und sonstiges Drachengetier hausten. Es waren vor allem die in Höhlen zu findenden großen Mengen von seltsam anmutenden Knochen, welche als Beleg für die Existenz der Sagengestalten angeführt wurden. Aus diesem Grund ist es auch nicht verwunderlich, dass in den Höhlenbeschreibungen besonders Knochen Beachtung finden. Zu nennen sind z. B. die Notiz über die Neuentdeckung einer Höhle bei Sundwig (Nordrhein-Westfalen) im Jahre 1477 in der Lübecker Ratschronik (Grautopf 1829/1830), in der Riesenknochen erwähnt werden, oder die Beschreibung der Ersterforschung des Breitenwinner Windloches (Bayern) 1535, zu der z.B. Lachmund (1669) schreibt: »... ingleichen sehr viel ungeheure grosse Riesen Gebein / viel todte verwehsene Cörper unsäglicher grösse / deren sie zum Wahrzeichen etliche herausgebracht«. Auch in der ersten Beschreibung der Baumannshöhle im Harz (braunschweigisch, heute Sachsen-Anhalt) von Eckstorm (1620, geschrieben 1591) spielen Knochen (»Unicornis«) und Backenzähne bereits eine große Rolle.

Neben der Deutung, dass viele Knochen aus Höhlen von Riesen stammen, wurden auch verschiedene Beschreibungen vorgelegt, welche die Funde als Reste von Drachen interpretierten. In seiner Abhandlung über »Carpathische Drachen« berichtet Paterson Hain (1673a, b) nicht nur von entsprechenden Knochenfunden aus Höhlen, sondern bildet diese auch ab. Auf einem großen auffaltbaren Kupferstich sind eine Schädeldecke, ein Unterkiefer, ein Becken, vier Wirbel, Oberarm, Oberschenkel sowie weitere Knochen zu sehen (Abb. 106). Bei Vollgnad (1676) findet sich sogar die Abbildung eines vollständigen Schädels in natürlicher Größe (Abb. 107).

Um der Interpretation, dass es sich bei dem Schädel um einen Drachenkopf handelt, Nachdruck zu verleihen, waren in einer der Vorbackenzahnalveolen die Eckzähne eines anderen Tieres eingesetzt. Schließlich sollte das Bild unbedingt deutlich machen, dass die in Höhlen hausenden Drachen wilde Bestien waren. Aber nicht nur aus Höhlen in den Karpaten wurden Drachenknochen beschrieben. So berichtet z. B. Brückmann 1739 über Funde von Drachenknochen aus der »Demänovská ľadová jaskyňa«

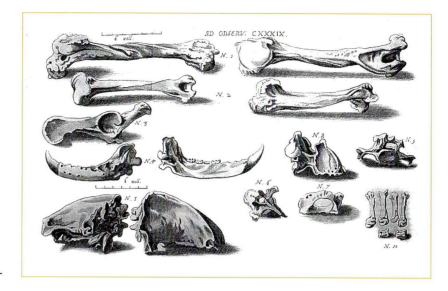

Abb. 106
In seiner Abhandlungen über »Carpathische Drachen« bildet Paterson Hain auch diverse Drachenknochen aus Höhlen ab. Auf einem großen auffaltbaren Kupferstich sind eine Schädeldecke, ein Unterkiefer, ein Becken, vier Wirbel, Oberarm, Oberschenkel und sowie weitere Knochen zu sehen (aus Paterson Hain 1673a).

(Drachenhöhle) bei Liptovský Mikuláš in der Slowakei. Auch in der Schweiz und in Österreich haben phantastische Vorstellungen von in Höhlen hausenden Drachen zur Namensgebung »Drachenhöhle« geführt. Belege sind das Drachenloch im Kanton St. Gallen oder die berühmte Drachenhöhle bei Mixnitz in der Steiermark. Der Sage nach lebte in dieser Höhle, sie wurde bereits 1387 durch einen Pfarrer bis in den tagfernen Teilen begangen (Abel & Kyrle 1931), ein gewaltiger Drache, der immer wieder in einer Felsrinne ins Tal glitt, um dort seinen Hunger mit Haustieren und Menschen zu stillen. Der Bauer eines Meierhofes bei Mixnitz muss-

Abb. 104
Der Holzschnitt von 1497 zeigt das Auffangen eines *ovum anguinum*, eines Schlangeneies mit einem Tuch. Dabei handelt es sich um den regulären Seeigel *Hemicidaris crenularis*. Diese Schlangeneier schützten gegen Schlangenbisse und brachten Erfolg bei Auseinandersetzungen (aus Basset 1982).

steinen identisch sind (glänzende, halbkugelförmige Zähne von *Lepidotes*) (Friebe 1995, Rätsch & Guhr 1989).

Als der Apostel Paulus nach seiner Verhaftung auf dem Seeweg nach Rom vor Malta Schiffbruch erlitt, erreichte er die rettende Insel. Beim Sammeln von Reisig für ein Feuer wurde er von einer giftigen Schlange gebissen (Apostelgeschichte 28,1–9). Daraufhin verfluchte Paulus alle Schlangen Maltas. Deren Zungen verwandelten sich daraufhin zu Stein. Seitdem sei die Insel schlangenfrei (was nicht stimmt, vgl. Joger 1997).

Schlangeneier

Allgemein wird davon ausgegangen, dass die *snake's eggs* (Schlangeneier), die erstmals von dem römischen Geschichtsschreiber Plinius in seiner »Historia Naturalis« beschrieben wurden, verschiedene fossile Seeigel waren. Es wurde angenommen, sie stellten ein mächtiges Gegengift gegen Schlangenbisse dar. Auch sollen, nach Plinius, einer keltischen Überlieferung zufolge, bestimmte Steine (Seeigelsteinkerne) ihren Ursprung in Schaumbällen haben, die von zahlreichen verschlungenen Schlangen im Hochsommer ausgeschwitzt werden. Solch ein Ball hieß *ovum anguinum* (Schlangenei). Er wurde von den Schlangen in die Luft geworfen, und wenn man ihn in einem Tuch auffing (Abb. 104), bevor er auf den Boden fiel, so behielt er stets seine starken magischen Kräfte. Der Fänger musste natürlich vor den Schlangen flüchten und war erst in Sicherheit, wenn er einen Fluss durchquert hatte, den die Schlangen nicht durchschwimmen konnten.

Neben dem Schutz vor Gift und Krankheit sollte der Besitz der Schlangeneier Schlachtenglück und Erfolge bei Streitigkeiten gewähren. Die gewundenen, granulierten Ambulakralfelder der regulären Seeigel

Abb. 105
Ovum anguinum (Schlangenei) nach einem Holzschnitt von C. Gesner (1565), der nach Plinius d. Ä. bei den keltischen Druiden als Zauberstein galt. Offensichtlich stellt die Abbildung den Seeigel *Hemicidaris crenularis* dar. Die gewundenen Ambulakralfelder des Seeigels wurden mit den Abdrücken von Schlangenleibern verglichen.

hielt man für die Stellen, an denen sich Schlangen an die Oberfläche der Seeigel angeheftet hatten (Abb. 105). Das keltische »snak's egg« (Schlangenei), in manchen Regionen Englands als *adderstone* (Natternstein) bekannt, hieß in Wales *glain nadr* und in Cornwall *milprev* oder *milpref* (Basset 1982).

Schutz vor Krankheiten, Behexung und Blitzschlag bewirken können (Rätsch & Guhr 1989).

Schlangenherzen

Der Name Schlangenherz bezieht sich besonders auf die fossile Seeigelgattung *Micraster*. Da fossile Seeigel in der anstehenden Kreide und als Geschiebe nicht selten vorkommen (Krüger 1987, 1993), finden sie auch häufig als Zaubersteine Verwendung. Das wird an ihren vielen verschiedenen Namen deutlich. Rätsch & Guhr (1989) geben allein für fossile Seeigel eine Liste mit 48 Synonymen.

Die Seeigel der Gattung *Micraster* besitzen einen herzförmigen Umriss und heißen deshalb Herzigel oder Herzseeigel. Sie stehen dort, wo sie häufig gefunden werden, als Drachensteine, Milchsteine oder Schlangeneier (siehe dort) als magische Steine mit dem Analogiezauber vielfach im Zusammenhang (Phillipsen 1923). In den Milchkübel gelegt, sollen sie das Versiegen der Milch verhindern und Krankheiten bannen. Auch zu Pulver zerrieben gelten sie als Medizin (Abel 1939, Lüschen 1968).

Natternzungen und Schlangenhörner

Glossopetren (Zungen-Steine), Drachenzungen, Natternzungen oder Schlangenhörner waren die gängigen Bezeichnungen für die durch ihren glänzenden Schmelz auffallenden Haifischzähne (Abb. 103). Bei Plinius d. Ä. (Historia Naturalis XXXVII 164) findet sich die älteste bekannte Erwähnung: Glossopetren, die den Menschenzungen ähnlich seien, würden nicht in der Erde entstehen, sondern bei abnehmendem Mond vom Himmel fallen. Damit gibt Plinius, der als Soldat einige Jahre im römischen Heer bei Xanten gedient hatte, eine im nördlichen Europa und in Asien weit verbreitete Vorstellung wieder, nach der bei Mondabnahme, Mond- und Sonnenfinsternis die Gestirne von großen Wölfen oder Drachen verschlungen werden. Dabei brechen ihnen mitunter Zähne aus, die zur Erde fallen. Der Glaube an den den Mond verschlingenden Wurm, der mit dem Ruf »vince luna!« (siege, Mond!) bei Mondfinsternis verbunden war, wurde von Karl dem Großen verboten. Dennoch scheint sich die Vorstellung von einem Mondwolf oder -drachen noch lange bei den germanischen Stämmen gehalten zu haben. Christlich überlagert, wurden auf Kapitellen und Reliefs romanischer Kirchen drachenähnliche Gestalten mit aufgerissenen Rachen und großen Zähnen dargestellt.

Natternzungen helfen, in Alkohol eingelegt oder pulverisiert, gegen epileptische Anfälle, Fieber, Pocken und Wurmbefall. Sie schützen vor Vergiftungen aller Art und werden als Amulett gegen Behexung und den Bösen Blick getragen und auch heute noch als Schmuck (Rätsch 1997, Schwalm 1993).

In den miozänen Ablagerungen der Insel Malta sind fossile Haifischzähne, Glossopetren, nicht selten. Sie waren als Heilmittel besonders geschätzt und wurden dort als St.-Pauls-Steine gehandelt. Es waren von Malta auch noch die Natternaugen bekannt, eine andere Art fossiler Fischzähne, die mit den Kröten-

Abb. 102
Eine alte Stadtmünze von Whitby (England) mit der Darstellung von drei Schlangensteinen (aus Rätsch & Guhr 1989).

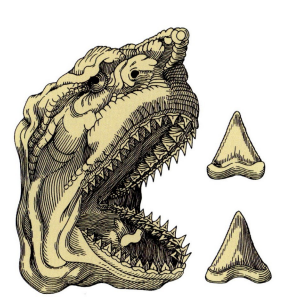

Abb. 103
Glossopetren oder Natternzungen in der Darstellung eines Haifischkopfes (Leibniz 1749) und fossile Zähne des Riesenhaies *Carcharodon megalodon* vom Doberg bei Bünde.

Abb. 101
Das Lindwurmdenkmal (Lindwurmbrunnen) in Klagenfurt. Briefmarke der Österreichischen Bundespost.

che. Conrad Gesner (1516–1565) hat Drachen und Lindwürmer als geflügelte Schlangen in seinem Fischbuch (Ausgabe 1670) abgebildet und beschrieben.

Von den Schlangen

Die Versteinerung der Schlange wurde unterschiedlich bewertet. Entweder war sie eine Strafe Gottes oder eine Offenbarung der schöpferischen Schlangenkraft. In den alten, heidnischen Kulturen wurden Schlangen als heilbringende Zaubersteine verehrt. Erst mit der Christianisierung trat die Verteufelung auf.

Schlangensteine

Ammoniten gehören zu den ältesten bekannten Fossilien. Bereits vor mehr als 30 000 Jahren sind sie von den Menschen der Steinzeit gesammelt und vermutlich magisch-religiös verehrt worden. Bei Ausgrabungsarbeiten verschiedener Höhlen (Kesslerloch, Rudstone, Vogelherd) wurden zum Teil bearbeitete Ammoniten gefunden. Die früheste Beschreibung stammt von Plinius d. Ä. (23–79 n. Chr.): »Cornua Ammonis (die Hörner des Ammun) zählen zu den heiligen Steinen Äthiopiens. Von goldener Farbe, das Bild eines Widderhorns zeigend, erregen sie weissagerische Träume« (Hist. Nat. 37).

Ammoniten der Gattungen *Arietites* und *Dactylioceras* aus dem Lias erinnern mit einiger Phantasie an eingerollte, zu Stein gewordene Schlangen. Bereits Gesner (1565) beschrieb solch einen Schlangenstein (*Lapides ophites*) und wies darauf hin, dass der Kopf das Außenende des eingerollten Körpers und das Schwanzende der Mittelpunkt der Spirale sei. Bekannt sind Steinkerne dieser Ammoniten aus dem Ort Whitby (England), die zusätzlich mit einem stilisierten Schlangenkopf versehen wurden. Solche hergerichteten Schlangensteine galten dort als Bestätigung für die Legende von der heiligen Hilda (614–680), Äbtissin im Kloster Whitby, die durch die Kraft ihrer Gebete Schlangen in Steine verwandeln konnte (Vávra 1987). Noch heute sind derartige Schlangensteine auf dem Stadtwappen von Whitby zu sehen, ebenfalls auf einer alten Stadtmünze (Abb. 102).

Im vorviktorianischen England waren Schnitzereien von Walfängern (Scrimshaw) beliebte Sammelobjekte. Die Walfänger, die vor Whitby vor Anker gingen, kannten die Legende von der heiligen Hilda und den Schlangensteinen. Sie sammelten am Ufer die ausgewitterten Ammoniten und bearbeiteten sie auf See zu *Snakestones*. Auch aus Deutschland sind Steinkerne von *Arietites*, *Perisphinctes* und *Aegoceras* mit einem geschnitzten Schlangenkopf bekannt. Im Volksglauben herrschte die Auffassung, trotz Christentums, dass die Schlangensteine Glück und Reichtum, Sieg und

---

Das Lindwurmdenkmal in Klagenfurt

Bei den verschiedenen Drachen- und Lindwurmsagen kann in einigen Fällen ein Zusammenhang mit entsprechenden Fossilfunden nachgewiesen werden. Nach Abel (1939) lässt sich beispielsweise der Klagenfurter Lindwurm eindeutig auf den Fund eines fossilen Wollnashornschädels zurückführen.
Das älteste aus Klagenfurt (Kärnten) erhaltene Dokument mit dem Drachen im Wappen stammt aus dem Jahr 1287. Da liegt der Drache vor einem Turm. Der Sage nach wird er auch dort getötet und an dieser Stelle entsteht die Stadt Klagenfurt.

Ein Text von 1608 nennt auch die Stelle, wo der Lindwurm gehaust haben soll: in der Lindwurmgrube. In dieser Kiesgrube scheint 1335 der pleistozäne Nashornschädel gefunden worden zu sein, der die alte Sage zu bestätigen schien (Vávra 1987). Er diente später als Vorlage für die Anfertigung des Lindwurmdenkmals (Abb. 101) durch den Bildhauer Ulrich Vogelsang (begonnen 1590). Im Rathaus von Klagenfurt hing früher der Schädel des Lindwurms an einer Kette herab. Er ist noch heute dort im Museum verwahrt (Thenius & Vávra 1996).

Drachensteine

Ganz verschiedenartige Fossilien wurden als Drachenstein, Drackenstein oder Draconites mit Drachen in Verbindung gebracht: Haifischzähne (Drachen- oder Natternzungen), Ammoniten (*Ceratites*), Hirnkorallen sowie Knochen von Höhlenbären. Nach ihnen hat manche Höhle ihren Namen, wie das Drachenloch (Schweiz) oder die Drachenhöhle bei Mixnix (Steiermark) (siehe W. Rosendahl, S. 93ff.). Mitunter hausten sie aber auch auf Bergen, wie dem Drachenfels bei Königswinter am Rhein.

Die Überlieferung der Drachensteine, im Mittelalter immer wieder kolportiert, geht auf Plinius d. Älteren (23–79 n. Chr.) zurück. Danach entsteht der Stein aus dem Hirn des Drachen, muss aber dem lebenden Tier im Schlaf entrissen werden (Abb. 100), weil sonst der Drache die Edelsteinwerdung verhindert. Nach Konrad von Megenberg (1350) muss der Draconites einem lebendigem Drachenhirn entnommen werden »(...) so (sonst) ist er niht edel. (...) Man spricht der stein sei gut wider die vergiftent thier und widersteh dem vergifft trefflich. Die stein seind durchsichtig« (zitiert nach Rätsch & Guhr, 1989). Der so gewonnene Drachenstein wurde mit einem Edelstein gleichgesetzt, einem Karfunkel (Granat, Almandin) oder Rubin (Lüschen 1968).

Nach einer anderen Überlieferung sind Drachensteine fossile »Hirnkorallen«. Sie zeigen auf ihrer Oberfläche zahlreiche, einem Gehirn ähnliche Windungen. Der Drachenstein ist ein kräftiges Mittel gegen Gift.

Eine Deutung aus einem regionalen Raum setzt die Steinkerne von Ammoniten (*Ceratites nodosus*) den Drachensteinen gleich. Sie werden als steinerne, eingerollte Drachen angesehen und sind mit Drachenkräften ausgestattet.

Im südlichen Niedersachsen, auf den Äckern bei Goslar und Gandersheim wird ein schön geformter Stein gefunden, der so gewunden ist wie ein Widderhorn. Er wird von den Bewohnern mundartlich Draken- oder Drachenstein genannt. Sie glauben, dass dieser Stein besondere Kräfte gegen die von dem Drachen ausgehende Hexerei habe – besonders wenn die Kühe keine Milch mehr geben oder stattdessen Blut. In solchen Fällen legt man den Drachenstein in den Melkkübel. Daraufhin gibt die Kuh wieder so viel Milch wie zuvor (aus alten Texten nach Rätsch & Guhr 1989).

Drachenzähne und -knochen

Wenn der Weisheit verleihende chinesische Drache Lung sich durch seine Gedanken vermehrt hat, zieht er sich in eine Höhle zurück und stirbt. Die zu Stein gewordenen Drachenknochen und Drachenzähne bleiben erhalten. Sie genießen bei den Chinesen hohe Wertschätzung als Aphrodisiaka und werden in Apotheken zu Höchstpreisen angeboten. Bei diesen als Drachenknochen und -zähnen verkauften Zaubersteinen handelt es sich um fossile Reste von Säugetieren, Dinosauriern und seltener, um Knochen und Zähne von ausgestorbenen Vormenschen (siehe S. 87). Auch Belemniten werden als Drachenzähne verkauft. Verkieselte Dinosaurierknochen (Drachenknochen) zeigen, wenn sie angeschliffen werden, bunte Muster ähnlich dem Achat. Sie werden auch heute gerne zu Schmuck verarbeitet (Annoscia 1981, Rätsch & Guhr 1981).

Drachenblut

Die Wunderwirkung des Drachenblutes kennen wir aus der Siegfriedsage. Es macht die Haut hart und unverwundbar. Für Nichthelden kann Drachenblut jedoch gefährlich sein und so warnt die heilige Hildegard von Bingen (1098–1179): Unverdünnt sollte man es niemals trinken, weil man sonst sofort davon sterben würde (Bandini 2005). Für andere Zeitgenossen ist Drachenblut das, was wir heute als Erdpech bezeichnen: natürlich aus der Erde ausgetretenes Erdöl. Dieses Drachenblut galt als besonders heilkräftig und machte, auf den Körper aufgetragen, diesen unverwundbar.

Aus Zinnober wird seit alters her Quecksilber gewonnen. Es ist ein Mineral, das bei den Alchimisten überall eine große Bedeutung hatte. In der Antike wurde Zinnober zu den Organsteinen gezählt, weil man annahm, Zinnober sei eingetrocknetes Drachenblut (Rätsch & Guhr 1989). Die Chinesen glaubten, zur Erde gefallenes Drachenblut verwandle sich in Bernstein.

Von den Lindwürmern

Lindwürmer stellen gewissermaßen bildlich das Bindeglied zwischen Drachen und Schlangen dar. Es ist aber nur eine andere Bezeichnung für Drachen. Aus diesem Grund ist ihre Wunderwirkung auch die glei-

Fritz J. Krüger

Drachenzähne und Schlangeneier – Fossilien in Mythos und Volksglauben

Obwohl sie noch niemand gesehen hat, sind Drachen und Lindwürmer fest in unserer Kultur verankert und allgegenwärtig. Sie begegnen uns in alten Märchen, Sagen und Mythen und neuerdings in der umfangreichen Fantasy-Literatur. Mythenforscher (Bandini 2005) versuchen zu ergründen, ob reale fossile Knochenfunde auf die Entstehung von Drachenlegenden Einfluss genommen oder diese nur bestätigt haben, da Drachensagen nach ihrer Meinung bereits früher weltweit verbreitet waren.

Diesen und anderen Fragen geht ebenfalls das einzige Drachenmuseum Deutschlands, das Museum zu Furth im Wald (Bayern), nach. Dort findet seit über 500 Jahren das jährliche Spektakel des Drachenstichs statt, die Tötung des Drachen durch einen Helden. Symbolisch stellt es den Sieg des Guten über das Böse dar. Denn das Böse im Menschen scheint sich nach christlicher Vorstellung in der Gestalt des Drachen manifestiert zu haben.

In der Bibel (Offenbarung des Johannes, 12,7ff.) sind Drachen dem Teufel gleichgesetzt. So ist es nicht verwunderlich, dass in der vorwissenschaftlichen Zeit des Mittelalters besonders Fossilfunde die Fantasievorstellungen der Menschen anregten. Fossilien fanden in vergangenen Jahrhunderten vielfach Verwendung als Unheil abweisende Zauber- oder Heilsteine. Da ihre wahre Natur als

Abb. 100
Gewinnung des Drachensteines. Holzschnitt aus »Hortus Sanitatis«, 1507 (aus Lüschen 1968).

Reste vorzeitlicher Lebewesen noch nicht bekannt war, wurde von der äußeren Form auf ihre Entstehung geschlossen. Die Form bestimmte auch den Verwendungszweck, den Analogiezauber: Gleiches wurde mit Gleichem geheilt (Friebe 1995). Mit einigen Deutungen von Drachen, Lindwürmern und Schlangen, die im Zusammenhang mit Fossilien und Mineralien stehen, befasst sich dieser Beitrag.

Von den Drachen

In deutschen Mythen spielen von alters her Drachen, Lindwürmer und Schlangen eine besondere Rolle. Magische Kräfte wurden den Drachensteinen, den Drachenzungen und -zähnen zugeschrieben. In vorchristlicher Zeit galt der Drache als ein positives Wesen. Mit dem Christentum wurde er dämonisiert und verteufelt.

Abb. 96
Der Drache vom Ischtar-Tor Nebukadnezars in Babylon (aus Thenius & Vávra 1996).

sind die Reptilien eher unscheinbar, wenn man von den Nilkrokodilen absieht. Diese wurden von den alten Ägyptern als heilige Tiere angesehen. Der Drache von Babylon (Abb. 96) hat nach Mertens (1969) Kopf und Schuppen einer Schlange, Vorderbeine und Schwanz eines Geparden und die Hinterbeine eines Greifvogels. Entsprechend zeigen europäische Drachendarstellungen zwar häufig Krokodilleiber und Schlangenschwänze, aber daneben auch Merkmale von Säugetieren (Säugetiergebisse, Ohrmuscheln, Fledermausflügel) und Vögeln (Vogelfüße, Hahnenkämme). Eine Mischung aus Hahn und Schlange ist der Basilisk, auch »König der Schlangen« genannt.

Die Insel Sokotra (südlich der arabischen Südküste gelegen) ist die Heimat der Drachenbäume (*Dracaena*), die es auch auf den Kanarischen Inseln gibt (Abb. 97). Aus dem Harz dieser Bäume wurde seit der Antike »Drachenblut« (Abb. 98) gewonnen, das als Farbstoff, Grundlage für Kosmetika und Heilmittel, expor-

Abb. 97
Drachenblutbaum (*Dracaena* sp.), Insel Sokotra (Foto U. Joger).

Zähne pleistozäner Säugetiere, darunter auch von Hominiden (der riesige Menschenaffe *Gigantopithecus* und Urmenschen der Art *Homo erectus*).

Es verbleibt die Frage nach den Vorbildern der Drachen der alten Kulturen im Vorderen Orient und ihrer Nachfolger in Europa. Hier

tiert wurde. Nach einem Bericht aus dem ersten Jahrhundert nach Christus (»Periplus Maris Erythraei«) sollen auf Sokotra einst Riesenechsen gelebt haben (Casson 1989). Heute ist die größte Echse dort ein Gecko namens *Haemodracon*, der häufig auf Drachenbäumen zu finden ist (Abb. 99).

Abb. 98
»Drachenblut«, aus dem Harz des Drachenblutbaums (Foto C. Cordes).

Abb. 99
»Blutdrache« (*Haemodracon riebecki*), ein Riesengecko von Sokotra (Foto U. Joger).

Abb. 94
Skelette von *Tyrannosaurus bataar*, Mongolei (Foto U. Joger).

Große Warane wie der Komodo-Waran (*Varanus komodoensis*, »Komodo dragon«) in Indonesien kommen vielleicht als Vorbilder für Drachen in Frage. Noch drachenartiger sehen die ebenfalls in Südostasien verbreiteten Segelechsen (*Hydrosaurus*) mit einem Schwanzkamm und Stacheln auf dem Rücken oder die Basilisken (*Basiliscus*) Mittelamerikas sowie die australischen Kragenechsen (*Chlamydosaurus*) aus. Kleinwüchsig, aber sehr drachenähnlich sind die stacheligen Dornteufel (*Moloch horridus*) Australiens, die gehörnten Krötenechsen (*Phrynosoma*) Nordamerikas, die Helmleguane (*Corytophanes*) Südamerikas und manche horntragenden Chamäleonarten Afrikas (Tafel XIV). Amerika, Australien und Afrika kann man aber wohl wegen ihrer geographischen Abgeschiedenheit als Ursprungsländer für die Drachenmythen des Orients ausschließen. Interessante mögliche Drachenmodelle stellen dagegen die Flugdrachen (*Draco*) Südostasiens dar. Diese kleinen Agamen (Abb. 93) haben an den Körperseiten Flughäute, die sie mit Hilfe ihrer beweglichen Rippen aufspannen und mit denen sie Gleitflüge von bis zu 100 m Weite schaffen können.

Marco Polo hat in dem Bericht von seiner China-Reise Riesenechsen mit drei Zehen und einem mit großen, scharfen Zähnen bewehrten Maul erwähnt. Dies hat Autoren wie Uwe George (1993) zu Spekulationen geführt, dass die in der Wüste Gobi häufigen Dinosaurier-Funde (Abb. 94) Vorbild für solche Schilderungen wären. Andere Autoren halten den China-Alligator (*Alligator sinensis*) für das Urbild des chinesischen Drachen.

Mythenforscher meinen allerdings, dass Schlangen und Drachen in China anfänglich bedeutungsgleich waren; demnach wären die Schlangen die Urbilder der Drachen. »Drachenzähne« (Abb. 95), die jahrhundertelang in chinesischen Apotheken verkauft wurden, waren meist

Abb. 95
»Drachenzähne« aus chinesischen Apotheken. Es handelt sich um Zähne verschiedener ausgestorbener eiszeitlicher Säugetiere, erworben von G. H. R. von Koenigswald in den 1920er und 1930er Jahren. Leihgabe Senckenberg-Museum Frankfurt/M. (Foto C. Cordes).

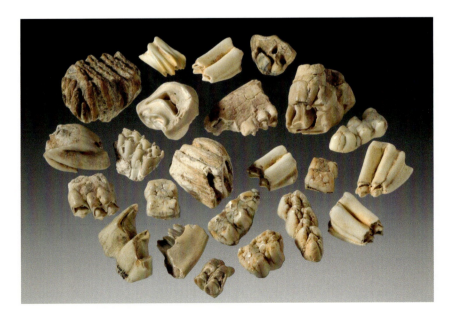

Abb. 93
Flugdrache (*Draco* sp.), Mumie, Malaysia, SNHM N 39468 (Foto C. Cordes).

8. Drachen in der realen Welt

Ulrich Joger

Flugdrachen, Basilisken und Drachenblut

Welches sind die realen Vorbilder der Drachen? Reicht etwa das kollektive Gedächtnis der Menschen bis in die Kreidezeit vor über 65 Millionen Jahren zurück, als es noch Dinosaurier gab? Sind nicht die Flugsaurier (Abb. 92) mit ihren Flügeln drachengleich? Säugetiere waren Zeitgenossen der Dinosaurier. Allerdings entstanden unsere direkten Vorfahren, die Primaten, soweit fossil überliefert, erst am Anfang des Tertiärs, nach dem Aussterben dieser realen Drachen. Könnten Dinosaurier aber nicht mancherorts länger überlebt haben?

Die Suche nach überlebenden Dinosauriern in Afrika

Im Jahre 1912 war Carl Hagenbeck (1844–1913) überzeugt, dass in Afrika ein dinosaurierartiges Wesen existierte. Er hatte aus zwei unabhängigen Quellen erfahren, dass in einem Sumpfgebiet in Rhodesien (heute Simbabwe) ein riesiges Tier, halb Elefant, halb Drache, existierte. Er sandte eine Expedition aus, die erfolglos blieb. Einige Jahre später forschte ein deutscher Forschungsreisender im Südosten Kameruns (heute Nordteil der Republik Kongo) nach einem pflanzenfressenden Sumpfbewohner, der laut Berichten der Eingeborenen Elefantengröße hatte, aber einen langen Hals besaß. Im Jahre 1979 legte der Amerikaner James Powell Eingeborenen in Gabun Bilder von Dinosauriern vor. *Diplodocus* (ein langhalsiger Sauropode) wurde als bekanntes Tier namens n'Yamala oder Mokelembembe identifiziert. Ein amerikanischer Missionar berichtete zudem von einem schlangenartigen Tier von mindestens 10 m Länge mit einem sägeartigen Kamm auf dem Rücken. Anfang der achtziger Jahre versuchten zwei Expeditionen, diese Tiere zu finden. Das einzige greifbare Ergebnis war eine Sonar-Ortung eines unter Wasser schwimmenden Tieres von 5–9 m Länge. Eine mögliche Erklärung für diese Beobachtung wäre ein riesenwüchsiger Waran.

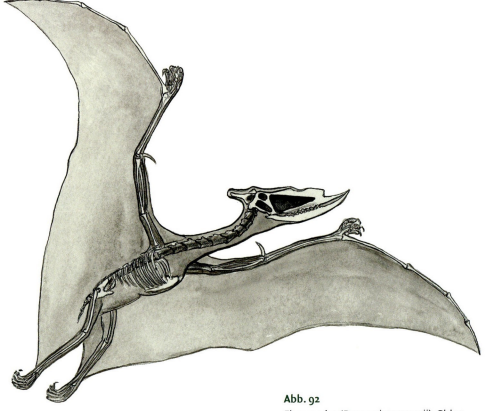

Abb. 92
Flugsaurier (*Dsungaripteryx weii*), China (Zeichnung C. Fries).

Tafel XIV
Drachenähnliche Echsen

Tafel 79 aus Ernst Haeckels »Kunstformen der Natur« (1899–1904).

a) Bergchamäleon (*Chamaeleo montium*), Kamerun
b) Winkelkopfagame (*Gonocephalus chamaeleontinus*), Java.
c) Flugdrache (*Draco volans*) Java
d) Krötenechse (*Phrynosoma cornutum*), Mexiko
e) Faltengecko (*Ptychozoon homalocephalum*), Java
f) Stirnlappenbasilisk (*Basiliscus plumifrons*), Guyana
g) Kragenechse (*Chlamydosaurus kingii*), Australien
h) Moloch (*Moloch horridus*), Australien

Drachen in der realen Welt 83

b

c

Abb. 91
- b) Netsuke-Schlange mit (Schlangentypischer) Zunge, 3 cm × 4,5 cm, Elfenbein.
- c) Netsuke-Schlange mit Maus oder Ratte, 3 cm × 5 cm, Elfenbein. Die Ratte bedeutet Reichtum, Findigkeit, Sparsamkeit und Fruchtbarkeit. Sie begleitet den Glücksgott Daikoku, der Glück und Intelligenz vereint.
- d) Netsuke-Schlange mit Affe, 4 cm × 4 cm, Elfenbein. Der Affe verleiht der Schlange Humor und geistige Wendigkeit (Yin und Yang zugleich).

d

gehalten. Offenbar scheinen auch andere Schlangenarten von den Römern zu Kultzwecken gehalten worden zu sein. So stammen die Vipernattern (Natrix maura) der Balearen aus Italien und die Sardiniens aus Tunesien, was mit genetischen Untersuchungen festgestellt wurde. Wahrscheinlich haben die Römer sie auf diese Inseln transportiert. Heute noch werden lebende Äskulapnattern und Vierstreifennattern (Elaphe quatuorlineata) im Abruzzendorf Cocullo bei einer Prozession zu Ehren des heiligen Domenico am ersten Donnerstag im Mai mit der Figur des Heiligen umhergetragen – ein vermutlich vorchristlicher Brauch.

Abb. 91
Japanische Netsuke-Handschmeichler. Sammlung Karl Ziegan.
a) Netsuke-Schlange mit (Schlangenuntypischer) Zunge, 4,3 cm × 3,5 cm, Knochen.

In der nordischen Mythologie spielte die Midgard-Schlange eine zentrale Rolle. Bei den Slawen gab es einen Schlangenkult, der zum Beispiel bei den Lausitzer Sorben und den Balten in Form einer Hausschlangen-Verehrung bis in die jüngste Zeit bekannt ist. Diese Schlangen, vermutlich Ringelnattern (Natrix natrix), wurden früher als Hausgötter gehalten und gefüttert (angeblich mit Milch, die auch bei vielen antiken Völkern als Schlangennahrung galt, aber in der Realität von Schlangen normalerweise nicht getrunken wird). Schlangen galten als Patroninnen des Milchviehs, aber auch als Symbol der weiblichen Sexualität. Der Tod der Hausschlange beschwor Unglück herauf.

Im Gegensatz dazu wurde in den Alpenländern und auf dem Balkan bis vor kurzem erzählt, Schlangen würden in die Euter von Milchkühen beißen und dadurch die Milch vergiften. In Italien wurde lange geglaubt, Vipern würden Weinkrüge zerbrechen, um den Wein zu trinken.

Solche Vorstellungen hat schon der toskanische Arzt Francesco Redi (1626 – ca. 1697), in der Tradition Leonardo da Vincis, mit wohlgeplanten Experimenten und Sektionen widerlegt. Er fand heraus, dass nicht, wie geglaubt wurde, die Galle, sondern eine Drüse im Kopf Quelle des Giftes ist, dass Gift nicht schädlich ist, wenn man es schluckt, und dass Hausmittel wie menschlicher Speichel oder verschiedene Kräuter nicht gegen die Bisse helfen. So kann man Francesco Redi als Pionier der Giftschlangenforschung bezeichnen. Eine Unterart der Aspisviper, *Vipera aspis francesciredi*, ist heute nach ihm benannt.

a

Entsprechend haben die alten Ägypter Kobras lebend gehalten.

Auch bei den Indern nimmt die Kobra (hier die Brillenschlange, *Naja naja*) eine besondere Stellung ein. Sie ist die Beschützerin des nepalesischen Königs und hat nach einer Legende auch Buddha selbst einmal Schutz gewährt (siehe Exkurs).

Buddha im Schatten der Kobra

Als der Erleuchtete über ein heißes, baumloses Land wanderte, wurde er müde und legte sich in die sengende Sonne. Als er erwachte, lag er im Schatten einer großen Kobra, die ihr Nackenschild über ihm ausgebreitet hatte. Buddha dankte ihr und segnete sie, indem er zwei Finger auf ihren Nacken legte. So entstand die typische Zeichnung der Brillenschlange.

Die hinduistischen Schlangengottheiten (Nagas) sollen Frauen fruchtbar machen und Regen bringen, aber auch Überschwemmungen verursachen. Nagas werden oft mit mehreren Köpfen dargestellt. Da Mehrköpfigkeit bei Schlangen als Missbildung relativ häufig vorkommt (Abb. 90), kann dies auf tatsächliche Beobachtungen zurückzuführen sein. Lebende Schlangen werden unter anderem in Thailand und auf der Insel Penang (Malaysia) in Tempeln verehrt.

Abb. 90
Zweiköpfige Strumpfbandnatter (*Thamnophis sirtalis*), Chalco-See, Mexiko; »gekauft um 70 Gulden, Steindachner don. 1877«. NMW 19492 (Foto C. Cordes).

Netsuke-Schlangen

Ein Netsuke ist eine Kleinplastik, die insbesondere im Japan des 18. und 19. Jahrhunderts als Gebrauchsgegenstand Verwendung fand. Mit Netsukes wurden Beutel und Dosen am Gürtel des Kimono befestigt. Sie wurden aus Holz, Elfenbein, Horn oder Knochen (Bein) geschnitzt oder aus Ton bzw. Keramik gebrannt.

Netsukes werden auch als »Handschmeichler« bezeichnet, da sie als dreidimensionale, kleine, gerundete Objekte in eine Hand passen und gut abgetastet werden können. Als eines der 12 japanischen Tierkreiszeichen gehört die Schlange zu den beliebten Motiven für Netsukes. Sie gilt als Symbol weiblicher Sinnlichkeit, aber auch Eifersucht und hat Verbindungen mit Erde und Wasser. Schlangen wurden in japanischen Häusern auch als Schutzgeister gehalten (Ziegan 1997). Die gezeigten Netsukes (Abb. 91) stammen aus der Sammlung Karl Ziegan, Schönfließ.

Bei Sumerern, Kretern, Griechen und Römern gab es Hausschlangen, die als Ahnen verehrt wurden. Auch war die Äskulapnatter (*Zamenis longissimus*) das Symbol der Heilkunst und ihres Gottes Asklepios. Die Schlange wurde als weise Kennerin heilkräftiger Kräuter betrachtet. Allerdings wird vermutet, dass der Äskulapstab ursprünglich, in Mesopotamien, noch keine Schlange, sondern den Medinawurm darstellte, einen Parasiten des Unterhautgewebes, der auf Holzstäbe aufgewickelt wurde, um ihn behutsam herauszuziehen. Im Römischen Reich wurden Äskulapnattern in sogenannten Asklepien lebend

elle Spezialisierung und Hirnvergrößerung erforderlich machten. Mit der Entstehung der Giftschlangen in Afrika oder Asien war ein Feind entstanden, der zum Selektionsfaktor für visuelle Spezialisierung bei Primaten wurde und schließlich die Evolution der Menschenaffen hervorrief.

Während sich große »Würgeschlangen« und erste plazentale Säuger vor etwa 100 Mio. Jahren auf dem Südkontinent Gondwana entwickelten, sind Giftschlangen erst 40 Mio. Jahre später, nach dem Zerbrechen des Südkontinentes, in der Alten Welt entstanden. Altweltaffen (Catarrhina) koexistierten in Asien und Afrika von Anbeginn mit Giftschlangen und konnten so ihre Sinne für den Feind schärfen. Die Neue Welt Amerika erreichten Vipern erst vor 10–23 Mio. Jahren über die Beringstraße. Demnach entwickelten sich Neuweltaffen (Platyrrhina) einen längeren Zeitraum in Abwesenheit von diesen Giftschlangen (obwohl Giftnattern wahrscheinlich schon präsent waren).

Die Koexistenz in der Alten Welt führte zur Selektion des Gesichtssinnes und zum Ansteigen des Gehirnvolumens. Die hohe Spezialisierung hatte eine deutlich erhöhte neuronale Metabolismusrate zur Folge, die allein durch das Fressen von Blättern nicht mehr gedeckt werden konnte. Früchte und Nektar sind reich an Fruchtzucker und waren eine ideale Nahrungsergänzung, um den erhöhten Energiebedarf zu decken. Der Reifezustand vieler Früchte wird durch intensive Farben angezeigt und ermöglicht farbensehenden Tieren die gezielte Ernte reifen Obstes. Alle Altweltaffen sind zum Farbsehen befähigt. Unter den Neuweltaffen hingegen sind alle Männchen rot-grün-blind. Frucht- und nektarfressende Vorfahren heutiger Primaten konnten es sich daher leisten, den Geruchssinn zu Gunsten des spezialisierten optischen Sinnes zu reduzieren.

Man vermutet, dass Farbsehen zudem das Erkennen erdfarbener Schlangen erleichtert. Mit diesen Fähigkeiten werden die unterschiedlichen Verhaltensweisen von Alt- und Neuweltaffen am Boden in Zusammenhang gebracht. Die baumbewohnenden Neuweltaffen kommen nur sehr zögerlich auf den Boden und verbringen mehr Zeit damit, den Boden vorher aufmerksam zu prüfen. Altweltaffen hingegen leben zumindest zeitweise am Boden und verhalten sich hier unbekümmerter, als wären sie im Stande, eine Gefahrenquelle sicher zu erkennen. Das Endresultat dieser Entwicklung sind in hohem Maße fruchtfressende Primaten mit hoch entwickeltem optischem Sinn und vergrößertem Gehirn, die die Bahn zur Menschwerdung in Afrika ebneten.

Auch wenn die Hypothese nicht die Zustimmung jedes Anthropologen und Zoologen finden wird, zeigt sie uns auf, wie komplex die evolutiven Prozesse und Zusammenhänge theoretisch sein können.

Abb. 89

Re, der ägyptische Sonnengott, durchfährt auf seiner Barke, die von Schakalen und Kobras gezogen wird, die Nacht. Dabei bekämpft der Gott Seth die Urschlange Apop (aus König 1983).

Ulrich Joger

Schlangen im Volksglauben

Schlangenkulte waren bei vielen asiatischen, amerikanischen, australischen und afrikanischen Naturvölkern üblich. Sie sind oft auf die mythischen Urschlangen zurückzuführen, die mit der Entstehung der Welt in Zusammenhang gebracht werden. Bei den Paiwan auf der Insel Taiwan und in verschiedenen afrikanischen Ethnien galten Schlangen als Urahnen der Menschheit und Totemtiere der Häuptlinge. Der Schlangentanz der Hopi-Indianer beschwört den Schlangengott der Unterwelt und soll Regen bringen. Bei den Ägyptern gab es neben der bedrohlichen Urschlange »Apop« (Apophis), die nachts die Barke des Sonnengottes Re zu verschlingen droht, auch ihre Antipoden, die Uräusschlangen (Ägyptische Kobra, *Naja haje*). Uräusschlangen beschützen Re (Abb. 89) und sind das Symbol des Pharao.

7. Schlange und Mensch

Nikolaus Stümpel

Waren Schlangen die treibende Kraft bei der Evolution der Primaten und insbesondere der Menschenaffen?

Eine der spannendsten und viel diskutierten Fragen in der Anthropologie ist, welches die Triebkräfte der Primatenevolution waren. Primaten sind durch zahlreiche gemeinsame Merkmale gekennzeichnet, durch die sie sich von den übrigen Säugetieren unterscheiden. Dies sind, um nur einige zu nennen: die nach vorne gerichteten Augen, ein vergrößertes Gehirn, verkümmerte Riechorgane, Hände und Füße, die keine Krallen, sondern Nägel tragen und als Greiforgane ausgebildet sind. Eine besondere Rolle bei der Primatenentwicklung spielt die Verlagerung der beiden Augenhöhlen von den Kopfseiten hin zur Stirnseite (Konvergenz der Orbitalhöhlen). Die frontale Lage der Augenhöhlen, die bei Primaten zugleich mit der Vergrößerung des Gehirnes verknüpft ist, ermöglicht ein weiteres binokulares Sichtfeld im Nahbereich. Primaten sind aus insektenfresserartigen Vorfahren hervorgegangen, deren Orbitalhöhlen noch seitlich am Kopf lagen.

Alle herrschenden Hypothesen stimmten darin überein, dass das Ausstrecken und Ergreifen zur Nahrungsbeschaffung oder zur Fortbewegung im Geäst die treibenden Kräfte der Orbitalkonvergenz waren. Eine neue, vollkommen gegensätzliche Hypothese wurde von der amerikanischen Anthropologin Lynne Isbell 2006 präsentiert. Demnach sind die Orbitalkonvergenz, die visuelle Spezialisierung und die Hirnvergrößerung früher Primaten eine evolutive Erwiderung auf den hohen Selektionsdruck durch Riesenschlangen. Überdies wurde die Entwicklung des Gehirns und des visuellen Systems von Menschenaffen entscheidend durch das Auftreten von Vipern und Giftnattern in der Alten Welt beeinflusst. Nach fossilen Überlieferungen, molekularen Untersuchungen und paläobiogeographischen Ereignissen gehörten auch Schlangen zu den ersten modernen Räubern hoch entwickelter Säuger, einschließlich der Primaten.

Neurobiologische Untersuchungen haben gezeigt, dass bestimmte Regionen im Gehirn, die als »Angst-Modul« bezeichnet werden, als Früherkennungs- und Warnsystem von Gefahren fungieren. Bei Primaten sind Teile des Angst-Moduls und des visuellen Systems besonders groß entwickelt und stehen in enger Verbindung mit Kortex und Neokortex (Hirnrinde). Menschenaffen sind in der Lage, durch das bloße Beobachten eines Artgenossen, der einen Feind anstarrt, die Gefahrenquelle zu lokalisieren.

Das frühe Erkennen eines Feindes ist überlebenswichtig. Kleine, kryptische Gefahrenquellen, wie sie Giftschlangen darstellen, sind von weitem jedoch nicht erkennbar. Es wird vermutet, dass das dreidimensionale Sehen im Nahbereich und die engen neuronalen Verknüpfungen zwischen dem Angst-Modul und dem visuellen System mit dem Kortex/Neokortex das Erkennen von getarnten Feinden ermöglichen (»Durchbrechen des Camouflageeffektes«).

Tatsächlich erkennen Menschen Schlangen in natürlicher Umgebung schneller als andere Objekte, die keine Angst hervorrufen.

Zwischen neu- und altweltlichen Affen existieren beträchtliche Unterschiede in Bezug auf visuelle Spezialisierung, Hirngröße und Ausbildung des Angst-Moduls. Diese Unterschiede lassen sich nach Isbells Hypothese nur durch eine plötzlich auftretende evolutive Neuerung der Räuber erklären, die wiederum unter den Primaten in einer Art »Wettrüsten« weitere visu-

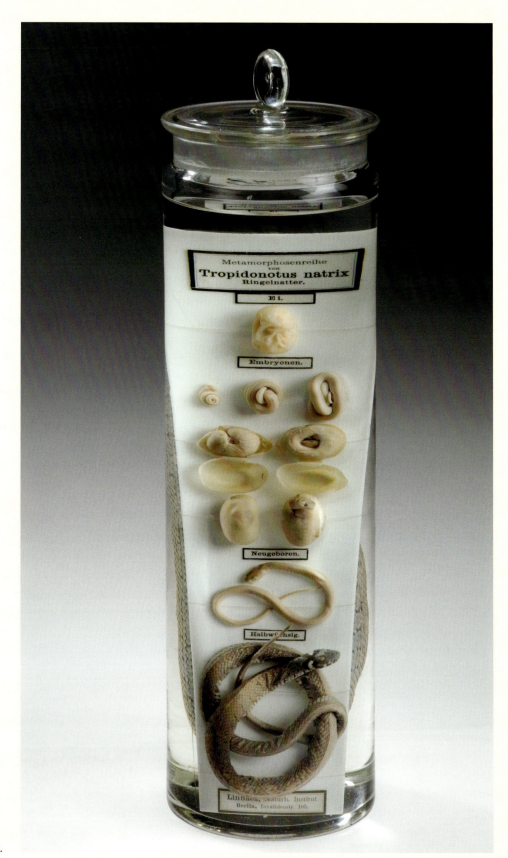

**Tafel XIII
Ringelnatter,
Entwicklungsreihe**

Ehemals Gymnasium Halle,
MTD 44413 (Foto C. Cordes).

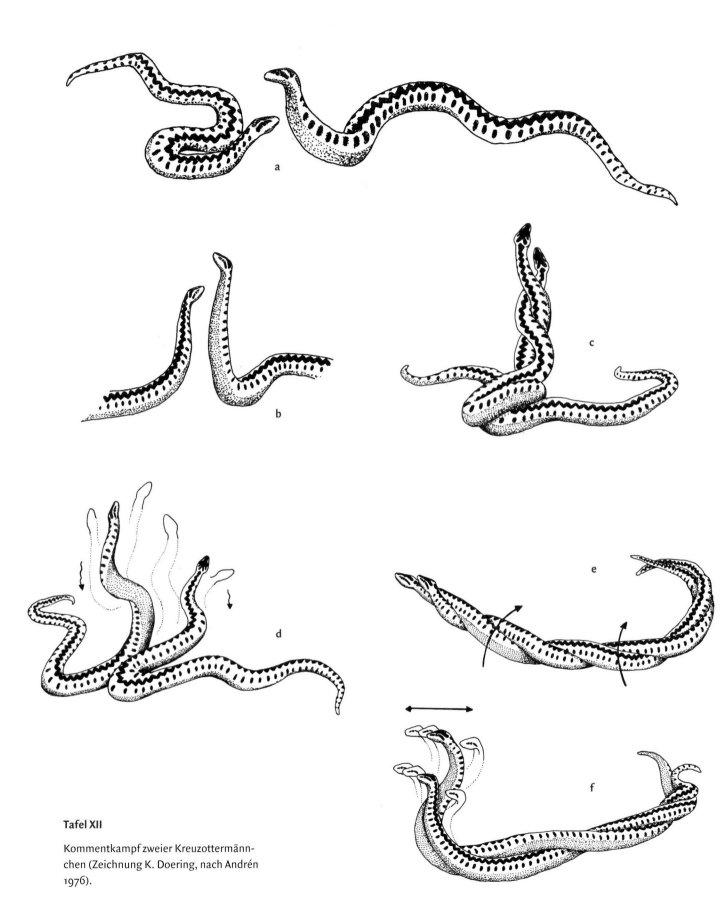

Tafel XII

Kommentkampf zweier Kreuzottermännchen (Zeichnung K. Doering, nach Andrén 1976).

gem Aneinanderpressen der Halspartien schnellen die Oberkörper in heftigen Scherbewegungen auseinander. Bei diesem sich wiederholenden Ritual wird der Sieger der Auseinandersetzung ermittelt. Schließlich löst sich die enge Umschlingung, und der Unterlegene wird vom Gewinner vertrieben.

Hat sich ein Pärchen gefunden, beginnt das Männchen auf den Rücken des Weibchens zu kriechen und versucht durch intensives Balzen das Weibchen zur Paarungsbereitschaft zu stimulieren. Dabei zuckt es rhythmisch mit dem Körper und führt in schneller Folge kopfnickende und züngelnde Bewegungen auf dem Rücken des Weibchens aus. Währenddessen kriecht das Männchen vom Schwanz in Richtung des Kopfes, wobei es am Kopf des Weibchens besonders lange und intensiv zuckt. Bis das Kreuzotterweibchen endgültig zur Kopulation bereit ist, können mehrere Tage bis Wochen intensiven Balzens vergehen. Zum Höhepunkt der Paarung beginnt das Männchen zu »Schwänzeln«. Es umschlingt den Schwanz des Weibchens und versucht seine Kloake gegen die des Weibchens zu pressen. Unmittelbar vor der Kopulation hebt das Weibchen den Schwanz empor und öffnet die Kloake, so kann das Männchen mit einem der beiden Hemipenes eindringen.

Nach dem Ende der Paarungszeit kriechen die Kreuzottermännchen in die Sommerlebensräume, die bis zu 1,5 km entfernt sein können. Drei Wochen früher oder parallel zu den Männchen begeben sich auch die nicht trächtigen Weibchen in die Sommerlebensräume. Hier leben die Kreuzottern einzelgängerisch. Die Nahrungsaufnahme steht im Mittelpunkt der Sommeraktivität. Auf der Beutesuche durchstreifen sie kleinere Areale und fressen bevorzugt Wühlmäuse und Amphibien.

Die trächtigen Weibchen bleiben dagegen im Sommer direkt am Paarungsplatz, wobei sie (selten gemeinschaftlich) Sonnenplätze aufsuchen. Erst 2–4 Wochen nach der Paarung finden bei den Weibchen die Ovulation (Eisprung) und die Befruchtung im Eileiter statt. Unter günstigen Witterungsbedingungen werden die Jungtiere nach 8–10-wöchiger Trächtigkeit an den Paarungsplätzen oder in Nähe der Überwinterungsquartiere geboren. Die frühesten Geburtstermine liegen Ende Juli. Die meisten Jungtiere werden jedoch zwischen Mitte August und Mitte September geboren. Die Wurfgröße liegt zwischen 4 und 20, im Durchschnitt bei 7 Jungtieren. Der Gewichtsverlust eines trächtigen Weibchens durch die Geburt beträgt zwischen 33 und 63 % des Körpergewichtes.

Wenn in Deutschland die Temperaturen im Oktober kühler werden, suchen die Kreuzottern ihre Überwinterungsquartiere auf, die meist tief unter der Erde liegen. Geeignete Verstecke finden sich in Kleinsäugerbauen, Erd- bzw. Felsspalten oder unter Baumstümpfen. Es ist für die Tiere wichtig, frostfrei und trocken zu überwintern. Temperaturen tiefer als 4 Grad unter Null sind für Kreuzottern tödlich. Auch Grundwasseranstieg, plötzlich eindringende Niederschlags- oder Schmelzwässer sind eine große Bedrohung. Früher waren Gemeinschaftsquartiere, in denen mehr als 20 Individuen gemeinsam den Winter verbrachten, nicht selten. Solche Ansammlungen waren in Feuchtlebensräumen mit begrenzten Überwinterungsmöglichkeiten häufiger beobachtet worden als im Mittelgebirge. Heutzutage sind die Populationen in Mitteleuropa so klein geworden, dass sich keine Massenansammlungen mehr zusammenfinden können.

Während der Überwinterung sind die Kreuzottern keineswegs starr und bewegungslos, sondern jederzeit auch zu Bewegungen und Feindabwehr fähig. Steigen die Temperaturen im Winter auf über 8 °C in Bodennähe, kann die Ruhephase für einen kurzen Ausflug in die Wintersonne unterbrochen werden.

Während der Winterruhe verlieren die Kreuzottern bis zu 16 % an Gewicht. In den Wintermonaten ist die Sterblichkeit unter Jungtieren und im Sommer zuvor trächtig gewesenen Weibchen stark erhöht. Untersuchungen südschwedischer Kreuzotterpopulationen zeigten in Jahren besonderer Nahrungsknappheit in der Winterruhe eine Sterblichkeit von bis zu 45 % bei trächtig gewesenen Weibchen und nur 23 % bei nicht trächtig gewesenen Weibchen.

Kreuzottern nutzen bekannte Plätze zur Überwinterung, zum Sonnen, zur Paarung und zum Absetzen der Jungtiere häufig jahre- oder jahrzehntelang. Das traditionelle Festhalten an bestimmten Plätzen erleichtert das Zusammenfinden der Partner zur Fortpflanzungszeit, gerade in dünn besiedelten Gebieten.

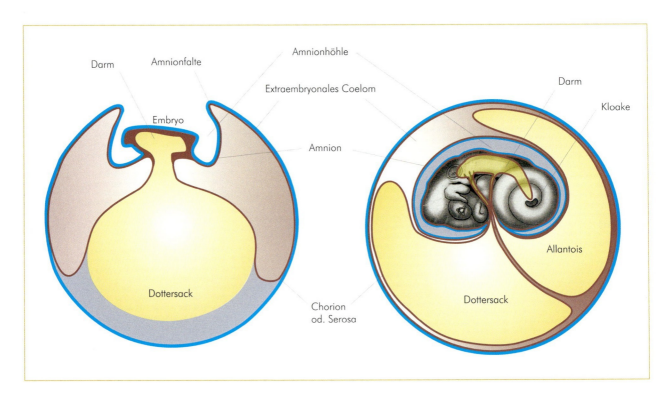

Abb. 88
Embryonalentwicklung bei Schlangen. Links: Früheres Stadium, der Embryo hat sich bereits vom Dotter abgesetzt. Darm und Dotter stehen in breiter Verbindung. Der Embryo senkt sich in das Ei ein und zwei Amnionfalten werden gebildet, die den Embryo umschließen. Die Zellschichten des extraembryonalen Coeloms umwachsen den Embryo, den Dotter und die Eiwand. Sie »tapezieren« alles mit einer zweiten Zellschicht und bilden später zwei Embryonalhäute, das Amnion und das Chorion. In einem späteren Stadium, rechts, ist der Embryo in seiner Entwicklung weiter fortgeschritten und der Dotter ist zu einem größeren Teil bereits resorbiert. Die Ausscheidungsprodukte werden in einer Ausstülpung der Kloake, der Allantois, aufgefangen (Zeichnung N. Stümpel).

sind die Männchen paarungsbereit. Mit etwas Zeitverzögerung beenden die Kreuzotterweibchen zwei bis vier Wochen nach den Männchen die Winterruhe (Abb. 80).

In der Frühjahrssonnenperiode reifen bei den Weibchen die Follikel. Die Frühjahrssonn- und -paarungsplätze können ortsgleich sein oder bis zu 150 m auseinander liegen. Wenn die Männchen in Fortpflanzungsstimmung sind, begeben sie sich aktiv auf die Suche nach Weibchen und kriechen viel umher, während die Weibchen einen sehr viel geringeren Aktionsradius haben.

In Mitteleuropa erstreckt sich die Paarungsphase über den ganzen Mai. Männchen hungern in der gesamten Zeit ihrer sexuellen Aktivität, während die Weibchen schon mit der Nahrungsaufnahme beginnen.

Wenn Kreuzottermännchen im März/April ihre alte Haut abstreifen und in frischem Schuppenkleid erscheinen, gelangen sie in Paarungsstimmung. Treffen zwei Männchen in Anwesenheit eines Weibchens aufeinander, kommt es zum Kräftemessen (Kommentkampf, Tafel XII): Die beiden Kontrahenten kriechen aufeinander zu und richten ihre Vorderkörper auf. Dann bringen sie ihre Körper in gleiche Orientierung (ihre Körper stehen hinter- oder nebeneinander, und Köpfe und Bauchseiten beider Rivalen weisen in die gleiche Richtung) und versuchen ihre Körper in eine dem Kontrahenten überlegene Position zu bringen und sich gegenseitig an Höhe zu überbieten. Dabei führen sie rhythmisch pendelnde, stoßende Bewegungen aus, bis beide das Gleichgewicht verlieren und umkippen. In dieser Phase verfolgen sie sich und versuchen, Körpergröße und Kraft des Gegners abzuschätzen. In der zweiten Phase des intensiven Körperkontaktes beginnen die Männchen ihre Körper schraubenartig miteinander zu verdrehen. Nach kurzem und kräfti-

Abb. 87
Kommentkampf der Aspisvipern (*Vipera aspis*). Im Frühjahr ringen zwei Männchen miteinander um die Gunst eines Weibchens. Die Rivalen umschlingen sich und richten das vordere Körperdrittel empor. Dabei kriechen sie umher und pressen ihre Hälse gegeneinander, bis sie plötzlich auseinanderschnellen. Das Ritual wiederholt sich, bis der Sieger ermittelt ist (Foto N. Stümpel).

Schlange hinterlassen. Möglicherweise waren sie der Anlass für die Entstehung mythischer Vorstellungen von doppelköpfigen Drachen und Schlangen.

Embryonalentwicklung

Bei der Befruchtung einer Säugetiereizelle gelangt nur das schnellste Spermium in die Eizelle. Das Eindringen weiterer Spermien wird durch physiologische Prozesse unterbunden. In die Eizellen von Schwanzlurchen, Reptilien und Vögeln dringen hingegen mehrere Spermien ein (Polyspermie). Dennoch ist bei der Verschmelzung des elterlichen Erbgutes (Kernverschmelzung/Rekombination) nur ein Spermium beteiligt. Für die Ernährung des heranwachsenden Embryos enthält die Eizelle Dotter und Reservestoffe. In einer Serie von Zellteilungs- und Differenzierungsvorgängen geht aus der einzelnen Eizelle ein neues Lebewesen hervor.

Unmittelbar nach der Befruchtung kommt es zu Umlagerungen im Ei und der damit verbundenen Festlegung der embryonalen Körperachse (links, rechts; oben, unten). Das Zellplasma trennt sich vom Dotter und bildet auf einer Seite eine Keimscheibe. Schon früh nach den ersten Zellteilungen bildet die Keimscheibe spezielle Zellschichten (Keimblätter), aus denen sich die Organe bilden.

Während die Eier von Fischen und Amphibien im schützend feuchten Medium Wasser heranreifen, haben Landwirbeltiere im Laufe der Evolution spezielle Strukturen entwickelt, die eine Austrocknung an der Luft verhinderten. Hierzu wurde das Ei von sogenannten Eihüllen umgeben (siehe Abb. 88). Vom Rand des Keimes ausgehend entwickelt sich eine Falte (Amnionfalte), die sich über dem Embryo schließt und ihn in einer flüssigkeitsgefüllten Höhle, der Amnionhöhle bettet. Alle Landwirbeltiere, die über dieses Merkmal verfügen, nennt man Amnioten (Reptilien, Vögel, Säuger). Als Ausstülpung der Kloake entwickelt sich eine weitere Aussackung, die Allantois. In ihr werden die embryonalen Stoffwechselendprodukte aufgefangen (Harnsäure). Im Laufe der Entwicklung wächst sie bis zur Schalenwand vor, an der ein Gefäßnetz entsteht, über das der Gasaustausch und die Versorgung des tiefer gelegenen Embryos erfolgt. Mit der fortschreitenden Entwicklung des Keimes wird der Dotter allmählich resorbiert. Die äußere Eischale ist keine Bildung des Eies, sondern wird von Drüsen im Eileiter gebildet.

So lebt es sich als Schlange: ein Jahr mit der Kreuzotter

Das eigentliche Ende der Winterruhe wird von der Temperatur und endogenen (inneren) Faktoren gesteuert. Zunächst erscheinen im März die Männchen vor den Winterquartieren und suchen sonnige, geschützte Versteckplätze auf, um sich hier in den folgenden 3–5 Wochen zu sonnen. Die Frühjahrssonnenplätze werden über mehrere Jahre hinweg von den gleichen Männchen genutzt. Bei ihnen reifen zu dieser Zeit die Spermien, und die hormonell gesteuerte Häutung wird eingeleitet. Nach der ersten Häutung des Jahres, die auch »Hochzeitshäutung« genannt wird,

aufwand bei der Bildung und der Ernährung der Eizelle haben, ist der männliche Beitrag zur Befruchtung eher bescheiden und beschränkt sich ausschließlich auf die Weitergabe der männlichen Gene. Nach der Paarung überlässt das Männchen das Brutgeschäft dem Weibchen und trägt nichts zum Gedeihen der Nachkommen bei. Dieses Phänomen des unterschiedlichen Elterninvestments hat im gesamten Tierreich zur Evolution sexueller Selektionsmechanismen geführt. Während der Fortpflanzungserfolg des Weibchens durch die Fähigkeit begrenzt wird, Eier zu produzieren, wird der Fortpflanzungserfolg des Männchens durch den Zugang zu Weibchen limitiert. Weibchen haben daher hohe Partnerwahlkriterien entwickelt und sind bestrebt, sich mit besonders vitalen Männchen zu paaren. Im Gegenzug hat der Konkurrenzdruck zwischen den Männchen zur Selektion Vitalität anzeigender Merkmale geführt.

Bei den meisten Arten ist es für die Weibchen kein Vorteil, sich mit mehreren Männchen zu paaren, sondern stattdessen nur einem besonders vitalen Männchen den Vorrang zu lassen. Eine der wenigen Ausnahmen im Tierreich ist die Kreuzotter. In schwedischen Populationen konnte man nachweisen, dass Kreuzotterweibchen, die sich mit mehreren Männchen paarten, einen geringeren Anteil an Totgeburten aufwiesen als solche, die nur einen Partner hatten. Nach dieser Untersuchung konkurrieren die Spermien der Männchen um die Befruchtung der Eier. Sollte eines der Männchen defekte oder unfruchtbare Spermien haben, erhöht die Paarung mit jedem weiteren Männchen die Wahrscheinlichkeit einer erfolgreichen Befruchtung.

Wie unterscheidet man männliche und weibliche Schlangen?

Bei Schlangen sind sekundäre Geschlechtsmerkmale (Sexualdimorphismus) nur schwach ausgebildet. Sie unterscheiden sich oft nur auf sehr subtile Art und Weise. Männchen haben einen längeren Schwanz als Weibchen. Das liegt an der Anatomie des Hemipenis, der von der Kloake schwanzwärts in den Hemipenistaschen liegt und einfach mehr Platz benötigt.
Die Länge des Schwanzes steht in engem Zusammenhang mit der Anzahl der Schwanzschuppen. Je länger der Schwanz ist, desto mehr Schuppen hat er. Männchen erkennt man daher auch an der höheren Anzahl Schuppen auf der Schwanzunterseite. Weibchen müssen den sich entwickelnden Jungtieren zusätzlichen Platz bieten und haben häufig einen längeren Körper mit mehr Bauchschuppen.
Der Sexualdimorphismus kann auch durch Färbung und Zeichnung zur Schau gestellt werden. Männchen haben häufig leuchtendere Farben und eine intensivere Zeichnung als ihre Geschlechtspartnerinnen.

Ringen um die Gunst der Weibchen – Turnierverhalten (Kommentkampf)

Beim Kommentkampf handelt es sich um ein Kräftemessen zwischen Männchen in der Paarungszeit, bei dem die Rivalen miteinander um die Gunst des Weibchens ringen (Abb. 87).

Der Kampf verläuft immer nach einem festgelegten Ritual, bei dem zwei Rivalen ihre Kräfte miteinander messen, ohne sich dabei ernsthafte Verletzungen zuzufügen. Der Kommentkampf ist vergleichbar mit dem griechisch-römischen Ringkampf. Auch dieser Kampf läuft nach festgelegten Regeln ab, allerdings gibt es weder Ring noch Richter und keine Einteilung in Gewichtsklassen. Jedes geschlechtsreife Männchen kann, unabhängig von seiner Körpergröße, den Kräftevergleich aufnehmen.

Der Ablauf der Turnierkämpfe ist artspezifisch. Bewegungs- und Verhaltensabläufe unterscheiden sich zwischen den Arten (Tafel XII). Bei ungleichen Gegnern dauern die Kommentkämpfe nur wenige Minuten. Sind die Kontrahenten jedoch gleich stark und motiviert, kann das Turnier mehrere Stunden andauern und sich mit Unterbrechungen über mehrere Tage erstrecken. Ist der Kampf entschieden, ergreift das unterlegene Männchen die Flucht, der Gewinner kann sich dem Weibchen widmen. Zumeist ist der Sieger auch das an Körpergröße überlegene Tier.

Während der Kopulation, die von mehreren Minuten (z. B. Nattern) bis hin zu 24 Stunden (z. B. Vipern) andauern kann, ist das Paar fest miteinander verbunden. Stachelartige Strukturen des Hemipenis gewährleisten eine feste Verankerung in der weiblichen Kloake.

Ein solches Liebespaar könnte beim oberflächlichen Betrachten den Eindruck einer doppelköpfigen

Wachstum und Erreichen der Geschlechtsreife

Neugeborene Schlangen sind eine identische Miniaturausgabe der erwachsenen Tiere und mit den gleichen Fähigkeiten ausgestattet. Das Erreichen der Geschlechtsreife ist zum einen von der Körpergröße und zum anderen vom Alter abhängig. Schlangen wachsen kontinuierlich ihr ganzes Leben lang. Die Wachstumsraten sind bei jungen Schlangen größer als bei älteren Exemplaren. Das schnelle Wachstum der Jungschlangen verlangt höhere Stoffwechselleistungen. Sie nehmen im Verhältnis größere Beutemengen auf als ausgewachsene Schlangen. Ihre Körpergröße zu einem bestimmten Lebensalter ist von der Nahrungsverfügbarkeit abhängig. Isolierte Populationen karger Regionen oder kleiner Inseln fallen häufig durch Zwergenwuchs auf und sind manchmal nur halb so groß wie Exemplare benachbarter Populationen mit besserem Nahrungsangebot. In den Tropen sind Schlangen häufig schnellwüchsiger. Sie wachsen kontinuierlich und können die Geschlechtsreife schon nach einem Jahr erreichen. Arten gemäßigter Breiten haben kürzere Aktivitäts- und Wachstumsphase. Normalerweise sind sie zwischen dem 3. und 5. Lebensjahr fortpflanzungsfähig.

Elterliche Fürsorge bei Schlangen

Reptilien gelten im Allgemeinen als wenig fürsorgliche Eltern. Echte elterliche Fürsorge mit komplexen Verhaltensweisen wie die Betreuung der Eier und der Jungtiere findet man nur bei wenigen Schlangenarten. Bekannte Beispiele sind das Bebrüten der Eier südostasiatischer und australischer Pythons (Abb. 86). Vor der Eiablage bauen diese Arten ein Nest, indem sie beispielsweise am Fuß eines Baumes eine muldenartige Vertiefung in den Boden graben und diese mit einer Streuschicht aus Blattlaub auspolstern. Nach der Eiablage legt sich das Weibchen um das Gelege und bebrütet es 8–10 Wochen, indem es durch Muskelzittern zusätzliche Stoffwechselwärme erzeugt. Dank des gut isolierten Nestes und der mütterlichen Wärmeerzeugung liegt die Temperatur der Eier an bewölkten Tagen im Durchschnitt 9 °C über der Lufttemperatur; nachts sind es sogar 18 °C. Das Bebrüten ist für die Weibchen eine kräftezehrende Angelegenheit. Infolge des erhöhten Energieverbrauches beim Muskelzittern können sie bis zu 15 % ihres Körpergewichtes verlieren. Beim Tigerpython (Python molurus) ist das Bebrüten der Eier obligatorisch. Nichtbebrütete Eier weisen einen stark erhöhten Anteil an Missgeburten auf.

Weibliche Königskobras (Ophiophagus hannah) hingegen bebrüten ihr Gelege nicht, sondern bewachen es nach der Eiablage. Sie bauen ein Nest, indem sie abgestorbenes Pflanzenmaterial und Erde mithilfe einer Körperschlinge sammeln und zu einem kompakten Haufen zusammenschieben. Ein ähnliches Verhalten ist von der Malaien-Mokassinotter (Calloselasma rhodostoma) bekannt. Diese Grubenotter bleibt während der gesamten Inkubationszeit bis zum Schlupf der Jungtiere bei ihren Eiern. Insgesamt sind Verhaltensweisen wie das

Abb. 86
Ein Pythonweibchen (Python breitensteini) bebrütet sein Gelege (Foto A. Schörgendorfer).

Bebrüten oder Bewachen der Nachkommen hauptsächlich bei wehrhaften Schlangenarten etabliert, die Feinde effektiv abwehren können.

Monogamie und Polygamie bei Schlangen

Das Fortpflanzungssystem der meisten Schlangen ist polygyn. Charakteristischerweise versuchen sich die Männchen mit mehreren Weibchen zu paaren. Die Bandbreite des Fortpflanzungserfolges ist bei Männchen größer als bei den Weibchen. Bei einem ausgeglichenen Geschlechterverhältnis in einer Population führt das dazu, dass mehr Männchen als Weibchen ohne Nachkommen bleiben. Nur wenige Schlangenarten scheinen monogam zu sein.

Der Energieaufwand, den Weibchen und Männchen in die Erzeugung eines Nachkommen investieren, ist verschieden. Während Muttertiere einen hohen Energie-

Abb. 84
Die einheimischen Ringelnattern und Äskulapnattern legen ihre Eier in Haufen aus verrottendem organischem Material, in denen durch Gärungswärme höhere Temperaturen als in der Umgebung herrschen (Foto I. Groß).

Schlangengattungen unabhängig voneinander entwickelt. Circa 20 % aller Schlangen sind ovovivi- oder vivipar.

Die Mehrheit aller Schlangen ist eierlegend (ovipar). Grundsätzlich haben Schlangen sehr dotterreiche große Eier, die primär für eine Ablage an Land »konstruiert« sind. Der Embryo entwickelt sich innerhalb einer unverkalkten, lederartigen Eischale. Die befruchteten Eier werden an feuchtwarmen und vor dem Sonnenlicht geschützten Plätzen abgelegt. Weil die lederartige Eischale empfindlich gegenüber Austrocknung ist, muss eine Mindestfeuchtigkeit an den Brutplätzen gewährleistet sein. Hohe Umgebungstemperaturen beschleunigen die Entwicklungszeit der Eier, während niedrige sie verzögern.

Günstige Brutplätze mit optimalen Feuchte- und Temperaturbedingungen sind in der Natur selten. Entsprechende Plätze können deshalb kollektiv von mehreren Weibchen in ein- und derselben Brutsaison genutzt werden. Bekannte Brutplätze werden sogar in aufeinanderfolgenden Jahren von den gleichen Weibchen wiederholt als Eiablageplätze genutzt. Zum Aufsuchen solcher Plätze können Schlangen größere Entfernungen zurücklegen. Die einheimische Ringelnatter legt ihre Eier bevorzugt in Haufen von verrottendem organischem Material, in denen durch Gärungswärme höhere Temperaturen als in der Umgebung herrschen (Abb. 84). Solche Bedingungen sind z.B. in Kompost- und Dunghaufen, alten Stroh- und Heumieten, Sägemehlhaufen sowie Schilf- und Binsenhaufen zu finden. Die Temperaturen in den Brutkammern der Ringelnatter liegen zwischen 22 °C und 34 °C.

Andere Arten legen ihre Eier in natürliche Hohlräume wie Baumhöhlen, Kleinsäugergänge oder Felsspalten. Asiatische und afrikanische Brillenschlangen legen ihre Eier bevorzugt in Termitenbauten. Die Inkubationszeit (Eiablage bis zum Schlupf der Jungtiere) der Schlangeneier beträgt im Durchschnitt 70 Tage. Verkürzt wird sie durch steigende Temperaturen und variiert von Art zu Art zwischen 4 Tagen (*Liochlorophis vernalis*) bis maximal 300 Tagen (*Liophis bimaculatus*).

Bevor die Embryonen das Licht der Welt erblicken, müssen sie die lederartige Eihaut durchstoßen (Abb. 85). Für diesen Zweck haben alle Reptilien einen nach vorn ausgerichteten Eizahn, mit dem sie das Ei von innen aufschneiden. Der ausschließlich für den Schlupfvorgang gebildete Zahn sitzt auf dem Zwischenkieferknochen und wird einige Tage nach dem Schlupf abgeworfen.

Abb. 85
Eier einer Ringelnatter (*Natrix natrix*). Die Jungtiere sind bereits geschlüpft und haben die Eischale mit ihrem Eizahn geöffnet (Foto C. Cordes).

Abb. 82
Die Schlingnatter (Coronella austriaca) gehört zu den lebendgebärenden Nattern. Ein Weibchen kann bis zu 15 Jungtiere bekommen. Die auch in Deutschland vorkommende Schlange bewohnt Heidegebiete, Halbtrockenrasen, Weinberge und Bahndämme (Foto H. Nicolay).

Embryo über den sogenannten Mutterkuchen, die Plazenta, in Verbindung steht.

Es gibt eine Reihe von Hypothesen über die Evolution von lebendgebärenden Schlangen, die alle darauf hinweisen, dass Ovovivi- bzw. Viviparie ein Selektionsvorteil in extremen Trockengebieten oder Regionen mit kürzeren Warmperioden darstellt. Lebendgebärende Arten dringen weiter in kühle Regionen vor als eierlegende Arten. Die innere Brutpflege erlaubt es den Weibchen, durch Ortswechsel ihre Embryonen immer der optimalen Temperatur auszusetzen und auch in frühen Morgen- oder späten Abendstunden den letzten Sonnenstrahl einzufangen. So erreicht die lebendgebärende Kreuzotter in Skandinavien den 68. Breitengrad und dringt in den Alpen bis auf 3000 m Höhe vor.

In einem Transekt (Schnitt durch die Landschaft) in Mexiko zeigte sich ein deutlicher Zusammenhang zwischen der Höhenstufe und dem Fortpflanzungsmodus der Reptilien. In den Höhenstufen zwischen 0 und 250 m sind 19 % lebendgebärend, zwischen 250 und 1250 m 31 % und zwischen 1250 und 1750 m 50 % aller Reptilien lebendgebärend. Oberhalb von 2000 m sind schließlich alle Schlangen lebendgebärend. Das Gebären von lebenden Jungen wurde in verschiedenen

Abb. 83
Aspisviper (Vipera aspis) beim Gebären. Die Jungtiere kommen in einer durchsichtigen Eihaut zur Welt, die sie wenige Sekunden nach dem Verlassen der weiblichen Kloake durchbrechen. Die Jungtiere haben bei der Geburt keine bestimmte Körperlage. Sie können auf dem Bauch oder auch auf dem Rücken liegend geboren werden. Der Abstand zwischen zwei Geburten beträgt etwa 3 Minuten, verlängert sich aber mit jedem weiteren Jungtier (Fotos N. Stümpel).

Unabhängig davon, ob Schlangen Eierleger sind oder lebendige Junge zur Welt bringen, sind Gelegegrößen über 50 Nachkommen die Ausnahme; gewöhnlich werden 2 bis 16 Nachkommen geboren. Bemerkenswerte Rekorde sind von einem Tigerpython (*Python molurus*) mit 103 Eiern und einer Tigerotter (*Notechis scutatus*) mit 109 Jungtieren bekannt geworden. Den ersten Platz belegt jedoch die lebendgebärende Puffotter. In einem tschechoslowakischen Zoo brachte eine Puffotter (*Bitis arietans*) 156 Junge zur Welt.

Über die reine Anzahl der Nachkommen pro Wurf hinaus wird die Fruchtbarkeit auch von der lebenszeitlichen Fortpflanzungshäufigkeit bestimmt. Die meisten Schlangen der gemäßigten Zonen gebären in einem zweijährigen Rhythmus oder seltener. Lediglich einige tropische Arten bekommen einmal oder zweimal im Jahr Junge. Der Abstand zwischen den Geburten wird bestimmt durch die Nahrungsverfügbarkeit und die Möglichkeit zur Regeneration der Fettreserven. Dies belegt die Tatsache, dass Schlangen, die unter natürlichen Bedingungen alle zwei Jahre Junge bekommen, in menschlicher Obhut und reichlicher Nahrungsverfügbarkeit (ad libitum) jedes Jahr zur Fortpflanzung gebracht werden.

Die Tragzeit der Schlangen ist nur schwer zu ermitteln. A priori lässt sich aus einer beobachteten Kopulation nicht auf den Zeitpunkt der Befruchtung des Eies schließen.

Einige Arten können das Sperma nach der Kopulation für einen längeren Zeitraum speichern und die Befruchtung daher zeitverzögert stattfinden lassen. Dieses Phänomen wird Amphigonia retardata genannt (Amphigonia = Befruchtung, retardata = verzögert). In dünn besiedelten Lebensräumen kann die Speicherung des Spermas von entscheidender Bedeutung sein. Begegnen sich die Partner nur selten in ihrem Lebensraum, muss jede Gelegenheit zur Fortpflanzung genutzt werden, auch wenn das Weibchen physiologisch nicht für eine Trächtigkeit bereit ist. Erst zu einem geeigneten späteren Zeitpunkt, der bis zu einem Jahr nach der Kopulation liegen kann, werden die Eier befruchtet. Schließlich gibt es Arten, bei denen die Kopulation zwar zur Befruchtung führt, der sich entwickelnde Embryo allerdings ein Stadium der Keimruhe durchlebt. So können Umweltfaktoren, wie knappe Nahrungsverfügbarkeit in bestimmten Jahreszeiten oder sehr kurze jahreszeitliche Aktivitätsphasen, manche Schlangenarten zwingen, die Embryonalentwicklung für einen Zeitraum (z. B. Winterruhe) zu verlangsamen.

Eine besonders merkwürdige Fortpflanzungsweise ist die Jungfernzeugung (Parthenogenese). Diese Fortpflanzungsstrategie findet man nur bei wenigen Wirbeltierarten. Bei der Jungfernzeugung entwickeln sich die Eier ohne Begattung durch ein Männchen. Diese Strategie ist eine Notlösung, denn sie nutzt die biologischen Vorteile der Sexualität nicht aus. Alle Nachkommen der Jungfernzeugung sind Weibchen und mit der Mutter genetisch vollkommen identisch. Solche »Nur-Weibchen-Arten« findet man auch bei den Blindschlangen (Typhlopidae). Die sogenannte »Blumentopfschlange« (*Rhamphotyphlops braminus*) gehört zu den am weitesten verbreiteten Schlangen der Welt. Sie lebt zwischen den Wurzeln von Ackerfrüchten. Gefördert durch den weltweiten Handel mit Nutzpflanzen und ihrer Fähigkeit, sich durch Jungfernzeugung fortzupflanzen, ist diese Art mittlerweile kosmopolitisch verbreitet.

Eier legen oder lebend gebären – Welches ist die bessere Fortpflanzungsstrategie?

Oviparie, die Ablage beschalter Eier, ist unter Wirbeltieren ein ursprüngliches Merkmal. In Anpassung an extreme Lebensräume entwickelten Schlangen eine alternative Fortpflanzungsstrategie. Nach der Befruchtung werden die Eier nicht sofort abgesetzt, sondern reifen noch im Körper der Mutter heran (innere Brutpflege). Je nachdem wie lange die Embryonen in der Bauchhöhle heranreifen, werden entweder weit entwickelte Eier abgesetzt oder gar lebende Junge zur Welt gebracht (Abb. 82). Vollendet der Embryo die Entwicklung innerhalb des weiblichen Körpers, ohne dass er durch die Mutter ernährt wird, spricht man von Ovoviviparie (Eilebendgebären). In diesem Fall verlassen die Jungtiere unmittelbar nach oder während der Geburt die Eihaut; eine lederartige Eischale fehlt (Abb. 83). Die Neugeborenen sind sofort selbstständig lebensfähig. Eine Weiterentwicklung ist die Viviparie (Lebendgebären). In diesem Fall wird der Embryo nicht von dem Eidotter ernährt, sondern über die mütterliche Blutbahn, die mit dem

optimale Überlebenschancen, wenn sie zu einer Jahreszeit geboren werden, die ausreichend Nahrung und günstige klimatische Bedingungen bietet.

In der gemäßigten Zone ist die Aktivitätszeit zu kurz, um den gesamten Fortpflanzungszyklus in einem Jahr vollständig zu durchlaufen.

Die Kreuzottermännchen bilden im Sommer in ihren Hoden erste Vorstadien der Geschlechtszellen, die bis zum Erlangen der Befruchtungsfähigkeit eine Reihe von Vermehrungs-, Wachstums- und Differenzierungsphasen durchlaufen. Erst im darauf folgenden Frühjahr wandeln sich die Vorstadien der Geschlechtszellen in reife Spermien um. Während in den gemäßigten Breiten die männlichen Schlangen jedes Jahr an der Fortpflanzung teilnehmen, sind die Weibchen meist nur in einem Zweijahresrhythmus empfängnisbereit. Der Eisprung und die Befruchtung finden dann im Frühjahr statt, die Eiablage im Sommer und die Geburt der Jungtiere im Spätsommer (siehe Abb. 80). Paarungszeiten liegen hier meist im Frühjahr, seltener im Herbst.

Schlangen aus wechselfeuchten Tropen haben keine einheitlichen Fortpflanzungsperioden. Aber auch hier gibt es Arten mit saisonalen Fortpflanzungsmustern. Die trockenen Winter- und Frühjahrsmonate sind für das Überleben der Brut ungünstig. Daher schlüpfen die meisten Arten in der Regenzeit. Ovipare (eierlegende) Arten können aber auch mehrmals in der Regenzeit Eier ablegen. In den immerfeuchten Äquatorialgebieten ohne ausgeprägte Jahreszeiten haben viele Schlangen keinen bestimmten Rhythmus, sie pflanzen sich kontinuierlich (asaisonal) fort.

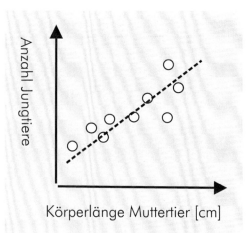
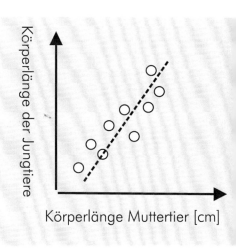

Abb. 81
Die Diagramme zeigen den Zusammenhang zwischen Fruchtbarkeit und Körpergröße einer Schlange (Grafik N. Stümpel).

Wie viele Junge bekommt eine Schlange?

Grundsätzlich verfolgen Schlangen zwei unterschiedliche Fortpflanzungsstrategien. Theoretisch werden bei gleichem Energieaufwand entweder viele kleine Nachkommen oder aber wenige und dafür große Nachkommen geboren. Unabhängig davon welche Fortpflanzungsstrategie verfolgt wird, ist die Fruchtbarkeit bei Schlangen eine reine Funktion der Körperlänge und ihrer physischen Verfassung (Abb. 81).

Große Exemplare können mehr Junge bekommen als kleine. Ein drei Meter langes Netzpythonweibchen (*Python sebae*) legt etwa 15 Eier, wohingegen ein doppelt so großes Exemplar 100 Eier produzieren kann. Jungtiere großer Muttertiere sind zudem auch noch größer als die kleinerer Muttertiere. Neben der reinen Körpergröße ist der Ernährungszustand ein wesentlicher Faktor der Fruchtbarkeit. Da Schlangen als wechselwarme Tiere einen sehr geringen Stoffwechsel haben, wird der Großteil der verdauten Nahrung in Form von Fettreserven gespeichert. Fett speichern Schlangen nicht in der Unterhaut, sondern als kompakte Ansammlung innerhalb der Bauchhöhle beiderseits des Darms zwischen Leber und Kloake. Der Fettkörper einer wohlgenährten Schlange kann mehr Volumen und Masse einnehmen als alle Organe der Bauchhöhle zusammen. Er ist nicht nur Nahrungsreservoir in Hungerperioden, sondern wird in der Fortpflanzungsphase zur Bildung des Eidotters genutzt. Der positive Zusammenhang zwischen Körpergröße und Fruchtbarkeit ist bei einer schlecht genährten Schlange mit wenig Fettkörper nicht mehr gültig.

Nikolaus Stümpel

6. Das Liebesleben der Schlangen

Fortpflanzungszyklen

In den gemäßigten Zonen der Nord- und Südhalbkugel ist die Fortpflanzung der Schlangen saisonal und unterliegt endogenen oder exogenen Rhythmen (innere Uhr, Umweltfaktoren).

Zeiten mit Fortpflanzungsaktivität wechseln sich hier periodisch mit sexuell inaktiven Phasen ab. Diese Phasen sind in den gemäßigten Breiten und in großen Höhen deutlich an den Ablauf der Jahreszeiten gekoppelt. Damit verbunden sind zyklische Veränderungen der Geschlechtsorgane (Gonaden). Männliche und weibliche Geschlechtszellen (Spermien und Eizellen) sind nicht permanent, sondern nur in einem schmalen Zeitfenster in reifem Zustand verfügbar. Damit ist der Fortpflanzungszeitraum vorgegeben, und beide Geschlechter müssen ihren Zyklus synchronisieren, wollen sie sich vermehren. Die Koppelung von Fortpflanzungsperiode und Jahreszeit hat in höheren geographischen Breiten noch eine andere wichtige Bedeutung. Die Nachkommen haben nämlich nur dann

Abb. 80
Jahresablauf einer Kreuzotterpopulation im hessischen Spessart (4 Jahre). Für das zweite Halbjahr 2002 liegen keine Daten vor. Die Männchen erscheinen vor den Weibchen. Das jeweilige Wetter bestimmt die Dauer der einzelnen Aktivitätsphasen (Grafik J. Penner, aus Joger & Wollesen, 2004).

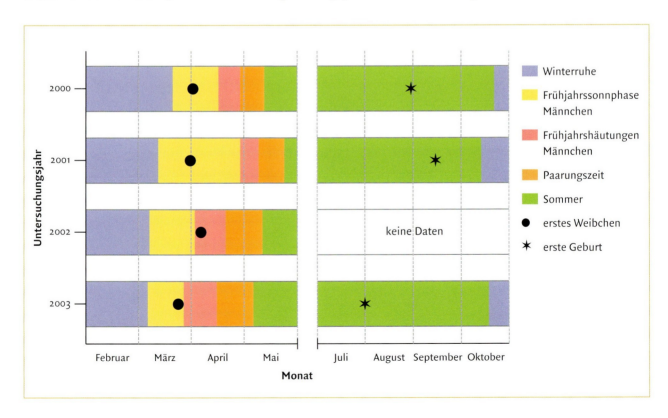

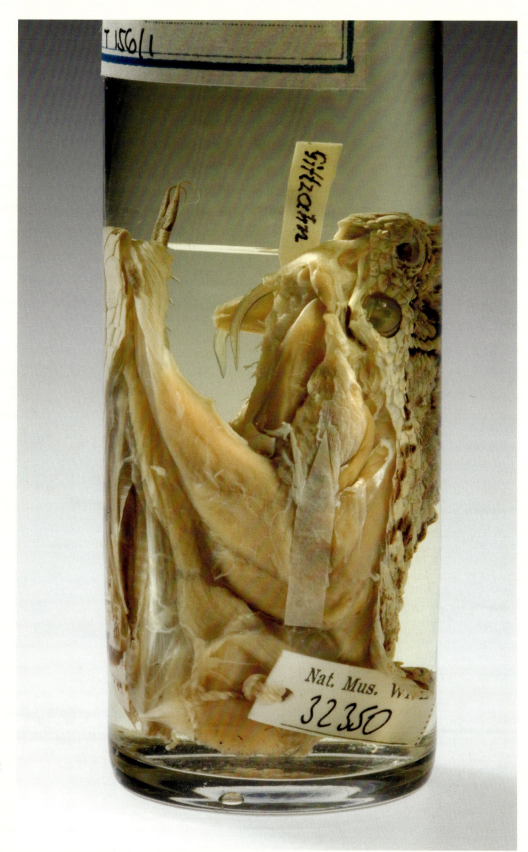

Tafel XI

Anatomisches Präparat eines Puffotterkopfes mit Giftzahn und aufpräparierter Giftdrüse (Pfeil). NMW 32350 (Foto C. Cordes).

**Tafel X
Vipern und Grubenottern**

Puffotter (Bitis arietans), Afrika, SNHM N 1352.

Wassermokassinschlange (Agkistrodon piscivorus), Texas, SNHM N 38307 (Fotos C. Cordes).

Tabelle 2
Weltweite Schlangenbiss-Statistik (aus Chippaux 1998)

Kontinent/Region	Bevölkerungszahl	Schlangenbisse pro Jahr	Tote durch Schlangenbisse pro Jahr
Europa	730 Mio.	25 000	30
Vorderer Orient	160 Mio.	20 000	100
USA/Kanada	270 Mio.	45 000	15
Lateinamerika	400 Mio.	300 000	5000
Afrika	760 Mio.	1 000 000	20 000
Asien	3500 Mio.	4 000 000	100 000
Australien/ Ozeanien	20 Mio.	10 000	200
Welt	5840 Mio.	5 400 000	125 345

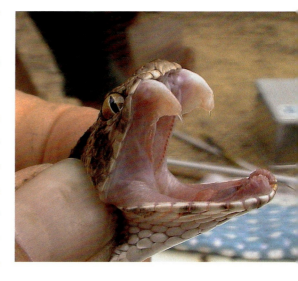

Abb. 78
Sandrasselotter (*Echis leucogaster*), Tunesien (Foto U. Joger).

Davon sterben etwa 125 000, die Mehrzahl in Asien, gefolgt von Afrika (Tab. 2). Für die meisten dieser Todesfälle sind Sandrasselottern (Gattung *Echis*) verantwortlich (Abb. 78). Diese kleinen, nachtaktiven Schlangen injizieren zwar viel weniger Gift als die im gleichen Gebiet vorkommenden Kobras oder Kettenvipern, aber sie sind in landwirtschaftlich genutzten Gebieten häufig und beißen bei Gefahr schnell, und die Sandalen der Bauern bieten keinen Schutz gegen ihre Bisse.

In Lateinamerika verursachen die Lanzenottern der Gattung *Bothrops* die meisten Todesfälle durch Schlangenbiss, gefolgt von den großen Klapperschlangen. Ihre Giftmenge, Toxizität und Gefährlichkeit sind mit denen der afrikanischen Puffotter und der Asiatischen Kettenviper (Abb. 79) vergleichbar.

Australien ist zwar das einzige Land, in dem die Mehrzahl der Schlangen giftig ist, doch kommt es aufgrund bester Aufklärung und medizinischer Versorgung nur noch zu etwa 10 tödlichen Bissfällen pro Jahr. In Europa kommen noch bis zu 30 Menschen jährlich durch frei lebende Vipern ums Leben. Die gefährlichste Giftschlange Europas ist die Hornotter (*Vipera ammodytes*), die von Norditalien über den Balkan bis in die Schwarzmeerregion verbreitet ist (Abb. 35).

Abb. 79
Kettenviper (*Daboia russelii*), Pakistan (Foto M. Dobiey).

Abb. 77
Schwarze Mamba (*Dendroaspis polylepis*), Kwa Zulu-Natal (Foto M. Dobiey).

gefäß sind stets viel gefährlicher als Bisse in peripheres, schwach durchblutetes Gewebe.

Auch bei mehrfacher Überschreitung der LD_{50} überleben Gebissene oft auch ohne Behandlung, weil einer oder mehrere der oben genannten Faktoren günstig ausfallen.

Welches ist nun die (für den Menschen) gefährlichste Schlangenart? Besonders potente Nervengifte haben die im Indischen Ozean vorkommende Seeschlange *Enhydrina schistosa*, die südasiatischen Kraits, der australische Taipan *Oxyuranus microlepidotus* und die Schwarze Mamba *Dendroaspis angusticeps* aus Afrika. Von diesen Arten hat die Schwarze Mamba (Abb. 77) die größte Giftmenge.

Obwohl ihre LD_{50} geringer ist als bei den beiden anderen Landschlangen, beträgt sie, auf die injizierte Giftmenge bezogen, das Zehnfache des für den Menschen tödlichen Werts. Da die Lähmung der Atmung in wenigen Minuten eintreten kann, sind die Überlebenschancen bei Mambabissen gering. In einer Statistik für Natal (Südafrika) wurde nur etwa ein Biss einer Schwarzen Mamba im Jahr registriert, aber alle verliefen tödlich. Dagegen wurden pro Jahr 30 Personen von Puffottern gebissen, von denen 95 % mit Krankenhausbehandlung überlebten. Obwohl auch die Puffotter das Doppelte bis Zehnfache der LD_{50} bei einem Biss injizieren kann, ist die Giftwirkung langsam und zunächst auf das gebissene Glied konzentriert, so dass eine wirksame Behandlung möglich ist.

Nach Schätzungen der Weltgesundheitsorganisation werden weltweit mehr als 5 Millionen Menschen pro Jahr von Schlangen gebissen – die meisten in tropischen Ländern.

ULRICH JOGER

Welche Schlange ist die giftigste?

Die oft gestellte Frage nach der »giftigsten« Schlange lässt sich nicht eindeutig beantworten. Die Evolution hat das Gift jeder Schlangenart für das Töten und Verdauen ihrer bevorzugten Beutetiere optimiert; das können z. B. Frösche, Fische, Heuschrecken oder Skorpione sein. Die Wirkung auf den Organismus eines Säugetiers kann durchaus anders sein. Selbst Reihenversuche mit Mäusen zur Ermittlung des Standardwerts LD_{50} (mittlere Dosis pro Gramm Körpergewicht, bei welcher 50 % der Versuchstiere starben) sind nicht ohne weiteres auf den Biss eines Menschen in der Natur zu übertragen. Zahlreiche Faktoren beeinflussen die Giftwirkung:

- **Herkunft und Art der Schlange**
  Praktiker berichten oft über »geographische Variabilität« der Giftigkeit einer Schlangenart. In nicht wenigen Fällen liegt hier jedoch eine ungenügende Aufarbeitung der Systematik der betreffenden Schlangengruppe vor. Äußerlich ähnliche, aber genetisch verschiedene Schlangen können unerkannt geblieben sein.

- **Beißlust der Schlangen**
  Seeschlangen haben zwar ein äußerst potentes Gift, setzen es aber praktisch nie zur Verteidigung ein. Weibchen der Königskobra und der Schwarzen Mamba dagegen bewachen ihre Gelege und sind in dieser Zeit besonders

> **Verwirrung bei Sandrasselottern**
>
> Die westafrikanischen Sandrasselottern der Gattung *Echis* wurden ursprünglich alle zu der asiatischen Art *Echis carinatus* gerechnet, bis man feststellte, dass Antiseren gegen das Gift von indischen *Echis carinatus* bei Bissfällen in Nigeria wirkungslos waren. Genauere Untersuchungen ergaben, dass in Westafrika nicht nur eine, sondern sogar drei von *carinatus* verschiedene Arten vorkommen.

aggressiv. Die meisten Schlangen suchen jedoch ihr Heil zunächst in der Flucht.

> **Beißen Kraits nur nachts?**
>
> Kraits (Gattung *Bungarus*) sollen am Tage beißunlustig sein. Nachts dagegen beißen sie sogar schlafende Menschen, offenbar unprovoziert, was für Schlangen ganz ungewöhnlich ist. Möglicherweise suchen sie in den Hütten nach Mäusenestern und »verwechseln« menschliche Körperteile mit ihrer Beute.

- **Alter und Größe der Schlangen**
  Die produzierte Giftmenge ist unter anderem von der Körpermasse der Schlange abhängig. Doch schon eine neugeborene Schlange kann ein tödliches Gift besitzen. Auch die Giftzusammensetzung kann altersabhängig variieren

- **Injizierte Giftmenge**
  Neben der Körpergröße können die physiologische Kondition der Schlange, der Zeitpunkt der letzten Giftabgabe, die Körpertemperatur und die Stimmung der Schlange die abgegebene Giftmenge beeinflussen. Für Verteidigungsbisse wird meist weniger Gift eingesetzt als für den Beutefang (der Feind soll nur abgeschreckt werden und sich möglichst in Zukunft vor Schlangen in Acht nehmen; das Beutetier dagegen muss möglichst schnell sterben).

- **Körpermasse und Gesundheitszustand des Gebissenen**
  Kinder sind bei Giftschlangenbissen immer sehr viel gefährdeter als Erwachsene. Bei fettleibigen Bissopfern wird manchmal nur das Unterhaut-Fettgewebe getroffen, und ein Großteil des Giftes diffundiert nicht in die Blutbahn. Herzkranke, Drogensüchtige oder Alkoholiker können schon an dem Biss einer wenig gefährlichen Schlange wie der Kreuzotter sterben.

> **Beutebisse und Verteidigungsbisse**
>
> Bisse, die Schlangenpflegern bei der Fütterung gefangen gehaltener Schlangen passieren, sind oft als Beutebisse intendiert und daher ernster zu nehmen als Bissfälle in der freien Natur. Die seltenen Seeschlangenbisse sind unter anderem deswegen so gefährlich, weil die Giftmenge infolge des Fehlens besonderer Verteidigungsbisse immer relativ groß ist.

- **Bissstelle**
  Bisse in den Kopfbereich, in Herznähe oder in ein größeres Blut-

◆ Nichts in die Bissstelle einreiben oder injizieren, keine »alternativen« Methoden anwenden.
◆ Bissstelle nicht kühlen oder erwärmen.
◆ Nichts essen, keinen Alkohol trinken.

Behandlung einer Vergiftung nach einem Schlangenbiss

Ein Giftschlangenbiss stellt eine ernste, komplikationsträchtige Vergiftung dar. Ein sich rasch ausbreitendes Ödem um die Bissstelle, selbst geringe Anzeichen wie Störung der Augenbewegung und des Hebens der Lider, eine deutliche Verzögerung der Gerinnung, Bluten aus Nase und Mund sind Symptome einer sich etablierenden Vergiftung, die eine Behandlung umgehend erfordern.

Einzige spezifische Therapie eines Giftschlangenbisses ist die Anwendung von Antiserum (Abb. 76). Es ist in der Regel polyvalent, d. h. gegen Bisse mehrerer Schlangenarten wirksam, und wurde durch Immunisieren von Pferden oder Schafen mit den Giften von Schlangen einer bestimmten Region hergestellt. Antiserum gehört nicht in die Hand des medizinischen Laien und ist grundsätzlich nur von einem Arzt anzuwenden, der auf alle Zwischenfälle bis hin zum anaphylaktischen Schock, eine Reaktion auf das verabreichte Fremdeiweiß, vorbereitet sein muss.

Leider sind Antiseren in vielen Ländern der Dritten Welt, in denen Schlangenbisse an der Tagesordnung sind, inzwischen nur selten, manchmal auch gar nicht verfügbar. Die Situation hat sich in den letzten

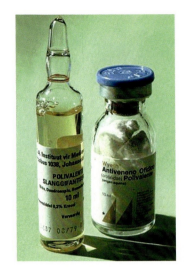

Abb. 76
Polyvalente Antiseren sind flüssig (links) oder gefriergetrocknet (rechts) verfügbar (Foto D. Mebs).

Jahren dramatisch verschärft, da z. B. die in Europa produzierten Antiseren unerschwinglich teuer sind oder überhaupt nicht mehr produziert werden, da die Investitionskosten der Pharmaindustrie angeblich nicht gedeckt werden. So hat der Arzt vielfach keine anderen Behandlungsmöglichkeiten als symptomatisch zu behandeln, so z. B. den Kreislauf zu stabilisieren und eine künstliche Beatmung einzuleiten, wenn es zum Atemstillstand gekommen ist. Oft genug sind seine Maßnahmen jedoch vergeblich.

Schlangengift, ein faszinierendes Naturprodukt

Giftschlangen haben im Laufe ihrer Entwicklungsgeschichte mit ihrem Gift ein Produkt hervorgebracht, das, was seine komplexe Zusammensetzung und hohe Wirksamkeit angeht, kaum zu übertreffen ist. Primär dazu angelegt, Beute zu erwerben, ruft es beim Menschen, für den es naturgemäß nicht gedacht ist, eine schwerwiegende, oftmals tödliche Vergiftung hervor. Dies begründet einerseits den Ruf der Schlange, das Böse zu repräsentieren, andererseits wurde sie in vielen Kulturen als Gottheit verehrt, so bei den Ägyptern und Mayas, offenbar auch infolge ihrer Giftigkeit.

Die moderne Forschung hat Schlangengift als wertvolles Ausgangsprodukt für Wirkstoffe entdeckt. Doch ist die Möglichkeit, Arzneimittel aus Schlangengiften zu gewinnen, bisher sehr limitiert. Außer einigen Gerinnungsenzymen, die zur sehr eingeschränkten Behandlung von Thrombosen angewandt werden, in Deutschland aber wegen ihrer Nebenwirkungen wieder vom Markt genommen wurden, gibt es keine weiteren Arzneimittel aus Schlangengiften. Mittel zur Behandlung von Krebserkrankungen auf der Basis von tierischen Giften, auch von Schlangengiften, haben keine wissenschaftlich fundierte Grundlage, vor ihrer Anwendung muss sogar gewarnt werden. Andererseits sind Schlangengifte als Werkzeuge in Biochemie und Physiologie unentbehrlich geworden. Darüber hinaus können ihre Bestandteile als Modelle für die Entwicklung neuer Arzneimittel dienen. Hier steht die Forschung allerdings noch am Anfang. Es knüpfen sich somit große Erwartungen an dieses Naturprodukt.

Seeschlangen-Gifte typisch. Hochspezifische Toxine blockieren die neuromuskuläre Erregungsübertragung an der Nervenendplatte. Nach einem Biss entwickeln sich Symptome einer fortschreitenden Lähmung, beginnend bei der Augen- und Gesichtsmuskulatur. Die Paralyse der Atemmuskulatur führt zum Tode.

◆ Eine die Muskulatur schädigende Wirkung ist für die Gifte mancher Seeschlangen und einiger australischer Giftnattern charakteristisch. Im Vergiftungsfall führt dies zu Muskelschmerzen um die Bissstelle, oft ist aber auch die Muskulatur anderer Körperregionen betroffen. Der Urin ist durch den freigesetzten Muskelfarbstoff Myoglobin dunkelbraun gefärbt. Es besteht die Gefahr des Nierenversagens.

◆ Störungen der Blutgerinnung treten vor allem nach dem Biss von Vipern und Grubenottern, aber auch von manchen Trugnattern (Dispholidus, Thelotornis) auf. Dies zeigt sich in einer extrem verlängerten Gerinnungszeit bis zur kompletten Ungerinnbarkeit des Blutes (Verbrauchskoagulopathie) und einer verstärkten Blutungsneigung (Abb. 74). Nicht beherrschbare Blutungen sind oft Komplikationen mit Todesfolge.

◆ Schwellung (Ödeme) und Gewebszerstörung (Blutungen, Nekrose) um die Bissstelle sind für viele Grubenotter- (Klapperschlangen etc.), aber auch für Vipern-Gifte charakteristisch. Nach dem Eindringen des Giftes in das Gewebe kommt es zur Zerstörung der Gefäßwände, Blut tritt durch die Kapillaren und breitet sich im Gewebe aus. Es bilden sich Hautblasen, die mit Blut gefüllt sind, was zu ausgedehnter Gewebszerstörung und mitunter zum Verlust einer Extremität führen kann (Abb. 75).

◆ Herz- und Kreislaufbeschwerden und Schocksymptome sind häufige Reaktionen nach einem Schlangenbiss.

Erste Hilfe bei einem Schlangenbiss

Wichtigste Maßnahme nach einem Schlangenbiss ist der unverzügliche Transport des Gebissenen zum nächsten Arzt oder Krankenhaus. Erste-Hilfe-Maßnahmen sind, wie folgt, daher auf das Notwendigste zu beschränken:

◆ Beruhigend auf den Betroffenen einwirken, Panik vermeiden.
◆ Betroffene Extremität ruhigstellen (Arm in Schlinge, Bein schienen), u. U. Schocklagerung.
◆ Ringe und Armbänder entfernen (wegen Ödembildung).
◆ Identifizierung der Schlange, wenn gefahrlos möglich.
◆ Kontrolle der Vitalfunktionen (Atmung, Puls), u. U. Beatmung.

Wichtig ist allerdings auch, was unbedingt zu unterlassen ist, da diese Maßnahmen entweder nutzlos sind oder vielfach schaden:

◆ Bissstelle nicht einschneiden, ausschneiden (führt zu einer Blutungsquelle) oder aussaugen (erfolglos).
◆ Extremität nicht abbinden (Stauung des Blutflusses, hat oft Gewebsschäden zur Folge).

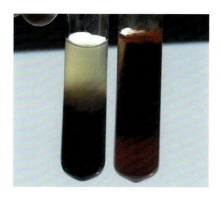

Abb. 74
Das Blut wird nach dem Biss einiger Viperiden für Tage und sogar Wochen ungerinnbar. Rechts: normal geronnenes Blut; links: Blut eines Patienten nach dem Biss einer Lanzenotter (Bothrops sp.), in dem sich kein Fibringerinnsel gebildet hat und das ungerinnbar ist (Foto D. Mebs).

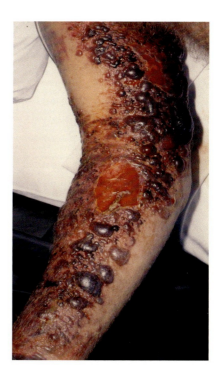

Abb. 75
Folgen eines Klapperschlangen-Bisses (Crotalus atrox). Durch Zerstörung der Blutgefäße wird die Haut unterblutet und hebt sich blasig ab, ein Beispiel für die Verdauungswirkung der Schlangengift-Enzyme (Foto D. L. Hardy).

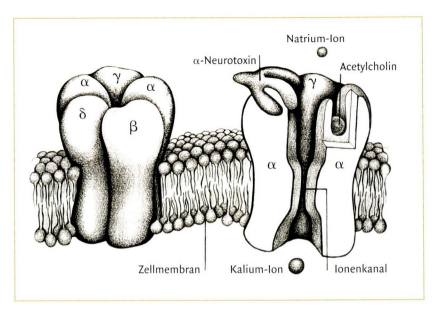

Abb. 73
Blockade des Acetylcholin-Rezeptors durch ein Neurotoxin an der Nervenendplatte. Acetylcholin überträgt als Transmitter die Erregung vom Nerven auf den Muskel und wird am Acetylcholin-Rezeptor gebunden, was zu kurzem Öffnen eines Ionen-Kanals führt. Ionen strömen ein, es entsteht eine neue Erregung und der Muskel kontrahiert sich. Neurotoxine aus Schlangengiften besetzen die Stelle, an der Acetylcholin bindet, und verhindern so die Erregungsübertragung (aus Mebs 2000).

hohe Spezifität (Zielgenauigkeit) für nervöse Strukturen und binden an diesen mit hoher Affinität. Neurotoxine sind besonders in Giften von Elapiden wie Kobras und Kraits vertreten, was einige von ihnen zu den gefährlichsten Giftschlangen überhaupt macht wie den australischen Taipan (*Oxyuranus scutellatus*). Sie greifen das periphere Nervensystem an, nicht das Gehirn. Mit hoher Spezifität und in niedrigster Konzentration blockieren sie an den Nervenendigungen die Erregungsübertragung vom Nerv auf den Muskel und bewirken damit dessen Lähmung (Abb. 73).

Neurotoxine sind basische Proteine mit relativ geringer Molekülmasse (6000 – 8000 Dalton) und bestehen aus einer Kette von 60 bis 74 Aminosäuren, die an vier bis fünf Stellen durch Schwefelbrücken verknüpft sind, was das Molekül in hohem Maße stabilisiert. Andere Toxine wie die bereits erwähnten Phospholipasen sind toxische Enzyme mit einem höheren Molekulargewicht (13 000–14 000 Dalton). Die spezifische Wirkung der Schlangengift-Toxine hat sie zu willkommenen Werkzeugen des Physiologen und Neurochemikers gemacht. So gelang mit ihrer Hilfe die Strukturaufklärung des Acetylcholin-Rezeptors an der Nervenendplatte.

Enzyme in Schlangengiften

Alle Schlangengifte enthalten Enzyme mit meist sehr hoher Aktivität. Als Biokatalysatoren in Zellen und Organen halten Enzyme den Stoffwechsel in Gang und werden in Schlangengiften im Wesentlichen als Verdauungshilfe eingesetzt. Dass Enzyme aber auch eine toxische Wirkung haben können, wurde bereits erwähnt.

Die bisher in Schlangengiften nachgewiesenen Enzyme katalysieren abbauende Reaktionen, es fehlen alle Enzyme, die an Synthesevorgängen beteiligt sind. Mit Ausnahme der Oxidoreduktasen (Aminosäureoxidasen) spalten sie durch Hydrolyse eine Reihe von Bindungen wie Glykosid- (Hyaluronidasen), Phosphoester-, Carbonsäureester- (die erwähnte Phospholipase A_2) und Peptidbindungen (Proteasen). Besonders die Vertreter der letzten Enzymgruppe stellen die klassischen Verdauungsenzyme und finden sich in hoher Konzentration z. B. in Viperidengiften. Einige dieser Schlangengift-Proteasen sind am Vergiftungsgeschehen beteiligt, wenn sie in die Blutgerinnung eingreifen oder als sog. Hämorrhagine Blutgefäße zerstören. Schließlich stehen Aminosäureoxidasen, die Aminosäuren zu Ketosäuren oxidieren, praktisch am Ende der Verdauung von Proteinen, nachdem diese in kleine Peptide und Aminosäuren zerlegt wurden.

Giftwirkung

Giftschlangen lassen sich grob in die durch ihren Biss verursachten Symptome einteilen. So lassen sich fünf Symptomkomplexe unterscheiden.

◆ Neurotoxische Wirkung ist für die meisten Elapiden- (Kobras, Kraits, Korallenschlangen) und

injiziert und dieses dann förmlich von innen und damit schneller verdaut. Letztlich sind ja die Giftdrüsen modifizierte Speicheldrüsen und damit Anhangsorgane des Verdauungskanals.

Die oft zu beobachtenden Wirkungen nach einem Schlangenbiss wie Unterblutung der Haut und Auflösen der Muskulatur sind nichts anderes als ein eingeleiteter Verdauungsvorgang, in diesem Fall außerhalb des Schlangenmagens.

Ob Schlangen ihr Gift auch zur Verteidigung benutzen, ist zumindest umstritten, denn sie verfügen über ein stattliches Repertoire an Verhaltensweisen, die den Gegner einschüchtern sollen, um letztlich eine Auseinandersetzung zu vermeiden. Drohendes Zischen, Aufstellen des Körpers und Spreizen der Halsregion (Kobras) bis zum Vibrieren der Schwanzrassel bei Klapperschlangen sind Warnzeichen. Eine wirksame Tarnung durch eine Körperzeichnung, die dem Biotop entspricht, soll einen Feind täuschen. Nur in äußerster Bedrängnis beißt die Schlange zu, wobei sie häufig nicht einmal Gift injiziert (etwa 50 % aller sog. Verteidigungsbisse sind ungiftig). Speikobras (*Naja nigricollis*, *N. mossambica*, *N. sputatrix*, *Haemachatus hemachatus*) sprühen allerdings ihr Gift dem Gegner entgegen.

Woraus besteht Schlangengift?

In frischem Zustand ist Schlangengift eine wässrige, viskose, farblose bis gelbliche Flüssigkeit mit einem Wassergehalt von bis zu 90 %. Durch Vakuum- oder Gefriertrocknung erhält man ein weißes oder gelbes Pulver. In dieser Form ist Schlangengift, trocken und kühl aufbewahrt, jahrzehntelang ohne Aktivitätsverlust haltbar.

Das Gift besteht zu etwa 90 % aus Eiweißstoffen, Proteinen und Polypeptiden, die restlichen 10 % setzen sich aus Nukleosiden (z. B. Adenosin), Spurenelementen (Calcium, Zink, Aluminium etc.), kleinen Peptiden, Aminosäuren und Zuckern zusammen.

Die Protein-Komponenten der Schlangengifte kann man in zwei Gruppen einteilen:

- **Toxine** mit meist spezifischer Wirkung an nervösen Strukturen oder Zellmembranen, sie sind für die tödliche Giftwirkung verantwortlich.

- **Enzyme,** wobei es sich um Hydrolasen und Aminosäureoxidasen handelt, denen die Verdauungsfunktion des Giftes zukommt.

Dass Enzyme auch zu hochwirksamen Toxinen werden können, ist ein interessantes Phänomen der Schlangengifte. Dies trifft z. B. für die Phospholipase A_2 zu, ein Enzym, das mit sehr spezifischer Wirkung nervöse Strukturen angreift, wie auch für Enzyme, die in die Blutgerinnung eingreifen.

Die Vergiftungssymptomatik beim Tier wie beim Menschen wird durch diese Komponenten, Toxine und Enzyme, bestimmt. Je nach ihrem Anteil in den einzelnen Giften ist dabei ein Symptom mehr oder auch weniger ausgeprägt, wird es durch andere Komponenten in den Hintergrund gedrängt oder tritt zeitverzögert auf. Obwohl in den letzten Jahrzehnten Schlangengifte bevorzugtes Objekt der Forschung waren und man heute einen recht guten Einblick in dieses Naturprodukt hat, gibt es noch einiges zu entdecken und aufzuklären.

Toxine im Schlangengift

Der Angriff auf das Nervensystem, seine Blockierung und dadurch die Lähmung der Muskulatur ist eine sehr effektive Methode, eine Beute rasch zu töten. Neurotoxine sind daher wichtige Bestandteile von Schlangengiften. Sie besitzen eine

Abb. 72
Schlangengift ist in getrocknetem Zustand ein weißes bis gelbliches, amorphes Pulver (Foto D. Mebs).

Abb. 71
Afrikanische Vogelnatter (*Thelotornis capensis*), Kenia (Foto M. Dobiey).

Dietrich Mebs

Schlangengifte, ihre Zusammensetzung und Wirkungsweise

Schlangenbisse sind vor allem in den Tropen ein ernstes Gesundheitsproblem. Betroffen sind Feld- oder Waldarbeiter und die in ländlichen Regionen lebende Bevölkerung. Giftschlangen sind selbst in menschlichen Behausungen anzutreffen, wo sie durch Ratten und Mäuse angelockt werden. Genaues Zahlenmaterial über die Häufigkeit von Bissunfällen gibt es nicht. So ist eine Zahl von jährlich 40 000 Todesfällen weltweit sicher unrealistisch, da zu niedrig angesetzt (siehe S. 62/63). In Deutschland jedoch ist in den letzten 50 Jahren nur ein Todesfall durch die einheimische Kreuzotter vorgekommen.

Schlangen verzehren ihre Beute unzerkleinert, was eine Reihe von Anpassungen zur Folge hat. Das Beutetier muss zuvor getötet werden, damit es ohne Verletzungsgefahr verzehrt werden kann. Riesenschlangen z. B. umschlingen die Beute mit ihrem Körper und erdrosseln sie. Die Giftschlangen hingegen injizieren ein hochwirksames Gift, welches die Beute in kurzer Zeit tötet. Diese wird nicht mit Hilfe der Zähne zerkleinert, sondern als Ganzes verschlungen, wobei die spitz zulaufenden Zähne eher nur eine Haltefunktion ausüben, mit deren Hilfe die Beute in den Verdauungstrakt gezogen wird. Zum Töten ihrer Beute haben Giftschlangen einen komplizierten Giftapparat entwickelt: Beidseitig im Oberkiefer liegt eine Drüse, die ein giftiges Sekret bildet, welches unter hohem Druck mit Hilfe spezieller Zähne im Oberkiefer in das Beutetier injiziert wird. Auf die verschiedenen Ausprägungen, d.h. Stadien in der Entwicklung dieses Giftapparates wurde bereits hingewiesen. Dieses Sekret, das giftige wie auch die meisten »ungiftigen« Schlangen in ihren Oberkieferdrüsen produzieren, zählt zu den biologisch wirksamsten Naturprodukten (Abb. 72).

Wozu Schlangengift?

Schlangengifte stellen ein kompliziertes Gemisch von Eiweißkörpern, Proteinen, dar. Hierbei handelt es sich einerseits um toxische Proteine, die das rasche Sterben des Beutetieres bewirken, und andererseits um Enzyme, welche Verdauungshilfen darstellen. Die Giftzusammensetzung variiert für einzelne Arten, ja sogar für einzelne Populationen und Individuen oft erheblich. Junge Schlangen haben mitunter ein aktiveres Gift als alte, selbst frisch aus dem Ei geschlüpfte Giftschlangen besitzen einen kompletten Giftvorrat.

Die drei Funktionen des Schlangengiftes: Beuteerwerb, Verdauung, Verteidigung, bestimmen seine Zusammensetzung und Wirkungsweise. Der Einsatz eines Giftes ist zur Bewältigung eines agilen, mitunter auch wehrhaften Beutetieres von großem Vorteil. Zubeißen, Injizieren des Giftes und Loslassen der Beute geschieht oft in Bruchteilen einer Sekunde. Das Schlangengift greift mit seinen Toxinen in vitale Körperfunktionen ein, sie führen zur Lähmung der Muskulatur oder zu Herz-Kreislauf-Versagen. Daher braucht die Schlange nur abzuwarten, bis das Beutetier in kurzer Zeit gelähmt oder tot ist, um es dann problemlos aufzunehmen.

Da Schlangen ihre Beute unzerkleinert aufnehmen, stellt dies ihren Magen-Darm-Trakt vor Probleme. Denn es gilt, einen großen Tierkörper schnell zu verdauen, bevor es zu Fäulnisvorgängen im Inneren kommt. Schlangengift ist auch ein hochkonzentriertes Verdauungssekret und damit eine wichtige Verdauungshilfe. Es wird dem Beutetier

Fischfresser; einige Arten haben sich auf Aale oder Muränen spezialisiert. Ihr starkes Gift lähmt die schlüpfrige Beute in Sekundenschnelle, wird aber normalerweise nicht zur Verteidigung eingesetzt.

Trugnattern sind keine eigene systematische Gruppe. Es handelt sich vielmehr um verschiedene nicht näher miteinander verwandte Natterngattungen, die – unabhängig voneinander – Giftdrüsen und Giftzähne entwickelt haben. Die Giftzähne der Trugnattern sind »Furchenzähne«, d. h., die Giftrinne ist nicht geschlossen (Abb. 69), und sie stehen grundsätzlich weiter hinten im Oberkiefer als bei den Giftnattern (Abb. 70).

Diese Zähne sind daher im Allgemeinen nicht zur Verteidigung geeignet, sondern dienen nur zur Vergiftung der Beute. Bei zwei Arten afrikanischer Trugnattern sind allerdings tödliche Giftbisse beim Menschen bekannt: bei der Boomslang (*Dispholidus*) und der Vogelnatter (*Thelotornis*, Abb. 71). Die Bisse dieser Schlangen verursachen starke innere Blutungen.

Der berühmte deutsche Reptilienforscher Robert Mertens starb 1972 am Biss einer Vogelnatter, die er im Terrarium gefüttert hatte, nachdem einige Jahre zuvor sein ebenso prominenter amerikanischer Kollege Karl P. Schmidt den Biss einer Boomslang nicht überlebt hatte.

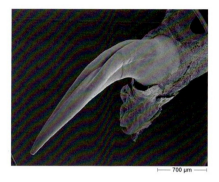

Abb. 69
Rasterelektronenmikroskopische Aufnahme des Giftzahns einer Trugnatter (*Thelotornis* sp., Foto D. Mebs).

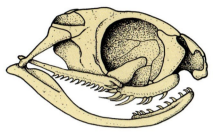

Abb. 70
Schädel einer Trugnatter (Boomslang, *Dispholidus typus*). Aus Grassé (1970), verändert (Zeichnung K. Doering).

Ernst zu nehmende Symptome wurden auch bei Bissen einiger asiatischer und amerikanischer Trugnattern beobachtet.

Im Mittelmeerraum kommen drei Gattungen von Trugnattern vor: die Kapuzennattern (*Macroprotodon*), die Katzennattern (*Telescopus*) und die Eidechsennattern (*Malpolon*). Eidechsennattern sind groß, schnell und beißen, wenn man sie festhält. Ihr Gift wirkt im Tierversuch überraschend stark, doch sind keine ernsthaften Vergiftungen bei Menschen bekannt.

Abb. 68
Schädel einer Königskobra (*Ophiophagus hannah*), NMW 29673 (Foto C. Cordes).

Abb. 65
Kaukasus-Viper (*Vipera kaznakovi*, Foto M. Dobiey).

Abb. 66
Erdotter (*Atractaspis microlepidota*), Namibia (Foto U. Joger).

die noch die 9 großen Kopfschilde der anderen Colubroidea haben, werden alle Vipern einer von zwei Unterfamilien zugeordnet: den typischen Vipern (Viperinae), die in Afrika und Eurasien verbreitet sind, aber Amerika nicht erreicht haben, und den Grubenottern (Crotalinae), die von Asien aus auch Amerika besiedelt haben, aber in Europa und Afrika fehlen. Die Grubenottern sind durch das infrarotempfindliche Grubenorgan (s. S. 34) gekennzeichnet. In beiden Gruppen gibt es bodenlebende und Baumschlangen. Viele Arten sind lebendgebärend.

◆ **Erdotter (Atractaspididae)** haben ähnlich gebaute, lange Klappmesser-Zähne wie die Vipern, die aber nicht aufgerichtet werden, sondern bei leicht geöffnetem oder sogar geschlossenem Maul seitwärts ausgeklappt werden (Abb. 66). Jedoch handelt es sich um eine Eigenentwicklung, denn innerhalb ihrer Gruppe gibt es auch ungiftige Arten und Arten mit feststehenden Zähnen. Auch ihr Gift hat ein ganz anderes Haupttoxin (das Sarafatoxin) als andere Giftschlangen. Sie führen eine versteckte Lebensweise und kommen nur in Afrika und Arabien vor.

◆ **Giftnattern (Elapidae)** sind mit den Erdottern verwandt, haben aber kurze, feststehende Giftzähne, die auch röhrenförmig, aber nicht ganz geschlossen sind (Abb. 67). In Europa fehlen Giftnattern. Zu dieser Gruppe zählen die Mambas Afrikas, die Kraits Asiens, die Kobras (Abb. 68), die Korallenottern Amerikas sowie alle australischen Giftschlangen. Alle diese Schlangen haben starke Nervengifte, die aus relativ kurz-

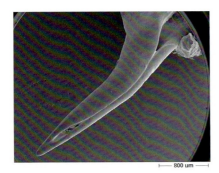

Abb. 67
Rasterelektronenmikroskopische Aufnahme des Giftzahns einer Giftnatter (Krait, *Bungarus sindanus*, Foto D. Mebs).

kettigen Proteinen bestehen und ihre Opfer lähmen. Da sie meist viel schlanker sind als Vipern und die typischen 9 großen Kopfschilde der Nattern besitzen, sind sie von harmlosen Schlangen oft nur schwer zu unterscheiden. Die meisten Giftnattern legen Eier, einige betreiben Brutpflege.

◆ Abkömmlinge der Giftnattern sind die **Seeschlangen.** Sie haben die gleiche Bezahnung und ähnliche Gifte, die aber meist spezifisch Muskelzellen schädigen. Bei ihnen werden zwei Unterfamilien unterschieden: die Laticaudiinae, die noch an Land gehen, um Eier abzulegen, und die Hydrophiidae, die niemals das Meer verlassen und lebendgebärend sind. Sie haben einen langgestreckten Körper und einen Ruderschwanz. Seeschlangen bewohnen die Küstengewässer des Indischen Ozeans und des Westpazifiks. Eine Art, die Plättchen-Seeschlange ist ein echter Hochseebewohner geworden und hat den ganzen Pazifik erobert. Alle Seeschlangen sind

5. Giftzahn und Schlangenbiss

Ulrich Joger

Giftschlangen

Wenn man die für Menschen meist ungefährlichen Trugnattern (siehe unten) beiseite lässt, sind ungefähr 500 der etwa 3500 Schlangenarten als Giftschlangen zu bezeichnen. Giftzähne und Giftdrüsen wurden zwar im Verlauf der Schlangenevolution mehrmals entwickelt, aber immer nur bei modernen Schlangen (Colubroidea), niemals bei Blindschlangen oder Riesenschlangen. Echte Giftschlangen sind auf allen Kontinenten sowie im Indischen und Pazifischen Ozean zu finden, fehlen jedoch auf Inseln wie Irland, vielen Mittelmeerinseln, den Kanaren, Madagaskar, Neuseeland und Hawaii. Sie gehören folgenden Familien an:

◆ **Vipern oder Ottern (Viperidae)** besitzen 2 lange, injektionskanülenartig gebaute Giftzähne (Abb. 63). Diese sind an einem kurzen, beweglichen Maxillarknochen befestigt, der vorgeklappt werden kann, um die nach hinten gebogenen Giftzähne aufzustellen

Abb. 64
Schädel einer Viper (Buschmeister, *Lachesis muta*), NMW 22849 (Foto C. Cordes).

(Abb. 64). Durch die enormen, hinter den Augen liegenden Giftdrüsen wirkt der Kopf einer typischen Viper von oben dreieckig (Abb. 65) und von vielen kleinen Schuppen bedeckt. Ihr Körper ist verhältnismäßig plump gebaut, der Schwanz dünn und kurz; sie bewegen sich gemächlich, können aber blitzschnell zubeißen. Ihre Gifte sind hochkomplexe Gemische aus unterschiedlichen Wirkstoffen, die vor allem gewebsschädigend wirken und die Blutgerinnung hemmen. Außer zwei ursprünglichen Gattungen,

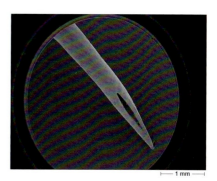

Abb. 63
Rasterelektronenmikroskopische Aufnahme des Giftzahns einer Viper (*Bothrops atrox*, Foto D. Mebs).

Tafel IX

Haubentaucher mit Ringelnatter, die sich im Todeskampf um seinen Schnabel gewickelt hat. MTD 47207 (Foto C. Cordes).

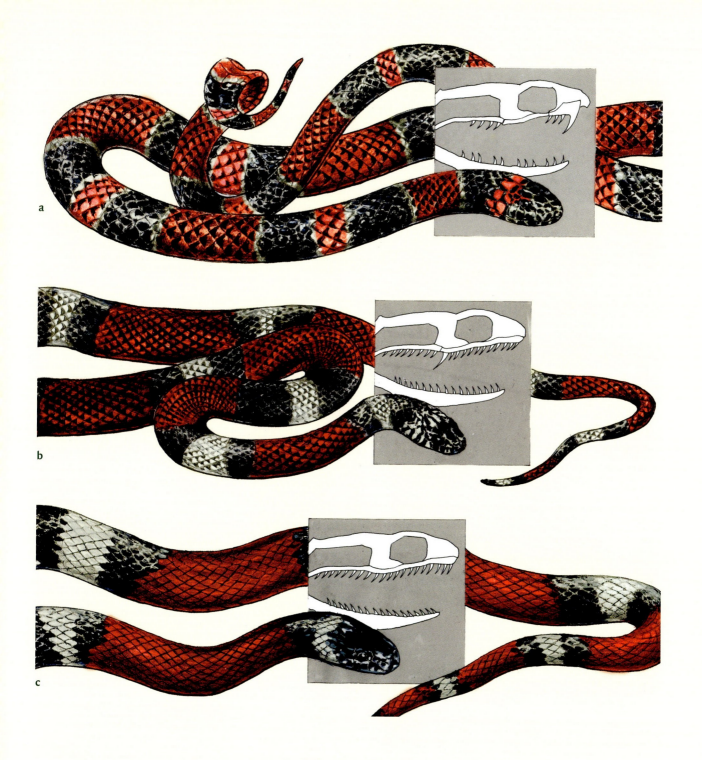

Tafel VIII
Mimikry – Modell und Nachahmer

Die »falschen Korallenschlangen« (b und c) ahmen die Warnfärbung der giftigen Korallenschlangen der Gattungen *Micrurus* (a) und *Micruroides* nach (Bates'sche Mimikry). Unter den »falschen Korallenschlangen« gibt es sowohl vollkommen ungiftige Nattern (c: *Lampropeltis* sp.) als auch leicht giftige Trugnattern (b: *Erythrolamprus* sp.). Robert Mertens postulierte eine zweite Theorie, nach der die »echten Korallenschlangen« (a) und ungiftigen »falschen Korallenschlangen« (c) die Nachahmer waren und die schwach giftigen »falschen Korallenschlangen« (b) das Vorbild (Zeichnung C. Fries).

Die Schlange in ihrer Umwelt

Die Bedeutung der Temperatur – Thermoregulation

Schlangen können, mit wenigen Ausnahmen, keine eigene Stoffwechselwärme erzeugen. Ihre Körpertemperatur und Stoffwechselleistung sind von der Außentemperatur (Witterung) abhängig. Reptilien, deren Körpertemperatur Schwankungen unterliegt, nennt man daher »wechselwarm« oder ektotherm. Generell beschleunigt steigende Körpertemperatur die Stoffwechselvorgänge und Aktivität bei Schlangen.

Das Nutzen der Sonnenenergie für Stoffwechselvorgänge ist eine sehr ökonomische Methode. Reptilien verbrauchen dadurch viel weniger Energie und können so in unwirtlichen Gebieten überleben. Gleichwarme Säugetiere oder Vögel nehmen im Vergleich zu Reptilien gleicher Größe das Dreißig- bis Fünfzigfache an Nahrung zu sich. Allerdings hat die Ektothermie auch einen Nachteil: In kühlen Regionen der Erde können Reptilien nicht überleben.

Anders als Säugetiere reagieren Schlangen empfindlich auf extreme Temperaturen. Sie sind nur in einer geringen Temperaturspanne von −5 bis maximal 45 °C überlebensfähig. Übersteigt die Körpertemperatur die kritischen Schwellenwerte, ist das für alle Schlangen letal.

Obwohl Schlangen so gut wie keine eigene Wärme erzeugen können, sind sie in der Lage, ihre Körpertemperatur zu regulieren. Im Lebensraum der Schlangen herrscht ein besonderes Mikroklima. Ein Mosaik aus Kleinformen im Relief, Bodenbedeckung und Bodenbeschaffenheit erzeugt warme und kühlere Bereiche auf engstem Raum. Durch das abwechselnde Aufsuchen warmer und kalter Plätze können Schlangen ihre Körpertemperatur gezielt steuern. Auch ihre Körperhaltung und Färbung kann zur Wärmeregulation beitragen. Die meisten Schlangen können ihre Oberfläche durch das Spreizen der Rippen vergrößern und dadurch mehr Wärmestrahlung empfangen. Dunkle Farben reflektieren die Sonnenstrahlung kaum. Melanistische (schwarze) Schlangen sind besonders häufig in den gemäßigten Breiten. Schwarze Kreuzottern werden häufiger in feuchten Lebensräumen angetroffen als in Biotopen mit trockenem, sich leicht erwärmendem Untergrund. In Südeuropa kommen schwarze Schlangenexemplare nur in kühlen Hochgebirgsregionen vor. Die dunkle Körperfärbung wirkt wie ein Wärmekollektor, so dass die Körpertemperatur bis zu 30 °C über der Lufttemperatur liegen kann.

Verhaltensweisen zur Wärmeregulation variieren zwischen den Jahreszeiten. Während kühler Monate werden Schlangen erst mittags aktiv, wenn die Temperaturen angestiegen sind. Im Sommer ziehen sie sich dagegen in den Schatten zurück, um eine Überhitzung zu vermeiden.

Schlangen haben artspezifische Betriebstemperaturen. Setzt man sie im Labor einem Temperaturgradienten aus, suchen sie die Temperatur auf, die sie am meisten präferieren. Die Vorzugstemperatur einer Art ist zwischen beiden Geschlechtern und allen Jahreszeiten gleich. Sie liegt bei den meisten Landschlangen zwischen 30 und 35 °C und steht in engem Zusammenhang mit den ökologischen Ansprüchen der Schlange. Je wärmer der Lebensraum einer Art ist, desto höher ist auch ihre Vorzugstemperatur. Eine Schlange aus der Sahara bevorzugt höhere Temperaturen als eine Kreuzotter vom Polarkreis. Auch unterirdisch lebende Arten und Seeschlangen haben eine niedrigere Vorzugstemperatur.

Die Vorzugstemperatur kann aber auch durch den physiologischen Zustand der Schlange beeinflusst werden. Für die Verdauung bevorzugen Schlangen höhere Temperaturen. Hat eine Schlange gefressen, ist die Vorzugstemperatur 2 °C höher als in »nüchternem« Zustand. Besonders ausgiebig sonnen sich trächtige Weibchen. Bei ihnen ist die Geschwindigkeit der Embryonalentwicklung abhängig von der Dauer und Höhe der Wärmezufuhr.

In Jahreszeitenklimaten der gemäßigten Zonen halten viele Tiere Winterruhe. Die Winterruhe von Säugetieren wie dem Bär oder Fledermäusen ist eine direkte Anpassung an die Nahrungsknappheit der kalten Jahreszeit. Sie reduzieren ihre Stoffwechselaktivität im Winter, können den Stoffwechsel aber jederzeit wieder auf normale »Betriebstemperatur« hochfahren. Reptilien sind als wechselwarme Tiere nicht in der Lage, ihren Stoffwechsel aus eigener Kraft zu steuern. Ihr Lebenszyklus ist über die kalten Jahreszeiten daher von einer »Zwangspause« unterbrochen.

getäuschte Körpergröße. Besonders bekannt sind die Drohgebärden der Kobras bzw. Hutschlangen der Gattung *Naja*. Sie richten das vordere Körperdrittel senkrecht empor und spreizen den Hals. Die gespreizte Halspartie lässt die Schlange wesentlich größer erscheinen und schüchtert den Gegner ein. Andere Arten spreizen gar ihre gesamten Rippen und lassen ihren Körper von oben gesehen doppelt so breit erscheinen als er in Wirklichkeit ist.

Die giftige nordamerikanische Wassermokassinotter (*Agkistrodon piscivorus*) öffnet ihr Maul sperrangelweit. Das weiße Innere ihres Maules steht in starkem Kontrast zur schwarzen Farbe ihres Körpers, weshalb sie auch »Cotton mouth« genannt wird.

Zeigt sich der Feind vom Warnen und Drohen unbeeindruckt, ergreifen Schlangen drastischere Maßnamen zur Verteidigung. Sowohl giftige als auch ungiftige Schlangen führen sogenannte »Scheinbisse« aus. Der Bewegungsablauf entspricht einem normalen Abwehrbiss. Jedoch hält die Schlange das Maul geschlossen, und der Feind bleibt unverletzt.

Wird eine Ringelnatter von einem Räuber oder einem Menschen ergriffen, beschmiert sie den Angreifer mit übelriechenden Analsekreten und Kot. Wer schon einmal eine Ringelnatter gefangen hat, weiß, dass der übelriechende Verteidigungsduft trotz gründlicher Reinigung länger als 12 Stunden haften bleibt. Jeder, der die Erfahrung gemacht hat, überlegt sich beim nächsten Mal gut, ob sich das Fangen lohnt. Wird die Ringelnatter trotzdem weiterhin traktiert, stellt sie sich tot (Abb. 62). Sie dreht sich auf den Rücken, öffnet das Maul und kann sogar über die Mundschleimhaut Blut absondern. Ob sich dadurch nur der Mensch oder auch andere Beutegreifer beeindrucken lassen, ist unklar.

Eine weitere passive Verteidigungsstrategie zeigen einige Riesenschlangen. Königspythons (*Python regius*) und Gummiboas (*Charina bottae*) ballen sich zu einem Knäuel zusammen, in dessen Mitte sie ihren Kopf verbergen. Die Aufmerksamkeit des Angreifers lenken sie auf ihren Schwanz, um den empfindlichen Kopf zu schützen.

Erst in letzter Not setzen Schlangen ihre stärksten Waffen ein – das Gift. Schlangengifte zählen zu den wirksamsten Waffen im Tierreich. Die besondere Form ihrer Giftzähne ermöglicht es den Speikobras, ihre in großer Menge produzierten Gifte über mehrere Meter Distanz dem Angreifer gezielt in die Augen zu sprühen. Über Muskelkontraktionen werden die Giftdrüse kontrahiert und das Gift tröpfchenförmig versprüht. Nur auf Schleimhäuten entfaltet das Gift seine Wirkung und kann zum Erblinden des Opfers führen. Alle anderen Giftschlangen injizieren Gift in das Gewebe des Opfers. Die Giftmenge wird von der Schlange dosiert abgegeben und kann sowohl mit einem Zahn als auch mit beiden Zähnen injiziert werden. Ganz im Gegensatz zur allgemeinen Vorstellung sind allerdings nur etwa 10–20 % aller Schlangen giftig.

Abb. 61
Eine Diamant-Klapperschlange (*Crotalus atrox*) aus dem Südwesten der USA. Mit jeder Häutung kommt ein weiteres Segment der Klapperschlangenrassel hinzu (Foto M. Dobiey).

Abb. 62
Totstellreflex bei der Ringelnatter (*Natrix natrix*). Wird die Ringelnatter bedroht, täuscht sie ihren Tod vor, indem sie sich auf den Rücken dreht und das Maul öffnet (Foto H. Nicolay).

Eidechsennatter (*Malpolon moilensis*, Abb. 48).

Die völlig harmlosen afrikanischen Eierschlangen der Gattung *Dasypeltis* imitieren das Rasselverhalten der hochgiftigen Sandrasselottern (*Echis*). Ohne näher mit den Sandrasselottern verwandt zu sein, haben die Eierschlangen Rasselschuppen (Abb. 60) entwickelt, mit denen sie den Warnlaut der Sandrasselottern imitieren. Dabei imitieren die Eierschlangen nicht nur das Warnverhalten, sondern auch deren arttypische Körperzeichnung. Das kombinierte Nachahmen von Körperzeichnung und Warnverhalten macht die Täuschung perfekt.

Vorsicht, ich bin giftig – Feindabwehr und Drohgebärden

Sind die Schlangen von einem Fressfeind erst einmal entdeckt, besteht ihre erste Reaktion in der Flucht. Scheint diese aussichtslos, weil der Fluchtweg durch Hindernisse oder die Überlegenheit des Feindes versperrt ist, haben Schlangen ein breites Spektrum von Taktiken zu ihrem Schutz entwickelt. Besonders eindrucksvoll sind die durchdringenden Warnlaute der Klapperschlangen (Abb. 61). Einer Theorie nach soll das schrille und laute Rasseln jedoch keine Feinde abschrecken. Es soll vielmehr die Klapperschlange davor bewahren, von großen Huftierherden wie etwa einer herannahenden Bisonherde zertreten zu werden. Diese Theorie wird durch die Beobachtung untermauert, dass die inselbewohnende Klapperschlange (*Crotalus catalinensis*) aus dem Golf von Kalifornien ihre Rassel nahezu vollständig zurückgebildet hat. Auf der Insel gibt es keine größeren Huftiere. Die Frequenz und Lautstärke des Rasselns ist von dem Erregungszustand und der Umgebungstemperatur abhängig. Je wärmer und erregter eine Klapperschlange ist, desto lauter und schneller rasselt sie.

Mit der Klapperschlange nicht näher verwandte Arten haben parallel Verhaltensweisen und Strukturen entwickelt, mit denen sie zum Verwechseln ähnliche Geräusche erzeugen können. Bodenbewohnende Grubenottern können durch schnelle Schwanzschläge auf den Boden laute, summende Geräusche erzeugen.

Sandrasselottern (*Echis*) und Sandvipern (*Cerastes*) erzeugen rasselnde, sägende Geräusche durch das Aneinanderreihen ihrer seitlichen Körperschuppen (Abb. 60).

Die meisten giftigen und ungiftigen Schlangen reagieren auf Bedrohung mit lauten Fauch- und Zischgeräuschen, indem sie die Atemluft beim Aus- und Einatmen mit großem Druck durch die Nasenöffnungen pressen. So verdankt die »Puffotter« (»Puffadder«) ihren deutschen und englischen Trivialnamen ihrem eindrucksvollen, stoßartig hervorgebrachten Fauchlaut. Zum Verteidigungsrepertoire gehört auch das Bluffen und Einschüchtern des Feindes durch vor-

---

Eine tragische Verwechslung

Am 11. September 2001 wurde dem bekannten Herpetologen Joseph Slowinski die Verwechslung eines Kraits mit einer ungiftigen Mimikry-Schlange zum Verhängnis. Während einer Forschungsreise in Myanmar wurde dem Giftschlangenspezialisten eine kleine, bleistiftdicke Schlange zur Untersuchung vorgelegt. Das Exemplar wurde von einem burmesischen Mitarbeiter einen Tag zuvor gefangen, der seinen Angaben nach beim Fang von dem Tier gebissen wurde – allerdings ohne Anzeichen von Vergiftungssymptomen. Als Joe Slowinski die Schlange um 7 Uhr zur Identifizierung aus dem Beutel nehmen wollte, wurde er gebissen. Er bemerkte sofort, dass es sich um den giftigen Krait handelte, machte sich jedoch keine Sorgen, da seine Haut kaum verletzt schien und das Exemplar zudem sehr klein war. Nach dem Frühstück und einem kurzen Nickerchen bemerkte er eine Stunde nach dem Biss erste Anzeichen einer Vergiftung. Im Verlaufe des Morgens verschlechterte sich sein Zustand. Er verlor sein Sprachvermögen und wesentliche motorische Körperfunktionen, so dass er sich nur noch über Hand- und Fußzeichen mit seinem Team verständigen konnte. Zum Zeitpunkt des Unglückes befand sich das Team weitab von medizinischer Hilfe und jeder Infrastruktur im dichten Regenwald. Derweil versuchten zwei Botenläufer in einer 8 Meilen entfernten Ortschaft über eine Radiostation Hilfe zu organisieren. Ein Rettungshubschrauber konnte jedoch wegen starker Monsunregen keine Hilfe herbeischaffen. Nachdem gegen 13 Uhr seine Atmung aussetzte, beatmeten seine Kollegen ihn 26 Stunden lang Mund-zu-Mund. Am Mittag des 12.11. hörte das Herz von Joseph Slowinski auf zu schlagen.

Geschwisterart (*Bungarus caeruleus*) eine unscheinbare schwarze Schlange mit blass-weißer Bänderung. Afrika beheimatet nur wenige Giftschlangen mit Warnfärbung. Eine der auffälligsten ist die Mozambique-Speikobra (*Naja mossambica pallida*) aus Ostafrika (Abb. 58), die durch ein orangerotes Farbkleid mit schwarzer Halsbinde auffällt. Bekannter sind die giftigen amerikanischen Korallenschlangen der Gattungen *Micrurus* und *Micruroides*, die meist bunte Ringe aus zwei oder drei Farben und seltener große ovale Flecken haben (Tafel VIII). Nahezu alle Giftschlangen mit Warnfärbungen sind nachtaktiv. Möglicherweise ist die Färbung nur am Tage eine Warnung und in der Nacht bei »grauem« Licht eine Tarnung.

Auch in Europa gibt es Giftschlangen, deren Farbkleider als Warnfärbung gedeutet werden könnten. Die auf dem Balkan beheimatete Hornotter (*Vipera ammodytes*) ist in Färbung und Zeichnung sehr variabel. In bestimmten geographischen Regionen ist ein kleinerer Teil der Population leuchtend rot oder gelb gefärbt, während das Gros kryptische, dem Untergrund ähnliche Farben aufweist. Das Labor der Evolution wird zeigen, welcher der beiden Trends sich durchsetzt. Wenn eine Tierart, die selbst harmlos ist, eine giftige, ungenießbare oder wehrhafte Tierart in Gestalt, Farbe und Verhaltensweisen nachahmt, spricht man von Bates'scher Mimikry. Die Feinde lernen, das ungenießbare Vorbild zu meiden, und verschonen dabei auch den wehrlosen Nachahmer. Die Bates'sche Mimikry ist wie folgt definiert:

◆ das gemeinsame Vorkommen von Modell und Nachahmer in einem Gebiet,
◆ einen Unterschied zwischen Nachahmern und verwandten Arten,
◆ die Beschränkung der Mimese auf äußerliche Merkmale,
◆ weniger Nachahmer als Modelle und
◆ Nachahmer sind weniger wehrhaft als die Modelle.

Das Paradebeispiel für Mimikry sind die hochtoxischen neuweltlichen Korallenschlangen (*Micrurus*, *Micruroides*), die in zwei bis drei Farben auffallend geringelt sind.

Unter den Nachahmern (»falsche Korallenschlangen«) gibt es sowohl ungiftige Nattern (*Lampropeltis*, *Sibon*, *Simophis*) als auch leicht giftige Trugnattern (*Erythrolamprus*, *Rhinobothryum*, *Sonora*, Tafel VIII). In den seltensten Fällen sind die »Fälscher« jedoch ein identisches Abbild des Originals. Mit einer Ausnahme (*Pliocercus*) haben die »falschen Korallenschlangen« nicht die gleiche dreifarbige Farbkombination und das gleiche Muster wie die Korallenschlangen (Abb. 59).

Im Falle der echten giftigen Korallenschlangen stellt sich jedoch die Frage, wie die Feinde negative Erfahrungen nach einem tödlichen Biss weitergeben konnten. Robert Mertens postulierte eine neue Hypothese, nach der nicht die echten Korallenschlangen die Modelle waren, sondern die leicht giftigen Trugnattern. Ihr Biss ist nicht tödlich, aber schmerzhaft und damit abschreckend. Demnach würden die giftigen Korallenschlangen zu den Nachahmern gehören.

a

b

Abb. 60
Rasterelektronenmikroskopische Aufnahme von gezähnelten »Rasselschuppen« an den Körperseiten einer Sandrasselotter (a: *Echis carinatus*) und einer Eierschlange (b: *Dasypeltis inornatus*) (Fotos K. Courage).

Mimikry beschränkt sich nicht nur auf Warnfarben. Die in Südostasien lebenden ungiftigen »falschen Kobras« der Gattung *Pseudoxenodon* imitieren das Abwehrverhalten der äußerst giftigen Kobras (*Naja*), indem sie ihren Vorderkörper nach Kobramanier aufrichten und die Halspartie abflachen. Das gleiche Verhalten zeigt die in Afrika lebende

a

b

Abb. 59
Korallenschlangen-Mimikry. a) Giftige Korallenotter (*Micrurus corallinus*), Abguss-Präparat (SNHM N 39862) (Foto C. Cordes). b) Ungiftige Königsnatter (*Lampropeltis triangulum* (Foto M. Dobiey).

Giftig oder ungiftig – Warnfarben und Mimikry

Im Tierreich tragen viele Arten, die sich bei der Abschreckung feindlicher Wirbeltiere auf chemische Abwehrstoffe verlassen, Warnfarben. Warntrachten begünstigen das Überleben, weil Räuber eine angeborene oder erlernte Scheu im Umgang mit leuchtenden Farbmustern haben. Die besondere Eindringlichkeit von grellen Farben hat sich auch der Mensch zu Nutzen gemacht. Gefahrenhinweisschilder im Straßenverkehr oder Hinweisschilder für chemische Gefahrenstoffe weisen mit grellen Warnfarben auf die Gefährlichkeit hin.

Allerdings haben nur die wenigsten Giftschlangen Warnfarben. Die meisten Giftschlangen sind ganz im Gegenteil eher unauffällig. Der Gebänderte Krait (*Bungarus fasciatus*) zum Beispiel, der von Indien bis nach China verbreitet ist, trägt breite schwarz-gelbe alternierende Querbänder, ähnlich einer Wespe. Hingegen ist die viel gefährlichere

bewohnende Arten leben auf einem in Beschaffenheit, Struktur und Färbung wechselnden Untergrund. Hier bieten in der Regel Zeichnungselemente, die quer oder längs zum Körper verlaufen, eine bessere Tarnung, weil sie die lange Körperform der Schlange unterbrechen und mit der Umgebung verschmel-

zen lassen. Bei den europäischen Vipern, die von Hochmooren über alpine Gebirgswiesen bis hin zur mediterranen Macchie diverse Biotoptypen bewohnen, zieht sich ein dunkles, quer zur Körperachse verlaufendes Zickzackband den Rücken entlang. Besondere Perfektion haben die in Afrika lebenden Großvipern erreicht. Die im Falllaub lebende Gabunviper ziert ein symmetrisches beige-bläulich-rot-braunes abstraktes Muster, das für sich allein genommen äußerst auffallend ist. In ihrer natürlichen Umgebung ist die Schlange jedoch nahezu unsichtbar.

python ist bekannt, dass sie in Gefangenschaft bevorzugt Mäuseweibchen fressen.

Ich sehe dich, du siehst mich nicht – Tarnung und Mimese

Schlangen sind ihrem Körperbau nach zarte, zerbrechliche und oft wehrlose Geschöpfe. Beim Zusammentreffen mit Fressfeinden versuchen sie, das Verletzungsrisiko und den Energieverbrauch möglichst gering zu halten. Die meisten Arten setzen daher auf die Tarnung. Diese Strategie ist die beste Methode, um Konflikten aus dem Weg zu gehen. Jedoch verfügen Schlangen über verschiedene Verhaltensweisen zur Abschreckung und Einschüchterung. Tarnfärbungen erfüllen einen zweiten, ebenso wichtigen Zweck, nämlich den, von ihrer Beute nicht entdeckt zu werden. Schlangen können durch kryptische Färbungen, aber auch durch ihre Gestalt und Körperhaltung mit einem Teil ihrer Umwelt optisch verschmelzen (Mimese). Am häufigsten passen sich Schlangen durch Farbe und Zeichnung ihres Schuppenkleides der Umgebung an. Tarnfärbungen können auf unterschiedliche Art und Weise ihre Funktion erfüllen. Baumbewohnende Arten haben häufig ein einfarbiges Schuppenkleid, ohne markante symmetrische Zeichnungselemente. Die Grüne Mamba (*Dendroaspis viridis*, Abb. 57), die im Busch- und Baumgeäst der afrikanischen Savanne bei der Vogeljagd unentdeckt bleiben muss, ist einfarbig grün-gelblich, genau wie die südostasiatische Spitzkopfnatter (*Gonyosoma oxyce-* phala), die Weißlippen-Lanzenotter (*Trimeresurus albolabris*), der Grüne Baumpython (*Chondropython viridis*) und die Grüne Katzenaugennatter (*Boiga cyanea*). Auch sie sind als Baumbewohner des tropischen Regenwaldes blattgrün.

Unabhängig von ihren verwandtschaftlichen Beziehungen haben sich bestimmte Tarnfärbungen und Muster in Abhängigkeit vom Lebensraum in verschiedenen Schlangenfamilien und Kontinenten wiederholt entwickelt: Boden-

Abb. 57
Die Grüne Mamba (*Dendroaspis viridis*), hier ein Exemplar aus Ghana, bewohnt das tropische Afrika (Foto M. Dobiey).

Abb. 58
Naja mossambica pallida, die Mozambique-Speikobra, hat eine auffällig ziegelrote Färbung (Foto M. Dobiey).

Abb. 56
Ein Felsenpython (*Python sebae*) frisst eine Antilope (Abuko-Naturreservat, Gambia). In Afrika und Südostasien sind Riesenschlangen gefährliche Räuber, die Antilopen, Schweine oder sogar Leoparden erbeuten können (Foto E. Brewer).

Die Verdauung der Schlangen steht in einem Wettlauf mit der Verwesung des Beuteobjektes. Anders als Säugetiere nehmen Schlangen im Verhältnis zu ihrer Körpergröße riesige unzerkleinerte Nahrungsmengen auf. Säugetiere können durch ihre gleichbleibende Körpertemperatur eine optimale Verdauung gewährleisten. Bei Schlangen kann wechselnde Außentemperatur den Verdauungsprozess fördern oder blockieren. Bei einer Temperatur von 30 °C haben die Verdauungsenzyme ihren höchsten Wirkungsgrad; unterhalb von 10 °C kommt die Verdauung zum Erliegen. Schlangen, die frisch gefressen haben, regeln die Körpertemperatur, indem sie sich gezielt in der Sonne aufhalten oder nur den Magen-Darm-Trakt der Sonne aussetzen. Große Beuteobjekte werden nicht von allen Seiten gleichzeitig, sondern schrittweise verdaut. Der zuerst in den Magen gelangte Körperteil – häufig der Kopf der Beute – wird auch als Erstes verdaut. War die Beute zu groß oder bietet die Witterung nicht die benötigten Temperaturen, wird die Beute erbrochen.

Schlangengifte haben nicht nur die Funktion der Immobilisierung, sondern lösen das Gewebe auf und zögern wegen ihrer antibakteriellen Wirkung Verwesungsprozesse hinaus. Der Schlangenmagen produziert so starke Säuren und effektive Enzyme, dass von dem Beutetier kaum etwas übrig bleibt. Lediglich Haare und Hornschuppen von Reptilien sind im Kot ausnahmsweise erkennbar. Entsprechend der langen zylindrischen Gestalt des Körpers ist der Magen kein klar abgesetztes Organ, sondern ähnelt einem langgezogenen Darmabschnitt. Dieser endet mit einem kräftig ausgebildeten Muskel, dem Pylorus.

Schlangen können mit einer Mahlzeit das 400fache ihres täglichen Energiebedarfes decken. Im Verhältnis zu ihrem Körpergewicht sind sie in der Lage, mit einem Mal mehr zu verschlingen als alle anderen Landwirbeltiere. In Afrika wurde ein Felsenpython (*Python sebae*) gefunden, der eine 59 kg schwere Impala-Antilope gefressen hatte (Abb. 56).

Schlangen sind aufgrund der enormen Nahrungsmenge, die sie mit einem Mal verschlingen, in der Lage, über längere Zeitspannen zu fasten. Ein in menschlicher Obhut gehaltener Felsenpython hatte 29 Monate gehungert. Auch unter natürlichen Lebensbedingungen können bei Nahrungsknappheit Hungerperioden vorkommen. Eine Kreuzotter frisst wahrscheinlich alle 14 Tage eine ausgewachsene Maus. In ihrer siebenmonatigen Aktivitätsphase kommt sie mit 15–20 Mäusen gut über das Jahr. Der Energiebedarf einer Schlange schwankt jedoch mit der Körpergröße, dem Entwicklungszustand und dem Verhalten. Jungschlangen müssen in der Wachstumsphase häufiger Nahrung aufnehmen als ausgewachsene Tiere. Männchen verweigern in der Paarungszeit die Nahrungsaufnahme. In hochträchtigen Weibchen, deren Bauchhöhle von dem enormen Volumen der heranwachsenden Jungtiere ausgefüllt wird, ist häufig einfach kein Platz für große Nahrungsbrocken. Neben den physiologisch bedingten Nahrungsverweigerern gibt es jedoch auch »Feinschmecker« mit persönlichen Vorlieben, die nur ausgewählte Nahrung zu sich nehmen. Von einigen Arten wie dem Königs-

Durch das abwechselnde Vorschieben der Kieferknochen (Abb. 55) wird die Beute in den Rachen geschoben und von hieraus mittels wellenförmiger Körperbewegungen, die sich ähnlich der Fortbewegung von vorn nach hinten fortsetzen, in den Magen befördert. Während des Fressvorganges renkt die Schlange ihren Kiefer aus, um so auch große Nahrungsobjekte verschlingen zu können. Sobald die Beute in der Speiseröhre angelangt ist, öffnet die Schlange ihr Maul und bringt die durch Bänder und Sehnen gelenkig verbundenen Kieferknochen in die Ausgangsposition zurück. Dieser Vorgang wird üblicherweise als »Gähnen« bezeichnet. Im Gegensatz zu der Schnelligkeit, mit der die Beute gefangen wird, kann der Schlingakt wesentlich länger dauern. In dieser Phase ist jede Schlange, selbst die giftigste, vollkommen wehrlos und Feinden ungeschützt ausgeliefert. Wird sie dabei gestört, würgt sie ihre Beute daher schnell wieder aus.

Abb. 55
Fressakt einer Schlange aus der Vogelperspektive. Zu sehen ist das wechselseitige Vorschieben und Zurückziehen der beiden Oberkieferhälften, die durch Sehnen elastisch miteinander verbunden sind. b) Die Schlange beginnt vom Kopf her zu fressen und schiebt den linken Oberkiefer über die Maus nach vorn. Dabei wird die Beute durch Speicheldrüsen schlüpfrig gemacht. Durch das Zurückziehen des linken Oberkiefers (c) gleitet der Kopf über die Beute. Anschließend wird der rechte Oberkiefer in gleicher Weise über die Maus geschoben. Durch das wechselseitige Vorschieben und Zurückziehen wird die Maus in den Schlund befördert (Zeichnung N. Stümpel).

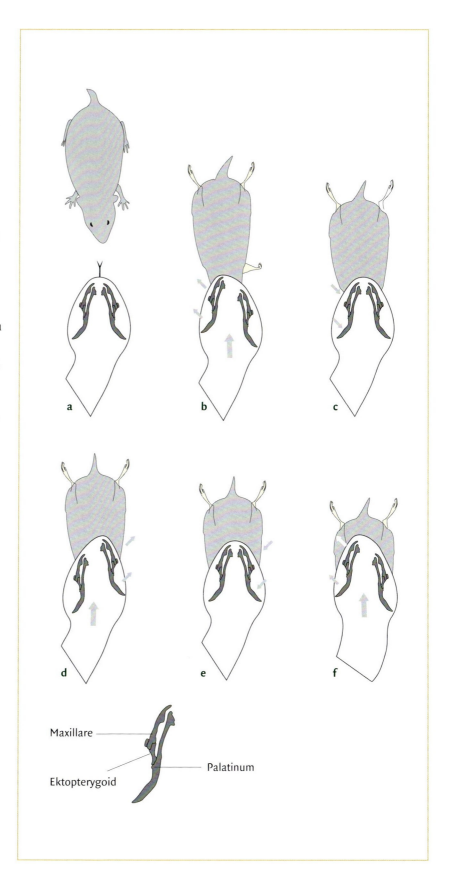

Giftschlangen halten ihre Beute nach dem Giftbiss entweder fest oder geben sie wieder frei, um den Tod des Tieres abzuwarten. Das Loslassen der Beute hat nur Sinn, wenn die Schlange die Chance hat, das verendete Tier wiederzufinden. Vogeljäger halten ihre Beute daher immer fest. Ein davonfliegender Vogel hinterlässt keine Duftspur, die der Schlange den Weg weist. Auch Schlangen, die in kargen Wüsten leben und nur selten ein Beutetier zu Gesicht bekommen, halten die kostbare Mahlzeit häufig fest. Anscheinend ist auch die Motivation der Schlange ausschlaggebend für das Fangverhalten: Ein wegen Nahrungsknappheit hungerndes Tier hält die Beute häufiger fest als ein gut genährtes. Schlangen beachten auch Beutegröße und Wehrhaftigkeit ihrer Opfer. Bei kleinen Beutetieren vertrauen Schlangen auf die schnelle Giftwirkung und lassen sie nicht mehr entkommen. Anders ist dies bei großer Beute. Mit ihren kräftigen Schneidezähnen können Nagetiere im Augenblick des Bisses oder während des Festhaltens der Schlange Verletzungen beibringen. Der kurze Beutekontakt und das Injizieren des Giftes dienen daher auch dem Selbstschutz und reduzieren das Verletzungsrisiko für die Schlange. Erst wenn das Beutetier verendet ist, begibt sich die Schlange auf die Suche und folgt der Duftspur des im Todeskampf geflüchteten Tieres. Die meist nach wenigen Minuten und Metern verendeten Tiere werden ausgiebig bezüngelt und mit dem Kopf voran verschlungen (Abb. 54). Findet die Schlange nicht sofort den Kopf, testet sie durch das Anstoßen des Felles mit der Schnauzenspitze seine Streichrichtung und folgt dieser bis zum Kopfende. Während des Schlingens wird die Beute von Speicheldrüsen des Rachenraumes schlüpfrig gemacht, um das Herunterwürgen zu erleichtern.

Nicht selten verschätzen sich heranwachsende Schlangen in der Größe des Objektes und stellen während des Fressens fest, dass sie die Beute nicht bewältigen können.

Abb. 53
Viele Natten fressen hauptsächlich Amphibien. Froschlurche können durch das Schlucken von Luft ihren Hinterleib aufblähen. Sie versuchen sich dadurch so groß zu machen, dass die Schlange sie nicht herunterwürgen kann. Präparat SNHM 39859 (Foto C. Cordes).

Abb. 54
Eine Hornotter (*Vipera ammodytes*) verschlingt eine Maus mit dem Kopf voran. Die europäische Hornotter lebt auf dem Balkan, von Rumänien über Griechenland bis nach Österreich (Foto N. Stümpel).

In den meisten Fällen ortet eine Schlange zunächst das Beutetier und bereitet sich auf den Fang vor, indem sie ihren Vorderkörper in s-förmige Schlingen legt (Abb. 51). Ist das Beutetier nur flüchtig wahrgenommen und geortet worden, beginnt die Schlange intensiv zu züngeln, um mehr Informationen zu erhalten. Ist das Beutetier erkannt und fixiert, wird das Züngeln eingestellt und mit den Augen weitergejagt. Der Biss erfolgt erst, wenn das Beutetier in Reichweite gelangt ist. Dabei schnellt die Schlange vor und beißt meist in den Rücken des Opfers.

Entscheidend für den Erfolg des Angriffs ist das Überraschungsmoment. Wird das Beutetier auf die Gefahr erst aufmerksam, ist es mit einem schnellen Sprung in der Lage, der Schlange zu entkommen. Ungiftige Arten halten ihre Beute immer fest. Wehrhafte Beutetiere werden durch Erdrosseln getötet. Boa-, Pythonschlangen und die meisten Nattern halten ihre Beute mit dem Kiefer fest und wickeln noch im Augenblick des Angriffs ihren Körper um das Tier, um es zu erdrosseln. Bei kleinen Tieren setzt der Tod nach wenigen Sekunden durch Herzstillstand oder Ersticken ein. Wehrlose Beutetiere wie z. B. Amphibien und Reptilien werden bei lebendigem Leibe verschlungen (Abb. 52). Den Froschlurchen macht das Würgen wenig aus, da sie nicht mit Hilfe des Brustkastens atmen, sondern über die Haut und die Mundhöhle. Sie werden meist mit den Beinen voran heruntergewürgt (Abb. 53). Froschlurche versuchen ihren Körper durch das Schlucken von Luft aufzublasen, mit der Absicht, ihr Körpervolumen so zu erweitern, dass es die Dehnungsfähigkeit des Schlangenkiefers übersteigt. Denn ist die Beute zu groß, muss die Schlange von ihr lassen und gibt sie wieder frei.

Wirbellose Tiere wie Schnecken und Gliedertiere stehen auf dem Speiseplan von Nahrungsspezialisten wie der mittelamerikanischen Schneckennatter (*Sibon annulataus*) oder den asiatischen Zwergnattern. Sie fressen auch giftige Hundertfüßer oder Skorpione, ohne sie vorher zu töten.

Abb. 50
Gelbgrüne Zornnatter (*Hierophis viridiflavus*) aus der Umgebung von Genf (Schweiz), eine ungiftige Natter (Foto U. Joger).

Abb. 51
Eine mittelamerikanische Lanzenotter (*Bothriechis schlegelii*) beim Angriff (Foto G. Westhoff).

Abb. 52
Eine Grüne Buschschlange (*Philothamnus irregularis*) aus dem Kongo beim Verschlingen eines Geckos (Foto M. Dobiey).

Abb. 47
Eine Sandrennnatter (*Psammophis namibensis*) aus Südafrika, optisch jagende Trugnatter (Foto M. Dobiey).

Kopf umher, um besonders guten Ausblick auf Eidechsen zu haben.

Eine dritte Gruppe bilden die hochspezialisierten, unterirdisch lebenden Wurmschlangen der Familien Typhlopidae (Abb. 49) und Leptotyphlopidae. Sie haben nur noch reduzierte, verkümmerte Augen und ernähren sich in vollkommener Dunkelheit lebend von Ameiseneiern und -puppen, die sie mittels ihres Geruchssinnes aufspüren.

Schlangen auf Futtersuche können beträchtliche Entfernungen zurücklegen. Bei amerikanischen Peitschennattern (*Masticophis flagellum*) wurden 185 m pro Tag, bei australischen Giftnattern 400 m pro

Tag gemessen. Bekannte Futterquellen können wiederholt von Schlangen aufgesucht werden. Streifenkletternattern (*Elaphe taeniura*) und Puerto-Rico-Boas (*Epicrates inornata*) wurden beobachtet, wie sie wochenlang vor Höhleneingängen lauerten, um fliegende Fledermäuse zu fangen. Die Ringelnatter (*Natrix natrix*) durchstöbert Uferzonen und Feuchtgebiete auf der Suche nach Fröschen, deren Verfolgung sie optisch und olfaktorisch (über den Geruch) aufnimmt. Die in Südeuropa lebende Gelbgrüne Zornnatter (*Hierophis viridiflavus*, Abb. 50) ist ein Nahrungsopportunist. Auf ihren Streifzügen durchsucht sie Säugergänge nach Wühlmäusen, fängt Eidechsen und macht sogar vor

Abb. 48
Die Eidechsennatter (*Malpolon moilensis*) aus der Sahara gehört zu den Trugnattern. Mit ihrem für den Menschen ungefährlichen Gift tötet sie Eidechsen (Foto M. Dobiey).

Vipern nicht halt. Auch Vogelnester in Büschen oder Bäumen sind vor dem Kletterkünstler nicht sicher. Wenn in der Nacht alle Eidechsen »schlafen«, geht die Katzennatter (*Telescopus*) auf Beutefang. Ihre großen, katzenähnlichen Augen mit Schlitzpupillen ermöglichen ihr auch bei Dunkelheit gute Sicht. In Felsspalten sucht sie nach Eidechsen, die sie festhält und ihr Gift mit kauenden Kieferbewegungen in das Opfer massiert.

Abb. 49
Die unterirdisch lebenden Blindschlangen (hier *Typhlops lineolatus* aus Kenia) sind auf den ersten Blick mit einem Tausendfüßler verwechselbar. Nach Regenfällen kann man sie gelegentlich unter großen Steinen finden (Foto M. Dobiey).

Nikolaus Stümpel

4. Die Schlange in ihrer Umwelt

Nahrungserwerb und Verdauung

Alle Schlangen sind karnivor (fleischfressend). Das Beutespektrum einer Schlange ist abhängig von den artspezifischen Vorlieben, dem Lebensraum und dem verfügbaren Angebot.

Lebende Beutetiere erzeugen eine ganze Reihe von Reizen, die Räuber ausnutzen, um sie ausfindig zu machen. Schlangen spüren ihre Beute mit den Augen, dem Geruchssinn (Zunge/Jacobson'sches Organ) und dem Wärmesinn (Grubenorgan) auf. Bei überirdisch lebenden tagaktiven Arten sind die wichtigsten Sinne zur Nahrungssuche der optische und der Geruchssinn. Welcher der beiden Sinne dominiert, lässt sich nicht generell feststellen, sondern ist von der Lebensweise der Schlange und der konkreten Situation abhängig.

Schlangen wenden hauptsächlich zwei Fangmethoden an, die durch ihren Lebensraum und nicht durch ihre verwandtschaftliche Stellung bedingt sind.

Eine Gruppe sind die Lauerjäger, die gut getarnt in ihrem Versteck verharren, bis ihnen ein Beutetier nahe kommt. Schlangen, die eine solche »sit-and-wait«-Strategie verfolgen, sind plump und massig gebaut und nicht in der Lage, ein Beutetier in hohem Tempo zu verfolgen. Ein einziger, oft sehr kurzer Kontakt muss hier ausreichen, um das Beutetier zu fassen. Der Vorteil dieser Strategie ist der niedrige Energieverbrauch der Schlange. Lauerjäger sind sehr ortstreu und verharren an einem erfolgversprechenden Versteck tagelang. Typische Lauerjäger sind Vipern wie die Puffotter (Bitis arietans), die Gabunvipern (Bitis gabonica und rhinoceros, Abb. 45) oder einige Riesenschlangen (z. B. Python curtus), die in ihrem Versteck häufig unter Falllaub verborgen sind und nur mit ihrem Kopf hervorgucken. Einige Lauerjäger haben ihre Effizienz noch durch zusätzliche Lockstrategien erhöht. Die australische Todesotter (Acanthophis antarcticus, Abb. 46) hat eine in Kontrastfarben abgesetzte Schwanzspitze, die sie vor ihrem Maul liegend raupenartig hin- und herbewegt, um damit Eidechsen in Bissweite zu locken.

Eine weitere Gruppe sind die aktiven Jäger. Sie kriechen so lange umher, bis sie auf ein Beutetier stoßen. In übersichtlichem Gelände kriechen die afrikanischen Sandrennnattern (Psammophis, Abb. 47) und die europäisch-nordafrikanischen Eidechsennattern (Malpolon, Abb. 48) mit emporgehobenem

Abb. 45
Die Schwesterart der Gabunotter, Bitis rhinoceros aus Ghana, imitiert welke Laubblätter des tropischen Regenwaldes und ist auf dem Waldboden nur schwer zu erkennen (Foto M. Dobiey).

Abb. 46
Acanthophis antarcticus, die Todesotter aus Australien, gehört zu den Giftnattern (Elapidae). Allerdings ähnelt sie in Gestalt und Verhaltensweisen den in Australien fehlenden Vipern (Foto M. Dobiey).

Tafel VII

»Anatomie einer Riesenschlange, *Python molurus*. Die einzelnen Organe sind beschriftet und in ihren natürlichen Farben bemalt. Nur Arterien u. Venen sind zur besseren Kenntlichmachung lebhafter rot u. blau als im Leben. Geschenk von E. Häusler, Wien, 1923«, NMW 12034 (Foto C. Cordes).

Anatomie einer Ringelnatter, *Natrix natrix*, MTK 15827.

Tafel VI
Schlangenskelette

a) Todesotter (*Acanthophis antarcticus*), Australien 1870, NMW 1574.

b) Hühnerfresser (*Spilotes pullatus*), Brasilien 1941, SMF 40232 (Fotos C. Cordes).

Abb. 42
Westafrikanische Buschviper
(*Atheris chlorechis*) (Foto G. Westhoff).

Abb. 43
Afrikanische Krötenotter
(*Causus resimus*), züngelnd
(Foto W. Wüster).

Abb. 44
Ringelnatter (*Natrix natrix*), züngelnd
(Foto H. Nicolay).

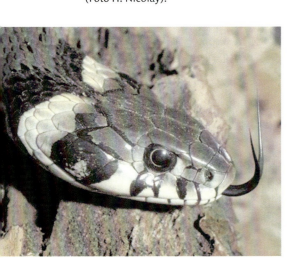

Duftstoffe zur Paarungszeit

Die sexuelle Attraktivität einer weiblichen Schlange setzt in vielen Fällen erst nach der Frühjahrshäutung ein. Die Haut des Schlangenrückens sowie die der Kopf- und Halsseiten produziert nicht-flüchtige Methylketone, welche geschlechtsspezifisch zusammengesetzt sind und beim direkten Kontakt zwischen Artgenossen das jeweils adäquate Sexualverhalten auslösen (zwei Männchen treffen sich: Kommentkampf; Männchen trifft Weibchen: Paarungsverhalten).
Ein Kuriosum der Evolution sind einzelne Männchen bei nordamerikanischen Strumpfbandnattern, die weibliche Duftstoffe produzieren. Dadurch werden sie von anderen Männchen nicht als Rivalen erkannt und können sich ungehindert mit Weibchen paaren.

Abb. 40
Lanzenotter (*Trimeresurus erythrurus*) mit Grubenorganen (Foto W. Wüster).

wie z.B. die Eidechsennatter (*Malpolon monspessulanus*) des Mittelmeerraums (Abb. 41) sowie viele Baumschlangen (Abb. 42) können dagegen hervorragend sehen. **Schlangenaugen** unterscheiden sich in mehreren Punkten von den Augen anderer Reptilien. Insbesondere ist bei ihnen die Augenmuskulatur reduziert, den Augapfel schützende Knochen fehlen, ebenso die Tränendrüsen. Da die primitivsten heute lebenden Schlangen unterirdisch leben und stark vereinfachte Augen haben, darf angenommen werden, dass die hoch entwickelten Augen der gut sehenden Schlangen aus einem rückgebildeten Zustand erneut aufgebaut wurden. Dies führte im Detail zu alternativen Lösungen; so ist die Blutversorgung des Auges bei Schlangen und Echsen unterschiedlich, die Naheinstellung (Akkomodation) erfolgt auf verschiedene Weise. Die farbempfindlichen Sehzapfen sind bei Schlangen anders gebaut als bei Echsen, und die gelben Öltröpfchen, die bei Echsen den Kontrast des Sehsystems verbessern, sind bei Schlangen durch ein gelbes Linsenpigment ersetzt.

Der wohl wichtigste Sinn der Mehrzahl aller Schlangen ist der **Geruchssinn**. Wie die Echsen besitzen sie paarig angelegte Ausstülpungen der Nasenhöhlen zum Gaumen hin. Dort sitzt das chemosensorische Jacobson'sche Organ. Dieses Organ wird durch die gespaltene Zunge mit Geruchspartikeln versorgt (Abb. 43, 44). Durch Züngeln nimmt die Schlange Duftstoffe aus ihrer Umgebung auf und überträgt sie auf oder in die Öffnungen des Organs, von wo sie von einer Flüssigkeitsströmung zu den Chemosensoren transportiert werden.

Von besonderer Bedeutung ist das Jacobson'sche Organ für die Nahorientierung der Schlangen. Sie nutzen dieses Sinnesorgan hauptsächlich zum Auffinden ihrer Beutetiere und zur Identifizierung ihrer Artgenossen. Spitzenleistungen sind das Verfolgen des gebissenen und wieder losgelassenen Opfers bei den Vipern und die Massenansammlungen einiger Schlangenarten zur Paarungszeit, wobei die Individuen wahrscheinlich durch Pheromone angelockt werden.

Abb. 41
Eidechsennatter (*Malpolon monspessulanus*), Tunesien (Foto U. Joger).

FUNKTIONELLE ANATOMIE

Abb. 37
Mehrfach gehörnte Viper (*Bitis cornuta*), Südafrika (Foto M. Dobiey).

a

b

Abb. 38
a) Baumpython (*Morelia viridis*) und
b) Hundskopfboa (*Corallus caninus*) sind äußerlich kaum unterscheidbar, außer anhand der Anordnung der Sinnesgruben an den Lippenschildern (Fotos M. Dobiey, M. Regent).

Sinnesgruben ist artspezifisch. Sie reagieren auf Temperaturunterschiede von 0,03 °C. Damit können diese Schlangen nachts die warmen Körper ihrer Beute – Vögel und Säugetiere – orten.

Wesentlich komplizierter gebaut sind die **Infrarotsensoren** der Grubenottern, bei denen ein Paar tief eingesenkte Gruben zwischen Auge und Nasenloch zu erkennen ist (Abb. 39). Eine 0,025 mm dicke Membran unterteilt diese Gruben in je eine innere und eine äußere Kammer, welche durch einen Kanal, der zwischen Grubenorgan und Auge ausmündet, miteinander verbunden sind. Nervenenden registrieren eine temperaturabhängige Wölbung der Membran. Die Empfindlichkeit ist hier noch einmal etwa zehnmal höher als bei den Riesenschlangen. Die nachtaktiven Schlangen können mit ihren paarig angeordneten »Ersatzaugen« ihre »warmblütigen« Beutetiere im Finstern stereoskopisch lokalisieren, also auch ihre Größe und Entfernung abschätzen (Abb. 40).

Schlangen sind **nicht völlig taub**, wie oft angenommen wird. Sie können nur Luftschall kaum wahrnehmen, da sie kein Trommelfell besitzen. Sie besitzen jedoch ein funktionsfähiges Innenohr. Ihre Gehörknöchelchen übertragen »Knochenschall«, da sie über das Quadratum mit Schädel und Unterkiefer verbunden sind. Schlangen hören also etwa in der Weise, wie ein Mensch, der seinen Kopf auf Eisenbahnschienen legt, den herannahenden Zug wahrnimmt.

Manche Schlangen sind fast blind. Optisch jagende Nattern

Abb. 39
Klapperschlange (*Crotalus mitchelli stephani*) mit Grubenorgan (Foto M. Dobiey).

(dem Haar-Keratin der Säugetiere homolog);
- eine mehrschichtige Lage lebender Zellen, die, je weiter außen sie liegen, allmählich verhornen (Stratum intermedium);
- das Stratum germinativum, aus welchem die oberen Schichten durch ständige Zellteilungen hervorgehen;
- eine Basalmembran, die die Grenze zwischen der Epidermis und der darunterliegenden Cutis bildet;
- die Cutis mit zahlreichen Kollagenfasern, Blut- und Lymphgefäßen sowie Nerven und Pigmentzellen, die in Bindegewebe eingebettet sind.

Da die oberen drei Schichten abgestorben sind, wachsen sie nicht und müssen von Zeit zu Zeit abgestoßen werden. Einer Häutung geht eine vermehrte Teilung der Zellen im Stratum germinativum voraus. Diese neu gebildeten Zellen verhornen und bilden so eine neue Hornhaut mit α- und β-Keratinschicht und strukturiertem Oberhäutchen (Abb.

Abb. 34
Europäische Hornotter bei der Häutung (Foto N. Stümpel).

»Gehörnte« Schlangen

Die Schuppenhaut der Reptilien ist zu Sonderbildungen aller Art geeignet. Bei Schlangen kommen nicht selten hornartige Bildungen vor. Die Europäische Hornotter (*Vipera ammodytes*) trägt ein Nasenhorn (Abb. 35). Einen noch längeren Schnauzenfortsatz haben die asiatischen Nattern der Gattung *Rhynchophis* (Abb. 36). Viele Wüstenschlangen tragen Hörner über den Augen, die bei der südafrikanischen Art *Bitis cornuta* (Abb. 37) sogar mehrfach vorhanden sind.

33). Zwischen der alten Hornhaut und dem neuen Oberhäutchen bildet sich ein Spalt, in den Lymphe eindringt. Schlangen, deren Augen ja von einer »Brille« aus Hornhaut bedeckt sind, bekommen in dieser Phase milchig-trübe Augen (vgl. Abb. 35), die später, nach der Füllung des Spalts mit Lymphflüssigkeit, wieder klar werden.

Durch Verengung bestimmter Venen wird ein Blutstau im Kopfbereich erzeugt, der die Kopfhaut ausdehnt und schließlich zum Aufplatzen bringt. Dann lässt sich die alte Haut gleichmäßig vom Körper abstreifen, und die Schlange hinterlässt ein umgekrempeltes »Natternhemd« (Abb. 34). Nach der Häutung wirken die Farben der Schuppen besonders frisch und leuchtend, was den Mythos von der »Verjüngung« zweifellos befördert hat.

Sinnesorgane

Die Reptilienhaut ist gut mit Nerven versorgt. In den unteren Hautschichten gibt es gebündelte oder einzelne Rezeptoren, die auf Druck reagieren. Sie melden dem Gehirn jede Art von Berührungen, aber auch relative Bewegungen der einzelnen Schuppen zueinander. Daneben kommen auch Thermorezeptoren in der Haut vor.

Spezialisierte **Thermorezeptoren** sind die Infrarotsensoren der Riesenschlangen und Grubenottern. Bei vielen Boas und Pythons befinden sich diese Sinnesorgane in Gruben der Unter- und Oberlippenschilde (Abb. 38). Die Zahl dieser

Abb. 35
Europäische Hornotter (*Vipera ammodytes*) (Foto H. Nicolay).

Abb. 36
Nasennatter (*Rhynchophis boulengeri*), Südostasien (Foto M. Dobiey).

FUNKTIONELLE ANATOMIE

Abb. 32
Hemipenis einer Viper (*Cerastes vipera*) (Foto U. Joger).

Innere Organe

Der Grundbauplan der Landwirbeltiere musste bei den Schlangen an den extrem verlängerten Körper angepasst werden. Alle Organe sind lang gestreckt, etwa die Leber, die etwa zehnmal so lang wie breit ist. Paarige Organe wurden oftmals auf eines reduziert. Blindschlangen und moderne Schlangen haben nur noch die rechte Lunge behalten; diese ist dafür stark verlängert und endet in einem Luftsack, der bei den tauchenden Seeschlangen besonders gut entwickelt ist. Eierstock und Eileiter sind bei den meisten Schlangen noch paarig vorhanden, jedoch gegeneinander versetzt; Blindschlangen und einige andere sehr schlanke Gattungen haben nur noch einen Eierstock. Dafür haben alle männlichen Schlangen – wie die männlichen Echsen – zwei Hoden und ein paariges Begattungsorgan, den Hemipenis (Plural Hemipenes). Bei vielen Arten, so den Vipern, ist der Hemipenis mit Stacheln besetzt, die nach der Penetration eine Festhaltefunktion ausüben (Abb. 32).

Männliche Schlangen unterscheiden sich in der Regel von den Weibchen durch einen etwas längeren Schwanz, der an seiner Basis verdickt erscheint. Die beiden Hemipenes werden umgestülpt in der Schwanzwurzel verwahrt und bei der Paarung durch Füllung mit Lymphe ausgestülpt. Eine Harnblase fehlt allen Schlangen. Kot und Harn münden, wie bei anderen Reptilien, in eine gemeinsame Öffnung, die Kloake.

Haut und Häutung

Ihre auffällige Fähigkeit zum »aus der Haut fahren« hat den Schlangen bei vielen Völkern den Mythos der Selbstverjüngung, ja sogar des »ewigen Lebens« eingebracht.

Der Aufbau der Schlangenhaut in Schichten ermöglicht es den Schlangen, sich der alten, abgestorbenen Oberhaut im Ganzen zu entledigen. Diese Schichten sind von außen nach innen (vgl. Abb. 33):

- ein fein skulpturiertes Oberhäutchen, das aus β-Keratin besteht, einem hoch polymeren, schwer löslichen Protein (dem Feder-Keratin der Vögel homolog);
- eine verdickte Lage von β-Keratin über jeder einzelnen Schuppe;
- eine kontinuierliche, auch die Schuppenzwischenräume überziehende Schicht von α-Keratin, einem elastischen Protein aus helikal gewundenen Untereinheiten

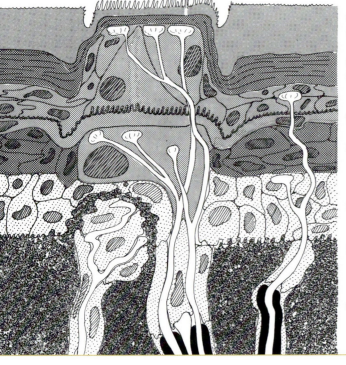

Abb. 33
Aufbau der Reptilienhaut (2 Oberhautgenerationen, Zeichnung K. Doering).

und abwechselndem Anheben und Niederdrücken bestimmter Körperbereiche (Abb. 30, 31). Die Schlange hebt zunächst ihren Vorderkörper »aus der eigenen Spur heraus«, biegt ihn seitwärts rechtwinklig ab und sucht mit dem Halsbereich einen neuen Kontaktpunkt. Dann wird der übrige Körper wellenförmig angehoben und nachgezogen, so dass die Schlange ein Stück seitwärts, parallel zu ihrer ursprünglichen Lage, zu liegen kommt. Währenddessen beginnt der Vorderkörper schon mit dem nächsten »Schritt«. Die charakteristische Seitenwinderspur besteht aus leicht versetzten, parallelen Abdrücken des Schlangenkörpers. Kennzeichnend für das Seitenwinden ist, dass stets nur zwei kurze Abschnitte des Körpers mit dem Untergrund in Kontakt sind. Auf lockerem Substrat ist diese Art der Fortbewegung effektiver als Schlängeln. Seitenwinder bewegen sich langsamer fort als schlängelnde Schlangen, haben aber eine größere Ausdauerleistung.

»Fliegende« Schlangen

Ein außergewöhnlicher Spezialfall der Fortbewegung findet sich bei den südostasiatischen Schmuckbaumschlangen der Gattung *Chrysopelea*. Diese »Flugschlangen« stürzen sich aus großer Höhe von Bäumen, wobei sie die Rippen spreizen und die Bauchdecke anziehen. Ihr Bauch bildet so eine konkave, fallschirmartige Tragfläche, die sie sanft zu Boden gleiten lässt. Da sie in der Luft noch schlängelnde Bewegungen machen, kommen sie auch noch ein gutes Stück vorwärts.

Abb. 29
Mamba beim Erklimmen eines Baumes (Foto W. Wüster).

Eine wichtige Rolle bei der Fortbewegung der Schlangen spielt ihr Schwanz. Deshalb haben sie in ihrer Evolution die Fähigkeit der Echsen zum Schwanzabwurf (Autotomie) eingebüßt. Schlangenschwänze können ganz unterschiedlich gestaltet sein. Baumschlangen haben Greifschwänze ausgebildet; Wasserschlangen besitzen schmale, hohe Ruderschwänze. Bei den südasiatischen Schildschwänzen (Uropeltidae) endet der kurze Schwanz in einer breiten, fingernagelähnlichen Hornschuppe, mit der diese bodenwühlenden Schlangen ihren Erdgang verschließen (Tafel II c). Vipern haben zwar sehr kurze, dünne Schwänze, doch nutzen manche Arten ihre oft farblich abgesetzten Schwänzchen zum Anlocken von Beutetieren. Im Jahre 2006 wurde im Iran eine Viper der Gattung *Pseudocerastes* entdeckt, die eine fächerartig aufgespaltene Schwanzspitze besitzt. Eine funktionelle Erklärung dieses Körperanhangs gibt es noch nicht.

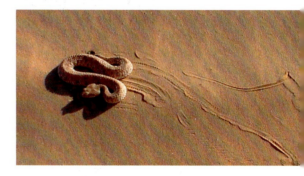

Abb. 30
Seitenwindende Wüstenviper (*Cerastes vipera*), tunesische Sahara (Foto U. Joger).

Abb. 31
Schema der seitenwindenden Fortbewegungsweise (nach Gans, 3 Phasen, Körperabdruck gestrichelt, Körperregionen mit Bodenkontakt jeweils schraffiert).

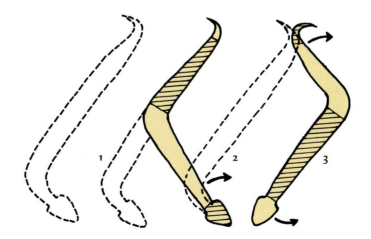

FUNKTIONELLE ANATOMIE

Abb. 27
Skelett einer Natter (*Elaphe obsoleta*, USA). MTD 42982 (Foto C. Cordes).

Rumpfskelett und Bewegung

Durch die Abschaffung von Schulter- und Beckengürtel ist das Schlangenskelett (Abb. 27) extrem vereinfacht worden. Komplex gebaut sind jedoch die sehr zahlreichen Wirbel. Sie sind miteinander durch Kugelgelenke verbunden; die freie Beweglichkeit wird durch Fortsätze eingeschränkt. Die langen Rippen bilden die Basis für die Rumpfmuskulatur, enden jedoch frei, so dass der Leib sich dehnen kann. Die Muskulatur ist sehr kompliziert strukturiert. Muskeln verbinden Wirbel untereinander, Wirbel mit Rippen anderer Wirbel und Rippen untereinander. Auch die Bauchschienen sind über Muskeln mit Rippen verbunden.

Der Komplexität der Muskulatur entspricht die Vielfalt der Bewegungsmöglichkeiten der Schlangen.

Neben der oben beschriebenen lateralen Undulation (dem »Schlängeln«) kommen folgende Bewegungstypen vor:

»Ziehharmonika-Kriechen«

Wenn eine Schlange sich in einem engen Gang fortbewegt, krümmt sie ihren Körper zu kurzen Windungen zusammen, stemmt dann den hinteren Körperabschnitt seitwärts gegen die Tunnelwände und streckt den Vorderkörper vor. Dieser verankert sich weiter vorne, indem er eine neue Windung beginnt, welche sich nach hinten fortsetzt und den Hinterkörper nachzieht (Abb. 28). Die Verankerung des Körpers kann bei dieser Fortbewegungsart auch durch Umwinden eines Hindernisses erfolgen, wofür eine Viertel- bis halbe Windung ausreicht. Schlangen können mit dieser Methode senkrechte Baumstämme erklimmen (Abb. 29). Auch beim Überwinden großer Zwischenräume zwischen Ästen setzen kletternde Schlangen eine abgewandelte Form des Ziehharmonika-Kriechens ein.

»Raupenkriechen«

Hierbei bewegt sich die Bauchhaut geradlinig in kleinen »Trippelschritten«, die in Kontraktionswellen über die ganze Bauchlänge fortschreiten, unabhängig vom übrigen Körper, welcher passiv nachgezogen wird. Eine wichtige Rolle spielen hierbei die freien, beweglichen Enden der Rippen, an denen verschiedene Muskeln sitzen. Diese langsame Art der Fortbewegung kommt vor allem bei großen, massiv gebauten Schlangen wie Riesenschlangen und Vipern vor.

Seitenwinden

Diese Art der Fortbewegung nutzen vor allem Wüstenschlangen, wenn sie über lockeren Sand kriechen, aber auch Bewohner schlickiger Flussufer. Es handelt sich hier eigentlich nicht um ein Kriechen, sondern um ein eigentümliches Schreiten, wobei das Merkwürdigste ist, dass die Fortbewegungsrichtung nahezu senkrecht zur Körperachse verläuft. Dies kommt zustande durch eine Kombination von kontinuierlichen Kontraktionswellen

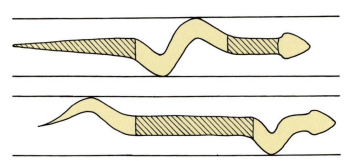

Abb. 28
Ziehharmonika-Kriechen (nach Gans, 2 Phasen, gestreckte Körperregionen schraffiert).

dere Kieferhälfte gegenhält. Nach und nach arbeitet sich so der Kopf der Schlange über das Beutetier, bis der Schluckreflex einsetzen kann (s. Abb. 55, S. 43).

Danach müssen die ausgerenkten Kiefer wieder in ihre alte Position zurückgeschoben werden. Unnötig zu sagen, dass auch Speiseröhre, Magen und Leib der Schlange von großer Dehnbarkeit sein müssen, wenn Beutetiere verschlungen werden, die dicker sind als die Schlange selbst.

Extrem gefährdet ist bei einem solchen Schlingakt das druckempfindliche Gehirn der Schlange. Es ist deshalb in eine feste, allseitig geschlossene Knochenkapsel verpackt, die nur geringfügige Torsionen mitmacht. Die übrigen Schädelknochen sind an diese Kapsel beweglich angelenkt.

Schlingen in Perfektion

Die **Afrikanische Eierschlange** (*Dasypeltis*) zeigt ein besonders krasses Beispiel für die Schlingleistung der Schlangen. Sie ernährt sich ausschließlich von Vogeleiern, die bis zu fünf Mal den Durchmesser ihres eigenen Kopfes haben können. Entsprechend dehnbar ist ihre Kopfhaut (Abb. 26, Tafel V d). Erst wenn die Schlange den Hautmuskelschlauch ihres Rachens über die breiteste Stelle des Eies gestülpt hat, kann dieses nach hinten gleiten. Um jedoch die beiden weit getrennten Hälften des Unterkiefers links und rechts am Ei vorbeischieben zu können, ist die Haut vom Kinn bis zur Kehle mit einer festen Schuppenleiste versteift, welche sich unter das Ei schieben lässt. Entlang dieser Leiste wird auch die Luftröhre unter dem Ei nach vorne geschoben, um während des langwierigen Schlingaktes atmen zu können. Stark entwickelte Speicheldrüsen schleimen das Ei ein, damit es rutschiger wird. Die Eierschlange hat fast keine Zähne, aber einige Halswirbel besitzen spitze Fortsätze, die in die Speiseröhre hineinragen. Diese stechen das Ei an, sobald es im Schlund angelangt ist; die Schale kollabiert unter dem Druck der Kiefermuskulatur, und der Inhalt wird verschluckt. Die Schalenreste werden ausgespien.

Abb. 26
Afrikanische Eierschlange (*Dasypeltis scabra*) beim Schlingakt (Foto A. van den Nieuwenhuizen).

3. Funktionelle Anatomie

Der kinetische Schädel der Schlangen

Eine der grundlegenden »Erfindungen« der frühen Wirbeltiere war die Schädelkapsel mit beweglichem, bezahntem Kiefer. Sie ermöglichte eine räuberische Lebensweise. Die maximale Beutegröße ist dabei vom Zahnbau und von der Öffnungsweite des Kiefers abhängig. Scherengebisse wie bei Haien oder Doppelschleichen können Stücke aus größeren Objekten herausschneiden. Kaugebisse wie bei Säugetieren und Pflanzen fressenden Dinosauriern fehlen den rezenten Reptilien (mit einigen bescheidenen Ausnahmen bei Echsen). Die meisten Echsen und alle Schlangen müssen daher ihre Beute unzerkleinert hinabwürgen. Die Schlangen haben diese Ernährungsweise hinsichtlich der maximal möglichen Beutegröße perfektioniert.

Mit Ausnahme der Blindschlangen und der ursprünglichsten, im Boden wühlenden Verwandten der Riesenschlangen haben alle Schlangen einen extrem beweglichen, »kinetischen« Schädel. Der Oberkiefer, bei den Echsen fest mit der Hirnkapsel verbunden, löst sich bei den Schlangen von ihr ab. Seine Zähne tragenden Knochen sind nur noch an wenigen Punkten aufgehängt. Der Unterkiefer ist über einen hebelartigen Knochen, das Quadratum, weit hinten am Schädel angelenkt und leicht »ausrenkbar«. Die linke und die rechte Hälfte des Unterkiefers sind nur locker durch dehnbares Bindegewebe miteinander verbunden. Insgesamt ergibt sich ein lockeres Spangenwerk aus gegeneinander beweglichen Einzelelementen (Abb. 24).

Beim Öffnen des Mauls schiebt sich das Quadratum nach vorn, während der Unterkiefer weit nach unten klappt. Dadurch kann ein Öffnungswinkel von 90° und mehr erreicht werden. Gleichzeitig wird der Oberkiefer aufgestellt. An der Aktion ist eine Vielzahl von Muskeln und Bändern beteiligt.

Ist die Beute gepackt, beginnt der eigentliche Schlingakt. Hierzu muss sich der Kieferapparat seitwärts ausdehnen, was dadurch geschieht, dass die beiden Unterkieferhälften vorn auseinanderweichen und hinten aus ihrem Gelenk mit dem Quadratum herausgehebelt werden (Abb. 25).

Um die Beute in den Schlund zu transportieren, schieben sich die unabhängig voneinander beweglichen linken und rechten Hälften von Ober- und Unterkiefer abwechselnd vor, während die jeweils an-

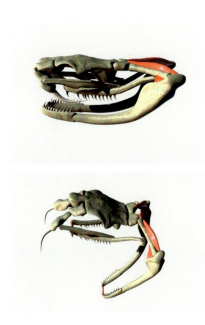

Abb. 24
Der kinetische Schädel der Schlangen (1): Öffnungsmechanik. Rot: Muskeln und Bänder (Grafik G. Mielke).

Abb. 25
Der kinetische Schädel der Schlangen (2): Dehnung beim Schlingakt (Grafik G. Mielke).

Tafel V
Nattern

a) Äskulapnatter
   (Zamenis longissimus)
b) Baumschnüffler
   (Ahaetulla nasuta)
c) Vogelnatter
   (Thelotornis kirtlandii)
d) Afrikanische Eierschlange
   (Dasypeltis scabra)
e) Eidechsennatter
   (Malpolon monspessulanus)
f) Argentinische Hauben-
   natter *(Xenodon merremii)*
g) Ringelnatter
   (Natrix natrix)
(Zeichnungen: Claus Fries).

Tafel IV
Riesenschlangen

Anakonda (*Eunectes murinus*), Jungtier, Südamerika, SNHM N 39860.

Netzpython (*Python reticulatus*), Jungtier, Malaysia, SNHM N 39861 (Fotos C. Cordes).

Tafel III
Riesenschlangen und Warzenschlangen

a) Amerikanischer Hundskopfschlinger
   (Corallus caninus)
b) Madagaskar-Hundskopfschlinger
   (Sanzinia madagascariensis)
c) Abgottschlange
   (Constrictor constrictor)
d) Mauritius-Boa
   (Casarea dussumieri)
e) Sandboa
   (Gongylophis colubrinus)
f) Warzenschlange
   (Acrochordus javanicus)
(Zeichnungen: Claus Fries).

DIE DREI GROSSGRUPPEN DER SCHLANGEN

Abb. 20
Teppichpython (*Morelia spilota*)
(Foto G. Westhoff).

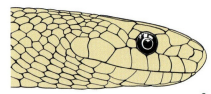

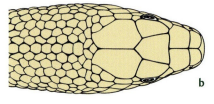

Abb. 21
Kopfbeschuppung einer Natter;
a) Seitenansicht; b) Aufsicht (Zeichnung K. Doering).

Die modernen Schlangen haben alle möglichen Lebensräume erobert, von der Sandwüste bis zum tropischen Regenwald; einige von ihnen wurden Süßwasser- oder Meeresbewohner. Nur bei den modernen Schlangen gibt es Giftschlangen (s. Kapitel 5). Zwei Drittel der über 3000 Arten sind aber ungiftige Nattern (Tafel V).

Die systematische Einteilung dieser Großgruppe in Familien ist noch nicht befriedigend gelöst. Einige Gruppen sind gut abgrenzbar, so die Vipern (*Viperidae*) und einige Familien der Nattern. Die früher unter dem Namen *Colubridae* geführten Nattern sind jedoch keine natürliche Verwandtschaftsgruppe, denn aus ihrer Mitte zweigten sich andere Familien wie die Giftnattern (*Elapidae*) und die Erdottern (*Atractaspididae*) ab. Diese sind daher mit bestimmten Natterngruppen enger verwandt als mit anderen.

Abb. 22
Kreuzotter (*Vipera berus*), Hessen
(Foto H. Nicolay).

Schlangen in Mitteleuropa

Die in Mitteleuropa vorkommenden Schlangen gehören sämtlich zu den Caenophidia. Darunter befindet sich mit der **Kreuzotter** (*Vipera berus*, Abb. 22) die Landschlange mit der weitesten natürlichen Verbreitung (über das ganze nördliche Eurasien von der Atlantik- bis zur Pazifikküste); ebenso ist sie die am weitesten im Norden vorkommende Schlange (in Skandinavien bis über den Polarkreis hinaus).

Die größte in Mitteleuropa vorkommende Schlange ist die ungiftige, fast 2 m erreichende **Äskulapnatter** (*Zamenis longissimus*), das Symbol der Heilkunst (Abb. 23). Sie kommt zwar nur in vier begrenzten Arealen Süddeutschlands vor, wurde jedoch nicht, wie früher angenommen, von den einen Schlangenkult betreibenden Römern eingeführt, sondern ist nach der Eiszeit über das Donautal von Südosten eingewandert.

Abb. 23
Äskulapnatter (*Zamenis longissimus*), Hessen (Foto H. Nicolay).

Abb. 18
Sandboa (*Gongylophis colubrinus*), Ägypten (Foto U. Joger).

den Männchen als Sporne äußerlich sichtbar sind. Pythons sind Eier legend, Boas lebend gebärend. Pythons besiedeln Afrika, Asien und Australien, Boas hauptsächlich den amerikanischen Kontinent, aber auch Madagaskar, einige Südseeinseln und mit den Sandboas auch Nordafrika und den Vorderen Orient.

Boas und Pythons

Tropische Boas (Abb. 19) und Pythons (Abb. 20) stellen die wahren **Riesenschlangen**. Oft wird ihre Größe aber übertrieben. Die fossile Riesenschlange *Gigantophis* aus Ägypen hat vielleicht 15 m erreicht. Heute bleiben Boas und Pythons deutlich kleiner. Ein im Jahre 1912 von Theodore Roosevelt ausgelobter Preis für eine Schlange mit einer nachgewiesenen Länge von 30 Fuß (9 m) konnte nie ausgezahlt werden. Das Guinness-Buch der Rekorde verzeichnet allerdings einen über 32 Fuß langen Netzpython (*Python reticulatus*), der 1912 auf Celebes geschossen wurde. 28 ½ Fuß maß ein anderer Netzpython, der in den 1950er Jahren im Zoo von Pittsburgh lebte. Während der Netzpython offenbar die größte Länge aller Schlangen erreicht, ist die massig gebaute Anakonda (*Eunectes murinus*) aus Südamerika die schwerste Schlange: 206 kg wog eine 8,44 m lange Anakonda, während der schwerste je gewogene Netzpython nur 145 kg auf die Waage brachte. Solche Schlangen sind durchaus in der Lage, Menschen zu verschlingen.

Abb. 19
Anakonda (*Eunectes murinus*, Foto M. Dobiey).

Die modernen Schlangen (*Caenophidia*)

Zu dieser Gruppe zählt die große Mehrzahl aller heute existierenden Schlangen.

Nimmt man die aquatischen Warzenschlangen (*Acrochordoidea*), die an der Basis der *Caenophidia* stehen und einige Merkmale mit den Riesenschlangen teilen, aus, so sind die modernen Schlangen durch ein gemeinsames Grundmuster der Körperbeschuppung gekennzeichnet: Die Bauchseite ist in ihrer ganzen Breite von Schienen bedeckt, die nur im Schwanzbereich geteilt sein können. Die Schuppen der Körperseite und des Rückens sind in regelmäßigen, gegeneinander versetzten Längsreihen angeordnet, welche eine ungerade Anzahl zwischen 11 und etwa 45 haben. Die Kopfoberseite ist ursprünglich von 9 großen Schilden bedeckt (Ausnahmen bei Vipern und einigen spezialisierten Gattungen). Auch die Beschuppung der Kopfseite ist charakteristisch (Abb. 21).

2. Die drei Grossgruppen der Schlangen

Die Schlangen lassen sich in drei Großgruppen unterteilen, die unterschiedliche Evolutionsniveaus repräsentieren:

Die Blindschlangen (*Scolecophidia* oder *Typhlopoidea*)

Zu dieser Gruppe gehören 3 Familien wurmförmiger Wühlschlangen mit reduzierten Augen und kompaktem Schädel, der sich nicht vom Hals absetzt und in seinem Bau deutlich vom Schädel der höheren Schlangen unterscheidet. Ihre Kiefer sind kurz und besitzen nur wenige, aber spitze Zähne. Ihr Körper ist rundum von gleichartigen Schuppen bedeckt (Abb. 16). Die fast blinden Bodenbewohner leben in den Tropen und Subtropen der Welt.

Beispiele für Blindschlangen

Das **Blödauge** (*Typhlops vermicularis*) ist die einzige europäische Blindschlange (Tafel II). In Griechenland ist die etwa 20–30 cm lange, bleistiftdicke Schlange nicht selten. Die **Schlankblindschlangen** der Gattung *Leptotyphlops* bringen ihre Organe in einem Körper von nur 3 mm Dicke und 30 cm Länge unter (Abb. 17). Die »**Blumentopfschlange**« (*Ramphotyphlops braminus*) hat sich mit Pflanzentransporten weltweit verbreitet. Dabei hilft ihr die bei Wirbeltieren seltene Fähigkeit zur Jungfernzeugung (Parthenogenese): Weibchen können sich ohne Zutun eines Männchens fortpflanzen.

Abb. 17
Zwergblindschlange (*Leptotyphlops macrorhynchus*), Algerien (Foto U. Joger).

Abb. 16
Blindschlange (*Rhinotyphlops lalandei*), Südafrika (Foto M. Dobiey).

Die Riesenschlangenverwandten (*Henophidia*)

Diese Schlangengruppe steht anatomisch zwischen den Blindschlangen und den modernen Schlangen, d. h., sie repräsentiert eine niedrigere Evolutionsstufe als letztere. Ihre ursprünglichsten Vertreter, wie z. B. die Schildschwänze (*Uropeltidae*, Tafel II c), sind wühlende Schlangen mit reduzierten Augen. Sie zeigen Ähnlichkeiten mit den Blindschlangen und können vielleicht als Übergangsformen zwischen diesen und den Riesenschlangen (*Booidea*, Tafel III) angesehen werden. Die Riesenschlangen werden gemeinsam mit den modernen Schlangen zu der Gruppe der Macrostomata gezählt. Während die Macrostomata wohl eine natürliche (»monophyletische«) Verwandtschaftsgruppe darstellen, sind die primitiven Henophidia wohl nicht die Schwestergruppen der Riesenschlangen. Sie stellen eher Überlebende aus der Frühzeit der Schlangenevolution dar.

Nicht immer sind Riesenschlangen groß. Die Sandboas (Abb. 18) erreichen oft nur einen halben Meter Länge. Boas und Pythons besitzen noch Hinterbeinreste, die bei

Tafel II
Doppelschleichen (unten) und primitive Schlangen

a) Blindschlange
   (*Rhinotyphlops debilis*)
b) Blödauge
   (*Typhlops punctatus*)
c) Schildschwanz
   (*Uropeltis zeylanicus*)
d) Korallen-Rollschlange
   (*Anilius scythale*)
e) Maurische Netzwühle
   (*Blanus cinereus*)
f) Spitzkopf-Doppelschleiche
   (*Monopeltis* sp.)
g) Handwühle
   (*Bipes canaliculatus*)
h) Somalische Schachbrettschleiche
   (*Agamodon anguliceps*)
(Zeichnungen: Claus Fries).

Die Evolution der Schlangen

Tafel I
Schlangen- und Echsenskelett

Skelett einer aglyphen Natter, unbestimmt, SNHM N 39866.

Skelett einer Schleiche: Scheltopusik (*Ophisaurus apodus*), MTD 47206 (Fotos C. Cordes).

Einige Echsenfamilien bestehen ausschließlich aus schlangenartigen, beinlosen Arten: die Flossenfüße (*Pygopodidae*) Australiens, die Dibamidae Mexikos und Südostasiens sowie die Ringelechsen (*Anniellidae*) Nordamerikas.

Eine sehr merkwürdig erscheinende Gruppe wühlender Echsen, welche sogar die schlängelnde Fortbewegung zugunsten eines wurmartigen Kriechens aufgegeben hat, sind die **Doppelschleichen** (*Amphisbaenia*). Der Ursprung dieser unterirdisch lebenden Reptilien liegt buchstäblich im Dunklen; nähere Verwandte kennt man nicht. Manche Forscher bestreiten, dass es sich überhaupt um Echsen handelt, und stellen sie gleichberechtigt neben Echsen und Schlangen. Sie weisen zahlreiche Sondermerkmale auf (Tafel II, Abb. 14 und 15):

Tabelle 1:
Unterschiede zwischen Schlangen, beinlosen Echsen und Doppelschleichen

	Schlangen	Beinlose Echsen	Doppelschleichen
Schultergürtel	fehlt	Reste	Reste
Zahl der Wirbel	160–550	bis 180	bis 160
Hirnkapsel	geschlossen	+/− offen	fast geschlossen
Jochbeine	fehlen	vorhanden	vorhanden
Mittelohr	reduziert	+/− entwickelt	reduziert
Auge	Schlangentyp oder reduziert	Echsentyp oder reduziert	reduziert
Lunge	nur rechte*	linke/rechte	nur linke
Hals	lang	kurz	kurz
Schwanz	kurz	lang	kurz
Schwanzabwurf	nicht möglich*	möglich*	möglich*
Harnblase	fehlt	vorhanden	vorhanden

* Ausnahmen

- Körper gleichmäßig dick, Kopf und der sehr kurze Schwanz ähnlich (daher der Name);
- Körperschuppen in Ringen angeordnet, die unabhängig von der Wirbelsäule bewegt werden können:
- von einer Schuppe überwachsenes Auge;
- Fehlen der Ohröffnungen und der Gliedmaßen (mit einer Ausnahme: Handwühlen der Gattung *Bipes*, Tafel II g);
- Gehörknöchelchen mit dem Unterkiefer in Kontakt;
- »Zackenscherengebiss« mit ungerader Zahnzahl im Oberkiefer, so dass aus großen Beutetieren Stücke herausgestanzt werden können.

Ihre raupenartige Fortbewegungsart eignet sich vorzüglich, um in engen Erdgängen vorwärts oder auch rückwärts zu kriechen. Beutetiere, vor allem im Boden kriechende Insektenlarven, werden trotz fehlenden Trommelfells akustisch geortet. Die Schallübertragung erfolgt dabei nicht über die Luft, sondern vom Boden auf den Unterkiefer.

Wie unterscheidet man nun eine Schlange von einer beinlosen Echse oder einer Doppelschleiche? Die Tabelle zeigt die wesentlichen Unterschiede.

Beim Betrachten der Tabelle fällt auf, dass Doppelschleichen mehr Gemeinsamkeiten mit Echsen als mit Schlangen haben. Die größte Variabilität findet sich unter den Echsen, was dadurch bedingt ist, dass es unter den Echsen zahlreiche, unterschiedlich weit fortgeschrittene Entwicklungslinien gibt, die die Schlangengestalt »anstreben«. Die Unterscheidung der Schlangen von den beiden anderen Gruppen wäre leichter, wenn man die unterirdisch lebenden Blindschlangen nicht berücksichtigen würde (s. nächstes Kapitel). Dann wäre z. B. auch die charakteristische Beschuppung mit Kopf-, Rücken- und breiten Bauchschuppen ein auffälliges Erkennungsmerkmal. Auch das Fehlen von Augenlidern und die durchsichtige »Brille«, die den Schlangen ihren »starren Blick« verleiht, während z. B. die Blindschleiche ihre Augen schließen kann, wäre ein gutes Erkennungsmerkmal, wenn nicht die meisten Geckos sowie einige Eidechsen und Skinke ebenfalls solche »Augengläser« entwickelt hätten.

Abb. 14
Gefleckte Doppelschleiche (*Amphisbaena fuliginosa*), Abguss-Präparat, SNHM (Foto C. Cordes).

Abb. 15
Kleinköpfige Doppelschleiche (*Leposternon microcephalum*), Brasilien 1940, Skelett, SMF 40165 (Foto C. Cordes).

Arten wie *T. tetradactylus* Vorteile. So erklärt sich das Überleben dieser »evolutiven Zwischenstufen«.

Besonders zahlreich sind Beinreduktionen bei der Echsenfamilie der Skinke. Diese werden wegen ihrer wie poliert erscheinenden Schuppen auch Glattechsen genannt. Die glatte Hautoberfläche befähigt die Skinke der Sahara (Abb. 12) dazu, im lockeren Sand zu schwimmen. Einige von ihnen haben ihre Beine reduziert; sie benutzen sie im Sand nicht zur Fortbewegung. Andere Skinke, z.B. die europäisch-nordafrikanische Erzschleiche (*Chalcides chalcides*, Abb. 13), haben einen extrem langen Körper und Schwanz bei verkümmerten Gliedmaßen. Wieder andere Skinkarten besitzen gar keine Beine mehr. Da es sich dabei stets um wühlende Arten handelt, verwundert es nicht, dass einige von ihnen auch die Augen reduziert haben.

besitzt ihr größerer Verwandter, der auf dem Balkan und in Vorderasien vorkommende Scheltopusik (*Ophisaurus apodus*, Abb. 9) noch zwei von einer großen Schuppe bedeckte Hinterbeinstummel und zwei Beinknochen (Femur und Tibia).

Ein nordafrikanischer Verwandter, *Ophisaurus koellikeri*, hat noch ein aus 6 Knochen bestehendes Hinterbeinrudiment, das mit einer nagelartigen Kralle endet, welche allein aus dem Körper ragt.

Ein Lehrbeispiel für eine quasi »vor unseren Augen« ablaufende Reduktion von Beinen bieten die südafrikanischen **Schildechsen** der Gattung *Tetradactylus*, die mit 6 Arten im südlichen Afrika verbreitet sind (Abb. 10 und 11). Die »ursprünglichste« unter den heutigen Arten, *Tetradactylus seps*, besitzt normal ausgebildete, wenn auch kurze Vorder- und Hinterextremitäten. Bei *T. tetradactylus* sind Arme und Beine stark verkürzt, die Zahl der Fingerknochen reduziert, ein Finger und eine Zehe sind ganz verschwunden. Gleichzeitig hat sich der Rumpf etwas, der Schwanz sehr stark verlängert; zusätzliche Wirbel wurden eingebaut. Diese Entwicklung setzte sich bei der Art *T. africanus* weiter fort: Hier sind die Handknochen bis auf einen winzigen Rest völlig verschwunden; Elle und Speiche beginnen zu verwachsen; das Vorderbein ist nur noch ein schuppenbedeckter Sporn. Die Wirbel des Rumpfes und des Schwanzes wurden abermals stark vermehrt.

Welche Selektionsfaktoren spielten bei dieser Reduktion eine Rolle? *Tetradactylus* lebt im Grasland (Abb. 11). Schon der unspezialisierte

Abb. 11
Tetradactylus africanus, Südafrika (Foto U. Joger).

Abb. 12
Sandskink (*Sphenops boulengeri*), Tunesien (Foto U. Joger).

T. seps bewegt sich mit angelegten Beinen schlängelnd durch das Gras. Dieses »Grasschlüpfen« erfolgt im Gegensatz zur raschelnden Fortbewegung anderer Echsen weitgehend geräuschlos und für einen Feind von oben unsichtbar. Eine Optimierung dieser Fortbewegungsweise durch Körperverlängerung (»Schlängeln statt Grasschlüpfen«) wird von der Selektion gefördert. Die Beine werden überflüssig und hinderlich. Die Beinreduktion bewirkt jedoch auch, dass sich *T. africanus* auf einer glatten, ebenen Fläche nicht mehr fortbewegen kann. In Lebensräumen, wo Grasflächen und offene Stellen wechseln, ist dies von Nachteil. Dort haben die weniger spezialisierten

Abb. 13
Erzschleiche (*Chalcides chalcides*), Tunesien (Foto U. Joger)

Abb. 9
Scheltopusik (*Ophisaurus apodus*), Iskenderun, Türkei (Foto N. Stümpel).

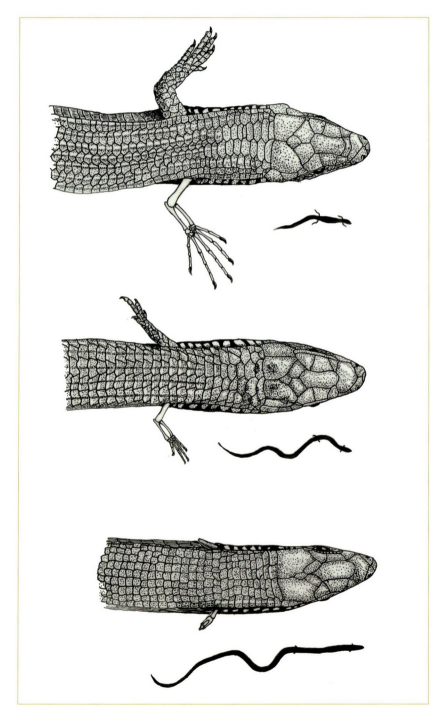

Abb. 10
Reduktion der Gliedmaßen bei *Tetradactylus* (nach Berger Dell'Mour 1983): a) *Tetradactylus seps*; b) *T. tetradactylus*; c) *T. africanus* (Zeichnung K. Doering).

verschwenderischen Säugetieren viele Vorteile bringt. Auch der Aufwand an Energie und Material zur Ausbildung der Beine in der Embryonalentwicklung wird eingespart. Da Schlangen außerdem mit einer niedrigeren Körpertemperatur auskommen als die meisten Echsen, können sie als die wahren Energiesparer unter den Reptilien bezeichnet werden.

Des Weiteren eröffnet das Fehlen der hinderlichen Beine den Schlangen Lebensräume, die vierbeinige Reptilien nicht oder weniger gut besiedeln können: den Erdboden, das Wasser, dichtes Gesträuch und Grassavannen, wo Beine hinderlich sind. So ist auffällig, dass es in dichten Wäldern und in Savannen mehr Schlangen- als Echsenarten gibt, und manche Echsenart der Savanne hat reduzierte Beine und einen verlängerten Schwanz.

Schlange oder Echse?

Nicht jedes beinlose Reptil ist eine Schlange. Bekanntestes Beispiel für eine Echse ohne Beine ist die einheimische **Blindschleiche** (*Anguis fragilis*, Abb. 3). Es verwundert nicht, dass die Blindschleiche in früheren Jahrhunderten zu den Schlangen gerechnet wurde. Bei der Blindschleiche werden Beine nur noch embryonal angelegt, aber nicht mehr ausgebildet. Hingegen

Der schräg nach hinten gerichtete Muskeldruck beim Schlängeln lässt sich in zwei Kraftkomponenten auflösen: Eine wirkt in Richtung der Fortbewegung, die andere senkrecht dazu (Abb. 8). Letztere würde zu einer seitlichen Bewegung führen, wenn nicht eine andere, gegensinnig gekrümmte Körperwindung mit einem entsprechenden Druck dagegenhalten würde. Die gleichmäßig über den Schlangenkörper verteilten Windungen bewirken in ihrer Gesamtheit eine einheitliche Vorwärtsbewegung – ein lang gestreckter Körper ist also die anatomische Voraussetzung für erfolgreiches Schlängeln.

Diese Fortbewegungsweise funktioniert sowohl im Wasser als auch auf dem Land. Beim Schwimmen gleicht die Körperform einer Sinuskurve, deren Amplitude von vorn nach hinten zunimmt. Die Schlängelbewegung erfolgt dabei weit schneller als die tatsächliche Vorwärtsbewegung. Diese einfachste Form der lateralen Undulation funktioniert reflexartig, ohne Beteiligung des Gehirns. An Land wird sie nur bei schneller, ungerichteter Flucht angewendet. Beim üblichen Kriechen an Land passt sich der Körper den jeweiligen Hindernissen an, d. h., es ist zur Beibehaltung der Richtung eine zentralnervöse Verrechnung der taktilen und optischen Reize aus der Umwelt mit dem Kontraktionszustand des Körpers nötig. Dies zahlt sich in einer Verbesserung der Effektivität (Kosten/Nutzen) der Bewegung aus. Baumschlangen schlängeln zudem dreidimensional. Zu der seitlichen Undulation kommt eine vertikale Bewegungskomponente hinzu.

Abb. 7
Scheltopusik (*Ophisaurus apodus*), Dalmatien 1907, Skelett. NMW 879 (Foto C. Cordes).

Vom Energieverbrauch her betrachtet, ist Schlängeln eine sehr ökonomische Fortbewegungsweise, die weniger Stoffwechselleistung beansprucht als der vierfüßige Lauf. Schlängeln passt daher zur evolutionären Strategie der Energieverbrauchsminimierung, die den Reptilien im Vergleich mit den

Abb. 8
Kraftkomponenten beim Schlängeln (nach Gans, verändert). A = Impuls durch Abstoßen am Hindernis; B = Impuls durch Biegung des Körpers; R = resultierende Fortbewegung (Zeichnung K. Doering).

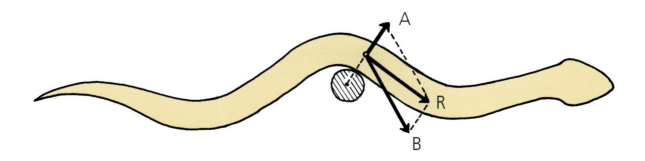

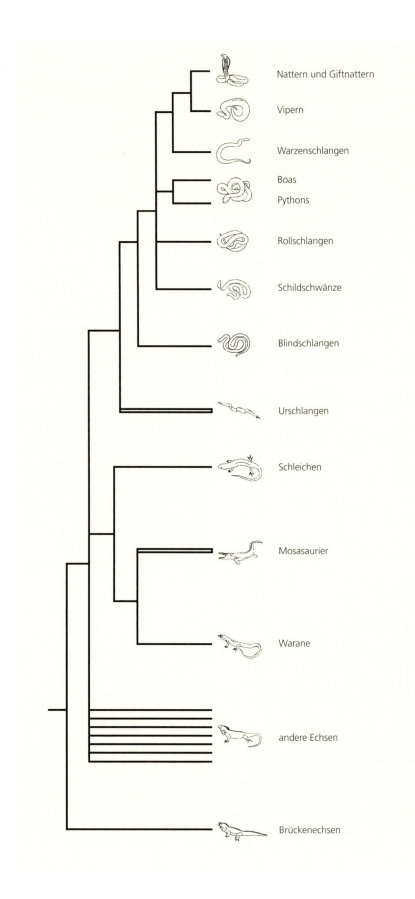

Abb. 6
Stammbaum der Schlangen, nach molekularen Untersuchungen von Vidal und Hedges (2006).

Da Beine der Fortbewegung dienen, muss zur Beantwortung dieser Frage die Bewegung der Schlangen analysiert und mit der vierfüßigen Fortbewegung verglichen werden.

Die verbreitetste Fortbewegungsart aller beinlosen Reptilien ist die »laterale Undulation« (das »Schlängeln«). Hierbei wird der Körper durch abwechselnde Kontraktion bestimmter Muskeln der linken und der rechten Körperseite in eine sinusförmige Kurve gebogen. Eine seitliche Verwindung der Wirbelsäule um bis zu 12° (zwischen zwei benachbarten Wirbeln) konnte gemessen werden. In aufeinanderfolgenden Körpersegmenten ist jeweils die Muskulatur einer Körperseite abwechselnd entspannt, dann kontrahiert, dann wieder entspannt usw. Auf der anderen Körperseite ist es genau umgekehrt. Da die maximale Kontraktion eines Muskels den gegenüberliegenden Muskel durch Dehnung ebenfalls zur Kontraktion anregt, folgt jeder Krümmung in eine Richtung eine Krümmung zur anderen Seite. So kommt es zu Kontraktionswellen, die von vorn nach hinten über den Körper laufen.

Eine Fortbewegung findet statt, wenn die Muskeln hinter der Krümmung der Körperwindungen auf Widerstand stoßen und auf diesen Kraft ausüben können, während andere Körperpartien nicht auf Widerstand reagieren.

Abb. 4
Gila-Krustenechse (*Heloderma suspectum*), Südwesten der USA. Präparat SNHM N 39866 (Foto C. Cordes).

Nach molekulargenetischen Vergleichen ist keine der heute existierenden Echsenfamilien die Schwestergruppe der Schlangen. Ein kürzlich publizierter Stammbaum (Abb. 6) platziert sie in einer Gruppe, die neben den Anguimorpha auch die Iguania (Leguane, Agamen und Chamäleons) enthält. Eine »molekulare Uhr« legt den letzten gemeinsamen Vorfahren von Anguimorpha und Schlangen auch weiter zurück als die Mosasaurier, in die Jurazeit (vor mehr als 150 Millionen Jahren). Wahrscheinlich ist, dass die erste Schlange eine grabende, unterirdische Lebensweise führte. Hierfür sprechen:

◆ die Tatsache, dass die ursprünglichsten heute lebenden Schlangen, die Blindschlangen und Schlankblindschlangen (Typhlopoidea), wühlende, blinde Tiere sind;

◆ das Fehlen eines Trommelfells und eines äußeren Ohres bei allen Schlangen;

◆ der vereinfachte Bau des Schlangenauges: Im Vergleich zum Echsenauge fehlen einige Augenmuskeln; die farbempfindlichen Retinazellen kommen nur bei einer Minderheit der Schlangengattungen vor und sind anders gebaut als bei Echsen, so dass angenommen werden darf, dass sie bei einem Vorfahren reduziert und später wieder neu entwickelt wurden;

◆ das Fehlen des Parietalauges. Dieses unpaare Scheitelauge misst unter anderem die Tageslänge. Einen Hinweis gibt auch das Verhältnis von Körperlänge zu Schwanzlänge. Bei oberirdisch lebenden Echsen mit reduzierten Beinen ist der Schwanz meist sehr lang (Abb. 7), bei den im Boden wühlenden Doppelschleichen dagegen extrem kurz. Fast alle Schlangen, vor allem die ursprünglichen Familien, haben zwar einen stark verlängerten Körper, aber einen relativ kurzen Schwanz.

Beinlosigkeit ist keine Strafe

Die Autoren der Bibel betrachteten den Verlust der Beine bei den Schlangen als Strafe Gottes für die Verführung Evas. Damit wird impliziert, dass ein Leben ohne Beine von Nachteil sei. Aus evolutionsbiologischer Sicht muss jedoch die Beinlosigkeit auch Vorteile bieten, sonst hätten sich nicht fast 4000 Schlangenarten entwickelt, die alle Kontinente außer der Antarktis

Abb. 5
Wüstenwaran (*Varanus griseus*), Tunesien (Foto U. Joger).

und selbst die Weltmeere besiedeln konnten. Auch die vielen Versuche in unterschiedlichen Echsengruppen, es den Schlangen nachzutun und ebenfalls die Beine zu reduzieren, sprechen eindeutig für einen Selektionsvorteil der Beinlosigkeit. Worin könnte ein solcher Vorteil bestehen?

Abb. 2
Waranartige Echsen. a) Schädel eines Komodowarans (*Varanus komodoensis*), Flores (Indonesien) 1927, SMF 23189 (Foto C. Cordes).
b) Rechter Oberkiefer eines kreidezeitlichen Mosasauriers (*Hainosaurus* sp. – aus dem Ober-Campanium, ca. 70 Millionen Jahre alt) von Haldem bei Lemförde, Westfalen. Geowissenschaftliches Zentrum der Universität Göttingen (Foto GZG).

Zungenbau aufweisen. Schlangen könnten also den Autarchoglossa zugerechnet werden. Innerhalb der Autarchoglossa weisen Schlangen die größten anatomischen Übereinstimmungen mit Anguimorpha auf, zu denen unter anderen Schleichen, Krustenechsen, Warane und Taubwarane zählen. Beinreduktion kommt innerhalb der Anguimorpha nur bei Schleichen und Ringelechsen (Abb. 3) vor.

Die Krustenechsen (Abb. 4) sind die einzigen Echsen mit Giftdrüsen, was auf eine nähere Verwandtschaft mit Schlangen hindeuten könnte; allerdings sitzen die Giftdrüsen bei Krustenechsen im Unterkiefer, bei Schlangen im Oberkiefer.

Aber auch Warane (Abb. 5) und sogar Agamen besitzen nach neueren Erkenntnissen Toxine im Speichel.

Besonders viele anatomische Übereinstimmungen mit den Schlangen weist der nur auf Borneo vorkommende Taubwaran (*Lanthanotus borneensis*) auf: Ihm fehlen äußere Ohröffnungen und das »dritte Auge« (Scheitelauge der Echsen). Bezahnung und Art des Zahnwechsels sind schlangenähnlich, die Wirbelzahl ist erhöht.

Welche Echsen kommen hierfür in Frage? Die gespaltene Zunge der Schlangen und das korrespondierende Geruchsorgan (Jacobson'sches Organ) besitzen auch Eidechsen, Skinke, Schleichen und Warane (die Gruppe der »Autarchoglossa«), während Geckos, Chamäleons, Leguane und Agamen einen anderen

Abb. 3
Blindschleiche (*Anguis fragilis*), Taunus (Foto U. Joger).

Ulrich Joger

1. Die Evolution der Schlangen

Obskure Herkunft

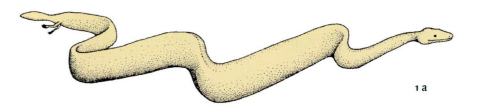

Am Ende des Erdaltertums, vor ca. 250 Millionen Jahren, brachte eine weltweite Klimakatastrophe zahlreichen Tiergruppen das Ende. Unter den damals fortschrittlichsten Landwirbeltieren, den Reptilien, überlebten zwei Gruppen diese Aussterbewelle: die Therapsiden (Vorfahren der Säugetiere) und die Diapsiden, aus denen alle heutigen Reptilien sowie die Vögel hervorgingen. Am Anfang der Triasperiode hatten sich die Diapsiden bereits in zwei Gruppen mit unterschiedlichen evolutionären Strategien aufgespalten: die großwüchsigen Archosaurier, von denen die Krokodile, die Schildkröten und die Vögel bis heute überlebten, und die kleinwüchsigen, eher unscheinbaren Lepidosaurier. Während die Archosaurier in Gestalt der Dinosaurier die Welt des Mesozoikums dominierten, bildeten auch die Lepidosaurier zwei artenreiche Gruppen aus: die Schnabelköpfe (mit den heutigen Brückenechsen als einzigen Überlebenden) und die Echsen, die heute zusammen mit den Schlangen die überwältigende Mehrheit der etwa 8000 Reptilienarten stellen.

Erdgeschichtlich sind Schlangen deutlich jünger als Echsen. Es kann daher angenommen werden, dass sich die Schlangen aus frühen Echsen entwickelten. Die ältesten Schlangen wurden aus 97–98 Millionen Jahre alten, kreidezeitlichen Sedimenten Israels bekannt. Dieser *Pachyrhachis problematicus* und andere kreidezeitliche Schlangen besaßen noch kleine Hinterbeine (Abb. 1). Da moderne Boas und Pythons ebenfalls noch stachelförmige Reste der Hinterbeine haben, spricht dies nicht gegen die Zuordnung der Fossilien zu den Schlangen. Die Tatsache, dass sie Meeresbewohner waren, sah man als Beleg für eine nahe Verwandtschaft der Schlangen zu den Mosasauriern (Abb. 2), räuberischen Meeresechsen der Kreidezeit, die zu den waranartigen Echsen (Varanoidea) gezählt werden. Allerdings war der Schädelbau von *Pachyrhachis* modern genug, um diese Gattung zu den Macrostomata zu zählen (einer Schlangengruppe, die »höher« entwickelt ist als Blindschlangen und einige andere primitive heutige Schlangen).

Abb. 1
Die kreidezeitliche Meeresschlange *Eopodophis descouensis*. a) Rekonstruktion; b) Detailansicht des Beckenbereichs mit Hinterbeinresten (aus Rage & Escuillié, 2000, verändert).

Im Jahre 2003 wurde dann in kreidezeitlichen Sedimenten Patagoniens (Argentinien) eine noch primitiver erscheinende Schlange gefunden. *Najash rionegrina* besaß ein Becken und funktionsfähige Hinterbeine. Da *Najash* aus festländischen Ablagerungen stammt, stützt dieser Fund die Theorie der Abstammung der Schlangen von landlebenden Echsen.

Einleitung

Schlangen sind Lebewesen, deren Biologie sich dem menschlichen Beobachter nicht unmittelbar erschließt. Zu unterschiedlich ist ihre Biologie von der unsrigen, zu verschieden ist ihre sinnliche Welt, die stark auf chemischen Reizen beruht (»züngeln«), von unserer visuellen Primaten-Welt. Ihr lautloses Dahingleiten ohne Beine, ihr „starrer Blick", ihr „aus der Haut fahren" haben die Mythenbildung begünstigt, deren vielfältige Darstellung Thema des kunsthistorischen Teils unserer Ausstellung und dieses Begleitbuches ist.

Im naturwissenschaftlichen Teil soll dagegen die Biologie der Schlangen erschlossen werden. Wir beginnen mit einer kurzen Darstellung der noch immer nicht ganz geklärten evolutiven Abkunft dieser im Vergleich mit ihren Verwandten, den Echsen, stark abgewandelten Reptilien.

Dass die Beinlosigkeit der Schlangen ein evolutionär vorteilhafter Zustand sein muss, zeigen die zahlreichen Versuche in verschiedenen Echsenfamilien, ebenfalls die Gliedmaßen zu reduzieren. Die komplexe, zur Zeit noch nicht stabilisierte Systematik der fast 4000 bekannten Schlangenarten kann nur in groben Zügen skizziert werden. Wesentliche Aspekte der Anatomie – vor allem der hoch spezialisierte, beweglich gewordene Schädel, die Fähigkeiten zur Fortbewegung ohne Beine, die perfekte Häutung und die außergewöhnlichen Sinnesleistungen der Schlangen – sind Merkmale, die zur Eroberung aller möglichen Lebensräume beitrugen.

Mit der Schlange in ihrer Umwelt beschäftigt sich der zweite Teil der Ausstellung und dieses Buches. Ihre besondere Art der Nahrungsaufnahme, die Nutzung von Giften zum Töten von Beutetieren und zur Verteidigung sowie die verschiedenen Fortpflanzungsweisen sind Aspekte der Biologie, ohne die Schlangen nicht verstanden werden können.

Im letzten Teil wird die Brücke zur Kulturgeschichte geschlagen. Wir fragen nach der Bedeutung der Schlangen für unsere eigene Evolution, streifen ihre Rolle im Volksglauben verschiedener Kulturen und wenden uns dann den Drachen zu. Hier wird vor allem die Frage nach den realen Vorbildern der Drachen, seien es heute lebende oder ausgestorbene, nur als Fossilien bekannte Tiere, diskutiert.

Inhalt

Vorwort 5

Einleitung 9

1. Die Evolution der Schlangen 11
Obskure Herkunft 11
Beinlosigkeit ist keine Strafe 13
Schlange oder Echse? 16

Tafel I/II 20/21

2. Die drei Großgruppen der Schlangen 22
Die Blindschlangen (*Scolecophidia* oder *Typhlopoidea*) 22
Die Riesenschlangenverwandten (*Henophidia*) 22
Die modernen Schlangen (*Caenophidia*) 23

Tafel III/IV/V 25/26/27

3. Funktionelle Anatomie 28
Der kinetische Schädel der Schlangen 28
Rumpfskelett und Bewegung 30
Innere Organe 32
Haut und Häutung 32
Sinnesorgane 33

Tafel VI/VII 37/38

4. Die Schlange in ihrer Umwelt 39
Nahrungserwerb und Verdauung 39

Ich sehe dich, du siehst mich nicht – Tarnung und Mimese 45
Giftig oder ungiftig – Warnfarben und Mimikry 46
Vorsicht, ich bin giftig – Feindabwehr und Drohgebärden 48
Die Bedeutung der Temperatur – Thermoregulation 50

Tafel VIII/IX 51/52

5. Giftzahn und Schlangenbiss 53
Giftschlangen 53
Schlangengifte, ihre Zusammensetzung und Wirkungsweise (Dietrich Mebs) 56
Welche Schlange ist die giftigste? 61

Tafel X/XI 64/65

6. Das Liebesleben der Schlangen 66
Fortpflanzungszyklen 66
Wie viele Junge bekommt eine Schlange? 67
Eier legen oder lebend gebären – Welches ist die bessere Fortpflanzungsstrategie? 68
Elterliche Fürsorge bei Schlangen 71
Monogamie und Polygamie bei Schlangen 71
Ringen um die Gunst der Weibchen – Turnierverhalten (Kommentkampf) 72

Embryonalentwicklung 73
So lebt es sich als Schlange: ein Jahr mit der Kreuzotter 73

Tafel XII/XIII 76/77

7. Schlange und Mensch 78
Waren Schlangen die treibende Kraft bei der Evolution der Primaten und insbesondere der Menschenaffen? 78
Schlangen im Volksglauben 79

Tafel XIV 83

8. Drachen in der realen Welt 84
Flugdrachen, Basilisken und Drachenblut 84
Drachenzähne und Schlangeneier – Fossilien im Mythos und Volksglauben (Fritz J. Krüger) 88
Über die wahre Natur der in Höhlen hausenden Drachen (Wilfried Rosendahl) 93

Literaturverzeichnis 99

Danksagung 102

Ausstellungsimpressum/ Leihgeber 103

Schlangen – Perfektionisten im Schuppenkleid

Bearbeitet von Ulrich Joger und Nikolaus Stümpel
Unter Mitarbeit von Fritz-J. Krüger,
Dietrich Mebs und Wilfried Rosendahl

Staatliches Naturhistorisches Museum Braunschweig

Vorwort

Schlangen und Drachen« war seine Projektidee, die Ulrich Joger schon bei seinem Wechsel von Darmstadt nach Braunschweig mitbrachte. Hier fand sich schnell der adäquate Partner im Herzog Anton Ulrich-Museum. Jetzt, im Jahre 2007, ist die Zeit reif für eine solche interdisziplinäre Ausstellung. Das Herzog Anton Ulrich-Museum und das Staatliche Naturhistorische Museum arbeiten nun wieder, nach genau 150 Jahren der organisatorischen Trennung, mit dem Braunschweigischen Landesmuseum in einem Betrieb mit gemeinsamer Verwaltung zusammen. Darüber hinaus ist Braunschweig Deutschlands »Stadt der Wissenschaft 2007«, und das von uns vorgeschlagene Projekt »Schlangen und Drachen« war eines der Vorhaben, die die Jury überzeugt haben, gerade unserer Stadt diesen Titel zu verleihen.

Die Faszination, die von Schlangen und ihren mythischen Derivaten, den Drachen, ausgeht, lässt sich nur schwer beschreiben, doch Kulturen aller Kontinente und aller Epochen wurden von ihr ergriffen. Die Naturwissenschaft hat sich seit Francesco Redis vor 340 Jahren durchgeführten, bahnbrechenden Studien über die Natur des Schlangengiftes mit den Schlangen als Lebewesen näher befasst. Doch bis heute sind viele Aspekte der komplexen Biologie dieser außergewöhnlichen Tiere erst ansatzweise geklärt. Die Fremdartigkeit dieser beinlosen Wesen erschwert zweifellos das Verständnis ihrer Eigenart. Und doch gibt es zahllose Schlangenenthusiasten, wie ein Blick in die Internetforen der Schlangenhalter beweist.

Wir möchten mit der Ausstellung »Schlangen und Drachen« aufklären über eine Tiergruppe, die viele Menschen nicht mehr aus der freien Natur kennen. Gleichzeitig möchten wir Interesse wecken – an den Schlangen selbst und an ihrer Bedeutung in der Kunst und Kulturgeschichte der Menschheit, sowie den Drachen und seine wechselnde Rolle in Bildkulturen vorstellen.

Der Teil des Herzog Anton Ulrich-Museums konzentriert sich auf die Wertung der »Schlangen und Drachen« als Tiere, die für das Gute oder das Böse stehen können. Er wurde zusammen mit Studenten der Martin-Luther-Universität Halle-Wittenberg und der Universität Leipzig im Rahmen von Lehrveranstaltungen über mehrere Semester hinweg erarbeitet und kann somit als fruchtbares studentisches Projekt bezeichnet werden.

Die beiden Museen danken allen Förderern der Ausstellung, insbesondere den Partnern der Stadt der Wissenschaft 2007, der Stadt Braunschweig mit der Braunschweig Stadtmarketing GmbH und der ForschungRegion Braunschweig e.V., der Stiftung Nord/LB-Öffentliche, dem Niedersächsischen Ministerium für Wissenschaft und Kultur und den Sponsoren für Zusammenarbeit und Unterstützung.

Ulrich Joger   Jochen Luckhardt

Katalog zur Ausstellung »Schlangen und Drachen« vom 11. Oktober 2007 bis 27. Januar 2008 in Braunschweig

Die Deutsche Nationalbibliothek verzeichnet diese Publikation in der Deutschen Nationalbibliografie; detaillierte bibliografische Daten sind im Internet über http://dnb.d-nb.de abrufbar.

Das Werk ist in allen seinen Teilen urheberrechtlich geschützt.
Jede Verwertung ist ohne Zustimmung des Verlags unzulässig.
Das gilt insbesondere für Vervielfältigungen, Übersetzungen, Mikroverfilmungen und die Einspeicherung in und Verarbeitung durch elektronische Systeme.

© 2007 by WBG (Wissenschaftliche Buchgesellschaft), Darmstadt
Die Herausgabe des Werkes wurde durch die Vereinsmitglieder der WBG ermöglicht.
Redaktion: Caroline Stöss
Prepress: Lohse Design, Büttelborn
Gedruckt auf säurefreiem und alterungsbeständigem Papier
Printed in Germany

www.primusverlag.de

ISBN 978-3-89678-626-5

Schlangen und Drachen

Kunst und Natur

Herausgegeben von
Ulrich Joger und Jochen Luckhardt

Staatliches Naturhistorisches Museum Braunschweig
Herzog Anton Ulrich-Museum, Braunschweig

Ulrich Joger · Jochen Luckhardt (Hrsg.)

Schlangen und Drachen